오십음도(五十音図) ひらがな

行＼段	あ行	か行	さ行	た行	な行	は行	ま行	や行	ら行	わ行	
あ段	あ a	か ka	さ sa	た ta	な na	は ha	ま ma	や ya	ら ra	わ wa	ん m,n,ŋ
い段	い i	き ki	し si	ち chi	に ni	ひ hi	み mi	(い) i	り ri	(ゐ) i	
う段	う u	く ku	す su	つ tsu	ぬ nu	ふ hu	む mu	ゆ yu	る ru	(う) u	
え段	え e	け ke	せ se	て te	ね ne	へ he	め me	(え) e	れ re	(ゑ) e	
お段	お o	こ ko	そ so	と to	の no	ほ ho	も mo	よ yo	ろ ro	を (o)	

※ (ゐ)=い, (ゑ)=え는 현대문에는 사용치 않고 고어문(古語文)에서만 사용.

오십음도(五十音図) カタカナ

行\段	あ行	か行	さ行	た行	な行	は行	ま行	や行	ら行	わ行	
あ段	ア a	カ ka	サ sa	タ ta	ナ na	ハ ha	マ ma	ヤ ya	ラ ra	ワ wa	ン m,n,ŋ
い段	イ i	キ ki	シ si	チ chi	ニ ni	ヒ hi	ミ mi		リ ri		
う段	ウ u	ク ku	ス su	ツ tsu	ヌ nu	フ hu	ム mu	ユ yu	ル ru		
え段	エ e	ケ ke	セ se	テ te	ネ ne	ヘ he	メ me		レ re		
お段	オ o	コ ko	ソ so	ト to	ノ no	ホ ho	モ mo	ヨ yo	ロ ro	ヲ (o)	

Point up 왕초보
일한 단어
＋
한일 사전

```
국립중앙도서관 출판시도서목록(CIP)

(Point up) 왕초보 일한+한일 단어사전
창 외국어연구회 편 / 감수 : 이치우
— 서울 : 창, 2009
  p. ;   cm
본문은 한국어, 일본어가 혼합수록됨
ISBN 978-89-7453-183-6 10730 : ₩10000

일한 사전[日韓辭典]
한일 사전[韓日辭典]

733.1-KDC4
495.63-DDC21      CIP2009001918
```

Point Up 왕초보 일한+한일 단어사전

2009년 7월 20일 1쇄 발행
2025년 7월 20일 13쇄 발행

지은이 | 창 외국어연구회 편 / 이치우 감수
펴낸이 | 이규인
편 집 | 홍보현
펴낸곳 | 도서출판 **창**
등록번호 | 제15-454호
등록일자 | 2004년 3월 25일

주소 | 서울특별시 마포구 대흥로4길 49, 1층(용강동 월명빌딩)
전화 | (02) 322-2686, 2687 / **팩시밀리** | (02) 326-3218
홈페이지 | http://www.changbook.co.kr
e-mail | changbook1@hanmail.net

ISBN 978-89-7453-183-6 10730

정가 10,000원

*잘못 만들어진 책은 〈도서출판 **창**〉에서 바꾸어 드립니다.

*이 책의 저작권은 〈도서출판 **창**〉에 있습니다.
 저작권법에 의해 보호를 받는 저작물이므로 무단 전재와 복제를 금합니다.

Point up

왕초보 일한 + 한일 단어사전

창
Chang Books

F·o·r·e·w·o·r·d

간편하고 효율적인 학습을 위해...

여러분은 지금 국제화 시대에 살고 있습니다. 영어와 마찬가지로 일본어는 여러분과 뗄래야뗄 수 없는 불가분의 관계입니다. 또한 한국어와 어순이 비슷해서 다른 언어보다 훨씬 친근감을 느낄 수 있어 쉽게 배울 수 있음에 틀림없습니다. 그러한 일본어학습을 높이기 위해 펴낸 '포인트업 왕초보 일한+한일 단어사전'은 초중고 교과서 60여 종 및 각종 시험자료에서 7,200개의 일한단어와 한일단어 1,600개를 엄선하여 약 8,800개의 단어를 중요도에 따라 급수별로 구분하여 시험을 대비하여 기본 단어에서 최상의 단어까지 실어 누구나 쉽게 따라 익힐 수 있도록 기획·편집하였습니다. 또한 부록에 일본어 교육한자와 주제별 단어를 포함하여 1,600여 개를 합하면 약 10,000개의 단어입니다.

현재 일본어에 관한 여러 가지 자격시험이 있는데, 특히 매월 실시되는 JPT와 1년에 2번 실시되는 JLPT는 일본어의 가장 중요한 시험이라고 할 수 있습니다. 이러한 모든 시험의 대부분은 문자와 어휘인 즉, 단어입니다. 단어를 알아야 독해와 청해도 가능합니다. 그리고 새로 개정되는 일본어 능력시험에 따라 단어를 분류하여 표기했습니다(N1~N5). 또한 일한단어는 히라가나(あ, い, う)순으로, 한일단어는 가나다(ㄱ, ㄴ, ㄷ)순으로 되어 있으며, 정확한 한글발음을 표기하여 초보자도 쉽게 따라 읽을 수 있을뿐만 아니라, 누구나 쉽게 찾아 즉시 실생활에 활용할

F·o·r·e·w·o·r·d

수 있도록 하였습니다. 그러나 한글발음표기는 단어 학습을 위한 것에 지나지 않으므로 정확한 발음은 발음표를 보고 익히시기 바랍니다. 또한 최신의 주요 일일사전과 인터넷의 자료를 총망라하여 참조하였으며, 단어의 뜻도 일일사전에서 직접 옮겨 왔습니다.

이 책의 구성을 살펴보면,

Part I   포인트업 왕초보 일한 단어

Part II 포인트업 왕초보 한일 단어

Part III 포인트업 왕초보 부록 (일본어 교육 한자, 주제별 일단어)

이와 같이 구성되었으며, 포켓용으로 제작되어 항상 가지고 다니면서 활용하면 많은 어휘실력을 한층 향상시킬 수 있을 것입니다. 어학학습은 끈기만 있으면 반드시 꿈은 이뤄집니다.

참고로 이 책을 학습하는 데 필요한 사용 기호를 살펴보면,

명→명사 동→동사 부→부사 대→대명사 접→접속사
い형→형용사 な형→형용동사 접속조사→접속조사
연어→관용구 기능어→기능어 접미→접미사 조수사→조수사
연체→연체사 복합동사→복합동사 (↔)→반의어 (=)→동의어

□ 위의 (N1~N5)의 표기는 능력시험단어 분류 (■)→기본필수단어표시.

Contents

- Part I 포인트업 왕초보 일한 단어 ········ 8

| あ 8 | か 85 | さ 218 | た 336 | な 424 |
| は 453 | ま 529 | や 568 | ら 591 | わ 604 |

- Part II 포인트업 왕초보 한일 단어 ········ 610

ㄱ 610	ㄴ 626	ㄷ 632	ㄹ 641	ㅁ 643
ㅂ 650	ㅅ 660	ㅇ 675	ㅈ 695	ㅊ 707
ㅋ 711	ㅌ 715	ㅍ 717	ㅎ 721

- Part III 포인트업 왕초보 부록 ············ 729
  - 일본어 교육한자 ······································ 730
  - 주제별 일단어 ··· 781
  - 일본어의 문자와 음절 ······························ 793

Part I

Point up
왕초보 일한 단어

あ

JAPANESE KOREAN WORDS DICTIONARY

N2 **あい** 아이	[愛] 명 사랑, 애정	
N2 **あいかわらず** 아이까와라즈	[相変わらず] 부 변함없이, 여전히	
N4 **あいさつ** 아이사쯔	[挨拶] 명 인사, 인사말	
N2 **あいじょう** 아이죠-	[愛情] 명 애정; 사랑	
N2 **あいず** 아이즈	[合図] 명 신호, 사인	
N2 **アイスクリーム** 아이스쿠리무	ice-cream 명 아이스크림	
N2 **あいする** 아이스루	[愛する] 동 사랑하다	
N1 **あいそう** 아이소-	[愛想] 명 붙임성, 상냥함	
N4 **あいだ** 아이다	[間] 명 사이, 동안, 간격, ~하는 한	
N2 **あいて** 아이떼	[相手] 명 (뭔가를 함께 하는) 상대	
N2 **アイディア** 아이디아	idea 명 아이디어	

N1 **アイドル** 아이도루	idol 몡 우상
N2 **あいにく** 아이니꾸	[生憎] 뷔 공교롭게, 때마침
N1 **あいま** 아이마	[合間] 몡 (시간적인) 틈, 짬, 사이
N1 **あいまい** 아이마이	[曖昧] な형 애매; 애매함, 확실하지 않음
N2 **アイロン** 아이롱	iron 몡 다리미
N4 **あう** 아우	[遭う] 동 (좋지 않은 일을) 만나다
N2 **あう** 아우	[合う] 동 합쳐지다, 맞다, 합류하다
N5 **あう** 아우	[会う] 동 (사람을) 만나다, 대면하다
N1 **アウト** 아우또	out 몡 아웃
N1 **アウトドアスポーツ** 아우또도아스포츠	outdoor-sports 몡 아웃도어 스포츠
N1 **アウトレットモール** 아우또렛또모-루	outlet-mall 몡 아울렛 매장이 밀집해 있는 쇼핑센터
N1 **アウトレットてん** 아우또렛또뗑	outlet-store 몡 아울렛 매장

N1	**あえて** 아에떼	[敢えて] 튀 감히, 굳이, 억지로
N5	**あお** 아오	[青] 명 파랑, 청색, 푸른색
N5	**あおい** 아오이	[青い] い형 파랗다, 푸르다, 창백하다
N2	**あおぐ** 아오구	[扇ぐ] 동 부채질하다
N1	**あおぐ** 아오구	[仰ぐ] 동 (위쪽을) 쳐다보다
N2	**あおじろい** 아오지로이	[青白い] い형 푸르스름하다
N5	**あか** 아까	[垢] 명 때, (마음의) 때, 더러움
N1	**あか** 아까	[赤] 명 빨강, 적색, 공산주의, 빨갱이
N5	**あかい** 아까이	[赤い] い형 붉다, 빨갛다
N1	**あかじ** 아까지	[赤字] 명 적자; 결손(缺損)
N1	**あかし** 아까시	[証(し)] 명 증거, 증명, 증표, 결백
N3	**あかしんごう** 아까싱고-	[赤信号] 명 적신호; 빨간 신호

N1 **あかす** 아까스	[明かす] 동 털어놓다, 밝히다
N4 **あかちゃん** 아까짱	[赤ちゃん] 명 갓난아이, 젖먹이
N1 **あからむ** 아까라무	[赤らむ] 동 불그레해지다, 붉어지다
N2 **あかり** 아까리	[明(か)り] 명 (밝은) 빛, 광선, 불
N1 **あがり** 아가리	[上がり] 명 오름, 올라감, 매상
N4 **あがる** 아가루	[上がる] 동 오르다, 나오다, 일어나다, 잡수시다
N5 **あかるい** 아까루이	[明るい] い형 밝다, 환하다
N4 **あかんぼう** 아깐보-	[赤ん坊] 명 젖먹이, 갓난애
N2 **あき** 아끼	[空き] 명 빈 곳, 빈자리, 빈 터, 틈
N2 **あき** 아끼	[明き] 명 짬, 틈새, 빈자리, 결원
N5 **あき** 아끼	[秋] 명 가을, 가을걷이, 추수
N2 **あきらか** 아끼라까	[明らか] な형 뻔함, 명백함

일한 단어 | 11

N1 **あきらめ** 아끼라메	[諦め] 명 체념, 단념, 포기
N2 **あきらめる** 아끼라메루	[諦める] 동 체념하다, 단념하다
N2 **あきる** 아끼루	[飽きる] 동 싫증나다, 물리다
N5 **あく** 아꾸	[開く] 동 (문·뚜껑이) 열리다, 뚫리다
N4 **あく** 아꾸	[空く] 동 (공간·방이) 비다
N3 **あく** 아꾸	[明く] 동 열리다, (시간이) 나다
N1 **あく** 아꾸	[悪] 명 악; 나쁨, (연극의) 악역(惡役)
N2 **あくしゅ** 아꾸슈	[握手] 명 악수; 서로 손을 마주 잡음
N4 **アクセサリ-** 아꾸세사리-	accessory 명 액세서리
N1 **アクセル** 아꾸세루	accelerator 명 엑셀, 가속장치
N2 **アクセント** 아꾸센또	accent 명 악센트
N2 **あくび** 아꾸비	[欠伸] 명 하품

N2 **あくま** 아꾸마	[悪魔] 명 악마; 마귀, 사탄, 악령
N2 **あくまで** 아꾸마데	[飽くまで] 부 어디까지나, 끝까지, 철저하게
N2 **あけがた** 아께가따	[明け方] 명 새벽녘, 동틀 녘
N4 **あける** 아께루	[開ける] 동 (문·뚜껑을)열다, 사이를 떼다
N3 **あげる** 아게루	[挙げる] 동 들어 나타내다, 검거하다
N2 **あける** 아께루	[明ける] 동 (날이) 새다
N5 **あげる** 아게루	[上げる] 동 (위로) 올리다, 안내하다, 끝내다
あげる 아게루	[揚げる] 동 하늘에 띄우다, 튀겨 익히다
N3 **あご** 아고	[顎] 명 턱, 아래턱
N1 **あこがれ** 아꼬가레	[憧れ] 명 동경, 그리움
N2 **あこがれる** 아꼬가레루	[憧れる] 동 동경하다, 못내 그리워하다
N1 **あさ** 아사	[朝] 명 아침, 아침 식사, 오전

일한 단어 | 13

N4 **あさい**　아사이	[浅い]　 い형 (깊이·바닥이)얕다, (정도가)덜하다
N5 **あさごはん**　아사고항	[朝御飯]　 명 아침 식사
N5 **あさって**　아삿떼	[明後日]　 명 모레(=みょうごにち)
N1 **あさましい**　아사마시이	[浅ましい]　 い형 한심스럽다, 비참하다
N1 **あざむく**　아자무꾸	[欺く]　 동 속이다, 기만하다
N1 **あざやか**　아자야까	[鮮やか]　 な형 선명함, 뚜렷함
N1 **あざわらう**　아자와라우	[嘲笑う]　 동 조소하다, 비웃다
N5 **あし**　아시	[脚]　 명 발, 다리, 떠받치는 물건
N5 **あし**　아시	[足]　 명 발, 다리, 발걸음, 걸음
N4 **あじ**　아지	[味]　 명 (음식의) 맛, 묘미, 멋
N4 **アジア**　아지아	[亜細亜]　 명 아시아
N2 **あしあと**　아시아또	[足跡]　 명 발자국, 발자취, 업적

N5 **あした** 아시따	[明日] 몡 내일(=あす)
N2 **あしもと** 아시모또	[足元・足下] 몡 발 밑, 발치, 걸음걸이
N1 **あじわい** 아지와이	[味わい] 몡 (음식의) 맛, 맛깔
N2 **あじわう** 아지와우	[味わう] 동 (음식을) 맛보다
N2 **あずかる** 아즈까루	[預かる] 동 (남의 것을) 맡아 두다
N2 **あずける** 아즈께루	[預ける] 동 (남에게) 맡아 두게 하다
N2 **あせ** 아세	[汗] 몡 땀, 땀방울, (표면에 서린) 물방울
N1 **あせる** 아세루	[焦る] 동 조바심하다, 안달하다
N1 **あせる** 아세루	[褪せる] 동 (색이)바래다, 퇴색하다
N4 **あそび** 아소비	[遊び] 몡 놀이, 오락, 장난, 유흥
N5 **あそぶ** 아소부	[遊ぶ] 동 놀다, 놀이를 하다, 유학하다
N3 **あたい** 아따이	[値・価] 몡 가격, 대가(代價), 물건값

N1 あたいする 아따이스루	[価する] 동 가치가 있다
N2 あたえる 아따에루	[与える] 동 주다, 받게 하다
N5 あたたかい 아따따까이	[暖かい] い형 따뜻하다, 포근하다, 다정하다
N2 あたたかい 아따따까이	[温かい] い형 (마음이) 따뜻하다
N3 あたたかだ 아따따까다	[暖かだ] な형 (기온·온도가) 따뜻하다
N3 あたたかだ 아따따까다	[温かだ] な형 (마음이) 따뜻하다
N2 あたたまる 아따따마루	[暖まる] 동 (기온·온도가) 따뜻해지다
N2 あたたまる 아따따마루	[温まる] 동 (마음이) 부드러워지다
N2 あたためる 아따따메루	[暖める] 동 따뜻하게 하다, 덥게 하다
N2 あたためる 아따따메루	[温める] 동 (음식을) 따뜻하게 하다
N5 あたま 아따마	[頭] 명 머리, 머리카락, 인원수, 꼭대기
N5 あたらしい 아따라시이	[新しい] い형 새롭다, 오래지 않다, 싱싱하다

N1	**あたり** 아따리	[当(た)り] 명 (야구에서) 타격, 공이
N2	**あたり** 아따리	[辺り] 명 근처, 부근, 주변, 일대
N2	**あたりまえ** 아따리마에	[当(た)り前] な형 당연함, 마땅함
N2	**あたる** 아따루	[当たる] 동 맞다, 당하다, 상대하다, 성공하다
N5	**あつい** 아쯔이	[暑い] い형 (날씨가) 덥다
N5	**あつい** 아쯔이	[熱い] い형 (열·온도가) 뜨겁다, 열렬하다
N5	**あつい** 아쯔이	[厚い] い형 두껍다, 두텁다, (이익이) 많다
	あっか 악까	[悪化] 명 악화; 나빠짐
N1	**あつかい** 아쯔까이	[扱い] 명 (일의) 처리, 취급
N2	**あつかう** 아쯔까우	[扱う] 동 (일을) 맡아 처리하다, 담당하다
N2	**あつかましい** 아쯔까마시이	[厚かましい] い형 뻔뻔하다, 몰염치하다
N5	**あつさ** 아쯔사	[暑さ] 명 더위, 더운 정도

N3 あっしゅく 앗슈꾸	[圧縮] 명 압축; 눌러서 줄게 함
N1 あっせん 앗셍	[斡旋] 명 알선; 주선(周旋), 돌봄
N1 あっとう 앗또—	[圧倒] 명 압도; 뛰어나서 남을 능가함
N1 あっぱく 압빠꾸	[圧迫] 명 압박; 짓누름, 억압함
N1 アップ 압뿌	up 명 업, 오름, 올림, 인상
N2 あつまり 아쯔마리	[集(ま)り] 명 모임, 집회(集會)
N4 あつまる 아쯔마루	[集まる] 동 모이다, 집중하다, 떼지어 모이다
N4 あつめる 아쯔메루	[集める] 동 모으다, 집중시키다
N1 あつらえる 아쯔라에루	[誂える] 동 맞추다, 주문하다
N1 あつりょく 아쯔료꾸	[圧力] 명 압력; 누르는 힘, 압력계
N1 あて 아떼	[宛] 명 할당, 몫
N2 あてな 아떼나	[宛て名] 명 (우편물 등의) 수신인 주소

N2 **あてはまる** 아떼하마루	[当て嵌まる] 동 들어맞다, 적합하다
N2 **あてはめる** 아떼하메루	[当て嵌める] 동 꼭 맞도록 하다, 적용(適用)되다
N3 **あてる** 아떼루	[当てる] 동 던지다, 세게 때리다
N2 **あてる** 아떼루	[当てる] 동 맞히다, 명중시키다, 닿게 하다
N2 **あと** 아또	[跡] 명 (남겨진) 자국, 흔적, 자취
N2 **あと** 아또	[後] 명 후, 뒤, 나중, 다음, 후임자, 후손
N1 **あとつぎ** 아또쯔기	[跡・後継ぎ] 명 상속, 상속자, (집안의) 뒤를 이음
N1 **あとまわし** 아또마와시	[後回し] 명 순번을 바꿔 뒤로 돌림
N2 **あな** 아나	[穴] 명 구멍, 구덩이, 굴, 은신처
N4 **アナウンサー** 아나운사-	announcer 명 아나운서
N5 **あなた** 아나따	[貴方] 명 당신
N5 **あに** 아니	[兄] 명 형, 오빠, 손위 처남

일한 단어 | 19

N5 **あね** 아네	[姉] 명 누나, 언니, 배우자의 손위의 여자 형제
N2 **あばれる** 아바레루	[暴れる] 동 난폭하게 행동하다
N5 **あびる** 아비루	[浴びる] 동 (물을) 뒤집어쓰다, (손해를) 입다
N1 **アピール** 아피-루	appeal 명 어필
N5 **あぶない** 아부나이	[危ない] い형 위험하다, 위태롭다, 불안하다
N2 **あぶら** 아부라	[油] 명 기름, 활력소, 활동의 원동력
N2 **あぶら** 아부라	[脂] 명 (동물의) 지방, 기름, 굳기름
N2 **あぶる** 아부루	[炙る] 동 불에 굽다, 불에 말리다
N2 **あふれる** 아후레루	[溢れる] 동 가득 넘쳐흐르다
N1 **アプローチ** 아프로-치	approach 명 어프로치, 접근
N1 **アベック** 아벳꾸	avec (프) 명 아베크, 동반, 특히 남녀간의 동반
N5 **あまい** 아마이	[甘い] い형 (맛이) 달콤하다, 싱겁다, 시시하다

^{N1} **あまえる** 아마에루	[甘える] 통 응석부리다, 멋대로 행동하다	
^{N1} **あまぐ** 아마구	[雨具] 명 우비, 우장(雨裝)	
^{N1} **あまくち** 아마꾸치	[甘口] 명 맛이 삼삼함, 달콤한 말	
^{N1} **アマチュア** 아마쮸아	amateur 명 아마추어	
^{N2} **あまど** 아마도	[雨戸] 명 (비바람을 막기 위한) 덧문	
^{N2} **あまやかす** 아마야가스	[甘やかす] 통 응석을 받아주다, 제멋대로 놓아두다	
^{N2} **あまり** 아마리	[余り] 명 나머지, 남은 것, 여분	
^{N5} **あまり** 아마리	[余り] 부 너무, 지나치게, (부정) 그다지	
^{N2} **あまる** 아마루	[余る] 통 (사용하고도) 남다, 넘치다	
^{N1} **あみ** 아미	[網] 명 그물, 망	
^{N2} **あみもの** 아미모노	[編(み)物] 명 편물; 뜨개질	
^{N2} **あむ** 아무	[編む] 통 엮다, 땋다, 뜨다	

N5 あめ 아메	[雨] 명 비, 비가 옴, 우천(雨天)
N5 あめ 아메	[飴] 명 사탕, 엿, 조청
N2 あやうい 아야우이	[危うい] い형 아슬아슬하다
N2 あやしい 아야시이	[怪しい] い형 (모양·행동이) 이상하다, 괴상하다
N1 あやつる 아야쯔루	[操る] 동 (인형 등을) 놀리다, 잘 다루다
N1 あやぶむ 아야부무	[危ぶむ] 동 불안해하다, 걱정하다
N1 あやまち 아야마찌	[過ち] 명 일이 잘못됨, 과오, 실패, 실수
N2 あやまり 아야마리	[誤り] 명 잘못, 실수, 실패, 틀림
N4 あやまる 아야마루	[謝る] 동 사과하다, 사죄하다
N1 あやまる 아야마루	[誤る] 동 잘못되다, 실수하다
N1 あゆみ 아유미	[歩み] 명 발걸음, 보행(步行), 보조(步調)
N1 あゆむ 아유무	[歩む] 동 걷다, 진행하다

N2 **あらい** 아라이	[粗い] い형 거칠다, 성기다, 조잡하다
N2 **あらい** 아라이	[荒い] い형 (행동이) 거칠다, 난폭하다
N5 **あらう** 아라우	[洗う] 동 (물로) 씻다, 빨다
N1 **あらす** 아라스	[荒す] 동 황폐하게 만들다, 거친 상태로 하다
N2 **あらすじ** 아라스지	[粗筋] 명 개요, 대강의 줄거리
N1 **あらそい** 아라소이	[争い] 명 경쟁, 다툼, 싸움, 분쟁
N2 **あらそう** 아라소우	[争う] 동 경쟁하다, 싸우다
N2 **あらた** 아라따	[新た] な형 새로움, 새로 함
N1 **あらたまる** 아라따마루	[改まる] 동 새로워지다, 개선되다
N2 **あらためて** 아라따메ㅌ떼	[改めて] 부 다시, 따로, 다른
N2 **あらためる** 아라따메루	[改める] 동 변경하다, 새롭게 하다
N1 **アラブ** 아라부	Arab 명 아랍

N2 **あらわす** 아라와스	[著(わ)す] 통 (책을) 쓰다, 출판하다
N2 **あらわす** 아라와스	[表す] 통 (모양·모습을) 표현하다
N2 **あらわす** 아라와스	[現(わ)す] 통 보이지 않는 것을 보이게 하다
N2 **あらわれ** 아라와레	[現われ] 명 나타남, 표현, 결과
N3 **あらわれる** 아라와레루	[表われる] 통 (인물이) 등장하다, 나타나다
N2 **あらわれる** 아라와레루	[現われる] 통 나타나다, 드러나다
N2 **ありがたい** 아리가따이	[有り難い] い형 고맙다, 황송하다
N2 **ありがとう** 아리가또-	[有り難う] 감 고맙소, 고마워, 고맙소
N1 **ありさま** 아리사마	[有(り)様] 명 모양, 상태
N1 **アリバイ** 아리바이	alibi 명 알리바이
N1 **ありふれる** 아리후레루	[有り触れる] 통 흔히 있어 신기하지 않다
N4 **ある** 아루	[有·在る] 통 (~을 가지고) 있다, 존재하다

N2 **ある** 아루	[或] 연체 어떤, 어느
N2 **あるいは** 아루이와	[或いは] 부 혹시, 또는, 어쩌면 접 혹은, 또는
N1 **アルカリ** 아루카리	alkali 명 알칼리
N5 **あるく** 아루꾸	[歩く] 동 걷다, 거닐다, 산책하다
N2 **アルバム** 아루바무	album 명 앨범
N1 **アルミニウム** 아루미니우무	aluminium 명 알리미늄
N2 **あれる** 아레루	[荒れる] 동 (분위기가) 험악하다, 거칠어지다
N1 **アレルギ-** 아레루기-	Allergie (독) 명 알레르기
N2 **あわ** 아와	[泡] 명 거품, (입가의) 게거품
N1 **あわす** 아와스	[合わす] 동 합하여 하나로 만들다
N2 **あわせる** 아와세루	[合わせる] 동 합치다, 맞추다, 모으다, 합주하다
N2 **あわただしい** 아와따다시이	[慌(ただ)しい] い형 황급하다, 부산하다

N2	**あわてる** 아와떼루	[慌てる] 동 뜻밖의 일에 당황하다
N2	**あわれ** 아와레	[哀れ] 명 가련함, 불쌍한 생각, 동정
N1	**アワ-** 아와-	hour 명 시간
N2	**あん** 안	[案] 명 안; 생각, 궁리, 의견, 아이디어
N2	**あんい** 안이	[安易] な형 안이; 손쉬움
N2	**あんがい** 앙가이	[案外] 부 뜻밖의, 예상외로, 의외로
N2	**あんき** 앙끼	[暗記] 명 암기; 욈
N1	**アンケ-ト** 앙께-또	enquéte (프) 명 앙케트, 질문
N1	**あんさつ** 안사쯔	[暗殺] 명 암살; 몰래 사람을 죽임
N1	**あんざん** 안장	[暗算] 명 암산; 머릿속으로 계산함
N1	**あんじ** 안지	[暗示] 명 암시; 넌지시 깨우쳐 줌
N1	**あんじる** 안지루	[案じる] 동 생각하다, 연구(研究)하다

N4	**あんしん** 안싱	[安心] 명 안심; 마음이 편함, 걱정이 없음
N1	**あんずる** 안즈루	[案ずる] 동 근심하다
N1	**あんせい** 안세이	[安静] 명 안정; 조용하게 있음
N4	**あんぜん** 안젠	[安全] 명 안전; 평안하여 위험이 없음
N2	**あんてい** 안떼-	[安定] 명 안정; 안전하게 자리 잡음
N2	**アンテナ** 안떼나	antenna 명 안테나
N4	**あんない** 안나이	[案内] 명 안내; 인도(引導), 통지
N3	**い** 이	[位] 명 (등급·정도의) ~위, 순번
N2	**い** 이	[胃] 명 위; 밥통, 이십팔수의 하나
N1	**い** 이	[意] 명 의; 마음, 생각, 의사(意思)
N1	**い** 이	[異] 명 다름, 특별함, 다른 의견, 이의
N5	**いい** 이이	[良い] い형 좋다, (동사 연용형에)~하기 쉽다

いいだす [言い出す]
이-다스 N2
동 말을 꺼내다, 말을 시작하다

いいつける [言い付ける]
이-쯔께루 N2
동 명령하다, 고자질하다

いいわけ [言い訳]
이-와께 N1
명 변명, 구실, 핑계

いいん [委員]
이잉 N2
명 위원; 특정의 일을 심의하는 사람

いいん [医院]
이잉 N1
명 의원; 개인 병원, 진료소

いう [言う]
이우 N5
동 말하다, 지껄이다, 이야기하다

いえ [家]
이에 N5
명 집, 주택, 가정, 가족, 가문

イエス
이에스 N1
yes
명 예스

いえで [家出]
이에데 N1
명 가출; 출가(出家), 중이 됨

いか [以下]
이까 N4
명 이하; (기준을 정한 것)보다 적은 것

いがい [意外]
이가이 N4
명 의외; 뜻밖, 생각 밖

いがい [以外]
이가이 N2
명 이외; 그 밖

N4 **いがく** 이가꾸	[医学] 몡 의학; 의술에 관한 학문
N1 **いかす** 이까스	[生かす] 동 살리다, 살려 두다
N1 **いかり** 이까리	[怒り] 몡 노여움, 분노, 화
N1 **いき** 이끼	[粋] な형 세련됨, 멋있음, 순수함
N2 **いき** 이끼	[息] 몡 숨, 호흡, 입김
N2 **いぎ** 이기	[意義] 몡 의의; 뜻, 의미, 값, 값어치
N1 **いぎ** 이기	[異議] 몡 이의; 다른 의견, 반대 의견
N2 **いきいきと** 이끼이끼또	[生き生きと] 분 생생하게, 생기 있게
N2 **いきおい** 이끼오이	[勢い] 몡 (자연의) 힘, 원기(元氣), 기력
N1 **いきがい** 이끼가이	[生き甲斐] 몡 사는 보람, 산 보람
N1 **いきごむ** 이끼고무	[意気込む] 동 분발하다, 어떤 일에 힘을 내다
N1 **いきちがい** 이끼찌가이	[行き違い] 몡 일의 엇갈림, 차질(蹉跌)

N2	**いきもの** 이끼모노	[生き物] 명 생물; 살아 있는 것
N4	**いきる** 이끼루	[生きる] 동 살다, 생존하다, 효과가 있다, 보람 있다
N2	**いく~** 이꾸	[幾~] 접두 (명사 앞에 접속하여) 몇, 얼마의
N5	**いく** 이꾸	[行く] 동 가다, 되다, 진척되다
N2	**いくじ** 이꾸지	[育児] 명 육아; 어린 아이를 키움
N1	**いくせい** 이꾸세-	[育成] 명 육성; 길러냄
N1	**いくた** 이꾸따	[幾多] 부 숱하게, 무수히, 수많음
N5	**いくつ** 이꾸쯔	[幾つ] 명 몇, 몇 개, 몇 살
N2	**いくぶん** 이꾸붕	[幾分] 명 일부, 일부분 부 어느 정도, 조금
N5	**いくら** 이꾸라	[幾ら] 명 얼마 부 아무리
N5	**いけ** 이께	[池] 명 연못, 연지(硯池)
N2	**いけない** 이께나이	[行けない] 형 안된다, 좋지 않다, 나쁘다

N2 **いけばな** 이께바나	[生け花] 명 꽃꽂이, 생화(生花)
N1 **いける** 이께루	[生ける] 동 살리다, 꽃꽂이하다
N4 **いけん** 이껭	[意見] 명 의견; 생각, 훈계, 충고
N1 **いけん** 이껭	[異見] 명 이견; 이견, 이론, 다른 의견
N2 **いご** 이고	[以後] 명 이후; 지금부터, 앞으로, 그 후
N1 **いこう** 이꼬-	[意向] 명 의향; 생각, 뜻, 마음
N2 **いこう** 이꼬-	[以降] 명 이후(以後), 그로부터
N1 **いこう** 이꼬-	[移行] 명 이행; 옮아감, 변해 감
N2 **イコール** 이코-루	equal 명 이콜, 같음, 동등함
N2 **いさましい** 이사마시이	[勇ましい] い형 용감하다, 원기가 있다, 활발하다
N4 **いし** 이시	[石] 명 돌, 석재(石材), 보석
N2 **いじ** 이지	[維持] 명 유지; 지탱하여 나감

N2	**いし** 이시	[意思] 명 의사; 마음먹은 생각
N2	**いし** 이시	[医師] 명 의사
N2	**いし** 이시	[意志] 명 의지; 의사(意思), 생각, 뜻
N1	**いじ** 이지	[意地] 명 의지; 고집, 오기
N2	**いしき** 이시끼	[意識] 명 의식; 사물을 깨닫는 마음의 상태
N4	**いじめる** 이지메루	[苛める] 동 학대하다, 약한 자를 괴롭히다
N4	**いじめる** 이지메루	[虐める] 동 (약한 사람을)학대하다
N5	**いしゃ** 이샤	[医者] 명 의사(医師)
N1	**いじゅう** 이쥬-	[移住] 명 이주; 딴 곳으로 이사함
N4	**いしょう** 이쇼-	[衣装] 명 의상(衣裳), 복장(服装)
N1	**いじょう** 이죠-	[以上] 명 이상; 그보다 위
N2	**いじょう** 이죠-	[異常] 명 이상; 정상적이 아님

N2 **いしょくじゅう** 이쇼꾸쥬-	[衣食住] 명 의식주
N2 **いじわる** 이지와루	[意地悪] 명 심술궂음, 심술쟁이
N5 **いす** 이스	[椅子] 명 의자; 결상, (관직 등의) 지위
N2 **いずみ** 이즈미	[泉] 명 샘, 샘물, 원천, 근원
N1 **いせい** 이세-	[異性] 명 이성; 성질이 다름, 또 다른 것
N1 **いせき** 이세끼	[遺跡] 명 유적; 고적(古跡)
N2 **いぜん** 이젱	[以前] 명 이전; 그 전, ~보다 전
N1 **いぜんとして** 이젱도시떼	[依然として] 부 여전히
N5 **いそがしい** 이소가시이	[忙しい] い형 바쁘다, 겨를이 없다
N4 **いそぐ** 이소구	[急ぐ] 동 (행동을) 서두르다
N1 **いそん** 이송	[依存] 명 의존; 의지하고 삶
N2 **いた** 이따	[板] 명 판자, 널빤지, 무대

N5	**いだい** 이다이	[偉大] な형 위대; 뛰어남, 웅장함
N2	**いたい** 이따이	[痛い] い형 (몸이) 아프다, 쓰리다, 뜨끔하다
N1	**いたく** 이따꾸	[委託] 명 위탁; (행위·사무) 남에게 의뢰함
N2	**いだく** 이다꾸	[抱く] 동 (마음에) 품다
N4	**いたす** 이따스	[致す] 동 하다, 'する'의 겸양어
N1	**いただき** 이따다끼	[頂] 명 (산의) 꼭대기, 정상(頂上)
N4	**いただく** 이따다꾸	[頂く] 동 (머리에) 얹다, 먹다, 받다 겸양어
N1	**いたって** 이땃떼	[至って] 부 대단히, 매우, 몹시
N2	**いたみ** 이따미	[痛み] 명 (상처 등의) 아픔, 통증
N2	**いたむ** 이따무	[痛む] 동 (상처가) 아프다
N1	**いためる** 이따메루	[炒める] 동 음식물을 기름에 볶다
N1	**いためる** 이따메루	[痛める] 동 (몸을) 아프게 하다

N2 **いたる** 이따루	[至る] 동 (어떤 시간·장소) 이르다, 도달하다
N1 **いたわる** 이따와루	[労る] 동 (노약자를) 친절하게 소중히 다루다
N1 **いち** 이찌	[市] 명 장, 시장, 저자, 시가
N2 **いち** 이찌	[位置] 명 위치; 장소, 곳, 지위, 입장
N5 **いち** 이찌	[一] 명 하나, 1, 첫째, 처음, 시초
N3 **いち** 이찌	[壱] 명 1, 영수증이나 중요 서류 등에 사용함
N2 **いちおう** 이찌오-	[一応] 부 일단, 우선은, 어쨌거나
N1 **いちがいに** 이찌가이니	[一概に] 부 무조건, 덮어놓고, 차별 없이
N5 **いちがつ** 이찌가쯔	[一月] 명 일월; 정월(正月)
N2 **いちじ** 이찌지	[一時] 명 (시계의) 1시, 한때
N1 **いちじるしい** 이찌지루시이	[著しい] い형 현저하다, 눈에 띄다
N2 **いちだん** 이찌당	[一段] 명 한 단, 한 토막 부 한결, 더욱 더

^{N4} **いちど** 이찌도	[一度] 명 한 번, 1회
^{N1} **いちどう** 이찌도-	[一同] 명 일동; 모두, 전원(全員)
^{N2} **いちどに** 이찌도니	[一度に] 부 한 번에, 동시에(=いっぺんに)
^{N5} **いちにち** 이찌니찌	[一日] 명 (24시간의) 하루, 초하루
^{N2} **いちば** 이찌바	[市場] 명 시장; 장, 저자(market)
^{N2} **いちぶ** 이찌부	[一部] 명 일부; (책의) 한 권, 한질
^{N1} **いちぶぶん** 이찌부붕	[一部分] 명 일부분; 전체의 한 부분(part)
^{N1} **いちべついらい** 이찌베쯔이라이	[一別以来] 연어 작별한 이후, 이별하고 지금까지
^{N5} **いちまい** 이찌마이	[一枚] 명 일매; (종이·손수건) 한 장, 한 겹
^{N1} **いちめん** 이찌멘	[一面] 명 일면; 한 면, 한 쪽
^{N1} **いちもく** 이찌모꾸	[一目] 명 한쪽 눈, 외눈, 슬쩍
^{N1} **いちよう** 이찌요-	[一様] 명 똑같음, 한결같음, 같은 모양

N1	**いちりつ** 이찌리쯔	[一律] 몡 일률; 균등함
N2	**いちりゅう** 이찌류-	[一流] 몡 일류; 첫째가는 지위
N1	**いちれん** 이찌렝	[一連] 몡 일련; 하나로 연계(連繫)된 것
N5	**いつか** 이쯔까	[五日] 몡 (그 달의) 초닷새, 다섯날, 닷새
N2	**いっか** 익까	[一家] 몡 일가; 한 집, 한 가정
N1	**いっかつ** 익까쯔	[一括] 몡 일괄; 하나로 묶음
N1	**いっきに** 익끼니	[一気に] 부 단숨에, 단번에
N1	**いっきょに** 익꾜니	[一挙に] 부 일거에, 단숨에, 단번에
N1	**いっけん** 익껭	[一見] 몡 일견; 한 번 봄, 언뜻
N1	**いっさい** 잇사이	[一切] 몡 일절; 빠짐 없이 부 전연, 모두
N2	**いっさくじつ** 잇사꾸지쯔	[一昨日] 몡 그저께
N2	**いっさくねん** 잇사꾸넹	[一昨年] 몡 재작년

N2 **いっしゅ** 잇슈	[一種] 명 일종; 한 종류
N5 **いっしゅうかん** 잇슈-깡	[一週間] 명 1주간; 7일간
N2 **いっしゅん** 잇슝	[一瞬] 명 일순; 눈 깜짝할 사이, 한 순간
N5 **いっしょ** 잇쇼	[一緒] 명 (행동을) 함께 함, 같이, 한꺼번
N2 **いっしょう** 잇쇼-	[一生] 명 일생; 평생, 한 평생
N4 **いっしょうけんめい** 잇쇼-껨메이	[一生懸命] な형 목숨을 걸고 일함, 열심임
N5 **いっしょに** 잇쇼니	[一緒に] 부 함께, 같이
N1 **いっしん** 잇싱	[一心] 명 일심; 일치된 마음
N2 **いっせいに** 잇세-니	[一斉に] 부 일제히, 한꺼번에
N2 **いっそう** 잇소-	[一層] 명 더욱, 한층 더, 더욱 더
N1 **いったい** 잇따이	[一帯] 명 일대; 어느 지역 전부
N2 **いったい** 잇따이	[一体] 명 일체; 한 몸 부 몰아서, 대체로

N2 いったん 잇땅	[一旦] 명 일단; 한 번, 당장, 우선
N2 いっち 잇찌	[一致] 명 일치; 하나가 됨
N5 いつつ 이쯔쯔	[五つ] 명 다섯, 다섯 개, 다섯
N2 いってい 잇떼-	[一定] 명 일정; 정해져 있음
N4 いっぱい 입빠이	[一杯] 부 한 잔, 한잔 술 부 충분히, 많이
N3 いっぱく 입빠꾸	[一泊] 명 일박; 하룻밤 묵음
N2 いっぱん 입빵	[一般] 명 일반; 전반(全般), 보편
N1 いっぺん 입뻥	[一変] 명 일변; 완전히 바뀜
N2 いっぽう 입뽀-	[一方] 명 한 방향, 한쪽
N5 いっぽん 입뽕	[一本] 명 (가늘고 긴 물건의) 한 자루
N5 いつも 이쯔모	[何時も] 부 언제나, 늘, 항상
N1 イデオロギ- 이데오로기-	Ideologie (독) 명 이데올로기

N2 いてん 이뗑	[移転] 명 이전; (사무실 등의) 이사
N4 いと 이또	[糸] 명 실, (실 모양의) 줄, 낚싯줄
N2 いど 이도	[緯度] 명 위도; 지구의 수직선과 이루는 각도
N1 いと 이또	[意図] 명 의도; 생각, 계획
N2 いど 이도	[井戸] 명 우물
N1 いどう 이도-	[異動] 명 이동; 지위나 근무처가 바뀜
N2 いどう 이도-	[移動] 명 이동; 옮겨 움직임
N1 いとなむ 이또나무	[営む] 동 (생활을 위해서)일을 하다
N1 いどむ 이도무	[挑む] 동 (싸움·시비를) 걸다
N4 いない 이나이	[以内] 명 이내; ~로부터 안, 안쪽
N4 いなか 이나까	[田舎] 명 시골, 지방, 전원, 고향
N1 いなびかり 이나비까리	[稲光] 명 번개

N5 **いぬ** 이누	[犬] 명 개, 앞잡이
N2 **いね** 이네	[稲] 명 벼
N2 **いのち** 이노찌	[命] 명 목숨, 생명, 수명
N1 **いのり** 이노리	[祈り] 명 기도, 기원(祈願)
N4 **いのる** 이노루	[祈る] 동 빌다, 기도하다, 기원하다, 희망하다
N2 **いばる** 이바루	[威張る] 동 뽐내다, 으스대다, 거만하게 굴다
N2 **いはん** 이항	[違反] 명 위반; (법령·계약·협정) 규칙을 어김
N2 **いふく** 이후꾸	[衣服] 명 의복; 옷
N2 **いま** 이마	[居間] 명 거실, 리빙룸
N5 **いま** 이마	[今] 명 지금, 오늘날, 현대 부 방금
N1 **いまさら** 이마사라	[今更] 부 새삼스레, 지금에 와서 명 새로운 것
N2 **いまに** 이마니	[今に] 부 이제, 이제 곧, 머지않아

일한 단어 | 41

N2 **いまにも** 이마니모	[今にも] 부 금방이라도, 당장이라도
N5 **いみ** 이미	[意味] 명 의미; 뜻, 말뜻, 까닭, 가치, 보람
N1 **いみん** 이밍	[移民] 명 이민; 다른 나라에 이사하여 삶
N2 **イメージ** 이메-지	image 명 이미지
N5 **いもうと** 이모-또	[妹] 명 여동생, 손아래 시누
N5 **いや** 이야	[否] な형 싫은 모양, 바라지 않는 모양
N5 **いや** 이야	[嫌] 명 싫음, 좋아하지 않음, 불쾌함
N1 **いやいや** 이야이야	[嫌嫌] 부 싫으면서도 마지못해서 감 아니
N2 **いやがる** 이야가루	[嫌がる] 동 싫어하다(=きらう)
N1 **いやしい** 이야시이	[卑しい] い형 천하다, 품위가 없다, 비열하다
N1 **いやしい** 이야시이	[賎しい] い형 신분이나 지위가 낮다
N1 **いやだ** 이야다	[嫌だ] な형 싫다, 바라지 않는다

N1	**イヤリング** 이야링구	earring 명 귀걸이
N1	**いよく** 이요꾸	[意欲] 명 의욕; 하고 싶어 하는 마음
N2	**いらい** 이라이	[依頼] 명 의뢰; 부탁, 의지, 의탁
N2	**いらい** 이라이	[以来] 명 이래; 이후, 금후, 앞으로
N4	**いらっしゃる** 이랏샤루	동 가시다, 오시다, 계시다
N5	**いりぐち** 이리구찌	[入(り)口] 명 입구; 들어가는 곳
N1	**いりょう** 이료-	[衣料] 명 의료; 옷감, 의복의 재료
N2	**いりょう** 이료-	[医療] 명 의료; 의술(醫術)로 병을 치료함
N1	**いりょく** 이료꾸	[威力] 명 위력; 위풍 있는 강대한 힘
N5	**いる** 이루	[居る] 동 (사람·동물이)있다, 앉다
N5	**いる** 이루	[要る] 동 필요하다, (비용이) 들다
N2	**いる** 이루	[入る] 동 (어떤 공간 속으로) 들어가다

일한 단어 | 43

N3 **いる** 이루	[煎る] 동 (양념한 달걀·두부) 졸이다, 볶다
N3 **いる** 이루	[炒る] 동 (기름에) 볶다, 졸이다
N1 **いるい** 이루이	[衣類] 명 의류; 옷가지
N2 **いれもの** 이레모노	[入れ物] 명 물건을 넣어 두기 위한 그릇, 용기(容器)
N5 **いれる** 이레루	[入れる] 동 (공간 안)넣다, 두다, 놓다, 들이다
N5 **いろ** 이로	[色] 명 색; 색깔, 빛깔, 피부색
N1 **いろん** 이롱	[異論] 명 이론; 남과 다른 주장, 남과 다른 의견
N2 **いわ** 이와	[岩] 명 바위, 반석, 암석
N2 **いわい** 이와이	[祝(い)] 명 축하, 축하 선물, 축사
N2 **いわう** 이와우	[祝う] 동 축하하다, 축복하다
N2 **いわゆる** 이와유루	[所謂] 연체 소위; 흔히 말하는
N1 **いんかん** 잉깡	[印鑑] 명 인감; 실인(實印)

N1 **いんき** 잉끼	[陰気] な형 음기; 음침함, 침울함
N2 **インキ** 잉끼	ink 명 잉크
N1 **いんきょ** 잉꾜	[隠居] 명 은거; 세상을 등지고 조용히 사는 일
N1 **いんさつ** 인사쯔	[印刷] 명 인쇄
N2 **いんしょう** 인쇼-	[印象] 명 인상; 강하게 마음에 새겨지는 일
N1 **インスタント** 인스딴또	instant 명 인스턴트
N2 **いんたい** 인따이	[引退] 명 은퇴(隱退)
N1 **インタ-チェンジ** 인타-첸지	interchange 명 인터체인지, 입체 교차로
N1 **インタ-ナショナル** 인타-나쇼나루	international 명 인터내셔널, 국제적
N2 **インタビュ-** 인따뷰-	interview 명 인터뷰
N1 **インタ-フォン** 인따-폰	inter-phon 명 인터폰
N1 **インテリ** 인떼리	intelli 명 인텔리

일한 단어

| N1 **インテリア**
인떼리아 | interior
명 인테리어 |

| N1 **インフォメーション**
인포메-숑 | information
명 인포메이션, 안내 |

| N1 **インフルエンザ**
인후루엔자 | influenza
명 인플루엔자, 유행성 감기 |

| N2 **いんよう**
잉요- | [引用]
명 인용; 남의 문장이나 사례 |

| N2 **いんりょく**
인료꾸 | [引力]
명 인력; 물체가 서로 잡아당기는 힘 |

| N1 **ウィークデー**
위-꾸데 | weekend
명 주말 |

| N2 **ウイスキー**
위스까- | whisky
명 위스키 |

| N1 **ウイルス**
우이루스 | virus
명 바이러스 |

| N5 **うえ**
우에 | [上]
명 위, 위쪽, 표면, 겉면 |

| N2 **うえき**
우에끼 | [植木]
명 정원수(庭園樹), 분재(盆栽) |

| N2 **ウエートレス**
우에-또레스 | waitress
명 웨이트리스 |

| N4 **うえる**
우에루 | [飢える]
동 주리다, 굶주리다 |

N2 **うえる** 우에루	[植える] 동 식물의 뿌리·씨를 땅 속에 묻다
N2 **うお** 우오	[魚] 명 물고기, 생선
N3 **うおいちば** 우오이찌바	[魚市場] 명 어시장; 생선 시장
N4 **うかがう** 우까가우	[窺う] 동 엿보다, 살피다
N4 **うかがう** 우까가우	[伺う] 동 묻다, 듣다, 찾아뵙다의 겸양어
N2 **うかぶ** 우까부	[浮(か)ぶ] 동 (물·공중에) 떠오르다, 나타나다
N2 **うかべる** 우까베루	[浮かべる] 동 뜨도록 하다, 띄우다
N1 **うかる** 우까루	[受かる] 동 (시험에) 붙다, 합격하다
N2 **うく** 우꾸	[浮く] 동 (물·공중에) 뜨다, 들뜨다, 근거가 없다
N1 **うけいれ** 우께이레	[受(け)入れ] 명 받아들임, 떠맡음
N1 **うけいれる** 우께이레루	[受け入れる] 동 받아들이다(receive), 승낙하다
N3 **うけたまわる** 우께따마와루	[承る] 동 삼가 듣다, '승낙하다'의 공손한 말

| N1 | **うけつぐ** 우께쯔구 | [受け継ぐ] 동 상속하다, 계승하다 |

| N4 | **うけつけ** 우께쯔께 | [受(け)付(け)] 명 접수, 접수처 |

| N1 | **うけつける** 우께쯔께루 | [受け付ける] 동 서류 등을 취급(처리)하는 것 |

| N1 | **うけとめる** 우께또메루 | [受け止める] 동 받아서 멈추게 하다, 받아서 막다 |

| N2 | **うけとり** 우께또리 | [受(け)取(り)] 명 수취; 받음, 수령 |

| N2 | **うけとる** 우께또루 | [受け取る] 동 수취하다, 받아 쉬다 |

| N1 | **うけみ** 우께미 | [受(け)身] 명 남의 동작을 받는 입장, 수세(守勢) |

| N1 | **うけもち** 우께모찌 | [受け持ち] 명 담당, 담당자, 담임 |

| N2 | **うけもつ** 우께모쯔 | [受け持つ] 동 자기 몫으로 맡다, 담당하다 |

| N4 | **うける** 우께루 | [受ける] 동 받다, 이어받다, 받아들이다, 당하다 |

| N2 | **うごかす** 우고까스 | [動かす] 동 움직이게 하다 |

| N1 | **うごき** 우고끼 | [動き] 명 움직임, 몸놀림, 동작, 변천, 변화 |

N4 **うごく** 우고꾸	[動く] 동 (저절로) 움직이다, 작동하다	
N2 **うさぎ** 우사기	[兎] 명 토끼	
N2 **うし** 우시	[牛] 명 소(cow, ox)	
N2 **うしなう** 우시나우	[失う] 동 (가진 것을) 잃다, 분실하다	
N5 **うしろ** 우시로	[後ろ] 명 (방향의) 뒤쪽, 뒤(↔まえ), 뒷모습	
N1 **うず** 우즈	[渦] 명 소용돌이, 소용돌이무늬	
N5 **うすい** 우스이	[薄い] い형 (두께가) 얇다, (빛이) 엷다	
N2 **うすぐらい** 우스구라이	[薄暗い] い형 조금 어둡다, 약간 어둡다	
N2 **うすめる** 우스메루	[薄める] 동 (색·맛 등을) 연하게 하다	
N1 **うずめる** 우즈메루	[埋める] 동 파묻다, 메우다	
N4 **うそ** 우소	[嘘] 명 거짓, 거짓말, 잘못, 틀림	
N5 **うた** 우따	[歌] 명 노래, 노래를 부르기 위한 시나 글	

N5 **うたう** 우따우	[歌う] 통 노래 부르다, 노래하다
N2 **うたがう** 우따가우	[疑う] 통 의심하다, 확실하지 않다
N1 **うたたね** 우따따네	[転た寝] 명 (잠자리에 들지 않고 조는) 선잠
N2 **うち** 우찌	[内] 명 안, 안쪽, 내부, 속, 사이
N1 **うちあける** 우찌아께루	[打ち明ける] 통 숨기지 않고 이야기하다
N2 **うちあわせ** 우찌아와세	[打(ち)合(わ)せ] 명 미리 해 두는 의논, 상담, 타합
N2 **うちあわせる** 우찌아와세루	[打ち合わせる] 통 앞서 상의하다, 미리 의논하다
N1 **うちきる** 우찌끼루	[打ち切る] 통 힘있게 끊다
N1 **うちけし** 우찌께시	[打(ち)消し] 명 취소, 부정
N2 **うちけす** 우찌께스	[打ち消す] 통 부정(否定)하다
N1 **うちこむ** 우찌꼬무	[打ち込む] 통 두드려 박다, 박아 넣다
N2 **うちゅう** 우쮸-	[宇宙] 명 우주; 모든 천체를 포함한 공간

N1 **うちわ** 우찌와	[団扇] 명 둥근 부채
N1 **うちわけ** 우찌와께	[内訳] 명 내역; 명세(明細)
N2 **うつ** 우쯔	[撃つ] 동 (총을) 쏘다, 발사하다
N4 **うつ** 우쯔	[打つ] 동 치다, 때리다, 게시하다
N2 **うつ** 우쯔	[討つ] 동 (무기 등으로) 공격하다
N4 **うつくしい** 우쯔꾸시이	[美しい] い형 아름답다, 곱다
N1 **うつし** 우쯔시	[写し] 명 복사본, 사본, 베낌, 모작
N4 **うつす** 우쯔스	[写す] 동 베끼다, 복사하다
N2 **うつす** 우쯔스	[映す] 동 (모습·그림자를) 투영하다
N2 **うつす** 우쯔스	[移す] 동 (다른 장소로) 옮기다, 시작하다
N1 **うったえ** 옷따에	[訴え] 명 호소, 하소연, 소송(訴訟)
N2 **うったえる** 옷따에루	[訴える] 동 재판을 청구하다, 고소하다

| N1 **うつむく** | [俯く] |
| 우쯔무꾸 | 동 머리를 숙이다, 내려다 보다 |

| N2 **うつる** | [写る] |
| 우쯔루 | 동 (속이) 비쳐 보이다, 찍히다 |

| N4 **うつる** | [映る] |
| 우쯔루 | 동 (모양·색깔이) 비치다 |

| N2 **うつる** | [移る] |
| 우쯔루 | 동 (위치·장소를) 바꾸다, 전거(轉居)하다 |

| N1 **うつろ** | [空ろ] |
| 우쯔로 | な형 공허, 텅 빔 |

| N1 **うつろ** | [虚ろ] |
| 우쯔로 | な형 멍청하게 하고 있는 모양 |

| N1 **うつわ** | [器] |
| 우쯔와 | 명 그릇, 용기, 기구, 도구 |

| N4 **うで** | [腕] |
| 우데 | 명 팔, 솜씨, 기량, 실력, 완력 |

| N1 **うでまえ** | [腕前] |
| 우데마에 | 명 솜씨, 기량, 수완 |

| N1 **うてん** | [雨天] |
| 우뗑 | 명 우천; 비 오는 날 |

| N1 **うながす** | [促す] |
| 우나가스 | 동 재촉하다, 독촉하다 |

| N2 **うなずく** | [頷く] |
| 우나즈꾸 | 동 수긍하다, 고개를 끄덕이다 |

N1 **うぬぼれ** 우누보레	[自惚れ] 명 잘난 체하는 것, 자부(自負)
N2 **うばう** 우바우	[奪う] 동 약탈하다, 탈취하다
N2 **うま** 우마	[馬] 명 말, 접사다리, 목마, 발판
N4 **うまい** 우마이	[旨い] い형 맛있다, 잘하다, 좋다, 훌륭하다
N1 **うまる** 우마루	[埋まる] 동 (움푹한 곳에) 파묻히다
N2 **うまれ** 우마레	[生まれ] 명 태어남, 출생, 태생
N1 **うまれつき** 우마레쯔끼	[生まれ付き] 명 타고난 성질이나 능력
N5 **うまれる** 우마레루	[生まれる] 동 태어나다, 출생하다
N1 **ウーマン** 우-망	woman 명 여자
N5 **うみ** 우미	[海] 명 바다, 호수
N1 **うむ** 우무	[産む] 동 (새끼나 알을) 낳다
N1 **うむ** 우무	[生む] 동 (새끼나 알을) 낳다, 만들어내다

N2	**うむ** 우무	[有無] 명 유무; (사물의) 있음과 없음
N3	**うめ** 우메	[梅] 명 매실, 매실나무
N1	**うめこむ** 우메꼬무	[埋め込む] 동 메꿔넣다, 채워넣다
N1	**うめぼし** 우메보시	[梅干し] 명 매실장아찌
N2	**うめる** 우메루	[埋める] 동 (움푹한 곳) 메우다
N2	**うやまう** 우야마우	[敬う] 동 공경하다, 존경하다
N4	**うら** 우라	[裏] 명 뒷면, 뒤쪽, 뒤, 내막, 안
N1	**うらがえし** 우라가에시	[裏返し] 명 뒤집기, 뒤집은 상태
N2	**うらがえす** 우라가에스	[裏返す] 동 겉뒤집히다, 배반하다, 내통하다
N2	**うらぎる** 우라기루	[裏切る] 동 (아군을 버리고) 배반하다
N2	**うらぐち** 우라구찌	[裏口] 명 뒷문, 뒷구멍, 부정 수단
N2	**うらなう** 우라나우	[占う] 동 점치다, 예측하다

N2 うらみ 우라미	[恨み] 명 원망, 원한
N2 うらむ 우라무	[恨む] 동 원망하다, 원한을 품다
N2 うりあげ 우리아게	[売(り)上(げ)] 명 매상; 매상금(買上金)
N2 うりきれ 우리끼레	[売(り)切れ] 명 매절; 매진, 다 팔림
N2 うりきれる 우리끼레루	[売り切れる] 동 매절되다
N1 うりだし 우리다시	[売(り)出(し)] 명 팔기 시작함
N1 うりだす 우리다스	[売り出す] 동 팔기 시작하다
N4 うりば 우리바	[売(り)場] 명 매장; 판매장, 팔기에 알맞은 시기
N5 うる 우루	[売る] 동 (물건을) 팔다, 걸다, 행동을 취하다
N1 ウール 우-루	wool 명 울
N1 うるおう 우루오우	[潤う] 동 물기를 머금다
N5 うるさい 우루사이	[煩い] い형 귀찮다, 시끄럽다, 번거롭다

N4 **うれしい** 우레시이	[嬉しい] い형 즐겁고 기쁘다, 고맙다
N2 **うれゆき** 우레유끼	[売れ行き] 명 팔림새, 팔리는 상태
N2 **うれる** 우레루	[売れる] 동 (잘) 팔리다
N1 **うわぎ** 우와기	[上着] 명 겉옷, 상의, 윗도리
N2 **うわさ** 우와사	[噂カ] 명 소문, 풍문, 남의 말
N1 **うわまわる** 우와마와루	[上回る] 동 상회하다, 웃돌다
N1 **うわる** 우와루	[植わる] 동 심어지다, 심기다
N4 **うん** 웅	[運] 명 운; 운명, 운수, 재수, 행운
N1 **うんえい** 웅에이	[運営] 명 운영; (조직·기구)을 움직여 일을 함
N2 **うんが** 웅가	[運河] 명 운하; 육지를 파서 만든 인공수로
N2 **うんそう** 운소-	[運送] 명 운송; 물건을 운반함
N1 **うんちん** 운찡	[運賃] 명 운임; 운송(運送)에 대한 삯

N4 **うんてん** 운뗑	[運転] 명 운전; (기계·탈것 등의) 회전
N4 **うんてんしゅ** 운뗀슈	[運転手] 명 운전수
N4 **うんどう** 운도-	[運動] 명 운동; 돌아다니며 움직임
N5 **うんどうじょう** 운도-죠-	[運動場] 명 운동장(=うんとうば)
N1 **うんぱん** 움빵	[運搬] 명 운반; 사람이나 짐을 옮겨나름
N1 **うんめい** 움메-	[運命] 명 운명; 운수와 명수(命數)
N1 **うんゆ** 웅유	[運輸] 명 운수; 사람이나 화물을 나르는 일
N1 **うんよう** 웅요-	[運用] 명 운용; 움직여 사용함
N5 **え** 에	[柄] 명 자루, 손잡이
N1 **え** 에	[絵] 명 그림, (텔레비전의) 화면, 영상
N1 **エアメール** 에아메-루	air mail 명 에어메일, 항공우편
N2 **えいえん** 에-엥	[永遠] な형 영원; 끝없이 멀고 오램

일한 단어 | 57

N5 **えいが** 에-가	[映画] 몡 영화; 활동사진
N5 **えいがかん** 에-가깡	[映画館] 몡 영화관; 영화 극장
N2 **えいきゅう** 에-뀨-	[永久] な형 영구; 길고 오램, 영원
N2 **えいぎょう** 에-교-	[営業] 몡 영업; 영리 사업을 경영함
N2 **えいきょう** 에-꾜-	[影響] 몡 영향; 사물에 미치는 결과
N5 **えいご** 에-고	[英語] 몡 영어; 영국의 국어
N1 **えいじ** 에-지	[英字] 몡 영자; 영어 글자
N1 **えいしゃき** 에-샤끼	[映写機] 몡 영사기; 영화를 상영하는 기계
N1 **エイズ** 에이즈	AIDS 몡 에이즈
N2 **えいせい** 에-세-	[衛生] 몡 위생
N1 **えいせい** 에-세-	[衛星] 몡 위성; 행성(行星)
N1 **えいぞう** 에-조-	[映像] 몡 영상; 영화의 화면에 비친 상(像)

N2 **えいぶん** 에-붕	[英文] 명 영문; 영어 문장	
N1 **えいゆう** 에-유--	[英雄] 명 영웅; 재능과 무용이 매우 뛰어난 사람	
N2 **えいよう** 에-요--	[栄養, 営養] 명 영양; 자양분(滋養分)	
N3 **えいわじてん** 에-와지뗑	[英和辞典] 명 영일사전(英日辞典)	
N2 **えがお** 에가오	[笑顔] 명 웃는 얼굴, 미소짓는 얼굴	
N2 **えがく** 에가꾸	[描く] 동 그리다, 묘사하다	
N5 **えき** 에끼	[液] 명 액; 액체, 즙	
N1 **えき** 에끼	[駅] 명 역; 정거장, 역참(驛站), 역관	
N2 **えさ** 에사	[餌] 명 모이, 먹이, 사료, 미끼	
N4 **えだ** 에다	[枝] 명 (초목의) 가지, 근원	
N2 **エチケット** 에찌껫드	etiquette 명 에티켓	
N1 **えつらん** 에쯔랑	[閲覧] 명 열람; 죽 내리 훑어 봄	

일한 단어 | 59

N2 **エネルギ-** 에네루기-	Energie (독) 명 에너지
N2 **えのぐ** 에노구	[絵の具] 명 그림물감
N3 **えはがき** 에하가끼	[絵葉書] 명 그림엽서
N2 **エプロン** 에쁘롱	apron 명 에프론, 앞치마
N5 **えほん** 에홍	[絵本] 명 그림책
N1 **えもの** 에모노	[獲物] 명 (고기잡이나 수렵에서) 잡은 것
N2 **えらい** 에라이	[偉い] い형 위대하다, 훌륭하다
N4 **えらぶ** 에라부	[選ぶ] 동 고르다, 선택하다, 택하다
N1 **えり** 에리	[襟] 명 옷깃, 깃, 목덜미
N2 **える** 에루	[得る] 동 얻다, 손에 넣다
N1 **エレガント** 에레간또	elegant な형 엘리건트, 우아함, 고상함
N5 **えん** 엥	[円] 명 원; 동그라미, 엔(화폐 단위)

N1	**えん** 엥	[縁] 명 연; (운명적인) 인연, 연분
N2	**えんかい** 엥까이	[宴会] 명 연회; 잔치, 향연
N1	**えんかつ** 엥까쯔	[円滑] な형 원활; 일이 거침 없이 잘 되어 나감
N1	**えんがわ** 엥가와	[縁側] 명 마루, 또는 툇마루
N1	**えんがん** 엥강	[沿岸] 명 연안; 강·바다·호숫가에 따른 육지
N2	**えんき** 엥끼	[延期] 명 연기; 기한을 물려서 늘림
N2	**えんぎ** 엥기	[演技] 명 연기
N1	**えんきょく** 엥꼬꾸	[婉曲] な형 완곡; (말이나 행동을) 돌려서 말함
N2	**えんげき** 엥게끼	[演劇] 명 연극; 드라마
N1	**エンジニア** 엔지니아	engineer 명 엔지니어
N2	**えんしゅう** 엔슈-	[円周] 명 원주; 원둘레
N2	**えんしゅう** 엔슈-	[演習] 명 연습(練習), 세미나

N1 **えんしゅつ** 엔슈쯔	[演出] 명 연출; 각본이나 시나리오를 표현하는 것
N2 **えんじょ** 엔죠	[援助] 명 원조; 물품이나 돈 따위로 도와줌
N1 **えんじる** 엔지루	[演じる] 동 (극·영화) 역을 맡다, 이행하다
N2 **エンジン** 엔징	engine 명 엔진, 원동기, 발동기
N1 **えんずる** 엔즈루	[演ずる] 명 (극·영화) 어떤 역을 맡다
N2 **えんぜつ** 엔제쯔	[演説] 명 연설; 자기 의견이나 주장을 말함
N1 **えんせん** 엔셍	[沿線] 명 연선; 철로를 따라 있는 땅
N2 **えんそう** 엔소-	[演奏] 명 연주; 여러 사람에게 음악을 들려 줌
N2 **えんそく** 엔소꾸	[遠足] 명 소풍
N1 **えんだん** 엔당	[婚談] 명 혼담(婚談)
N2 **えんちょう** 엔쪼-	[延長] 명 연장; 시간·길이를 늘임
N2 **えんとつ** 엔도쯔	[煙突] 명 연돌; 굴뚝, 연통

N5 **えんぴつ** 엔삐쯔	[鉛筆] 명 연필
N1 **えんぽう** 엠뽀-	[遠方] 명 원방; 먼 곳
N1 **えんまん** 엠망	[円満] な형 원만; 완전 무결한 상태
N4 **えんりょ** 엔료	[遠慮] 명 조심스러움, 삼감, 사양, 겸손, 거리낌
N1 **お** 오	[尾] 명 (동물의) 꼬리, 꼬리 모양의 것
N5 **お, ご** 오, 고	[御] 명 (체언·용언에 아래) 존경을 나타냄
N2 **おい** 오이	[甥] 명 남자 조카, 생질(甥姪)
N2 **おいかける** 오이까께루	[追い掛ける] 동 뒤쫓아 육박하다, 추적하다
N2 **おいこす** 오이꼬스	[追い越す] 동 추월하다, 앞지르다(=おいぬく)
N1 **おいこむ** 오이꼬무	[追い込む] 동 (동물을) 몰아내다
N5 **おいしい** 오이시이	[美味しい] い형 맛있다, 맛좋다(=うまい)
N1 **おいだす** 오이다스	[追い出す] 동 추방하다, 쫓아내다

| N2 **おいつく**
오이쯔꾸 | [追い付く]
동 앞서 가는 사람에게 따라 붙다 |

| N2 **オイル**
오이루 | oil
명 오일, 기름 |

| N1 **おう**
오우 | [負う]
동 (등에) 짊어지다, 업다 |

| N2 **おう**
오우 | [追う]
동 내쫓다, 추방하다 |

| N2 **おう**
오- | [王]
명 왕; 임금, 군주(君主), 으뜸 |

| N2 **おうえん**
오-엥 | [応援]
명 응원; 지원, 원조, 성원 |

| N1 **おうきゅう**
오-뀨- | [応急]
명 응급; 급한 대로 우선 처리함 |

| N1 **おうごん**
오-공 | [黄金]
명 황금; 금, 화폐, 돈 |

| N2 **おうさま**
오-사마 | [王様]
명 임금님, 왕 |

| N2 **おうじ**
오-지 | [王子]
명 왕자; 왕이나 왕족의 아들 |

| N2 **おうじょ**
오-죠 | [王女]
명 왕녀; 공주, 왕족의 여자 |

| N2 **おうじる**
오-지루 | [応じる]
동 응하다(respond), 따르다 |

N1 **おうしん** 오-싱	[往診] 명 왕진; 환자 집에 가서 진찰함	
N3 **おうずる** 오-즈루	[応ずる] 동 (외부 작용에) 따르다	
N2 **おうせつ** 오-세쯔	[応接] 명 응접; (손님) 접대	
N3 **おうせつま** 오-세쯔마	[応接間] 명 응접실	
N2 **おうたい** 오-따이	[応対] 명 응대; (손님을) 접대함	
N2 **おうだん** 오-단	[横断] 명 횡단; 가로지름	
N2 **おうだんほどう** 오-당호도-	[横断歩道] 명 횡단보도	
N2 **おうふく** 오-후꾸	[往復] 명 왕복; 가고 옴, 갔다가 옴	
N3 **おうふくきっぷ** 오-후구낏뿌	[往復切符] 명 왕복 티켓	
N2 **おうべい** 오-베디	[欧米] 명 구미; 유럽과 아메리카	
N1 **おうぼ** 오-보	[応募] 명 응모; 모집에 응함	
N2 **おうよう** 오-요-	[応用] 명 응용; 사물에 따라 적용	

おえる [終える] 오에루	图 (하던 일을) 끝내다, 마치다
おお~ [大~] 오-	접두 큰, 넓은, 많은
おおい [多い] 오-이	い형 (수량·수효·횟수) 많다
おおいに [大いに] 오-이니	图 충분히, 심히, 많이
おおう [覆う] 오오우	图 (표면을) 덮다, 둘러싸서 덮다
おおかた [大方] 오-까따	명 대부분, 보통, 일반
おおがら [大柄] 오-가라	な형 몸집이 보통보다 큼, 큰 무늬
おおきい [大きい] 오-끼이	い형 크다, (수량, 나이가) 많다
おおきさ [大きさ] 오-끼사	명 크기
おおきな [大きな] 오-끼나	연체 큰, 큼직한, 커다란
おおく [多く] 오-꾸	명 많음, 대부분 图 많이, 흔히, 대체
おおごえ [大声] 오-고에	명 큰 목소리

N1 **おおじしん** 오-지싱	[大地震] 명 대지진; 규모가 큰 지진
N1 **おおすじ** 오-스지	[大筋] 명 대강의 줄거리, 대강
N5 **おおぜい** 오-제-	[大勢] 명 여러 사람, 여럿, 많은 사람
N1 **おおぞら** 오-조라	[大空] 명 넓은 하늘, 창공
N2 **おおどおり** 오-도-리	[大通り] 명 큰길, 대로, 한길
N1 **おおはば** 오-하바	[大幅] 명 대폭; 큰 폭, 천의 넓은 폭
N1 **おおみず** 오-미즈	[大水] 명 큰물, 홍수
N2 **おおや** 오-야	[大家] 명 본가, 큰집, 셋집 주인, 집주인
N1 **おおやけ** 오-야께	[公] 명 공공단체, 관청, 조정
N2 **おおよそ** 오-요소	[大凡] 명 대개, 대강, 대략, 일
N2 **おか** 오까	[丘] 명 (주변보다 약간 높은) 언덕
N5 **おかあさん** 오까-상	[お母さん] 명 어머니(↔おとうさん)

N4 **おかげ** 오까게	[御蔭] 몡 덕택, 덕분, 은혜, 신불의 가호
N4 **おかしい** 오까시이	[可笑しい] い형 우습다, 이상하다, 수상하다
N2 **おかす** 오까스	[犯す] 통 규칙·법을 어기다
N1 **おかす** 오까스	[侵す] 통 (타국·남의 땅을) 침범하다, 침략하다
N2 **おがむ** 오가무	[拝む] 통 두 손 모아 빌다
N2 **おき** 오끼	[沖] 몡 앞 바다
N2 **おぎなう** 오기나우	[補う] 통 보충하다, 부족을 메우다
N5 **おきる** 오끼루	[起きる] 통 일어나다, 기상하다, 눈을 뜨다, 생기다
N5 **おく** 오꾸	[億] 몡 (숫자의) 억; 1만의 1만 배
N4 **おく** 오꾸	[奥] 몡 깊숙한 안쪽, 깊숙한 곳
N2 **おく** 오꾸	[置く] 통 (어떤 장소에) 두다, 놓다, 거르다
N2 **おくがい** 오꾸가이	[屋外] 몡 옥외; 건물 밖

N2 **おくさま** 오꾸사마	[奥様] 명 부인, 영부인, 남의 아내에 대한 높임말
N5 **おくさん** 오꾸상	[奥さん] 명 부인, 아주머님, 아주머니
N4 **おくじょう** 오꾸죠-	[屋上] 명 옥상; 지붕 위
N1 **おくびょう** 오꾸뵤-	[臆病] 명 겁쟁이, 겁이 많음
N1 **おくらす** 오꾸라스	[遅らす] 동 늦추다, 늦게 하다
N2 **おくりがな** 오꾸리가나	[送り仮名] 명 漢字와 かな를 혼용
N4 **おくりもの** 오꾸리모노	[贈(り)物] 명 선물, 진상하는 물건(gift)
N4 **おくる** 오꾸루	[送る] 동 (물건·짐·신호) 보내다, 좁히다
N2 **おくる** 오꾸루	[贈る] 동 물건을 주다, 선물하다
N1 **おくれ** 오꾸레	[遅れ] 명 늦음, 뒤늦음, 뒤짐, 뒤떨어짐
N4 **おくれる** 오꾸레루	[遅れる] 동 늦어지다, 더디다
N3 **おくれる** 오꾸레루	[後れる] 동 (거리·시간 등이)뒤지다, 뒤떨어지다

N1 **オーケー** 오-께-	O.K. 명 오케이(OK)
N1 **オーケストラ** 오-께스또라	orchestra 명 오케스트라
N4 **おこす** 오꼬스	[起(こ)す] 동 일으키다, 깨우다, 들어올리다
N1 **おごそか** 오고소까	[厳か] な형 엄숙함
N1 **おこたる** 오꼬따루	[怠る] 동 (일을) 게을리 하다
N1 **おこない** 오꼬나이	[行(な)い] 명 행위, 행동, 실천
N4 **おこなう** 오꼬나우	[行(な)う] 동 행하다, 취급하다, 처리하다, 시행하다
N4 **おこる** 오꼬루	[起(こ)る] 동 (사건이) 일어나다, 생기다, 발생하다
N2 **おこる** 오꼬루	[怒る] 동 성내다, 화내다
N1 **おごる** 오고루	[奢る] 동 한턱내다, 대접하다
N2 **おさえる** 오사에루	[押(さ)える] 동 손으로 눌러 놓다, 참다
N3 **おさえる** 오사에루	[抑える] 동 붙잡아 매다, 덮다, 막다

N2 **おさない** 오사나이	[幼い] い형 어리다, 연소하다
N1 **おさまる** 오사마루	[納まる] 동 (금품이) 걷히다, 정돈되다
N1 **おさまる** 오사마루	[収まる] 동 (어떤 범위 안에서) 정리되다
N1 **おさまる** 오사마루	[治まる] 동 (세상 상태가) 안정되다
N2 **おさめる** 오사메루	[納める] 동 (금품을) 바치다
N2 **おさめる** 오사메루	[収める] 동 거두어들이다, 간수하여 넣다
N2 **おさめる** 오사메루	[治める] 동 평정(平定)하다, 가라앉히다
N5 **おじ** 오지	[伯父] 명 백부; 부모의 형제
N5 **おじ** 오지	[叔父] 명 숙부; 부모의 동생과 남동생
N2 **おしい** 오시이	[惜しい] い형 아깝다, 아쉽다
N5 **おじいさん** 오지-상	[お祖父さん] 명 할아버지, 조부님
N4 **おしいれ** 오시이레	[押(し)入れ] 명 벽장

N1 **おしえ** 오시에	[教え] 명 가르침, 교육, 교훈
N5 **おしえる** 오시에루	[教える] 동 가르치다, 깨우치다, 훈계하다
N2 **おじぎ** 오지기	[御辞儀] 명 머리 숙여 인사함, 공손한 말, 사양
N1 **おしきる** 오시끼루	[押し切る] 동 꼭 눌러서 자르다
N1 **おしこむ** 오시꼬무	[押し込む] 동 무리하게 집어넣다
N3 **おしむ** 오시무	[惜しむ] 동 아까워하다, 애석해하다
N4 **おじょうさん** 오죠-상	[お嬢さん] 명 아가씨, 따님
N1 **おしよせる** 오시요세루	[押し寄せる] 동 여럿이 밀려들다
N5 **おす** 오스	[押す] 동 밀다, 밀어붙이다, 누르다
N1 **おす** 오스	[雄] 명 수컷, 수놈
N2 **おせん** 오셍	[汚染] 명 오염; 더러워짐
N5 **おそい** 오소이	[遅い] い형 (동작·속도가) 느리다

N1 **おそう** 오소-	[襲う] 동 갑자기 습격하다, 덮치다
N1 **おそくとも** 오소꾸또모	[遅くとも] 부 늦어도, 늦는다 해도
N2 **おそらく** 오소라꾸	[恐らく] 부 아마도, 대개
N2 **おそれ** 오소레	[恐れ] 명 두려움, 무서움, 공포심
N1 **おそれ** 오소레	[虞] 명 두려움, 공포, 우려
N1 **おそれいる** 오소레이루	[恐れ入る] 동 황송해하다
N2 **おそれる** 오소레루	[恐れる] 동 무서워하다, 두려워하다, 걱정하다
N2 **おそろしい** 오소로시이	[恐ろしい] い형 무섭다, 대단하다, 심하다
N2 **おそわる** 오소와루	[教わる] 동 가르침을 받다
N1 **おだてる** 오다떼루	[煽てる] 동 치켜세우다
N2 **おだやか** 오다야까	[穏やか] な형 (상태가) 조용하고 온화한 모양
N1 **おちこむ** 오찌꼬무	[落ち込む] 동 (물·함정에) 빠지다

N1 **おちつき** 오찌쯔끼	[落ち着き] 명 침착한 태도, 안정
N2 **おちつく** 오찌쯔꾸	[落ち着く] 동 안정되다, 자리잡다
N5 **おちゃ** 오쨔	[お茶] 명 차, '茶(ちゃ)'의 공손한 말
N4 **おちる** 오찌루	[落ちる] 동 (아래로) 떨어지다, 낙하하다, 빠지다
N1 **おつ** 오쯔	[乙] 명 을; (등급에서) 두 번째
N4 **おっしゃる** 옷샤루	[仰る] 동 말씀하시다(=言われる)
N4 **おっと** 옷또	[夫] 명 남편
N5 **おてあらい** 오떼아라이	[御手洗(い)] 명 화장실
N4 **おと** 오또	[音] 명 소리, 소문, 평판
N2 **おとうさん** 오또-상	[お父さん] 명 아버님, 아버지
N5 **おとうと** 오또-또	[弟] 명 남동생, 아우, 처남
N1 **おどかす** 오도까스	[嚇かす] 동 놀라게 하다, 무섭게 하다

N2 **おどかす** 오도까스	[脅かす] 동 놀라게 하다
N5 **おとこ** 오또꼬	[男] 명 사나이, 남성, 남자
N5 **おとこのこ** 오또꼬노꼬	[男の子] 명 사내아이, 젊은 사나이(young man)
N2 **おとしもの** 오또시모노	[落(と)し物] 명 유실물, 분실물(紛失物)
N4 **おとす** 오또스	[落とす] 동 (아래로) 떨어뜨리다, 내리다
N1 **おどす** 오도스	[脅す] 동 협박하다, 놓치다
N1 **おとずれる** 오또즈레루	[訪れる] 동 방문하다
N5 **おととい** 오또또이	[一昨日] 명 그저께, 재작일
N5 **おとな** 오또나	[大人] 명 어른, 성인
N1 **オートマティック** 오-또마띠꾸	automatic 명 자동
N1 **オートメーション** 오-또메-숑	automation 명 오토메이션, 자동 제어 장치
N4 **おどり** 오도리	[踊り] 명 춤을 추는 일, 춤

N4	**おとる** 오또루	[劣る] 동 (다른 것에 비해)모자라다, 뒤떨어지다
N2	**おどる** 오도루	[躍る] 동 뛰어오르다, 솟구치다
N2	**おどる** 오도루	[踊る] 동 춤추다, 앞잡이노릇하다
N1	**おとろえる** 오또로에루	[衰える] 동 (힘・기세) 쇠약해지다, 기세가 약해지다
N2	**おどろかす** 오도로까스	[驚かす] 동 놀라게 하다
N1	**おどろき** 오도로끼	[驚き] 명 놀람, 놀라움
N4	**おどろく** 오도로꾸	[驚く] 동 놀라다, 경악하다
N1	**おないどし** 오나이도시	[同い年] 명 동갑, 나이가 같음
N5	**おなか** 오나까	[御中] 명 배, 뱃속, 위장
N5	**おなじ** 오나지	[同じ] な형 같음, 똑같음 부 어차피
N5	**おなじだ** 오나지다	[同じだ] な형 같다
N2	**おに** 오니	[鬼] 명 귀신, 도깨비

N3 **おねぼうさん** 오네보–상	[お寝坊さん] 명 늦잠꾸러기
N2 **おのおの** 오노오노	[各各] 명 각각, 각자, 제각기, 여
N1 **おのずから** 오노즈까라	[自ずから] 부 저절로, 자연히
N1 **おば** 오바	[伯母] 명 백모; 큰어머니, 백부의 부인
N1 **オーバー-** 오–바–	over 명 오버, 과장
N5 **おば** 오바	[叔母] 명 숙모
N5 **おばあさん** 오바–상	[お祖母さん] 명 할머님, 외할머님
N1 **オーバーコート** 오–바–꼬–토	overcoat 명 오버코트
N1 **オーバーする** 오–바–스루	overする 동 오버하다
N2 **おび** 오비	[帯] 명 (일본 옷의) 허리띠
N1 **おびえる** 오비에루	[怯える] 동 무서워하다, 가위눌리다
N1 **おびえる** 오비에루	[脅える] 동 두려워하다, 무서워하다

일한 단어 | 77

N1 おびただしい 오비따다시이	[夥しい] [い형] 엄청나다, 매우 심하다
N1 おびやかす 오비야까스	[脅かす] [동] 협박하다, 겁나게 하다
N1 おびる 오비루	[帯びる] [동] 허리에 차다, 머금다, 품다
N2 オフィス 오휘스	office [명] 오피스, 사무실
N1 オープン 오-뿡	open [명] 오픈, 개업, 개장
N1 おぼえ 오보에	[覚え] [명] 기억, 이해, 신임, 총애
N5 おぼえる 오보에루	[覚える] [동] 기억하다, 외우다, 느끼다, 빼우다
N2 おぼれる 오보레루	[溺れる] [동] 물에 빠지다
N2 おまえ 오마에	[御前] [명] 너, 자네, 귀인(貴人)의 앞의 높임
N5 おまわりさん 오마와리상	[お巡りさん] [명] 경찰 아저씨
N5 おもい 오모이	[重い] [い형] (무게가) 무겁다, 중대하다
N2 おもいかけない 오모이까께나이	[思い掛けない] [い형] 뜻밖이다, 의외다

N2 **おもいきり** 오모이끼리	[思い切り] 명 단념, 체념 부 충분히, 마음껏
N2 **おもいこむ** 오모이꼬무	[思い込む] 동 굳게 믿다
N4 **おもいだす** 오모이다스	[思い出す] 동 생각해 내다, 상기(想起)하다
N1 **おもいつき** 오모이쯔끼	[思い付き] 명 즉흥적인 생각(idea), (재미있는) 생각
N2 **おもいつく** 오모이쯔꾸	[思い付く] 동 착상하다, 잊었던 일을 생각해 내다
N2 **おもいで** 오모이데	[思い出] 명 추억, 회상
N4 **おもう** 오모-	[思う] 동 생각하다, 예상하다, 느끼다, 회상하다
N3 **おもさ** 오모사	[重さ] 명 무게
N5 **おもしろい** 오모시르이	[面白い] い형 재미있다, 우습다, 이상하다
N2 **おもたい** 오모따이	[重たい] い형 (무게가) 묵직하다
N4 **おもて** 오모떼	[表] 명 (물건) 표면, 거죽, 겉, 집 앞
N3 **おもな** 오모나	[主な] 연체 주된, 중요한, 소중한

N3 **おもに** 오모니	[主に] 튀 주로, 대개, 대부분
N1 **おもむき** 오모무끼	[趣] 명 멋, 풍취, 정취, 모습
N1 **おもむく** 오모무꾸	[赴く] 동 (목적지로) 향하다
N2 **おもわず** 오모와즈	[思わず] 튀 무심코, 그만, 무의식중에
N1 **おもんじる** 오몬지루	[重んじる] 동 소중히 여기다
N1 **おもんずる** 오몬즈루	[重んずる] 동 중요시하다
N2 **おや** 오야	[親] 명 부모, 어버이, 조상, 선조
N1 **おやじ** 오야지	[親父] 명 아버지, 부친
N2 **おやつ** 오야쯔	[お八つ] 명 오후의 간식(間食)
N2 **おやゆび** 오야유비	[親指] 명 엄지, 엄지손가락
N5 **およぐ** 오요구	[泳ぐ] 동 (물에서) 헤엄치다, 수영하다
N2 **およそ** 오요소	[凡そ] 튀 대개, 대강, 전혀, 일반으로

N1 **および** 오요비	[及び] 접 (체언·준체언에) 또, 및, 더불어
N1 **および** 오요부	[及ぶ] 동 다다르다, 미치다
N3 **およぼす** 오요보스	[及ぼす] 동 (영향을) 미치게
N1 **おり** 오리	[折(り)] 명 접음, 접은 것, 주름
N1 **オリエンテーション** 오리엔떼-숑	orientation 명 오리엔테이션
N1 **おりかえす** 오리까에스	[折り返す] 동 (두 겹으로), 반대쪽으로 접다
N1 **おりもの** 오리모노	[織物] 명 직물; 섬유로 짠 물건
N5 **おりる** 오리루	[降りる] 동 (탈것에서) 내리다, 물러나다
N4 **おりる** 오리루	[下りる] 동 (위에서 아래로) 내리다, 물러나다
N2 **オリンピック** 오림삐꾸	Olympic 명 올림픽
N4 **おる** 오루	[折る] 동 접다, 구부리다, 꺾다
N1 **おる** 오루	[織る] 동 (옷감 등을) 짜다

N2 **オルガン** 오루강	organy 명 오르간
N1 **おれ** 오레	[俺] 명 나, 내, 남자 용어임
N4 **おれる** 오레루	[折れる] 동 접히다, 꺾이다
N2 **オレンジ** 오렌지	orange 명 오렌지
N1 **おろか** 오로까	[愚か] な형 어리석음, 미련함, 바보
N3 **おろしや** 오로시야	[下(ろ)し矢] 명 낮은 쪽을 향해서 쏘는 화살
N2 **おろす** 오로스	[降ろす] 동 (낮은 곳으로) 내리다
N2 **おろす** 오로스	[卸す] 동 (도매업자가 소매상인에게) 도매하다
N2 **おろす** 오로스	[下ろす] 동 낮추다(↔あげる)
N1 **おろそか** 오로소까	[疎か] な형 소홀함, 적당히 해 두는 모양
N4 **おわり** 오와리	[終(わ)り] 명 끝, 마지막, 종말
N5 **おわる** 오와루	[終わる] 동 (하던 일이) 끝나다

| N2 **おん**
 옹 | [恩]
명 은; 은혜 |
|---|---|
| N2 **おん**
 옹 | [音]
명 음; 발음, 일본어 한자(漢字)의 발음 |
| N5 **おんがく**
 옹가꾸 | [音楽]
명 음악; 뮤직 |
| N2 **おんけい**
 옹께이 | [恩恵]
명 은혜; 베풀어주는 혜택 |
| N3 **おんし**
 온시 | [恩師]
명 은사; 스승 |
| N2 **おんしつ**
 온시쯔 | [温室]
명 온실 |
| N5 **おんしょう**
 온쇼– | [温床]
명 온상; (인공적으로) 온도를 높인 묘상 |
| N5 **おんじん**
 온징 | [恩人]
명 은인; 은혜를 베풀어준 사람 |
| N2 **おんせん**
 온셍 | [温泉]
명 온천, 온천장, 온천탕 |
| N2 **おんたい**
 온따이 | [温帯]
명 온대; 열대(熱帯)와 한대(寒帯) |
| N2 **おんだん**
 온당 | [温暖]
명 온난; 기후가 따뜻함 |
| N3 **おんだんか**
 온당까 | [温暖化]
명 온난화 |

N2 **おんちゅう** 온쮸-	[御中] 명 (편지에서) 귀중(貴中)	
N2 **おんど** 온도	[温度] 명 온도; 덥고 찬 정도	
N5 **おんな** 온나	[女] 명 여자, 성숙한 여자, 여성	
N5 **おんなのこ** 온나노꼬	[女の子] 명 계집애, 소녀	
N1 **オンライン** 온라잉	on line 명 온라인	
N1 **おんわ** 온와	[温和] な형 온화; 온순하고 부드러움	

か

JAPANESE KOREAN WORDS DICTIONARY

N2 か
カ
[可]
명 가; 좋음, 좋다고 인정함

N3 か
カ
[家]
명 가; 사람·집 등의 뜻을 나타냄

N3 か
カ
[科]
명 과; (주로 학문상의) 분류, 종류

N2 か
カ
[課]
명 과; 사무 조직의 구분

N2 か
カ
[蚊]
명 모기

N1 カ-
カ-
car
명 카, 차

N1 がい
가이
[街]
명 가; 거리, 한길

N5 かい
카이
[階]
명 계단, 층층대, (건물의) 층

N2 かい
카이
[貝]
명 조개, 조가비

N2 がい
가이
[害]
명 해; 해로움, 방해, 재앙

N2 ~かい
카이
[~回]
접미 회; 횟수

N1 **かいあく** 카이아꾸	[改悪] 명 개악; 고친 결과가 오히려 나빠짐
N2 **かいいん** 카이잉	[会員] 명 회원; 회를 조직하고 있는 사람들
N1 **かいうん** 카이웅	[海運] 명 해운; 해상의 운송(運送)
N1 **がいか** 가이까	[外貨] 명 외화; 외국 화폐
N2 **かいが** 카이가	[絵画] 명 회화; 그림
N2 **かいかい** 카이까이	[開会] 명 개회; 회의를 시작함
N2 **かいがい** 카이가이	[海外] 명 해외; 외국
N3 **かいかいしき** 카이까이시끼	[開会式] 명 개회식
N3 **かいがいりょこう** 카이가이료꼬-	[海外旅行] 명 외국 여행
N1 **かいかく** 카이까꾸	[改革] 명 개혁; 보다 좋게 새로 고침
N1 **かいがら** 카이가라	[貝殻] 명 패각; 조가비, 조개껍데기
N4 **がいかん** 가이깡	[外観] 명 외관; 외부에서 본 모양, 겉보기

N1 **かいがん** 카이강	[海岸] 명 해안; 해변가
N2 **かいかん** 카이깡	[会館] 명 회관; (호텔·클럽·공연장 등) 집회건물
N3 **かいがんせん** 카이간셍	[海岸線] 명 해안선; (철도의) 연안선
N4 **かいぎ** 카이기	[会議] 명 회의; 관계자가 모여 의논
N4 **かいぎしつ** 카이기시쯔	[会議室] 명 회의실
N1 **かいきょう** 카이꼬-	[海峡] 명 해협; 육지에 끼어 있는 좁은 바다
N2 **かいけい** 카이께-	[会計] 명 회계; 대금의 계산
N2 **かいけつ** 카이께쯔	[解決] 명 해결; 문제·사건 등을 풀어서 처리함
N1 **かいけん** 카이껭	[会見] 명 회견; 인터뷰
N1 **かいご** 카이고	[介護] 명 (자택에서 환자의) 간호, 병구완
N2 **がいこう** 가이꼬-	[外交] 명 외교; 외국과의 교제, 국제간의 교섭
N2 **かいごう** 카이고-	[会合] 명 회합; 모임

N5	**がいこく** 가이꼬꾸	[外国] 명 외국; 다른 나라
N5	**がいこくご** 가이꼬꾸고	[外国語] 명 외국어
N5	**がいこくじん** 가이꼬꾸징	[外国人] 명 외국인
N1	**かいさい** 카이사이	[開催] 명 개최; 어떤 모임이나 행사를 행함
N2	**かいさつ** 카이사쯔	[改札] 명 개찰; 승차권을 검사함
N3	**かいさつぐち** 카이사쯔구찌	[改札口] 명 개찰구
N2	**かいさん** 카이상	[解散] 명 해산; 모인 사람이 흩어짐
N2	**かいし** 카이시	[開始] 명 개시; 시작함
N5	**かいしゃ** 카이샤	[会社] 명 회사; 영리를 목적의 사단 법인
N2	**かいしゃく** 카이샤꾸	[解釈] 명 해석; 문장의 의미를 생각하고 이해함
N1	**かいしゅう** 카이슈-	[改修] 명 개수; 수리, 수선
N1	**かいしゅう** 카이슈-	[回収] 명 회수

N2 **がいしゅつ** 가이슈쯔	[外出] 명 외출; 외부로 나감	
N1 **かいじょ** 카이죠	[解除] 명 해제	
N4 **がいしょう** 가이쇼-	[外相] 명 외상; 외무부 장관	
N1 **かいじょう** 카이죠-	[会場] 명 회장; 모임 장소, 집회 장소	
N3 **かいすいよくじょう** 카이스이요꾸죠-	[海水浴場] 명 해수욕장	
N2 **かいすう** 카이스-	[回数] 명 회수; 횟수, 행해진 숫자	
N2 **かいすうけん** 카이스-껭	[回数券] 명 회수권	
N1 **がいする** 가이스루	[害する] 명 해치다, 상하게 하다	
N2 **かいせい** 카이세-	[改正] 명 개정; (제도나 법률을) 바르게 고침	
N2 **かいせい** 카이세-	[快晴] 명 쾌청; (하늘이) 잘 갠 날씨	
N1 **がいせつ** 가이세쯔	[概説] 명 개설; 개론(概論)	
N2 **かいせつ** 카이세쯔	[解説] 명 해설; 사물을 알기 쉽게 설명함	

N2 **かいぜん** 카이젱	[改善] 명 개선; 좋게 고침, 좋게 바꿈
N2 **かいぞう** 카이조-	[改造] 명 개조; 다시 고쳐 만듦
N1 **かいそう** 카이소-	[階層] 명 계층; 건물의 층계
N1 **かいそう** 카이소-	[回送] 명 회송; (편지나 화물을) 되돌려 보냄
N1 **かいたく** 카이따꾸	[開拓] 명 개척; 개간(開墾)
N1 **かいたくしゃ** 카이따꾸샤	[開拓者] 명 개척자
N5 **かいだん** 카이당	[階段] 명 계단; 층계, 단계, 계단으로 된 통로
N1 **かいだん** 카이당	[会談] 명 회담; 모여서 의논함
N2 **かいつう** 카이쯔-	[開通] 명 개통; 도로·철도·터널·전화 등이 통함
N3 **かいつうしき** 카이쯔우시끼	[開通式] 명 개통식
N1 **かいてい** 카이떼-	[改定] 명 개정; 고쳐 새롭게 함
N1 **かいてい** 카이떼-	[改訂] 명 개정; 책의 내용·문장 등을 새로 고침

N2 **かいてき** 카이떼끼	[快適] な형 쾌적; (마음·몸에) 알맞아 상쾌한 모양
N2 **かいてん** 카이뗑	[回転] 명 회전; 빙글빙글 돎
N1 **ガイド** 가이도	guide 명 가이드, 안내, 안내인
N1 **かいどう** 카이도-	[街道] 명 가도; 큰길, 가로(街路)
N1 **がいとう** 가이또-	[街頭] 명 가두; 길거리
N2 **かいとう** 카이또-	[解答] 명 해답; 문제를 풀어 답함
N1 **がいとう** 가이또-	[該当] 명 해당; 조건에 합당함, 적합
N2 **かいとう** 카이또-	[回答] 명 회답; 질문이나 요구에 대한 대답
N1 **かいにゅう** 카이뉴-	[介入] 명 개입; 사건에 제3자가 끼어 듦
N1 **がいねん** 가이넹	[概念] 명 개념; 사물(事物)의 대강의 이해(理解)
N2 **かいはつ** 카이하쯔	[開発] 명 개발; 새로운 물건을 만들어서 실용화함
N1 **かいばつ** 카이바쯔	[海抜] 명 해발; 해면에서 잰 토지의 높이

| N2 **がいぶ** [外部] |
| 가이부 | 명 외부; 바깥, 바깥쪽, 외면(外面) |

| N2 **かいふく** [回復] |
| 카이후꾸 | 명 회복; 나빠졌던 것이 원상태로 되돌아옴 |

| N2 **かいほう** [開放] |
| 카이호- | 명 개방; 문을 활짝 열어 놓음 |

| N1 **かいほう** [介抱] |
| 카이호- | 명 돌봄, 보호, 간호 |

| N2 **かいほう** [解放] |
| 카이호- | 명 해방; 풀어놓음 |

| N1 **かいぼう** [解剖] |
| 카이보- | 명 해부; 사물(事物)을 분해하여 연구함 |

| N5 **かいもの** [買(い)物] |
| 카이모노 | 명 물건사기, 장보기, 쇼핑 |

| N1 **がいよう** [概要] |
| 가이요- | 명 개요; 대략, 대요(大要) |

| N2 **かいよう** [海洋] |
| 카이요- | 명 해양; 바다 |

| N1 **がいらい** [外来] |
| 가이라이 | 명 외래; 외국에서 옴 |

| N1 **がいらいご** [外来語] |
| 가이라이고 | 명 외래어 |

| N1 **かいらん** [回覧] |
| 카이랑 | 명 회람; 돌려가며 봄 |

N1 **がいりゃく** 가이랴꾸	[概略] 명 개략; 대략
N1 **かいりゅう** 카이류-	[海流] 명 해류; 바닷물의 흐름
N1 **かいりょう** 카이료-	[改良] 명 개량; 나쁜 점을 고쳐 좋게 함
N1 **かいろ** 카이로	[海路] 명 해로; 뱃길
N1 **かいろ** 카이로	[回路] 명 회로; 전류(電流)나 자기(磁氣)의 통로
N2 **がいろん** 가이롱	[概論] 명 개론; 전체 내용의 대강을 설명함
N4 **かいわ** 카이와	[会話] 명 회화; 대화(對話)
N5 **かう** 카우	[買う] 동 (물건을) 사다, 구입하다
N2 **かう** 카우	[飼う] 동 (동물을) 기르다, 사육하다
N5 **かえす** 카에스	[帰す] 동 돌려보내다, 돌아가게하다
N2 **かえす** 카에스	[返す] 동 (원상태로) 되돌려보내다
N2 **かえって** 카엣떼	[却って] 부 오히려, 도리어, 반대로

N4 **かえり** 카에리	[帰り] 명 돌아감, 돌아옴, 돌아갈 때, 귀로(歸路)
N1 **かえりみる** 카에리미루	[顧みる] 동 뒤돌아보다, 근심하다, 걱정하다
N1 **かえりみる** 카에리미루	[省みる] 동 반성하다, 지난 일을 회상하다
N5 **かえる** 카에루	[帰る] 동 (본래 있던 곳으로) 돌아가(오)다
N2 **かえる** 카에루	[代える] 동 (서로) 바꾸다, 대리(代理)시키다
N4 **かえる** 카에루	[返る] 동 원상태로 되다
N2 **かえる** 카에루	[変える] 동 변화시키다, 개정(改正)하다
N2 **かえる** 카에루	[替える] 동 (서로) 바꾸다, 새롭게 하다
N2 **かえる** 카에루	[換える] 동 물건과 물건을 서로 바꾸다
N5 **かお** 카오	[顔] 명 얼굴, 낯, (생긴) 얼굴, 용모
N2 **かおく** 카오꾸	[家屋] 명 가옥; 집
N1 **かおつき** 카오쯔끼	[顔付き] 명 얼굴 생김새, 용모

N2 **かおり** 카오리	[香/薫り] 명 향기, 좋은 냄새
N2 **がか** 가까	[画家] 명 화가; 화백(畵伯)
N1 **かがい** 카가이	[課外] 명 과외; 정해진 과업(課業) 이외의 것
N2 **かかえる** 카까에루	[抱える] 동 안다, 껴안다
N4 **かかく** 카까꾸	[価格] 명 가격; 값
N2 **かがく** 카가꾸	[科学] 명 과학
N2 **かがく** 카가꾸	[化学] 명 화학
N1 **かかげる** 카까게루	[掲げる] 동 (기를) 달다, 높이 걸어 올리다
N4 **かがみ** 카가미	[鏡] 명 거울, 술통의 마개
N2 **かがやく** 카가야꾸	[輝く] 동 반짝반짝 빛나다
N2 **かかり** 카까리	[係り] 명 계; 담당, 담당자, 계원
N5 **かかる** 카까루	[掛かる] 동 (아래로) 걸리다, 덤비다, 공격하다

일한 단어 | 95

N2 かかわる 카까와루	[係/関わる] 동 관계되다, 관계를 가지다
N2 かかわる 카까와루	[拘わる] 동 관계를 갖다
N5 かぎ 카기	[鍵] 명 열쇠, 키, 관건(關鍵)
N2 かきとめ 카끼또메	[書留] 명 써 둠, 메모, 등기 우편물
N3 かきとめゆうびん 카끼또메유-빙	[書留郵便] 명 등기 우편
N2 かきとり 카끼또리	[書き取り] 명 베껴 씀, 받아쓰기
N1 かきとる 카끼또루	[書き取る] 동 베끼다, 복사하다
N2 かきね 카끼네	[垣根] 명 울타리, 울 밑
N1 かきまわす 카끼마와스	[掻き回す] 동 휘젓다, 휘두르다, 교란시키다
N2 かぎり 카기리	[限り] 명 한, 한계, 끝, 끝, 최후
N2 かぎる 카기루	[限る] 동 경계 짓다, 구분하다
N2 かぐ 카구	[家具] 명 가구; 살림살이 도구, 세간

N1 かく 카꾸	[角] 명 각; 네모, 각, 각
N1 かく 카꾸	[格] 명 격; 신분, 격식, 기준
N5 かく 카꾸	[書く] 동 (글씨를) 쓰다, 그리다
N2 かく 카꾸	[搔く] 동 긁다, 긁적거리다
N2 がく 가꾸	[額] 명 액수, 금액, 액자
N2 がく 가꾸	[学] 명 학문, 학식, 배움
N1 かく 카꾸	[核] 명 핵; 과실의 중심에 있는 씨앗
N2 かぐ 카구	[嗅ぐ] 동 (냄새를) 맡다, 탐지하다
N1 かく 카꾸	[欠く] 동 (일부가) 없다, 부족하다
N2 かくう 카꾸ー	[架空] 명 가공; 공중에 건너지름
N3 かくうじんぶつ 카꾸ー진부쯔	[架空人物] 명 가공인물
N1 かくかぞく 카꾸까조꾸	[核家族] 명 핵가족

N1 **がくげい** 가꾸게-	[学芸] 명 학예; 학문과 예술	
N1 **がくげいかい** 가꾸게-까이	[学芸会] 명 학예회	
N2 **かくご** 카꾸고	[覚悟] 명 각오; 도리(道理)를 깨달음	
N1 **かくさ** 카꾸사	[格差] 명 격차; 가격·등급·자격의 차이	
N1 **かくさん** 카꾸상	[拡散] 명 확산; 퍼져서 흩어짐	
N2 **かくじ** 카꾸지	[各自] 명 각자; 제각기, 저마다	
N1 **がくし** 가꾸시	[学士] 명 학사; 대학 졸업자에게 주는 칭호	
N2 **かくじつ** 카꾸지쯔	[確実] な형 확실; 정확하고 틀림이 없음	
N1 **かくじっけん** 카꾸직껭	[核実験] 명 핵실험; 원자핵 등에 관한 실험	
N2 **がくしゃ** 가꾸샤	[学者] 명 학자; 학문 연구에 종사하는 사람	
N1 **かくしゅ** 카꾸슈	[各種] 명 각종; 여러 종류	
N1 **かくしゅう** 카꾸슈-	[隔週] 명 격주; 한 주씩 거름	

N2 **がくしゅう** 가꾸슈-	[学習] 명 학습; 배워 익힘, 공부함
N2 **かくじゅう** 카꾸쥬-	[拡充] 명 확충; 한층 넓혀서 충실하게 함
N2 **がくじゅつ** 가꾸쥬쯔	[学術] 명 학술; 학문과 예술
N3 **がくじゅつかいぎ** 가꾸쥬쯔까이기	[学術会議] 명 학술회의
N1 **かくしん** 카꾸싱	[革新] 명 혁신; 개혁
N1 **かくしん** 카꾸싱	[確信] 명 확신; 굳게 믿음
N3 **かくす** 카꾸스	[隠す] 동 감추다, 몰래 숨기다
N5 **がくせい** 가꾸세-	[学生] 명 학생; (특히) 대학생
N1 **がくせつ** 가꾸세쯔	[学説] 명 학설; 학문상의 설
N2 **かくだい** 카꾸다이	[拡大] 명 확대; 펴서 크게 함
N2 **かくち** 카꾸찌	[各地] 명 각지; 각처, 여러 곳
N2 **かくちょう** 카꾸쬬-	[拡張] 명 확장; 범위나 세력을 크게 함

N1 **かくてい** 카꾸떼-	[確定] 명 확정; 확실하게 정함
N2 **かくど** 카꾸도	[角度] 명 각도; 각의 크기
N1 **かくとく** 카꾸또꾸	[獲得] 명 획득; 손아귀에 넣음
N2 **かくにん** 카꾸닝	[確認] 명 확인; 확실하게 인정함
N2 **がくねん** 가꾸넹	[学年] 명 학년; 한 해의 수업 기간
N1 **かくねんりょう** 카꾸넹료-	[核燃料] 명 핵연료; 원자 연료
N1 **がくぶ** 가꾸부	[学部] 명 학부; 단과 대학
N1 **かくべつ** 카꾸베쯔	[格別] な형 각별함, 특별함 　부 각별히
N1 **かくほ** 카꾸호	[確保] 명 확보; 확실하게 손에 넣음
N1 **かくめい** 카꾸메-	[革命] 명 혁명
N2 **がくもん** 가꾸몽	[学問] 명 학문; 모르는 것을 배움
N3 **かぐや** 카구야	[家具屋] 명 가구점

N1 かくりつ 카꾸리쯔	[確立] 명 확립; 확실히 정함
N2 かくりつ 카꾸리쯔	[確率] 명 확률
N2 がくりょく 가꾸료꾸	[学力] 명 학력; 학문으로 얻어진 능력
N2 がくれき 가꾸레끼	[学歴] 명 학력; 학업에 관한 경력
N2 かくれる 카꾸레루	[隠れる] 동 숨다, (고귀한 분이) 죽다
N1 かけ 카께	[掛け] 명 걸이, 외상, 외상 거래
N1 かけ 카께	[賭(け)] 명 내기, 노름, 도박, 모험
N1 がけ 가께	[崖] 명 낭떠러지, 벼랑, 절벽
N2 かげ 카게	[影] 명 그림자, 해·달·등불의 빛
N2 かげ 카게	[陰] 명 그늘, 응달, 빛이 닿지 않는 그늘
N1 かけあし 카께아시	[駆(け)足] 명 구보(驅步), 뛰어감
N1 かけい 카께-	[家計] 명 가계; 살림살이, 생계

N1	**かけいぼ** 카께-보	[家計簿] 명 가계부
N2	**かけざん** 카께장	[掛(け)算] 명 곱셈
N2	**かけつ** 카께쯔	[可決] 명 가결; 좋다고 결정함
N5	**かげつ** 카게쯔	[個月] 명 개월; 달의 수를 헤아리는 말
N1	**かける** 카께루	[掛ける] 동 걸다, 늘어뜨리다, 달다
N1	**かける** 카께루	[駆ける] 동 빨리 달리다, 질주하다
N5	**かける** 카께루	[賭ける] 동 내기하다, 걸다
N2	**かける** 카께루	[欠ける] 동 결핍되다, 일부분이 망가지다
N2	**かげん** 카겡	[加減] 명 가감; 덧셈과 뺄셈, 정도, 상태, 상황
N2	**かこ** 카꼬	[過去] 명 과거; 지난 날, 옛날
N2	**かご** 카고	[籠] 명 바구니
N1	**かこう** 카꼬-	[加工] 명 가공; 인공(人工)을 더함

N2 **かこう** 카꼬-	[火口] 명 화구; (화산의) 분화
N1 **かごう** 카고-	[化合] 명 화합; 둘 이상의 물질
N2 **かこむ** 카꼬무	[囲む] 동 포위하다, 둘러싸다
N5 **かさ** 카사	[傘] 명 우산(雨傘), 양산(陽傘)
N2 **かさい** 카사이	[火災] 명 화재; 불에 의한 재난
N2 **かさなる** 카사나루	[重なる] 동 겹치다, 보태다
N2 **かさねる** 카사네루	[重ねる] 동 겹치다, 포개다, 더하다
N2 **かさばる** 카사바루	[嵩張る] 동 부피가 커지다, 부피가 늘다
N1 **かさむ** 카사무	[嵩む] 동 부피가 커지다, 양이 많아지다
N2 **かざり** 카자리	[飾り] 명 장식, 장식물, 겉치레, 허식
N4 **かざる** 카자루	[飾る] 동 장식하다, 꾸미다
N2 **かざん** 카장	[火山] 명 화산, 활화산(活火山)

일한 단어

N3 **かざんたい** 카잔따이	[火山帯] 명 화산대
N2 **かじ** 카지	[家事] 명 가사; 집안 일
N2 **かし** 카시	[菓子] 명 과자
N4 **かし** 카시	[貸し] 명 빚, 빌려 준 돈, 임대
N2 **かじ** 카지	[火事] 명 화재(火災), 불이 남
N2 **かしこい** 카시꼬이	[賢い] い형 영리하다, 현명하다
N2 **かしこまる** 카시꼬마루	[畏まる] 동 황공해하다, 죄송해하다
N2 **かしだし** 카시다시	[貸(し)出(し)] 명 대출; 빌려 줌
N2 **かしつ** 카시쯔	[過失] 명 과실; 부주의로 인한 잘못
N2 **かしま** 카시마	[貸(し)間] 명 셋방, 돈을 받고 빌려주는 방
N2 **かしや** 카샤	[貸(し)家] 명 셋집, 세를 받고 빌려주는 집
N2 **かしゅ** 카슈	[歌手] 명 가수

N1 カジュアル 카쥬아루	casual 명 캐주얼
N2 かしょ 카쇼	[個/箇所] 명 개소; 군데, 곳, 자리, 부분
N2 かじょう 카죠-	[過剰] 명 과잉; 지나침, 넘음, 남음
N1 かじょうがき 카죠-가끼	[箇条書き] 명 조목별로 씀
N3 かじょうせいさん 카죠-세-상	[過剰生産] 명 과잉 생산
N3 かしら 카시라	[頭] 명 고개, 머리털, 우두머리
N5 かす 카스	[貸す] 명 빌려 주다, 이용케하다, 도와주다
N3 かず 카즈	[数] 명 수효, 수가 많음, 여럿
N1 ガス 가스	gas 명 가스
N1 かすむ 카스무	[霞む] 동 (특히 봄에) 안개가 끼이다
N5 かぜ 카제	[風] 명 바람, (사물의)형세, 형편
N5 かぜ 카제	[風邪] 명 감기(cold)

N2 **かぜい** 카제-	[課稅] 명 과세; 세금을 부과함
N1 **かせい** 카세-	[火星] 명 화성, 태양계의 혹성(惑星)의 하나
N1 **かせき** 카세끼	[化石] 명 화석, 돌로 변함
N1 **かせぐ** 카세구	[稼ぐ] 동 열심히 일하다
N1 **かせん** 카셍	[化繊] 명 화섬, 화학 섬유
N1 **かそ** 카소	[過疎] 명 과소; 지나치게 성김, 사이가 뜸(↔過密)
N2 **かぞえる** 카조에루	[数える] 동 (수를) 세다
N2 **かそく** 카소꾸	[加速] 명 가속; 속도가 빨라짐
N5 **かぞく** 카조꾸	[家族] 명 가족; 부부 중심의 기초 제도
N2 **かそくど** 카소꾸도	[加速度] 명 가속도
N2 **かた** 카따	[肩] 명 어깨, 의복의 어깨 부분
N4 **かた** 카따	[方] 명 분, 남에 대한 높임말

N5 **かた** 카따	[片] 명 (세트 중의) 한쪽, 한편
N2 **かた** 카따	[型] 명 틀, 거푸집, 기본이 되는 형태, 본보기
N2 **かたい** 카따이	[堅い] い형 단단하다, 견고하다
N2 **かたい** 카따이	[硬い] い형 (물체가) 단단하다
N4 **かたい** 카따이	[固い] い형 (의지가) 단단하다, 딱딱하다, 굳다
N1 **がたい** 가따이	[難い] い형 (동사 ます형에 접속하여) 어렵다
N1 **かたおもい** 카따오모이	[片思い] 명 짝사랑, 한쪽에서만 사모함
N5 **かたかな** 카따까나	[片仮名] 명 일본글의 한 가지, カタカナ(↔ひらがな)
N1 **かたこと** 카따꼬또	[片言] 명 더듬거리는 말씨, 한 토막의 말
N4 **かたち** 카따찌	[形] 명 모양, 형상, 형체, 형태
N2 **かたづく** 카따즈꾸	[片付く] 동 정리되다, 정돈되다
N1 **かたづけ** 카따즈께	[片付け] 명 정리, 정돈

N4	**かたづける** 카따즈께루	[片付ける] 동 정리하다, 제거하다, 죽이다
N2	**かたな** 카따나	[刀] 명 칼, 외날의 칼, 검(劍)
N2	**かたまり** 카따마리	[塊] 명 덩어리, 집단, 무리
N2	**かたまる** 카따마루	[固まる] 동 굳어지다, 집합하다
N2	**かたみち** 카따미찌	[片道] 명 편도; 왕복의 한쪽 길
N2	**かたむく** 카따무꾸	[傾く] 동 (한쪽으로) 쏠리다, 기울어지다
N1	**かたむける** 카따무께루	[傾ける] 동 (한쪽으로)집중시키다
N1	**かためる** 카따메루	[固める] 동 굳히다, 다지다, 지키다
N2	**かたよる** 카따요루	[片寄る] 동 한쪽으로 치우치다
N2	**かたる** 카따루	[語る] 동 마음먹은 것을 이야기하다
N1	**かだん** 카당	[花壇] 명 화단; 화초를 심어두는 곳
N2	**かち** 카찌	[価値] 명 가치; 값어치

N1 **かちく** 카찌꾸	[家畜] 명 가축; 집에서 사육하는 동물
N1 **かつ** 카쯔	[勝つ] 동 승리하다, 이기다, 쟁취하다, 획득하다
N4 **かつ** 카쯔	[且つ] 명 또한, 동시에, 한편으로
N2 **がっか** 각까	[学科] 명 학과; 학문의 과목, 교과(教科)
N2 **がっかい** 각까이	[学会] 명 학회; 학술상의 집회
N2 **がっき** 각끼	[学期] 명 학기; 한 학년을 구분한 일정
N2 **かっき** 칵끼	[活気] 명 활기; 왕성한 기운
N1 **かっきてき** 칵끼떼끼	[画期的] な형 획기적
N2 **がっきゅう** 각뀨-	[学級] 명 학급; 반(班), 클래스(class)
N2 **かつぐ** 카쯔구	[担ぐ] 동 (무거운 짐을) 짊어지다, 어깨에 메다
N2 **かっこ** 칵꼬	[括弧] 명 괄호; 묶음표
N5 **かっこう** 칵꼬-	[格好] 명 꼴, 모양, 볼품, 생김새

일한 단어 | 109

N5	**がっこう** 각꼬-	[学校] 몡 학교
N2	**かつじ** 카쯔지	[活字] 몡 활자; 인쇄용 글자 꼴
N1	**がっしょう** 갓쇼-	[合唱] 몡 합창; 여럿이 함께 부름
N1	**がっち** 갓찌	[合致] 몡 합치; 일치함
N2	**かって** 캇떼	[勝手] 몡 부엌, 주방, 생계(生計)
N1	**かつて** 카쯔떼	[曾て] 튄 일찍이, 이전에, 옛날에
N1	**かってに** 캇떼니	[勝手に] 튄 제멋대로, 마음대로
N1	**カット** 캇또	cut 몡 컷, 잘라 냄
N2	**かつどう** 카쯔도-	[活動] 몡 활동; 활발하게 움직임
N1	**かっぱつ** 캅빠쯔	[活発] な형 활발; 활기가 있음
N1	**がっぺい** 갑뻬이	[合併] 몡 합병; 병합(併合)
N2	**かつやく** 카쯔야꾸	[活躍] 몡 활약; 크게 활동함

N2 **かつよう** 카쯔요-	[活用] 명 활용; 이용함
N2 **かつりょく** 카쯔료꾸	[活力] 명 활력; 활동하는 힘, 활동
N5 **かてい** 카떼-	[家庭] 명 가정; 가족 집합체, 가족의 구성원
N5 **かてい** 카떼-	[仮定] 명 가정; 임시로 정함
N2 **かてい** 카떼-	[過程] 명 과정; 경로
N1 **カテゴリ-** 카떼고리-	Kategorie (독) 명 카테고리, 분류, 범위, 종류
N5 **かど** 카도	[角] 명 모난 귀퉁이, 모서리, 구석
N1 **カ-ド** 카-도	card 명 카드
N2 **かな** 카나	[仮名] 명 가나, 일본의 표음 문자
N4 **かない** 카나이	[家内] 명 가내; 집안, 가족
N1 **かなう** 카나우	[適う] 동 꼭 맞다, 들어맞다
N1 **かなう** 카나우	[叶う] 동 (이치에) 꼭 맞다

N1	**かなえる** 카나에루	[叶/適える] 동 일치시키다, 충족시키다, 맞추다
N4	**かなしい** 카나시이	[悲しい] い형 슬프다, 애처롭다
N2	**かなしむ** 카나시무	[悲しむ] 동 슬퍼하다, 불쌍하게 여기다
N2	**かなづかい** 카나즈까이	[仮名遣い] 명 일본어 かな 표기
N4	**かならず** 카나라즈	[必ず] 부 필히, 반드시, 꼭(=きっと)
N2	**かならずしも** 카나라즈시모	[必ずしも] 부 (부정문에서) 꼭~하다고만 할 수 없다
N2	**かなり** 카나리	[可成] 부 꽤, 제법, 상당히, 어지간히
N1	**かにゅう** 카뉴-	[加入] 명 가입; 단체에 들어감
N2	**かね** 카네	[金] 명 돈, 금전, 쇠, 금속
N2	**かね** 카네	[鐘] 명 종, 종소리
N2	**かねつ** 카네쯔	[加熱] 명 가열; 열을 더 세게 함
N4	**かねもち** 카네모찌	[金持ち] 명 부자, 돈 많은 사람

N2 **かねる** 카네루	[兼ねる] 동 겸하다, 두 개 이상의 일을 하다
N2 **かのう** 카노-	[可能] 명 가능; 할 수 있음
N4 **かのじょ** 카노죠	[彼女] 명 그녀, 그 여자, 저 여자
N2 **カバ-** 카바-	cover 명 커버, 씌우개, 책표지
N1 **かばう** 카바우	[庇う] 동 두둔하다, 감싸다
N5 **かばん** 카방	[鞄] 명 가방(bag)
N2 **かはんすう** 카한스-	[過半数] 명 과반수; 절반이 넘는 수
N5 **かびん** 카빙	[花瓶] 명 화병; 꽃병
N2 **かぶ** 카부	[株] 명 그루터기, 그루, 포기
N1 **カ-ブ** 카-부	curve 명 커브, 굽음, 휨
N1 **かぶしき** 카부시끼	[株式] 명 주식, 주식 회사의 자본의 단위
N1 **かぶしきがいしゃ** 카부시끼가이샤	[株式会社] 명 주식회사

N2 **かぶせる** 카부세루	[被せる] 동 (표면에) 덮다
N5 **かぶる** 카부루	[被る] 동 (머리에) 쓰다, 뒤집어 쓰다
N1 **かふん** 카훙	[花粉] 명 화분; 꽃가루
N1 **かふんしょう** 카훙쇼-	[花粉症] 명 화분증; 꽃가루병, 꽃가루 알레르기
N4 **かべ** 카베	[壁] 명 벽, 바람벽, 장애, 난관
N1 **かへい** 카헤이	[貨幣] 명 화폐; 돈
N1 **カーペット** 카-펫또	carpet 명 카펫
N2 **かま** 카마	[釜] 명 솥, 가마솥
N4 **かまう** 카마우	[構う] 동 관계되다, 상관하다
N1 **かまえ** 카마에	[構え] 명 구조, 만듦새, 꾸밈새
N1 **かまえる** 카마에루	[構える] 동 꾸미다, 짜내다, 만들다
N2 **がまん** 가망	[我慢] 명 참음, 견딤, 용서함, 인내(忍耐)

N2 **かみ** 카미	[加味] 명 가미; 음식에 다른 것을 더 섞음
N1 **かみ** 카미	[髪] 명 머리털, 머리카락
N2 **かみ** 카미	[上] 명 위, 위쪽
N5 **かみ** 카미	[神] 명 신; 하느님, (민속적인) 신
N4 **かみ** 카미	[紙] 명 종이, (가위바위보의) 보
N2 **かみくず** 카미꾸즈	[紙屑] 명 휴지, 종이 부스러기
N2 **かみさま** 카미사마	[神様] 명 하느님, (그 분야에) 뛰어난 사람
N1 **かみつ** 카미쯔	[過密] 명 과밀; 지나치게 빽빽함
N2 **かみなり** 카미나리	[雷] 명 천둥, 우레, 뇌성
N2 **かみのけ** 카미노께	[髪の毛] 명 머리털, 머리카락
N4 **かむ** 카무	[咬む] 동 씹다, 물다, 깨물다, 코풀다
N2 **ガム** 가무	gum 명 껌, 추잉검

N1 **カムバック** 카무박꾸		come back 명 컴백, 다시 옴, 돌아옴, 복귀(復歸)
N1 **カメラマン** 카메라망		cameraman 명 카메라맨
N2 **かもく** 카모꾸		[科目] 명 과목; 항목, (학과의) 과목
N2 **かもつ** 카모쯔		[貨物] 명 화물; (기차·배·자동차 등의) 하물(荷物)
N2 **かゆい** 카유이		[痒い] い형 가렵다
N4 **かよう** 카요-		[歌謡] 명 가요; 노래의 총칭
N2 **かよう** 카요-		[通う] 동 (같은 곳을)다니다, 왕래하다
N2 **かよう** 카요-		[火曜] 명 '火曜日(かようび)'의 준말
N5 **かようび** 카요-비		[火曜日] 명 화요일
N2 **から** 카라		[殻] 명 깍지, 껍질, 껍데기
N2 **から** 카라		[空] 명 (속이) 텅 비었음, 거짓
N2 **がら** 가라		[柄] 명 체격, 몸집, 무늬, 문양

N1 **カラ-** 카라-	color 명 컬러
N5 **からい** 카라이	[辛い] い형 (맛이) 맵다, 얼얼하다, 짜다
N1 **カラオケ** 카라오께	명 가라오케
N4 **グラス** 구라스	glas 명 글라스, 유리
N4 **ガラスびん** 가라스빙	[硝子瓶] 명 유리병
N5 **からだ** 카라다	[体] 명 몸, 몸뚱이, 신체, 육체
N1 **からだつき** 카라다쯔끼	[体付き] 명 몸매, 몸집, 체격
N1 **からむ** 카라무	[絡む] 동 휘감기다, 감기다
N1 **かり** 카리	[仮] 명 임시, 일시적임, 가짜
N1 **かり** 카리	[狩り] 명 사냥, 새나 짐승을 잡는 일
N1 **かり** 카리	[借り] 명 빌림, 빚, 부채(負債)
N3 **かりな** 카리나	[仮名] 명 가명; 임시 이름

일한 단어 | 117

N1	**かりに** 카리니	[仮に] 튀 만약, 설사, 가령, 임시
N5	**かりる** 카리루	[借りる] 동 (금품을) 빌리다, 꾸다
N2	**かる** 카루	[刈る] 동 (풀·벼·머리를) 베다
N5	**かるい** 카루이	[軽い] い형 (무게·정도) 가볍다(=かろい)
N1	**カルテ** 카루떼	Karte (독) 명 카르테, 진료 기록 카드
N4	**かれ** 카레	[彼] 명 그이, 그 사람, 그 남자
N3	**かれし** 카레시	[彼氏] 명 그분, 그 사람
N1	**ガレージ** 가레-지	garage 명 차고(車庫)
N4	**かれら** 카레라	[彼等] 명 그들, 그 사람들, 저들
N1	**かれる** 카레루	[枯れる] 동 (초목이) 시들고 말라죽다
N2	**かれる** 카레루	[涸れる] 동 (물·자원이) 마르다
N1	**かろう** 카로-	[過労] 명 과로; 지나치게 일하여 피로함

| N2 **カロリー** | calorie |
| 카르리- | 명 칼로리 |

| N5 **かわ** | [川] |
| 카와 | 명 강, 하천, 시내, 내 |

| N5 **がわ** | [側] |
| 가와 | 명 곁, 옆, (둘러싸는) 테 |

| N2 **かわ** | [皮] |
| 카와 | 명 가죽, 껍질, 모피(毛皮) |

| N5 **かわ** | [河] |
| 카와 | 명 강, 하천, 시내, 내 |

| N2 **かわ** | [革] |
| 카와 | 명 (가공한) 가죽, 피혁 |

| N5 **かわいい** | [可愛い] |
| 카와이이 | い형 귀엽다, 사랑스럽다 |

| **かわいがる** | [可愛がる] |
| 카와이가루 | 동 귀여워하다, 애지중지하다 |

| N2 **かわいそう** | [可哀想] |
| 카와이소- | な형 가엾다, 불쌍하다 |

| N2 **かわいらしい** | [可愛らしい] |
| 카와이라시이 | い형 귀엽다, 사랑스럽다 |

| **かわかす** | [乾かす] |
| 카와까스 | 동 (습기나 물기 없이) 말리다 |

| N2 **かわく** | [乾く] |
| 카와꾸 | 동 (목이) 마르다, 갈증나다, 건조하다 |

N1 **かわす** 카와스	[交わす] 동 교환하다, 주고받다
N2 **かわせ** 카와세	[為替] 명 외환(外換), 환어음, 약속어음
N2 **かわら** 카와라	[瓦] 명 기와, 무가치한 것
N4 **かわり** 카와리	[代(わ)り] 명 대신, 대용, 교체, 바꿈
N3 **かわりに** 카와리니	[代(わ)りに] 부 대신에, 그 대신에
N4 **かわる** 카와루	[代わる] 동 대신하다, 교대하다
N2 **かわる** 카와루	[変(わ)る] 동 (상태가) 변하다, 바뀌다, 틀리다
N4 **かわる** 카와루	[替わる] 동 교체되다, 바뀌다
N2 **かわる** 카와루	[換(わ)る] 동 바뀌다, 교체되다
N1 **かわるがわる** 카와루가와루	[代(わ)る代(わ)る] 부 교대로, 차례 차례로
N3 **かん** 캉	[間] 명 간; 사이, 동안
N2 **かん** 캉	[勘] 명 감; 육감(六感), 직감력

N1 **かん** 캉	[感] 명 감; 느낌, 생각, 감동	
N1 **かん** 캉	[官] 명 관; 정부, 관공서, 관직	
N1 **かん** 캉	[管] 접미 관; 대롱, 피리	
N3 **かん** 캉	[館] 명 저택, 건물, 큰 건물, 큰 상점	
N1 **かん** 캉	[観] 명 모양, 외관, 양상, 본 느낌	
N3 **かん** 캉	[巻] 명 두루마리, 책	
N2 **かん** 캉	[缶] 명 깡통, 통조림, 쇠주전자	
N1 **がん** 강	[癌] 명 암; 악성 종양(腫瘍)	
N1 **かんい** 캉이	[簡易] な형 간이; 간단하고 손쉬움, 손쉬운 모양	
N1 **がんか** 강까	[眼科] 명 안과	
N2 **かんがえ** 캉가에	[考え] 명 마음에 느끼는 의견, 생각, 사고(思考)	
N4 **かんがえる** 캉가에루	[考える] 동 (이것저것) 생각하다, 고안하다	

일한 단어 | 121

N2 **かんかく** 캉까꾸	[間隔] 명 간격; 물건과 물건의 사이
N2 **かんかく** 캉까꾸	[感覚] 명 감각; 감각 기관
N2 **かんき** 캉끼	[換気] 명 환기; 탁한 공기와 새 공기를 바꾸어 넣음
N2 **かんきゃく** 캉꺄꾸	[観客] 명 관객; 구경꾼, 독자(讀者)
N1 **がんきゅう** 캉뀨-	[眼球] 명 안구; 눈알
N2 **かんきょう** 캉꾜-	[環境] 명 환경; 생활체를 둘러싼 주의 형편
N1 **がんぐ** 강구	[玩具] 명 완구; 장난감
N4 **かんけい** 캉께-	[関係] 명 관계; 둘 이상이 서로 걸림
N2 **かんげい** 캉게-	[歓迎] 명 환영; 사람을 기쁘게 맞이함
N2 **かんげき** 캉게끼	[感激] 명 감격; 마음에 깊이 느껴 분발함
N1 **かんけつ** 캉께쯔	[簡潔] な형 간결; 간단하고 요령이 있음
N1 **かんげん** 캉겡	[還元] 명 환원; 원상태로 되돌아옴

N1 かんご 캉고	[看護] 명 간호; 환자를 돌봄
N1 がんこ 강고	[頑固] な형 완고; 고집스러움, 끈질김
N1 かんご 캉고	[漢語] 명 한어; 음독(音讀)하는 한자의 숙어
N1 かんこう 캉꼬-	[刊行] 명 간행; 출판, 발행
N2 かんこう 캉꼬-	[観光] 명 관광; 여행하며 구경함
N1 かんこく 캉꼬끄	[勧告] 명 권고; 하도록 권함
N3 かんごし 캉고시	[看護士] 명 (남자) 간호사
N3 かんごし 캉고시	[看護師] 명 간호사
N4 かんごふ 캉고후	[看護婦] 명 (여자) 간호사
N2 かんさい 칸사이	[関西] 명 교토[京都]·오사카[大阪]의 총칭
N2 かんさつ 칸사쯔	[観察] 명 관찰; 사물을 자세히 살핌
N1 かんさん 칸상	[換算] 명 환산

일한 단어 | 123

N1	**かんじ** 칸지	[感じ] 명 느낌, 감각, 감촉, 인상
N5	**かんし** 칸시	[監視] 명 감시; 잘못이 없도록 주의하여 지켜 봄
N2	**かんじ** 칸지	[漢字] 명 한자; 중국어를 표기하는 문자
N2	**がんじつ** 간지쯔	[元日] 명 원일; 설날
N2	**かんしゃ** 칸샤	[感謝] 명 감사; 고맙게 여김
N2	**かんじゃ** 칸자	[患者] 명 환자; 병자나 다친 사람
N1	**かんしゅう** 칸슈-	[慣習] 명 관습; 전부터 해 온 버릇이나 풍속
N1	**かんしゅう** 칸슈-	[観衆] 명 관중; 구경꾼
N1	**がんしょ** 간쇼	[願書] 명 원서; 청원하는 내용을 쓴 글
N1	**かんしょう** 칸쇼-	[干渉] 명 간섭; 남의 일에 참견
N2	**かんしょう** 칸쇼-	[鑑賞] 명 감상; 예술품의 아름다움
N2	**かんじょう** 칸죠-	[勘定] 명 셈, 계산, 지불함, 또 그 대금

N2 **かんじょう** 칸죠-	[感情] 명 감정; 마음, 기분, 생각
N1 **がんじょう** 간죠-	[頑丈] 명 튼튼함, 단단함
N1 **かんしょく** 칸쇼꾸	[感触] 명 감촉; 촉감
N2 **かんじる** 칸지루	[感じる] 동 느끼다, 감동하다, 반응하다
N2 **かんしん** 칸싱	[感心] 명 감탄함, 탄복함
N2 **かんしん** 칸싱	[関心] 명 관심; 어떤 사물에 마음이 끌림
N1 **かんじん** 칸징	[肝腎] な형 중요함, 소중함, 요긴함
N1 **かんじん** 칸징	[肝心] な형 중요함, 소중함
N3 **かんずる** 칸즈루	[感ずる] 동 느끼다, 감동하다
N2 **かんする** 칸스루	[関する] 동 관계하다, 동반하다
N2 **かんせい** 칸세-	[完成] 명 완성; 완전히 이룸
N1 **かんせい** 칸세-	[歓声] 명 환성; 환호성

N2 **かんせつ** 칸세쯔	[間接] 몡 간접; 간접적. 간접으로 하는 모양
N1 **かんせん** 칸셍	[幹線] 몡 간선; 철도·도로·전신 등의 주요 선
N1 **かんせん** 칸셍	[感染] 몡 감염; 병이 옮음, 물듦
N2 **かんぜん** 칸젱	[完全] な형 완전; 결점이나 부족함이 없음
N2 **かんそう** 칸소-	[感想] 몡 감상; 느낀 소감
N2 **かんそう** 칸소-	[乾燥] 몡 건조; 마름, 재미없음
N2 **かんそく** 칸소꾸	[観測] 몡 관측
N2 **かんたい** 칸따이	[寒帯] 몡 한대; 지구상의 기후대의 하나
N4 **かんたん** 칸땅	[簡単] な형 간단; 간편함
N3 **がんたん** 간땅	[元旦] 몡 원단; 설날 아침
N2 **かんちがい** 칸찌가이	[勘違い] 몡 착각, 오해, 잘못 생각함
N2 **かんちょう** 칸쪼-	[官庁] 몡 관청; 관공서

N2 **カンづめ** 칸즈메	[カン詰] 명 통조림
N3 **かんづめ** 칸즈메	[缶詰(め)] 명 통조림, (좁은 곳에 여럿이) 갇힘
N1 **かんてん** 칸뗑	[観点] 명 관점; 보는 입장
N2 **かんでんち** 칸뎅찌	[乾電池] 명 건전지; 소형 전지
N1 **かんど** 칸도	[感度] 명 감도; 감응하는 정도, 느끼는 정도
N2 **かんどう** 칸도-	[感動] 명 감동; 깊이 느끼어 마음이 움직임
N3 **かんとうちほう** 칸또-찌호-	[関東地方] 명 관동
N2 **かんとく** 칸또꾸	[監督] 명 감독; 보살피고 단속함
N2 **かんねん** 칸넹	[観念] 명 관념; 사물에 대한 의식
N1 **がんねん** 간넹	[元年] 명 원년; 제왕(帝王)의 즉위
N4 **がんばる** 감바루	[頑張る] 명 (끝까지) 분발하다, 우기다, 강경히 버티다
N2 **かんばん** 캄방	[看板] 명 간판, 외관(外観), 겉보기

일한 단어 | 127

N2 **かんびょう** 캄뵤-	[看病] 명 간병; 병간호, 병구완
N3 **かんびょうにん** 캄뵤-닝	[看病人] 명 간병인
N1 **かんぶ** 캄부	[幹部] 명 간부; 단체나 회사의 주요 임원(任員)
N1 **かんぺき** 캄뻬끼	[完璧] な형 완벽; 완전무결
N1 **かんべん** 캄벵	[勘弁] 명 용서함, 참음
N2 **かんむり** 캄무리	[冠] 명 관; 왕관, 머리에 쓰는 것의 총칭
N1 **かんむりょう** 캄무료-	[感無量] 명 감개무량(感慨無量)
N1 **かんゆう** 캉유-	[勧誘] 명 권유; 권하여 하도록 함
N1 **かんよう** 캉요-	[慣用] 명 관용; 관례가 되어 행함
N1 **かんよう** 캉요-	[寬容] 명 관용; 너그러움
N1 **かんようおん** 캉요-옹	[慣用音] 명 관용음
N1 **かんようく** 캉요-꾸	[慣用句] 명 관용구

N1 **かんようご** 캉요-고	[慣用語] 몡 관용어
N1 **がんらい** 간라이	[元来] 몡 원래, 본디 囲 처음부터
N1 **かんらん** 칸랑	[観覧] 몡 관람; 구경함
N2 **かんり** 칸리	[管理] 몡 관리; 사무를 맡아 처리함
N1 **かんりょう** 칸료-	[官僚] 몡 관료; 공무원
N2 **かんりょう** 칸료-	[完了] 몡 완료; 완전히 끝남
N1 **かんれい** 칸레-	[慣例] 몡 관례; 습관이 된 전례(前例)
N1 **かんれき** 칸레끼	[還暦] 몡 환갑(還甲), 회갑(回甲)
N2 **かんれん** 칸렝	[関連] 몡 관련; 서로 걸려 얽힘
N1 **かんろく** 칸로꾸	[貫禄] 몡 관록; 몸에 갖추어진 위엄, 무게
N1 **かんわ** 캉와	[緩和] 몡 완화; 급박한 것을 느슨하게 함
N2 **かんわ** 캉와	[漢和] 몡 한화; 한어(漢語)와 일본어(日本語)

N3 **かんわじてん** 캉와지뗑	[漢和辞典] 명 한화사전
N3 **き** 키	[器] 명 기; 그릇, 용기
N3 **き** 키	[期] 명 기; 기한, 기간, 시기, 시한
N4 **き** 키	[気] 명 기분, 마음, 신경, 성질, 감정
N5 **き** 키	[木] 명 나무, 수목(樹木), 목재(木材)
N2 **きあつ** 키아쯔	[気圧] 명 기압; 대기의 압력
N1 **ぎあん** 기앙	[議案] 명 의안; 심의할 안건
N5 **きいろ** 키이로	[黄色] 명 황색; 노랑
N5 **きいろい** 키이로이	[黄色い] い형 노랗다, 아직 미숙하다
N2 **ぎいん** 기잉	[議員] 명 의원; 국회나 의결권을 가진 사람
N5 **きえる** 키에루	[消える] 동 사라지다, 꺼지다, 없어지다
N2 **きおく** 키오꾸	[記憶] 명 기억; 잊지 아니함

N2 **きおん** 키옹	[気温] 명 기온; 대기의 온도
N4 **きかい** 키까이	[器械] 명 기계; 도구, 기물(器物)
N2 **きかい** 키까이	[機械] 명 기계; 동력을 이용하여 일하는 장치
N4 **きかい** 키까이	[機会] 명 기회; 알맞은 때
N1 **きがい** 키가이	[危害] 명 위해; 위험한 재해(災害)
N2 **ぎかい** 기까이	[議会] 명 의회; 국회
N2 **きがえ** 키가에	[着替え] 명 (옷을) 갈아입음, 갈아입은 옷
N2 **きがえる** 키가에루	[着替える] 동 옷을 갈아입다
N1 **きかく** 키까꾸	[規格] 명 규격; 일정한 표준, 규정
N1 **きかく** 키까꾸	[企画] 명 기획; 계획을 세움
N1 **きがね** 키가네	[気兼ね] 명 눈치를 봄, 신경을 씀
N1 **きがる** 키가루	[気軽] な형 (마음이) 부담이 없음

N1 **きかん** 키깡	[季刊] 명 계간; 한 철에 한 번 발행하는 일
N2 **きかん** 키깡	[期間] 명 기간
N1 **きかん** 키깡	[器官] 명 기관; 생물체의 한 부분
N2 **きかん** 키깡	[機関] 명 기관; 수력·화력·전력에 의한 운전장치
N2 **きかんしゃ** 키깡샤	[機関車] 명 기관차
N1 **きき** 키끼	[危機] 명 위기; 위험한 순간
N1 **ききとり** 키끼또리	[聞(き)取り] 명 듣기, 히어링, 청취(聽取), 들어서 이해함
N1 **ききょう** 키쿄-	[帰京] 명 귀경; 서울로 돌아옴
N2 **きぎょう** 키교-	[企業] 명 기업; 영리(營利)를 목적으로 하는 사업
N2 **ききん** 키낑	[飢饉] 명 기근; (농작물의) 흉작
N1 **ききん** 키낑	[基金] 명 기금; 사업의 경제적 기초가 되는 돈
N5 **きぐ** 키구	[器具] 명 기구; 간단한 기계·공구류(工具類)

N2 **きく** 키꾸	[聞く] 동 (말·소리를) 듣다, 묻다, 시음하다
N2 **きく** 키꾸	[聴く] 동 (귀를 기울여서) 소리를 듣고 알다
N2 **きく** 키꾸	[利く] 동 (약이) 잘 듣다, 효력이 나타나다
N1 **きげき** 키게끼	[喜劇] 명 희극; 코미디, 사람을 웃기다
N1 **ぎけつ** 기께쯔	[議決] 명 의결; 합의에 의해서 결정됨
N1 **きけん** 키껭	[棄権] 명 기권; 자기의 권리를 포기함
N1 **きげん** 키껭	[起源] 명 기원; 근원, 시작
N2 **きげん** 키껭	[期限] 명 기한; 미리 정해진 시기, 약속한 시기
N4 **きげん** 키껭	[機嫌] 명 (남의) 건강 상태, 안부
N1 **きけん** 키껭	[危険] な형 위험; (목숨이) 위태로움
N1 **きこう** 키꼬-	[機構] 명 기구; 조직, 구성, 자임
N2 **きごう** 키고-	[記号] 명 기호; 약속의 표지(標識)

きこう 키꼬- N2	[気候] 명 기후; 날씨의 상태
きこえる 키꼬에루 N4	[聞こえる] 동 (소리가)들리다, 납득하다
きこん 키꽁 N1	[既婚] 명 기혼; 이미 결혼함
きこんしゃ 키꽁샤 N1	[既婚者] 명 기혼자
きざ 키자 N1	[気障] な형 아니꼬움, 비위에 거슬림
きさい 키사이 N1	[記載] 명 기재; 기록함
きざし 키자시 N1	[兆し] 명 조짐, 징조, 징후
きざむ 키자무 N2	[刻む] 동 잘게 썰다, 마음에 깊이 새기다
きじ 키지 N2	[記事] 명 기사; 사실을 적은 글
ぎし 기시 N2	[技師] 명 기사; 엔지니어
きじ 키지 N2	[生地] 명 옷감, 천, 직물, 본성, 본바탕
きし 키시 N2	[岸] 명 물가, 해안, 둑

ぎしき 기시끼 N2	[儀式] 명 의식; 의전(儀典)
きじつ 키지쯔 N1	[期日] 명 기일; 약속한 날짜
きしつ 키시쯔 N1	[気質] 명 기질; 기분, 성미, 성질
ぎじどう 기지도- N1	[議事堂] 명 의사당; 국회 의사당
きしゃ 키샤 N4	[記者] 명 기자; (신문 · 잡지 · 방송에서)문서 집필자
きしゃ 키샤 N2	[汽車] 명 기차
きじゅつ 키쥬쯔 N4	[記述] 명 기술; 글로 나타냄
ぎじゅつ 기쥬쯔 N1	[技術] 명 기술; 재능, 재주
きじゅん 기중 N2	[規準] 명 규준; 준칙, 규범, 기준
きじゅん 키중 N2	[基準] 명 기준; 표준
きしょう 키쇼- N2	[起床] 명 기상; 잠자리에서 일어남
きしょう 키쇼- N1	[気象] 명 기상; 날씨의 상태, 기질

N2 **きず** キズ	[傷] 명 상처, 부상(負傷), (마음의) 결함
N2 **きすう** キスー	[寄数] 명 기수; 홀수
N1 **きずく** キズク	[築く] 동 (제방을) 축조(築造)하다
N1 **きずつく** キズツク	[傷付く] 동 상처가 나다, 다치다
N1 **きずつける** キズツケル	[傷付ける] 동 상처를 입히다, 깨뜨리다
N1 **きせい** キセー	[規制] 명 규제; 규율에 따라 제한함
N1 **ぎせい** ギセー	[犠牲] 명 희생; 신에게 제물로 바치는 산 짐승
N4 **きせつ** キセツ	[季節] 명 계절; 사철의 변화, 절기
N2 **きせる** キセル	[着せる] 동 (옷을) 입히다, 씌우다
N1 **きせん** キセン	[汽船] 명 기선; 증기선
N2 **きそ** キソ	[基礎] 명 기초; (건물의) 토대
N1 **きそう** キソー	[競う] 동 (서로) 다투다, 경쟁하다

N1 **きぞう** 키조-	[寄贈] 명 기증; 물건을 증정함
N1 **ぎぞう** 기조-	[偽造] 명 위조; 진짜와 비슷하게 만듦
N1 **ぎぞうしへい** 기조-시헤-	[偽造紙幣] 명 위조 지폐, 가짜 돈
N4 **きぞく** 키조꾸	[貴族] 명 귀족; 신분이 높은 사람들
N1 **きそく** 키소꾸	[規則] 명 규칙
N5 **きた** 키따	[北] 명 북; 북쪽, 북녘, 북풍
N2 **きたい** 키따이	[期待] 명 기대; 예기하여 기다림
N2 **きたい** 키따이	[気体] 명 기체
N1 **ぎだい** 기다이	[議題] 명 의제; 회의에서 의논할 문제
N1 **きたえる** 키따에루	[鍛える] 동 (심신을) 단련하다, 강하게 하다
N2 **きたく** 키따꾸	[帰宅] 명 귀택; 귀가(歸家)
N1 **きだて** 키다떼	[気立て] 명 마음씨, 심지

N5 **きたない** 키따나이	[汚い] い형 (환경이) 더럽다, 불결하다
N1 **きたる** 키따루	[来る] 연체 오는, 다가오는, 이번
N2 **きち** 키찌	[基地] 명 기지; (활동의) 근거지
N2 **きちょう** 키쪼-	[貴重] な형 귀중; 아주 소중함
N2 **ぎちょう** 기쪼-	[議長] 명 의장; 회의를 주재하는 사람
N3 **きちょうひん** 키쪼-힝	[貴重品] 명 귀중품
N1 **きちょうめん** 키쪼-멩	[几帳面] な형 빈틈없고 꼼꼼함
N2 **きづく** 키즈꾸	[気付く] 동 눈치채다, 알아차리다
N2 **きっさ** 킷사	[喫茶] 명 차를 마심
N5 **きっさてん** 킷사뗑	[喫茶店] 명 찻집, 다방(茶房), 커피
N5 **きって** 킷떼	[切手] 명 우표, 어음, 수표
N4 **きっと** 킷또	부 틀림없이, 꼭, 반드시

N5 **きっぷ** 킵뿌	[切符] 명 표(=チケット), 티켓
N1 **きてい** 키떼-	[規定] 명 규정; 규칙, 규율
N1 **きてん** 키뗑	[起点] 명 기점; 출발점
N1 **きどう** 키도-	[軌道] 명 궤도; 철로, 레일, 선로
N2 **きにゅう** 키뉴-	[記入] 명 기입; 써 넣음
N4 **きぬ** 키누	[絹] 명 명주, 비단, 명주실, 견사
N2 **きねん** 키넹	[記念] 명 기념; 기억하여 잊지 아니함
N1 **きねんひ** 키넹히	[記念碑] 명 기념비
N3 **きねんび** 키넴비	[記念日] 명 기념일
N3 **きねんぶつ** 키넴부쯔	[記念物] 명 기념물
N1 **きのう** 키노-	[機能] 명 기능; 사물의 작용이나 힘
N1 **ぎのう** 기노-	[技能] 명 기능; 솜씨, 기술상의 재능

N5 ☐	**きのう** 키노-	[昨日] 명 어제(yesterday), 가까운 과거
N2 ☐	**きのどく** 키노도꾸	[気の毒] な형 딱함, 가엾음
N1 ☐	**きはん** 키항	[規範] 명 규범; 본보기, 모범
N2 ☐	**きばん** 키방	[基盤] 명 기반; 토대, 기초
N4 ☐	**きびしい** 키비시이	[厳しい] い형 엄하다, 엄격하다
N1 ☐	**きひん** 키힝	[気品] 명 기품; 품위
N2 ☐	**きふ** 키후	[寄付] 명 기부; 공공 사업 등에 금품을 내어놓음
N1 ☐	**きふう** 키후-	[気風] 명 기풍; 기질
N1 ☐	**きふく** 키후꾸	[起伏] 명 기복; 높아졌다 낮아졌다 함
N1 ☐	**きぼ** 키보	[規模] 명 규모; 짜임새, 본보기
N2 ☐	**きぼう** 키보-	[希望] 명 희망; 실현되기를 바람
N2 ☐	**きほん** 키홍	[基本] 명 기본; 기초, 토대

N3	**きほんてき** 키혼떼끼	[基本的] な형 기본적
N1	**きまじめ** 키마지메	[生真面目] な형 고지식함, 꼼꼼함
N2	**きまり** 키마리	[決(ま)り] 명 규칙, 결말, 매듭
N4	**きまる** 키마루	[決まる] 동 결정되다, 정해지다
N4	**きみ** 키미	[君] 명 자네, 너, 그대
N2	**きみ** 키미	[気味] 명 기미; 경향, 기색, 기분
N2	**~ぎみ** 기미	[~気味] 접미 (명사에 접속하여) ~하는 경향
N2	**きみょう** 키묘-	[奇妙] な형 기묘; 기이하고 묘함
N2	**ぎむ** 기무	[義務] 명 의무
N1	**きめい** 키메-	[記名] 명 기명; 이름을 써 넣음
N4	**きめる** 키메루	[決める] 동 정하다, 결정하다, 작정하다, 결성하다
N4	**きもち** 키모찌	[気持ち] 명 기분, 감정, 마음가짐

きもの [N4] 키모노	[着物] 명 옷, 의복, 특히 여자의 옷
きゃく [N4] 캬꾸	[客] 명 객; 손님, 승객, 여객, 나그네
きやく [N1] 캬꾸	[規約] 명 규약; 규정
ぎゃく [N2] 갸꾸	[逆] 명 역; 거꾸로임, 반대임
きゃくせき [2] 캬꾸세끼	[客席] 명 객석; 관람석, 연회석
ぎゃくてん [N1] 갸꾸뗑	[逆転] 명 역전; 반대로의 회전
きゃくほん [N1] 까꾸홍	[脚本] 명 각본; 대본, 시나리오
きゃくま [N2] 까꾸마	[客間] 명 객실, 응접실
きゃっかん [N1] 깍깡	[客観] 명 객관; 인식 작용의 대상이 되는 모든 것
きゃっかんせい [N1] 깍깐세-	[客観性] 명 객관성
きゃっかんてき [N1] 깍깡떼끼	[客観的] な형 객관적
キャッシュカード [N1] 캇슈카-도	cash card 명 캐시 카드(현금카드)

N1 □ **キャッチ** 캇치	catch 명 캐치, 잡음, 포착함
N2 □ **キャプテン** 캬뿌뗑	captain 명 캡틴, 대장, 육군 대위, 해군 대령
N1 □ **キャリア** 캬리아	career 명 캐리어, 경력
N2 □ **キャンセル** 캰서루	cancel 명 캔슬, 취소
N2 □ **キャンパス** 캠빠스	canvas 명 캠퍼스, 교정
N2 □ **キャンペーン** 캄뻬-ㅇ	campaign 명 캠페인, 조직적인 운동·선전 활동
N1 □ **きゅう** 큐-	[旧] 명 구; 묵은 것, 옛날 것, 오래된 것
N4 □ **きゅう** 큐-	[急] な형 위급, 긴급, 돌연, 갑작스러움
N2 □ **きゅう** 큐-	[級] 명 급; 순서, 계단, 정도
N1 □ **きゅうえん** 큐-엥	[救援] 명 구원; (위험으로부터) 구해 냄
N2 □ **きゅうか** 큐-까	[休暇] 명 휴가; 직장에서 일정 기간
N1 □ **きゅうがく** 큐-가꾸	[休学] 명 휴학; 학교를 쉼

일한 단어 | 143

N2 **きゅうぎょう** 큐-교-	[休業] 명 휴업; 업무를 쉼	
N1 **きゅうきょく** 큐-쿄꾸	[究極] 명 궁극(窮極), 결국, 마침내	
N1 **きゅうくつ** 큐-꾸쯔	[窮屈] な형 비좁음, 답답함	
N2 **きゅうけい** 큐-께-	[休憩] 명 휴게; 휴식, 쉼	
N3 **きゅうけいしつ** 큐-께-시쯔	[休憩室] 명 휴게실; 쉬는 방	
N2 **きゅうげき** 큐-게끼	[急激] な형 급격; 급하고 격렬함	
N4 **きゅうこう** 큐-꼬-	[急行] 명 급행; 급히 감, 급행	
N2 **きゅうこう** 큐-꼬-	[休講] 명 휴강; 강의를 쉼	
N1 **きゅうこん** 큐-꽁	[球根] 명 구근; 땅속줄기	
N2 **きゅうこん** 큐-꽁	[求婚] 명 구혼; 결혼을 신청함, 청혼(請婚)	
N1 **きゅうさい** 큐-사이	[救済] 명 구제; 불행한 상태에서 구해 건져줌	
N1 **きゅうじ** 큐-지	[給仕] 명 급사; 사환(使喚), 식사	

N2 **きゅうしゅう** 큐-슈-	[吸収] 명 흡수; 빨아들임
N2 **きゅうじょ** 큐-조	[救助] 명 구조; 절박한 위험에서 구조함
N1 **きゅうしょく** 큐-쇼꾸	[給食] 명 급식; (학교·회사에서) 음식을 줌
N1 **きゅうせん** 큐-셍	[休戦] 명 휴전; 교전국이 일단 중지하는 일
N2 **きゅうそく** 큐-소꾸	[急速] 명 급속; 매우 빠름
N2 **きゅうそく** 큐-소꾸	[休息] 명 휴식; 휴게, 쉼
N1 **きゅうち** 큐-찌	[旧知] 명 구지; 이전부터 아는 사이
N1 **きゅうでん** 큐-뎅	[宮殿] 명 궁전; 대궐, 신을 모심
N3 **きゅうに** 큐-니	[急に] 부 급히, 갑자기
N5 **ぎゅうにく** 큐-니꾸	[牛肉] 명 쇠고기
N5 **ぎゅうにくや** 규-니꾸야	[牛肉屋] 명 푸줏간, 정육점
N5 **ぎゅうにゅう** 규-뉴-	[牛乳] 명 우유(=ミルク)

N1	**きゅうぼう** 큐-보-	[窮乏] [な형] 궁핍; 몹시 가난함
N2	**きゅうよ** 큐-요	[給与] [명] 급여; 금품을 지급함
N2	**きゅうよう** 큐-요-	[休養] [명] 휴양
N1	**きゅうりょう** 큐-료-	[丘陵] [명] 구릉; 언덕
N3	**きゅうりょう** 큐-료-	[給料] [명] 급료; 봉급, 급여
N3	**きゅうりょうび** 큐-료-비	[給料日] [명] 월급날
N1	**きよ** 키요	[寄与] [명] 기여; 공헌함, 이바지함
N2	**きよい** 키요이	[清い] [い형] 맑다, 깨끗하다, 상쾌하다
N5	**きょう** 쿄-	[強] [명] 강; 강함, 강자(强者)
N3	**きょう** 쿄-	[教] [명] 교; 종교
N1	**きょう** 쿄-	[今日] [명] 금일; 오늘, 오늘날
N1	**きよう** 키요-	[器用] [な형] 솜씨가 좋음, 손재주

^{N3} **ぎょう** 교-	[業] 명 직업, 학문, 기예, 업무
^{N3} **ぎょう** 교-	[行] 명 행; 글자의 줄
^{N1} **きょうい** 쿄-이	[驚異] 명 경이; 놀라움
^{N4} **きょういく** 쿄-이꾸	[教育] 명 교육; 가르쳐 기름
^{N1} **きょういてき** 쿄-이떼끼	[驚異的] な형 경이적
^{N2} **きょういん** 쿄-잉	[教員] 명 교원; 교사, 선생
^{N1} **きょうか** 쿄-까	[強化] 명 강화; 강하게 하는 것
^{N1} **きょうか** 쿄-까	[教科] 명 교과; 체계적으로 가르치기
^{N2} **きょうかい** 쿄-까이	[境界] 명 경계; 경계선
^{N2} **きょうかい** 쿄-까이	[教会] 명 교회; 교회당
^{N1} **きょうかい** 쿄-까이	[協会] 명 협회; 같은 목적을 가진 회원들의 모임
^{N3} **きょうかいせん** 쿄-까이셍	[境界線] 명 경계선

일한 단어 | **147**

N1 □ **きょうがく** 쿄-가꾸	[共学] 몡 공학; 남녀 공학(共學)
N2 □ **きょうかしょ** 쿄-까쇼	[教科書] 몡 교과서
N1 □ **きょうかん** 쿄-깡	[共感] 몡 공감; 동감, 같은 감정
N2 □ **きょうぎ** 쿄-기	[競技] 몡 경기; 우열을 겨룸
N1 □ **きょうぎ** 쿄-기	[協議] 몡 협의; 두 사람 이상이 모여 의논함
N2 □ **きょうきゅう** 쿄-뀨-	[供給] 몡 공급; 필요에 응하여 물품 따위를 제공
N1 □ **きょうぐう** 쿄-구-	[境遇] 몡 운명, 처지, 환경
N1 □ **きょうくん** 쿄-꿍	[教訓] 몡 교훈
N1 □ **きょうこう** 쿄-꼬-	[強硬] な형 강경; 의지를 굽히지 않음
N1 □ **きょうこう** 쿄-꼬-	[強行] 몡 강행; 강제로 시행함
N1 □ **きょうざい** 쿄-자이	[教材] 몡 교재; 학습의 재료
N1 □ **きょうさく** 쿄-사꾸	[凶作] 몡 흉작; 농작물의 소출이

N2 **きょうさん** 쿄-상	[共産] 명 공산; 재산을 공동으로 가짐
N3 **きょうさんこく** 쿄-상꼬꾸	[共産国] 명 공산국
N3 **きょうさんしゅぎ** 쿄-상슈기	[共産主義] 명 공산주의
N3 **きょうさんとう** 쿄-상또-	[共産党] 명 공산당
N2 **きょうし** 쿄-시	[教師] 명 교사; 선생, 교원(敎員)
N2 **ぎょうじ** 쿄-지	[行事] 명 행사; 어떤 일을 거행함
N5 **きょうしつ** 쿄-시쯔	[教室] 명 교실; 대학의 연구실, 강습
N1 **ぎょうしゃ** 쿄-샤	[業者] 명 업자; 기업가, 상공인
N2 **きょうじゅ** 쿄-쥬	[教授] 명 교수
N1 **きょうじゅ** 쿄-쥬	[享受] 명 향수; 복을 받아 누림
N1 **きょうしゅう** 쿄-슈-	[教習] 명 교습; 가르쳐서 익히게 함
N1 **きょうしゅう** 쿄-슈-	[郷愁] 명 향수; 고향을 그리는 마음

N2	**きょうしゅく** 쿄-슈꾸	[恐縮] 명 송구함, 황송함, 죄송함
N1	**きょうしょく** 쿄-쇼꾸	[教職] 명 교직; 교육자로서의 직무(職務)
N1	**きょうせい** 쿄-세-	[強制] 명 강제; 억지로 시킴
N1	**ぎょうせい** 쿄-세-	[行政] 명 행정; 국가 작용의 하나, 입법(立法)
N1	**ぎょうせき** 쿄-세끼	[業績] 명 업적; 사업의 성적, 학술 연구상의 성과
N4	**きょうそう** 쿄-소-	[競争] 명 경쟁; 서로 겨룸
N1	**きょうそん** 쿄-송	[共存] 명 공존; 함께 생존함
N5	**きょうだい** 쿄-다이	[兄弟] 명 형제; 형과 동생, 누이와 여동생
N1	**きょうち** 쿄-찌	[境地] 명 경지; 마음의 상태, 심경
N2	**きょうちょう** 쿄-쬬-	[強調] 명 강조; 강력히 주장함
N1	**きょうちょう** 쿄-쬬-	[協調] 명 협조
N2	**きょうつう** 쿄-쯔-	[共通] 명 공통; 서로 통함

N1 **きょうてい** 쿄-떼-	[協定] 명 협정; 의논하여 결정함
N1 **きょうど** 쿄-도	[郷土] 명 향토; 태어난 곳, 그 지방, 고향 땅, 고향
N2 **きょうどう** 쿄-도-	[共同] 명 공동; 둘 이상의 사람이 함께 일함
N1 **きょうはく** 쿄-하꾸	[脅迫] 명 협박; 위협함, 으름
N2 **きょうふ** 쿄-후	[恐怖] 명 공포; 두려워함, 무서워함
N3 **きょうふかん** 쿄-후깡	[恐怖感] 명 공포감
N3 **きょうふしん** 쿄-후싱	[恐怖心] 명 공포심
N4 **きょうみ** 쿄-미	[興味] 명 흥미; 취미, 관심을 가짐
N3 **きょうみぶかい** 쿄-미부까이	[興味深い] い형 매우 흥미롭다
N1 **ぎょうむ** 교-무	[業務] 명 업무; 직업으로서 하는 일
N1 **きょうめい** 쿄-메-	[共鳴] 명 공명; 공진(共振)
N2 **きょうよう** 쿄-요-	[教養] 명 교양; 가르쳐 기름

N1 **きょうり** 쿄-리	[郷里] 몡 향리; 고향
N2 **きょうりょく** 쿄-료꾸	[強力] な형 강력; 힘이 셈
N2 **きょうりょく** 쿄-료꾸	[協力] 몡 협력; 힘을 합침
N1 **きょうれつ** 쿄-레쯔	[強烈] な형 강렬; 세차고 맹렬함
N2 **ぎょうれつ** 교-레쯔	[行列] 몡 행렬; 여럿이 줄지어 감
N1 **きょうわ** 쿄-와	[共和] 몡 공화
N1 **きょうわこく** 쿄-와꼬꾸	[共和国] 몡 공화국
N1 **きょうわせい** 쿄-와세-	[共和制] 몡 공화제
N2 **きょか** 쿄까	[許可] 몡 허가; 허락함, 허용함
N2 **ぎょぎょう** 교교-	[漁業] 몡 어업; 수산업(水産業)
N2 **きょく** 쿄꾸	[曲] 몡 곡; 악곡, 마디, 구부러짐
N2 **きょく** 쿄꾸	[局] 몡 국; 관청 등의 사무를 구분해서 맡은 곳

N1 きょくげん 쿄꾸겡	[局限] 명 국한; 제한, 한정됨
N2 きょくせん 쿄꾸셍	[曲線] 명 곡선; 구부러진 선
N1 きょくたん 쿄꾸땅	[極端] な형 극단; 한쪽으로 치우침
N1 きょじゅう 쿄쥬-	[居住] 명 거주; 일정한 곳에 자리잡고 삶
N1 きょぜつ 쿄제쯔	[拒絶] 명 거절; 사절, 거부, 받아들이지 않음
N1 ぎょせん 교셍	[漁船] 명 어선; 고기잡이하는 배
N1 ぎょそん 교송	[漁村] 명 어촌; 어부들이 모여 살고 있는 마을
N2 きょだい 쿄다이	[巨大] 명 거대; 대단히 큼
N5 きょねん 쿄넹	[去年] 명 거년; 작년, 지난해
N1 きょひ 쿄히	[拒否] 명 거부; 거절, 승낙하지 않음
N1 きょひけん 쿄히껭	[拒否権] 명 거부권
N1 きょよう 쿄요-	[許容] 명 허용; 허락하여 용납함

N1 **きよらか** 키요라까	[清らか] [な형] 맑음, 깨끗함
N2 **きょり** 쿄리	[距離] [명] 거리; 두 지점의 떨어진 정도, 간격
N5 **きらい** 키라이	[嫌い] [な형] 싫음, 마음에 들지 않음
N2 **きらう** 키라우	[嫌う] [동] 싫어하다, 좋아하지 않다
N2 **きらく** 키라꾸	[気楽] [な형] 홀가분함, 마음이 편함
N1 **きらびやか** 키라비야까	[煌びやか] [な형] 눈부시게 아름다운 모양
N2 **きり** 키리	[霧] [명] 안개 모양의 작은 물방울
N1 **ぎり** 기리	[義理] [명] 의리; 행하여야 할 옳은 일
N1 **きり** 키리	[切り] [명] (칼로) 벰, 끊음, 한정, 끝장
N1 **きりかえる** 키리까에루	[切り換える] [동] 지금까지의 방법이나 상태를 바꾸다
N2 **きりつ** 키리쯔	[規律] [명] 규율; 규칙
N1 **きりゅう** 키류-	[気流] [명] 기류; 대기의 흐름

| N5 | **きる** 키루 | [切る] 동 (칼로) 베다, 자르다, 끊다, 절단하다 |

| N5 | **きる** 키루 | [着る] 동 (옷을) 입다, 뒤집어 쓰다 |

| N2 | **きれ** 키레 | [切れ] 명 조각, 토막, 헝겊, 자투리 |

| N5 | **きれい** 키레- | [綺麗] な형 예쁨, 예쁘장함, 아름다움, 깨끗함 |

| N1 | **きれめ** 키레메 | [切れ目] 명 끊어진 곳, 틈, 틈새기 |

| N2 | **きれる** 키레루 | [切れる] 동 베어지다, 잘리다 |

| N2 | **きろく** 키로꾸 | [記録] 명 기록; 문서, 자료 |

| N2 | **ぎろん** 기롱 | [議論] 명 의논; 토론, 논쟁, 격론 |

| N1 | **きわめて** 키와메떼 | [極めて] 부 지극히, 더없이 |

| N1 | **きん** 킹 | [菌] 명 균; 세균, 버섯 |

| N2 | **きん** 킹 | [金] 명 금, 황금, 금빛, 황금빛 |

| N2 | **ぎん** 깅 | [銀] 명 은, 은화(銀貨), 백은색 |

N2 **きんえん** 킹엥	[禁煙] 명 금연; 담배를 끊음
N3 **きんえんせき** 킹엥세끼	[禁煙席] 명 금연석
N2 **きんがく** 킹가꾸	[金額] 명 금액; 돈의 액수
N1 **きんがん** 킹강	[近眼] 명 근안; 근시, 근시안
N1 **きんがんきょう** 킹강꾜-	[近眼鏡] 명 근시 안경
N1 **きんきゅう** 킹뀨-	[緊急] 명 긴급; 긴요하고도 급함
N2 **きんぎょ** 킹교	[金魚] 명 금붕어
N2 **きんこ** 킹꼬	[金庫] 명 금고; 돈을 보관하는 곳
N1 **きんこう** 킹꼬-	[均衡] 명 균형; 밸런스
N5 **きんこう** 킹꼬-	[近郊] 명 근교; 도시의 가까운 주변
N1 **ぎんこう** 깅꼬-	[銀行] 명 은행
N3 **ぎんこういん** 깅꼬-잉	[銀行員] 명 은행원

N1 **きんし** 킨시	[近視] 명 근시; 가까운 사물만 잘 보임
N2 **きんし** 킨시	[禁止] 명 금지; 금하여 못하게 함
N1 **きんしがん** 킨시강	[近視眼] 명 근시안
N4 **きんじょ** 킨죠	[近所] 명 근처, 이웃, 이웃집
N1 **きんじる** 킨지루	[禁じる] 동 금하다, 금지하다
N3 **きんずる** 킨즈루	[禁ずる] 동 금하다
N2 **きんせん** 킨셍	[金銭] 명 금전; 돈, 화폐, 통화
N2 **きんぞく** 킨조꾸	[金属] 명 금속; 쇠붙이
N2 **きんだい** 킨다이	[近代] 명 근대; 근세, 요즈음
N2 **きんちょう** 킨쪼-	[緊張] 명 긴장; 마음을 조심성 있게 함
N2 **きんにく** 킨니꾸	[筋肉] 명 근육; 심줄과 살
N1 **きんべん** 킨벵	[勤勉] 명 근면; 부지런함

N1	**ぎんみ** 긴미	[吟味] 명 음미; 시가를 감상함
N1	**きんむ** 킴무	[勤務] 명 근무; 직무에 종사함
N1	**きんもつ** 킴모쯔	[禁物] 명 금물; 금하는 물건
N2	**きんゆう** 킹유-	[金融] 명 금융; 금전의 융통
N5	**きんよう** 킹요-	[金曜] 명 금요일
N5	**きんようび** 킹요-비	[金曜日] 명 금요일
N1	**きんろう** 킹로-	[勤労] 명 근로; 심신을 바쳐 일에 힘씀
N2	**く** 쿠	[句] 명 구; 문절(文節), (문장의) 단락
N1	**く** 쿠	[区] 명 구; 도시 등의 행정 구역의 하나
N5	**く, きゅう** 쿠, 큐-	[九] 명 9, 아홉
N4	**ぐあい** 구아이	[具合/工合] 명 형편, 상태, 컨디션, 방식
N2	**くいき** 쿠이끼	[区域] 명 구역; 갈라놓은 지역

| N1 | **くいちがう** 쿠이찌가우 | [食い違う] 동 엇갈리다, 어긋나다 |

| N2 | **くう** 쿠- | [空] 명 공중, 허공 |

| N2 | **くう** 쿠- | [食う] 동 먹다, 깨물다, 물어뜯다 |

| N1 | **くうかん** 쿠-깡 | [空間] 명 공간; 비어 있는 곳 |

| N4 | **くうき** 쿠-끼 | [空気] 명 공기; 대기, 분위기 |

| N4 | **くうこう** 쿠-꼬- | [空港] 명 공항; 비행장 |

| N2 | **ぐうすう** 구-스- | [偶数] 명 우수; 짝수 |

| N2 | **ぐうぜん** 구-젱 | [偶然] 명 우연; 뜻밖, 뜻하지 않음 |

| N2 | **くうそう** 쿠-소- | [空想] 명 공상; 헛된 생각 |

| N2 | **くうちゅう** 쿠-쮸- | [空中] 명 공중; 하늘 |

| N1 | **くうふく** 쿠-후꾸 | [空腹] 명 공복; 배고픔 |

| N1 | **くかく** 쿠까꾸 | [区画] 명 구획; 구별하여 확정함 |

N5 **くがつ** 쿠가쯔	[九月] 명 9월, September
N1 **くかん** 쿠깡	[区間] 명 구간; 일정한 지점의 사이
N1 **くき** 쿠끼	[茎] 명 줄기
N2 **くぎ** 쿠기	[釘] 명 못
N1 **くぎり** 쿠기리	[区切り] 명 (문장의) 단락, 일의 한계
N2 **くぎる** 쿠기루	[区切る] 동 (문장을) 크게 구분
N1 **くぐる** 쿠구루	[潜る] 동 (몸을 구부리고) 나가다
N4 **くさ** 쿠사	[草] 명 풀, 잡초, 꼴, 꼴풀
N2 **くさい** 쿠사이	[臭い] い형 구리다, 수상하다, 구린내가 나다
N2 **くさり** 쿠사리	[鎖] 명 쇠사슬, 체인, 연계
N3 **くさる** 쿠사루	[腐る] 동 썩다, 상하다, 부패하다, 타락하다
N1 **くじ** 쿠지	[九時] 명 9시, 아홉 시

N1	**くじ** 쿠지	[籤]	명 제비, 추첨
N2	**くし** 쿠시	[櫛]	명 빗, 얼레빗
N2	**くじょう** 쿠죠-	[苦情]	명 불평, 불만, 푸념, 잔소리, 우는 소리
N2	**くしん** 쿠싱	[苦心]	명 고심; 애를 씀
N2	**くずす** 쿠즈스	[崩す]	동 무너뜨리다, 허물다
N5	**くすり** 쿠스리	[薬]	명 약; 약제(薬剤), 방충제
N2	**くずれる** 쿠즈레루	[崩れる]	동 무너지다, 허물어지다
N2	**くせ** 쿠세	[癖]	명 버릇, 습관, 독특함, 특징
N2	**くだ** 쿠다	[管]	명 관; 대롱, 속이 빈 둥근 막
N2	**ぐたいか** 구따이까	[具体化]	명 구체화
N3	**ぐたいてき** 구따이떼끼	[具体的]	な형 구체적
N2	**くだく** 쿠다꾸	[砕く]	동 (단단한 물건을) 잘게 깨다, 부수다

일한 단어 | 161

N2	**くだける** 쿠다께루	[砕ける] 图 부서지다, 힘이 빠지다
N4	**くださる** 쿠다사루	[下さる] 图 (윗사람이 아랫사람에게) 주시다
N2	**くたびれる** 쿠따비레루	[草臥れる] 图 지치다, 피로하여 기운이 빠지다
N5	**くだもの** 쿠다모노	[果物] 명 과일, 과실(=フルーツ)
N5	**くだものや** 쿠다모노야	[果物屋] 명 과일가게
N2	**くだらない** 쿠다라나이	[下らない] い형 가치가 없다, 시시하다, 쓸모 없다
N2	**くだり** 쿠다리	[下り] 명 내려감, 하행(下行)
N3	**くだる** 쿠다루	[下る] 图 (낮은 곳으로) 내려가다
N5	**くち** 쿠찌	[口] 명 입, 말, 입구, 미각
N1	**くちずさむ** 쿠찌즈사무	[口ずさむ] 图 읊조리다, 흥얼대다
N1	**くちばし** 쿠찌바시	[嘴] 명 부리, (새의) 주둥이
N2	**くちびる** 쿠찌비루	[唇] 명 입술

N2 **くちべに** 쿠찌베니	[口紅] 몡 입술 연지
N1 **くちる** 쿠찌루	[朽ちる] 동 (나무 등이) 썩어서 못 쓰게 되다
N5 **くつ** 쿠쯔	[靴] 몡 구두, 신발, 신
N2 **くつう** 쿠쯔-	[苦痛] 몡 고통; 괴로움, 아픔
N5 **くつした** 쿠쯔시따	[靴下] 몡 양말
N1 **グッズ** 굿즈	goods 몡 상품, 물품
N1 **くっせつ** 쿳세쯔	[屈折] 몡 굴절; 휘어 구부러짐
N2 **くどい** 쿠도이	[諄い] い형 끈덕지다
N2 **くとうてん** 쿠토-뗑	[句読点] 몡 구두점
N5 **くに** 쿠니	[国] 몡 나라, 국가, 고국, 고향
N2 **くばる** 쿠바루	[配る] 동 나누어주다, 배분하다
N4 **くび** 쿠비	[首] 몡 목, 고개, 머리 부분

일한 단어 | 163

N1	**くびかざり** 쿠비까자리	[首飾り] 몡 목걸이, 부인용 장신구의 한 가지
N1	**くびわ** 쿠비와	[首輪] 몡 목걸이
N2	**くふう** 쿠후-	[工夫] 몡 아이디어를 짜냄, 궁리
N2	**くぶん** 쿠붕	[区分] 몡 구분; 구별하여 나눔
N2	**くべつ** 쿠베쯔	[区別] 몡 구별; 종류별로 나눔
N2	**くみ** 쿠미	[組] 몡 (학교의) 학급, 반, 클래스
N2	**くみあい** 쿠미아이	[組合] 몡 조합; 서로 짜서 맞춤
N2	**くみあわせ** 쿠미아와세	[組(み)合(わ)せ] 몡 짜 맞추기, 짜 맞춘 것
N1	**くみあわせる** 쿠미아와세루	[組み合わせる] 동 짝지어지게 하다
N1	**くみこむ** 쿠미꼬무	[組み込む] 동 짜 넣다, 편입하다
N2	**くみたてる** 쿠미따떼루	[組み立てる] 동 조립하다, 짜 맞추어 만들어내다
N2	**くむ** 쿠무	[汲む] 동 (물을) 긷다, 푸다

N2 **くむ** 쿠무	[酌む] 동 (술을 그릇에) 따르다
N2 **くむ** 쿠무	[組む] 동 꼬다, 엇걸다, 한패가 되다, 조력하다
N4 **くも** 쿠모	[雲] 명 구름, 높은 지위
N5 **くもり** 쿠므리	[曇り] 명 흐림, 우울함
N5 **くもる** 쿠므루	[曇る] 동 (날씨가) 흐리다, (마음이) 어두워지다
N3 **くやくしょ** 쿠야쿠쇼	[区役所] 명 구청(區廳), 구의 사무를 취급하는 곳
N2 **くやしい** 쿠야시-	[悔しい] い형 분하다, 원통하다, 유감스럽다
N2 **くやむ** 쿠야무	[悔(や)む] 동 후회하다, 분하게 생각하다
N1 **くら** 쿠라	[蔵] 명 곳간, 창고
N5 **くらい** 쿠라이	[暗い] い형 어둡다, 캄캄하다, 우울하다
N2 **くらい** 쿠라이	[位] 명 국왕의 자리, 계급
N2 **くらし** 쿠라시	[暮(ら)し] 명 생활, 살림, 생계

N2	**クラシック** 쿠라시꾸	classic 명 클래식
N2	**くらす** 쿠라스	[暮らす] 동 생활하다, 생활하다, 세월을 보내다
N2	**クラブ** 쿠라부	[倶楽部] 명 클럽, club
N1	**グラブ** 구라부	glove 명 글러브, (야구·복싱·펜싱) 가죽 장갑
N2	**グラフ** 구라후	graph 명 그래프
N4	**くらべる** 쿠라베루	[比べる] 동 비교하다, 대조하다, 경쟁하다
N2	**くりかえす** 쿠리까에스	[繰り返す] 동 반복하다, 되풀이하다
N1	**クリニック** 쿠리닉꾸	clinic 명 클리닉, 진료소
N5	**くる** 쿠루	[来る] 동 (어떤 장소로) 오다, 다가오다
N2	**くるう** 쿠루우	[狂う] 동 미치다, 발광하다
N2	**くるしい** 쿠루시이	[苦しい] い형 (신체적으로) 괴롭다, 난처하다
N2	**くるしむ** 쿠루시무	[苦しむ] 동 고생하다, 괴로워하다

N2	**くるしめる** 쿠루시메루	[苦しめる] 동 괴롭히다, 곤란하게 만들다
N1	**グループ** 구루-뿌	group 명 그룹
N5	**くるま** 쿠루마	[車] 명 차; 자동차
N2	**くるむ** 쿠루무	[包む] 동 휘감아 싸다, 감아서 싸다, 포장하다
N2	**くれ** 쿠레	[暮れ] 명 해질 무렵, 석양(夕陽)
N1	**グレ-** 구레-	gray 명 회색
N4	**くれる** 쿠레루	[暮れる] 동 감아서 싸다, 포장하다
N4	**くれる** 쿠레루	[呉れる] 동 (남이 나에게)주다(↔もらう)
N5	**くろ** 쿠로	[黒] 명 검정, 검은 빛깔, 검정 바둑
N5	**くろい** 쿠로이	[黒い] い형 검다, 까맣다
N2	**くろう** 쿠로-	[苦労] 명 수고, 애씀, 노고, 애씀
N1	**くろうと** 쿠로-또	[玄人] 명 전문가, 숙련자, 프로

N1 □ **くろじ** 쿠로지	[黒字] 명 흑자; 검정색으로 쓴 글씨
N1 □ **グローバルスタンダード** 구로-바루스딴다-도	global-standard 명 글로벌 스텐드
N2 □ **くわえる** 쿠와에루	[加える] 동 첨가하다, 보태다, 증가시키다
N2 □ **くわしい** 쿠와시이	[詳しい] い형 자세하다, 상세하다, 소상하다
N2 □ **くわわる** 쿠와와루	[加わる] 동 붙다, 증가하다
N1 □ **くん** 쿤	[君] 명 군; 천하를 호령하고 다스리는 사람
N2 □ **くん** 쿤	[訓] 명 훈; 가르침, 타이름, 교훈을 줌, 훈계함
N2 □ **ぐん** 군	[群] 명 군; 무리, 집단, 패거리
N2 □ **ぐん** 군	[軍] 명 군; 군대, 군부, 전쟁
N2 □ **ぐん** 군	[郡] 명 군; 행정 구역의 이름
N2 □ **ぐんかん** 군깡	[軍艦] 명 군함; 전투력을 갖춘 함정, 병선(兵船)
N1 □ **ぐんじ** 군지	[軍事] 명 군사; 군대에 관한 일

N1 くんしゅ	[君主]
쿤슈	명 군주; 임금, 황제, 천자(天子)

N1 ぐんしゅう	[群衆]
군슈-	명 군중; 떼를 지어 모인 사람들

N1 ぐんしゅう	[群集]
군슈-	명 군집; 사람이나 물건이 한곳에 모임

N1 くんしゅこく	[君主国]
쿤슈꼬꾸	명 군주국

N3 ぐんじん	[軍人]
군징	명 군인; 장병의 총칭

N2 ぐんたい	[軍隊]
군다이	명 군대; 군인 집단

N1 ぐんぴ	[軍費]
굼삐	명 군비; 군사비용

N1 ぐんぷく	[軍服]
굼부꾸	명 군복; 군인의 제복

N3 くんよみ	[訓読み]
쿵요미	명 훈독; 한자를 훈으로 읽음

N2 くんれん	[訓練]
쿤렝	명 훈련; 어떤 것을 연습시켜 가르침

N3 け	[家]
케	접미 가; 집안

N4 け	[毛]
케	명 (동·식물의) 털, 머리털

| N2 | **げ** 게 | [下] 명 하; 낮음, 열등, 못함 |

| N1 | **けい** 케- | [系] 명 계; 계통, 혈통, 계열 |

| N2 | **けい** 케- | [計] 명 계; 합계, 계획, 기획 |

| N1 | **げい** 게- | [芸] 명 예능, 기예(技芸), 재주, 기술, 학문 |

| N1 | **けいい** 케-이 | [経緯] 명 경위; 경선(経線)과 위선 |

| N2 | **けいい** 케-이 | [敬意] 명 경의; 존경하는 뜻 |

| N2 | **けいえい** 케-에- | [経営] 명 경영; 계획에 따라 사업을 함 |

| N1 | **けいか** 케-까 | [経過] 명 경과; 시간이 지나감 |

| N1 | **けいかい** 케-까이 | [警戒] 명 경계; 주의하고 조심함 |

| N1 | **けいかい** 케-까이 | [軽快] な형 경쾌; 가볍고 빠른 모양 |

| N4 | **けいかく** 케-까꾸 | [計画] 명 계획; 일을 꾀함 |

| N5 | **けいかん** 케-깡 | [警官] 명 경관; 경찰관 |

けいき (N2) 케-끼	[景気] 명 경기; 활달하여 위세(威勢)가 좋은 일
けいき (N1) 케-끼	[計器] 명 계기; 저울
けいぐ (N1) 케-구	[敬具] 명 경구
けいげん (N1) 케-겡	[軽減] 명 경감; 덜어서 가볍게 함
けいけん (N4) 케-껭	[経験] 명 경험; 실제로 겪음
けいご (N2) 케-고	[敬語] 명 경어; 높임말
けいこ (N2) 케-꼬	[稽古] 명 학문·기술·예능·운동 등을 배워 익힘
けいこう (N2) 케-꼬-	[傾向] 명 경향; 치우침, 기울어짐
けいこうとう (N2) 케-꼬-또-	[蛍光灯] 명 형광등
けいこく (N2) 케-꼬꾸	[警告] 명 경고; 주의하라고 알림
けいさい (N1) 케-사이	[掲載] 명 게재; 신문이나 잡지에 실음
けいざい (N4) 케-자이	[経済] 명 경제; 소비 및 생산 활동

N4 **けいさつ** 케-사쯔	[警察] 명 경찰; 경찰관
N2 **けいさん** 케-상	[計算] 명 계산; 셈을 함, 물건의 수량을 헤아림
N2 **けいじ** 케-지	[掲示] 명 게시; 타일러 훌륭함을 보임
N2 **けいじ** 케-지	[刑事] 명 형사; 형법의 적용을 받는 사항
N2 **けいしき** 케-시끼	[形式] 명 형식; 외형, 틀(型), 양식(様式)
N3 **けいじばん** 케-지방	[掲示板] 명 게시판
N1 **けいしゃ** 케-샤	[傾斜] 명 경사; 기욺, 기울기, 기울어짐
N2 **げいじゅつ** 게-쥬쯔	[芸術] 명 예술
N1 **けいせい** 케-세-	[形成] 명 형성; 형태를 이룸
N1 **けいせい** 케-세-	[形勢] 명 형세; 세력 관계
N2 **けいぞく** 케-조꾸	[継続] 명 계속; 앞에서부터 이어짐
N1 **けいそつ** 케-소쯔	[軽率] な형 경솔; 경박함

N1 **けいたい** 케-따이	[形態] 명 형태; 형체, 사물의 모양	
N1 **けいたい** 케-따이	[携帯] 명 휴대; 몸에 지님, 지참함	
N1 **けいたいてにもつ** 케-따이떼니모쯔	[携帯手荷物] 명 휴대 수하물	
N1 **けいたいでんわ** 케-따이뎅와	[携帯電話] 명 휴대 전화	
N1 **けいたいひん** 케-따이힝	[携帯品] 명 휴대품	
N2 **けいど** 케-도	[経度] 명 경도; 날줄	
N2 **けいと** 케-또	[毛糸] 명 모사; 털실	
N2 **けいとう** 케-또-	[系統] 명 계통; 순서가 바른 연결	
N2 **げいのう** 게-노-	[芸能] 명 예능; 연예	
N1 **けいばつ** 케-바쯔	[刑罰] 명 형벌; 범법자에게 국가가 과하는 제재	
N1 **けいひ** 케-히	[経費] 명 경비; 비용	
N2 **けいび** 케-비	[警備] 명 경비; 경계하여 방비함	

N3 けいびいん 케-비잉	[警備員] 명 경비원
N1 けいぶ 케-부	[警部] 명 경찰관 계급의 하나
N1 けいべつ 케-베쯔	[軽蔑] な형 경멸; 멸시하여 업신여김
N2 けいやく 케-야꾸	[契約] 명 계약; 서면으로 약속함
N2 けいゆ 케-유	[経由] 명 경유; 거쳐 감, 통과함
N2 けいようし 케-요-시	[形容詞] 명 형용사
N2 けいようどうし 케-요-도-시	[形容動詞] 명 형용동사
N1 けいれき 케-레끼	[経歴] 명 경력; 이력(履歴)
N1 けいろ 케-로	[経路] 명 경로; 과정, 좁은 길
N4 けが 케가	[怪我] 명 부상, 상처, 과실, 손실, 잘못
N2 げか 게까	[外科] 명 외과
N2 けがわ 케가와	[毛皮] 명 모피; 털가죽, 가죽피

N2 **げき** 게끼	[劇] 명 극; 연극, 드라마
N2 **げきじょう** 게끼죠-	[劇場] 명 극장
N2 **げきぞう** 게끼조-	[激増] 명 격증; 급격하게 늘어남
N1 **げきだん** 게끼당	[劇団] 명 극단
N1 **げきれい** 게끼레-	[激励] 명 격려; 마음을 북돋아 줌
N5 **けさ** 케사	[今朝] 명 오늘 아침
N4 **けしき** 케시끼	[景色] 명 경치, 풍경
N4 **けしゴム** 케시고무	[消しゴム] 명 고무지우개
N2 **げしゃ** 게샤	[下車] 명 하차; 차에서 내림
N4 **げしゅく** 게슈꾸	[下宿] 명 하숙; (싸구려) 여인숙
N2 **げじゅん** 게쥰	[下旬] 명 하순; 그 달 21일부터 그믐
N2 **けしょう** 케쇼-	[化粧] 명 화장; 얼굴을 아름답게 꾸밈

N2 **けしょうひん** 케쇼-힝	[化粧品] 명 화장품
N5 **けす** 케스	[消す] 동 (불·스위치 등을) 끄다, 지우다
N1 **ケース** 케-스	case 명 케이스
N2 **げすい** 게스이	[下水] 명 하수; 수챗물
N3 **げすいかん** 게스이깡	[下水管] 명 하수관
N3 **げすいどう** 게스이도-	[下水道] 명 하수도
N2 **けずる** 케즈루	[削る] 동 얇게 깎다, 줄이다
N2 **げた** 게따	[下駄] 명 왜 나막신
N2 **けた** 케따	[桁] 명 도리, 횡목(横木)
N1 **けつ** 케쯔	[決] 명 의결, 가부(可否)의 결정
N5 **げつ** 게쯔	[月] 명 월요일, '月曜日'의 준말임
N2 **けつあつ** 케쯔아쯔	[血圧] 명 혈압

N1 **けつい** 케쯔이	[決意] 명 결의; 결심
N2 **けつえき** 케쯔에끼	[血液] 명 혈액; 피
N2 **けっか** 켁까	[結果] 명 결과; 어떤 원인으로 생긴 상황
N1 **けっかく** 켁까꾸	[結核] 명 결핵; 결핵병, 폐
N1 **けっかん** 켁깡	[血管] 명 혈관; 핏줄
N2 **けっかん** 켁깡	[欠陥] 명 결함; 결점, 흠, 약점
N1 **けつぎ** 케쯔기	[決議] 명 결의; 의결(議決)
N2 **げっきゅう** 겟꾸-	[月給] 명 월급; 매월의 급료
N2 **けっきょく** 켁꾜꾸	[結局] 부 결국; 끝, 결말, 마침
N5 **けっこう** 켁꼬-	[結構] な형 좋음, 훌륭함, 괜찮음
N1 **けつごう** 케쯔고-	[結合] 명 결합; 둘 이상의 것이 서로 맺음
N5 **けっこん** 켁꽁	[結婚] 명 결혼; 혼인함, 남녀가 부부가 됨

N5 けっこんしき 켁꼰시끼	[結婚式] 명 결혼식
N2 けっさく 켓사꾸	[傑作] 명 걸작; 명작, 뛰어난 작품
N1 けっさん 켓상	[決算] 명 결산; 최종적인 계산
N4 けっして 켓시떼	[決して] 부 (부정문에서) 결코, 절대로
N1 げっしゃ 겟샤	[月謝] 명 월사; 수업료
N1 けつじょ 케쯔죠	[欠如] 명 결여; 있어야 할 것이 빠져 부족함
N1 けっしょう 켓쇼-	[決勝] 명 결승; 승부를 가림
N1 けっしょう 켓쇼-	[結晶] 명 결정; 엉켜서 굳어짐
N2 けっしん 켓싱	[決心] 명 결심; 마음을 정함
N1 けっせい 켓세-	[結成] 명 결성; 단체 등을 만듦
N2 けっせき 켓세끼	[欠席] 명 결석; 모임에 나오지 않음
N1 けっそく 켓소꾸	[結束] 명 결속; 단합, 단결

N1 ☐ けつだん 케쯔당	[決断] 명 결단; 단호히 결정함	
N2 ☐ けってい 켓떼-	[決定] 명 결정; 정함	
N2 ☐ けってん 켓뗑	[欠点] 명 결점; 단점, 흠, 약점	
☐ げっぷ 겝뿌	[月賦] 명 월부; 매월의 할당, 다달이 할당	
N1 ☐ けつぼう 케쯔보-	[欠乏] 명 결핍; 부족함, 모자람	
N2 ☐ げつまつ 게쯔마쯔	[月末] 명 월말, 그믐날	
N2 ☐ げつよう 게쯔요-	[月曜] 명 '月曜日'의 준말임	
N5 ☐ げつようび 게쯔요-비	[月曜日] 명 월요일	
N2 ☐ けつろん 케쯔롱	[結論] 명 결론; 최종적으로 내리는 최후의 생각	
N1 ☐ けとばす 케또바스	[蹴飛ばす] 동 (발로) 걷어차다, 밀어내다	
N1 ☐ けなす 케나스	[貶す] 동 헐뜯다, 혹평하다	
N2 ☐ けはい 케하이	[気配] 명 기색, 낌새, 태도	

N2 **げひん** 게힝	[下品] ⑲ 상스러움, 천스러움
N1 **ゲーム** 게-무	game ⑲ 게임
N1 **けむたい** 케무따이	[煙たい] い형 연기가 끼어 맵다
N2 **けむり** 케무리	[煙] ⑲ 연기, 연기와 같이 솟아오르는 것
N1 **けむる** 케무루	[煙る] ⑧ (몹시) 연기가 나다
N1 **けもの** 케모노	[獣] ⑲ 짐승, 네발 짐승(=けだもの)
N1 **けらい** 케라이	[家来] ⑲ 가신(家臣), 종자(種者), 부하
N1 **げり** 게리	[下痢] ⑲ 하리; 설사
N2 **ける** 케루	[蹴る] ⑧ (발로) 차다, 발길질하다
N2 **けわしい** 케와시이	[険しい] い형 가파르다, 험하다
N1 **けん** 켕	[件] ⑲ 건; 사항, 사건
N2 **けん** 켕	[券] ⑲ (입장권·승차권 등의) 표, 저울의 추(錘)

N3 **けん** 켕	[権] 명 권; 권력, 방편, 저울의 추(錘)
N3 **けん** 켕	[軒] 명 처마, (가옥을 세는 말로서) 채
N4 **けん** 켕	[県] 명 현; 일본 지방 행정구역
N2 **げん** 겡	[現] 접두어 현; 지금의, 현재의
N1 **けんい** 켕이	[権威] 명 권위; 위신, 신뢰성
N4 **げんいん** 겡잉	[原因] 명 원인; 어떤 상태를 일으키는 까닭
N4 **けんか** 켕까	[喧嘩] 명 싸움, 다툼, 언쟁
N2 **けんかい** 켕까이	[見解] 명 견해; 의견, 관점
N2 **げんかい** 겡까이	[限界] 명 한계; 한정된 경계, 한도, 구획된 경계
N2 **けんがく** 켕가꾸	[見学] 명 견학; 실제로 보고 지식을 넓혀 배움
N5 **げんかん** 겡깡	[玄関] 명 현관; 집의 정면의 입구
N5 **げんき** 겡끼	[元気] な형 원기; 기력, 건강함, 활발함

N4 **けんきゅう** 켕뀨-	[研究] 명 연구; 사물을 상세히 조사하고 생각함
N4 **けんきゅうしつ** 켕뀨-시쯔	[研究室] 명 연구실
N2 **けんきょ** 켕꾜	[謙虚] な형 겸허
N1 **けんぎょう** 켕교-	[兼業] 명 겸업; 부업(副業)
N2 **げんきん** 겡낑	[現金] 명 현금; 현재 가지고 있는 돈
N1 **げんけい** 겡께-	[原型] 명 원형; 본래의 형태
N1 **げんけい** 겡께-	[原形] 명 원형; 본디의 모습
N1 **けんげん** 켕겡	[権限] 명 권한; 권리
N2 **げんご** 겡고	[言語] 명 언어; 말
N2 **けんこう** 켕꼬-	[健康] 명 건강; 몸과 마음이 건전함
N2 **げんこう** 겡꼬-	[原稿] 명 원고; 초고(草稿)
N1 **げんこう** 겡꼬-	[現行] 명 현행; 현재 행하여지고 있는 일

N1 **げんこうはん** 겡꼬-항	[現行犯] 몡 현행범
N1 **げんこうほう** 겡꼬-호-	[現行法] 몡 현행법
N2 **けんさ** 켄사	[検査] 몡 검사; 좋고 나쁨을 살핌
N2 **げんざい** 겐자이	[現在] 몡 현재; 지금, 과거와 미래와의 사이
N1 **げんさく** 켄사꾸	[原作] 몡 원작; 번역·개작한 것의 원래의 작품
N2 **げんさんち** 겐상찌	[原産地] 몡 원산지; 물건의 생산지
N1 **けんじ** 켄지	[検事] 몡 검사; 검찰관 계급의 하나
N2 **げんし** 겐시	[原始] 몡 원시; 처음, 원초(原初)
N1 **げんし** 겐시	[原子] 몡 원자, 물질 구성의 한 단위
N2 **げんじつ** 겐지쯔	[現実] 몡 현실; 현재에 사실로 서 있음
N1 **げんしゅ** 겐슈	[元首] 몡 원수; 국가의 최고 통치자
N2 **げんじゅう** 겐쥬-	[厳重] な형 엄중; 엄격하고 신중함

N2 **けんしゅう** 켄슈-	[研修] 명 연수; (학문·예술) 열심히 갈고 닦음
N1 **げんしょ** 겐쇼	[原書] 명 원서; 원본, 원전(原典)
N1 **けんしょう** 켄쇼-	[懸賞] 명 현상; 상을 걺
N1 **げんしょう** 겐쇼-	[減少] 명 감소; 줆, 줄어듦
N2 **げんしょう** 겐쇼-	[現象] 명 현상; 나타나 보이는 형체
N2 **げんじょう** 겐죠-	[現状] 명 현상; 현재의 상태
N2 **けんせつ** 켄세쯔	[建設] 명 건설; 건물을 새로 지음
N1 **けんぜん** 켄젱	[健全] な형 건전; 건강하여 병이 없음
N1 **げんそ** 겐소	[元素] 명 원소, 수소·산소 따위
N1 **げんぞう** 겐조-	[現像] 명 현상; 나타나 보이는 형체
N1 **げんそく** 겐소꾸	[原則] 명 원칙; 근본이 되는 법칙
N2 **けんそん** 켄송	[謙遜] な형 겸손; 자신을 낮춤

N2 **げんだい** 겐다이	[現代] 명 현대; 현재, 지금
N1 **けんち** 켄찌	[見地] 명 견지; 견해, 관점
N1 **げんち** 겐찌	[現地] 명 현지; 현재의 토지
N2 **けんちく** 켄찌꾸	[建築] 명 건축; 집을 설계하여 세움
N2 **けんちょう** 켄쪼-	[県庁] 명 현청; 현의 행정 사무를 취급하는 관청
N1 **げんてい** 겐떼-	[限定] 명 한정; 범위나 수량의 한도를 정함
N1 **げんてん** 겐뗑	[減点] 명 감점; 점수·득점을 줄임
N1 **げんてん** 겐뗑	[原典] 명 원전; 원서(原書)
N1 **げんてん** 겐뗑	[原点] 명 원점; 출발점, 기준점
N2 **げんど** 겐도	[限度] 명 한도; 한계, 미리 한정된 정도
N2 **けんとう** 켄또-	[検討] 명 검토; 조사하고 따짐
N2 **けんとう** 켄또-	[見当] 명 (대체적인) 부근, 방향

N2 **げんに** 겐니	[現に] 튀 현재, 눈앞에, 실제로 당장에, 눈앞에
N2 **げんば** 겐바	[現場] 명 현장; 사건·공사 등이 생긴 그 장소
N1 **げんばく** 겐바꾸	[原爆] 명 원폭
N2 **けんびきょう** 켐비꾜-	[顕微鏡] 명 현미경
N4 **けんぶつ** 켐부쯔	[見物] 명 구경, 관람
N3 **けんぶつにん** 켐부쯔닝	[見物人] 명 구경꾼
N1 **げんぶん** 겜붕	[原文] 명 원문; 본디의 문장
N2 **けんぽう** 켐뽀-	[憲法] 명 헌법; 법, 규칙, 법령, 국법
N2 **けんめい** 켐메-	[懸命] な형 목숨을 걺, 열심히 함
N1 **けんめい** 켐메-	[賢明] な형 현명; 어질고 영리함
N1 **けんやく** 켕야꾸	[倹約] 명 검약; 절약
N1 **げんゆ** 겡유	[原油] 명 원유; 땅속에서 채굴한 석유

N1 **けんよう** 켕요-	[兼用] 명 겸용; 같이 씀, 양용(兩用)
N2 **けんり** 켄리	[権利] 명 권리; 자격, 권세와 이익
N2 **げんり** 겐리	[原理] 명 원리; 근본의 도리
N2 **げんりょう** 겐로-	[原料] 명 원료; 기본 소재(素材)
N1 **けんりょく** 켄로꾸	[権力] 명 권력; 사회적인 실력
N1 **げんろん** 겐롱	[言論] 명 언론; 말이나 글로 발표된 사상(思想)
N5 **コーヒー** 코-히-	coffee 명 커피
N5 **こ** 코	[個] 명 개; 개체, 개인
N2 **ご** 고	[碁] 명 바둑
N2 **ご** 고	[語] 명 말, 이야기, 낱말, 단어
N5 **ご** 고	[五] 명 오; 5, 다섯
N2 **こ** 코	[子] 명 자식, 아이, 소녀

N3 **こ** 코	[湖] 접미 호; 호수	
N2 **ご** 고	[後] 명 후; (시간적으로) 뒤	
N2 **こい** 코이	[濃い] い형 (맛·색깔·냄새 등이) 짙다, 진하다	
N2 **こい** 코이	[恋] 명 (남녀간의) 사랑, 연애	
N2 **こいしい** 코이시이	[恋しい] い형 그리워하다, 사랑하다	
N1 **こいする** 코이스루	[恋する] 통 (남녀간에) 사랑하다	
N2 **こいびと** 코이비또	[恋人] 명 연인; 사랑하는 애인	
N1 **こう** 코-	[甲] 명 (거북이·게 따위의) 등딱지	
N2 **こう** 코-	[校] 명 배우는 집, 학교	
N3 **こう** 코-	[港] 명 항; 비행장. 공항	
N3 **ごう** 고-	[号] 명 호; 아호(雅号), 필명(筆名)	
N1 **ごうい** 고-이	[合意] 명 합의; 서로 뜻이 맞음	

N1 こうい 코-이	[行為] 명 행위; 행동, 목적을 가진 행동	
N1 こうい 코-이	[好意] 명 호의; 호감(好感)	
N2 ごういん 고-잉	[強引] な형 강인; 강제로 행함, 또 그런 모양	
N2 こういん 코-잉	[工員] 명 공원; 공장 직공	
N2 こううん 코-웅	[幸運] な형 행운; 운이 좋음	
N1 こうえん 코-엥	[講演] 명 강연; 강의함	
N5 こうえん 코-엥	[公演] 명 공연	
N2 こうえん 코-엥	[公園] 명 공원; 공중을 위한 유원지	
N3 こうえんかい 코-엥까이	[講演会] 명 강연회	
N3 こうえんしゃ 코-엥샤	[講演者] 명 강연자; 연사(演士)	
こうか 코-까	[硬貨] 명 경화; 금속 화폐, 동전	
N2 こうか 코-까	[高価] 명 고가; 값이 비쌈	

N2 ごうか 고-까	[豪華] [な형] 호화; 사치스럽고 화려함
N2 こうか 코-까	[効果] 명 효과; 보람이 있는 결과
N2 こうかい 코-까이	[公開] 명 공개; 일반 대중에게 개방함
N4 こうがい 코-가이	[公害] 명 공해; 공중의 생활에 해를 입힘
N1 こうがい 코-가이	[郊外] 명 교외; 시가지에 인접한 전원지역
N1 こうかい 코-까이	[航海] 명 항해; 배로 바다를 건넘
N1 こうかい 코-까이	[後悔] 명 후회; 뉘우침
N1 こうがく 코-가꾸	[工学] 명 공학; 공업에 관한 학문
N2 ごうかく 고-까꾸	[合格] 명 합격; 시험 등에 급제함
N3 こうかひん 코-까힝	[高価品] 명 고가품
N2 こうかん 코-깡	[交換] 명 교환; 서로 바꿈, 서로 주고받음
N4 こうぎ 코-기	[講義] 명 강의; 글·학설을 설명하여 가르침

N1 ごうぎ 고-기	[合議] 명 합의; 모여서 의논함
N1 こうぎ 코-기	[抗議] 명 항의; 상대방의 언동에 강하게 주장함
N2 こうきゅう 코-뀨-	[高級] 명 고급; 계급이 높음
N1 こうきょ 코-쿄	[皇居] 명 천황이 거처하는 곳
N4 こうきょう 코-쿄-	[公共] 명 공공; 사회 일반
N2 こうぎょう 코-교-	[工業] 명 공업
N1 こうぎょう 코-교-	[鉱業] 명 광업; 광산업
N1 こうぎょう 코-교-	[興業] 명 흥업; 산업이나 사업을 일으킴
N3 こうくうき 코-꾸-끼	[航空機] 명 항공기; 비행기
N3 こうくうびん 코-꾸-빙	[航空便] 명 항공편; 비행기 편
N1 こうげい 코-게-	[工芸] 명 공예; 공업제품의 미술적인 공작
N2 こうけい 코-께-	[光景] 명 광경; 풍경

| N2 ごうけい
고-께- | [合計]
명 합계; 총계, 총액 |
|---|---|
| N2 こうげき
코-게끼 | [攻擊]
명 공격; 쳐부숨, 윽박지름 |
| N1 こうげん
코-겡 | [高原]
명 고원; 높은 지대의 평원 |
| N4 こうこう
코-꼬- | [高校]
명 고교; 고등학교 |
| N2 こうこう
코-꼬- | [孝行]
명 효행; 효도(孝道) |
| N4 こうこうせい
코-꼬-세- | [高校生]
명 고교생; 고등학생 |
| N1 こうこうと
코-꼬-또 | [煌煌と]
부 휘황찬란하게, 휘황하게 |
| N1 こうこがく
코-꼬가꾸 | [考古学]
명 고고학; 유적·유물에 관한 학문 |
| N2 こうこく
코-꼬꾸 | [広告]
명 광고; 세상에 널리 알림 |
| N1 こうごに
코-고니 | [交互に]
부 번갈아, 교대로 |
| N2 こうさ
코-사 | [交差·交叉]
명 교차; 엇갈림 |
| N2 こうさい
코-사이 | [交際]
명 교제; 사귐, 사교(社交) |

| N1 **こうさく** 코-사꾸 | [耕作] 몡 경작; 농사를 지음 |

| N1 **こうさく** 코-사꾸 | [工作] 몡 공작; 간단한 물건을 만듦 |

| N5 **こうさてん** 코-사뗑 | [交叉・交差点] 몡 교차로, 네거리 |

| N1 **こうざん** 코-장 | [広山] 몡 광산; 광물을 캐내는 산 |

| N2 **こうし** 코-시 | [講師] 몡 강사; 강연·강의를 하는 사람 |

| N2 **こうじ** 코-지 | [工事] 몡 공사; 토목이나 건축에 관한 일 |

| N2 **こうしき** 코-시끼 | [公式] 몡 공식; 공적으로 정해진 떳떳한 방식 |

| N2 **こうしゃ** 코-샤 | [校舎] 몡 교사; 학교 건물 |

| N1 **こうしゅう** 코-슈- | [講習] 몡 강습; 배우고 익힘 |

| N2 **こうしゅう** 코-슈- | [公衆] 몡 공중; 사회의 여러 사람 |

| N3 **こうしゅうかい** 코-슈-까이 | [講習会] 몡 강습회 |

| N3 **こうしゅうでんわ** 코-슈-뎅와 | [公衆電話] 몡 공중전화 |

N3	**こうしゅうべんじょ** 코-슈-벤죠	[公衆便所] 명 공중변소
N1	**こうじゅつ** 코-쥬쯔	[口述] 명 구술; 말로 진술함
N1	**こうじょ** 코-죠	[控除] 명 공제; 빼어 냄
N4	**こうしょう** 코-쇼-	[高尚] な형 고상; 품위가 있음
N1	**こうじょう** 코-죠-	[工場] 명 공장; (대규모의) 물건을 만드는 곳
N1	**こうしょう** 코-쇼-	[交渉] 명 교섭; 협의, 협상, 논의
N1	**こうじょう** 코-죠-	[向上] 명 향상; 좋은 쪽으로 향함
N1	**こうしん** 코-싱	[行進] 명 행진; 여럿이 줄을 지어 앞으로 나감
N1	**こうしんりょう** 코-싱료-	[香辛料] 명 향신료; 양념
N1	**こうすい** 코-스이	[降水] 명 강수; (눈·비 등으로) 지상에 내림
N1	**こうずい** 코-즈이	[洪水] 명 홍수; 큰물
N1	**こうすいかくりつ** 코-스이까꾸리쯔	[降水確率] 명 강수 확률

N1 こうすいりょう	[降水量]
코-스이료-	명 강수량

N2 こうせい	[公正]
코-세-	명 공정; 명백하고 옳음

N2 こうせい	[構成]
코-세-	명 구성; 짜 맞춤, 조립

N1 ごうせい	[合成]
고-세-	명 합성; 두 가지 이상이 상태를 이룸

N3 こうせいとりひき	[公正取引]
코-세-또리히끼	명 공정 거래

N2 こうせき	[功績]
코-세끼	명 공적; 공로와 실적

N1 こうぜん	[公然]
코-젱	명 공연; 공공연함, 버젓함

N2 こうせん	[光線]
코-셍	명 광선; 빛살

N2 こうそう	[高層]
코-소-	명 고층; 높은 상공(上空)

N1 こうそう	[構想]
코-소-	명 구상; 생각을 얽어 놓음

N2 こうぞう	[構造]
코-조-	명 구조; 기계·조직의 짜임새

N1 こうそう	[抗争]
코-소-	명 항쟁; 대항하여 다툼

N2 **こうそく** 코-소꾸	[高速] 명 고속; 보통보다 빠른 속도
N1 **こうそく** 코-소꾸	[拘束] 명 구속; 신체의 자유를 박탈함
N3 **こうそくどうろ** 코-소꾸도-로	[高速道路] 명 고속 도로
N1 **こうたい** 코-따이	[交代] 명 교대; 교체, 역할이 한 번 바뀜
N2 **こうたい** 코-따이	[交替] 명 교체; 여러 번 바뀜
N1 **こうたい** 코-따이	[後退] 명 후퇴; 뒤로 물러남
N1 **こうたく** 코-따꾸	[光沢] 명 광택; 광(光), 윤(潤)
N1 **こうだん** 코-당	[公団] 명 공단; 국가적 사업의 경영
N2 **こうち** 코-찌	[耕地] 명 경지; 경작지, 농사를 짓는 땅
N3 **こうちせいり** 코-찌세-리	[耕地整理] 명 경지 정리
N5 **こうちゃ** 코-쨔	[紅茶] 명 홍차
N4 **こうちょう** 코-쬬-	[校長] 명 교장; 학교의 우두머리

N1 こうちょう 코-쬬-	[好調] な형 호조; 순조로움
N4 こうつう 코-쯔-	[交通] 명 교통; 통행, 왕래, 수송
N2 こうつうきかん 코-쯔-끼깡	[交通機関] 명 교통 기관
N2 こうてい 코-떼-	[校庭] 명 교정; 학교 운동장
N2 こうてい 코-떼-	[肯定] 명 긍정; 동의함
N4 こうどう 코-도-	[講堂] 명 강당; 강의를 하는 곳
N2 ごうとう 고-또-	[強盗] 명 강도
N2 こうとう 코-또-	[高等] 명 고등; 정도가 높음
N1 こうとう 코-또-	[口頭] 명 구두; 입으로 하는 말
N2 ごうどう 고-도-	[合同] 명 합동; 둘 이상이 하나로 합침
N2 こうどう 코-도-	[行動] 명 행동; 행위, 몸을 움직여 동작함
N4 こうとうがっこう 코-또-각꼬-	[高等学校] 명 고등학교

N1 **こうとうしもん** 코-또-시몽	[口頭試問] 명 구두시험
N1 **こうどく** 코-도꾸	[講読] 명 강독; 문장을 읽고 그 뜻을 밝힘
N1 **こうどく** 코-도꾸	[購読] 명 구독; 사서 읽음
N1 **こうどくしゃ** 코-도꾸샤	[購読者] 명 구독자
N1 **こうどくりょう** 코-도꾸료-	[購読料] 명 구독료
N1 **こうにゅう** 코-뉴-	[購入] 명 구입; 사들임
N1 **こうにん** 코-닝	[公認] 명 공인; 공적인 인가
N1 **こうねつひ** 코-네쯔히	[光熱費] 명 광열비; 전기료와 연료비
N2 **こうば** 코-바	[工場] 명 조그마한 공작소(工作所)
N1 **こうばい** 코-바이	[購買] 명 구매; 물건을 사들임
N1 **こうはい** 코-하이	[荒廃] 명 황폐; 거칠어 못 쓰게 됨
N2 **こうはい** 코-하이	[後輩] 명 후배

N5 こうばん 코-방	[交番] 명 파출소, 교대, 교체
N1 こうはん 코-항	[後半] 명 후반, 뒤의 절반
N2 こうひょう 코-효-	[公表] 명 공표; 세상에 발표함
N1 こうひょう 코-효-	[好評] 명 호평; 좋은 평판
N1 こうふ 코-후	[交付] 명 교부; 내어 줌
N1 こうふく 코-후꾸	[降服] 명 항복; 적에게 굴복함
N2 こうふく 코-후꾸	[幸福] 명 행복(=さいわい, しあわせ)
N1 こうふん 코-훙	[興奮] 명 흥분; 감정이 격해짐
N2 こうへい 코-헤-	[公平] な형 공평; 치우치지 않고 올바름
N1 こうぼ 코-보	[公募] 명 공모; 널리 알려 모집함
N1 こうほ 코-호	[候補] 명 후보
N2 こうほしゃ 코-호샤	[候補者] 명 후보자

N1 こうみょう 코-묘-	[巧妙] な형 교묘; 썩 잘되고 교묘함
N2 こうむ 코-무	[公務] 명 공무; 공적인 사무
N4 こうむいん 코-무잉	[公務員] 명 공무원
N2 こうもく 코-모꾸	[項目] 명 항목; 문장의 내용 등을 잘게 나눔, 조목
N1 こうよう 코-요-	[公用] 명 공용; 관청·공공 단체의 사용
N2 こうよう 코-요-	[紅葉] 명 가을 단풍
N2 ごうり 고-리	[合理] 명 합리; 이치에 맞음
N1 こうりつ 코-리쯔	[公立] 명 공립; 공공 단체에서 설립한 것
N1 こうりつ 코-리쯔	[効率] 명 효율; 능률
N1 こうりつてき 코-리쯔떼끼	[効率的] な형 효율적; 능률적
N2 こうりゅう 코-류-	[交流] 명 교류; 서로 다른 것이 흐르는 전류
N2 ごうりゅう 고-류-	[合流] 명 합류; 두 개의 강이 합쳐서 하나가 됨

N2 こうりょ 코-료	[考慮] 명 고려; 잘 생각해 봄
N2 こうりょく 코-료꾸	[効力] 명 효력; 효능, 효험
N5 こえ 코에	[声] 명 목소리, (물건이) 진동해나는 소리
N1 ごえい 고에-	[護衛] 명 호위; 따라다니며 보호함
N2 こえる 코에루	[越える] 동 넘다, 지나다, 초월하다
N2 こえる 코에루	[超える] 동 (어떤 기준을) 넘다, 초과하다
N2 こおり 코-리	[氷] 명 얼음, 얼음물
N2 こおる 코-루	[凍る] 동 (물이) 얼다, 차다
N2 ごかい 고까이	[誤解] 명 오해; 잘못 해석함
N2 ごがく 고가꾸	[語学] 명 어학; 언어학, 외국어 학습
N2 こがす 코가스	[焦がす] 동 (불에) 그슬리다, 애태우다
N5 ごがつ 고가쯔	[五月] 명 5월, 1년 중 다섯째 달

N1 **こがら** 코가라	[小柄] な형 몸집이 작음, 무늬 등
N1 **こぎって** 코깃떼	[小切手] 명 수표
N2 **こきゅう** 코큐-	[呼吸] 명 호흡; 숨쉬기, 숨을 들이쉬고 내쉼
N2 **こきょう** 코쿄-	[故郷] 명 고향; 전에 살던 고장
N2 **ごく** 고꾸	[極く] 부 극히, 대단히, 아주, 매우
N1 **ごく** 고꾸	[語句] 명 어구; 말의 구절(句節)
N2 **こぐ** 코구	[漕ぐ] 동 (배를) 젓다
N2 **こくおう** 코꾸오-	[国王] 명 국왕; 나라의 임금
N2 **こくご** 코꾸고	[国語] 명 국어; 나라의 말, 일본어
N4 **こくさい** 코꾸사이	[国際] 명 국제; 국가 사이의 관계
N1 **こくさん** 코꾸상	[国産] 명 국산; 자기 나라의 생산품
N2 **こくせき** 코꾸세끼	[国籍] 명 국적; 개인이 한 국가에 소속된 상태

^{N1} **こくてい** 코꾸떼-	[国定] 명 국정; 나라에서 제정함
¹ **こくど** 코꾸도	[国土] 명 국토; 나라 땅
^{N1} **こくはく** 코꾸하꾸	[告白] 명 고백; 숨김없이 말함
^{N2} **こくばん** 코꾸방	[黒板] 명 흑판; 칠판
^{N2} **こくふく** 코꾸후꾸	[克服] 명 극복; 곤란을 이겨냄
^{N1} **こくぼう** 코꾸보-	[国防] 명 국방; 국가의 방비
^{N2} **こくみん** 코꾸밍	[国民] 명 국민; 국가를 조직한 백성
^{N2} **こくもつ** 코꾸모쯔	[穀物] 명 곡물; 곡식
^{N1} **こくゆう** 코꾸유-	[国有] 명 국유; 나라의 소유
^{N1} **ごくらく** 고꾸라꾸	[極楽] 명 극락, 편안한 처지
^{N2} **こくりつ** 코꾸리쯔	[国立] 명 국립; 나라에서 설립함
^{N1} **こくれん** 코꾸렝	[国連] 명 '國際連合(국제연합)'의 준말

N1 **こげちゃ** 코게쨔	[焦げ茶] 명 짙은 밤색
N2 **こげる** 코게루	[焦げる] 동 (불에) 눋다
N1 **ごげん** 고겡	[語原] 명 어원; 단어가 성립되는 근원
N1 **ここ** 코꼬	[個個] 명 개개; 하나하나, 각각, 각자, 한
N5 **ごご** 고고	[午後] 명 오후(=ひるすぎ)
N2 **こごえる** 코고에루	[凍える] 동 얼다, 추위로 몸의 감각이 없어지다
N5 **ここのか** 코꼬노까	[九日] 명 9일, 아흐레
N5 **ここのつ** 코꼬노쯔	[九つ] 명 아홉, 아홉 개, 아홉 살
N4 **こころ** 코꼬로	[心] 명 마음, 정성, 진심, 생각
N2 **こころあたり** 코꼬로아따리	[心当たり] 명 추측, 짐작, 예측
N1 **こころえ** 코꼬로에	[心得] 명 마음가짐, 소양(素養)
N2 **こころえる** 코꼬로에루	[心得る] 동 알다, 납득하다, 이해하다

N1 こころがけ 코꼬로가께	[心掛け] 명 마음가짐, 마음의 준비, 주의, 조심
N1 こころがける 코꼬로가께루	[心掛ける] 동 잊지 않고 생각하다, 마음에 두다
N1 こころざし 코꼬로자시	[志] 명 의도(意圖), 의향(意向)
N1 こころざす 코꼬로자스	[志す] 동 뜻을 세우다, 목적하다
N1 こころづよい 코꼬로즈요이	[心強い] い형 마음 든든하다, 의지가 굳다
N1 こころぼそい 코꼬로보소이	[心細い] い형 염려되다, 불안하다
N1 こころみ 코꼬로미	[試み] 명 시험함, 시도(試圖)해 봄
N1 こころみる 코꼬로미루	[試みる] 동 시험해 보다, 시도(試圖)해 보다
N1 こころよい 코꼬로요이	[快い] い형 기분이 좋다, 즐겁다, 유쾌하다
N1 ごさ 고사	[誤差] 명 오차; 계산상의 차이, 차질
N1 こじ 코지	[孤児] 명 고아; 부모가 없는 아이
N2 こし 코시	[腰] 명 (몸의) 허리, (옷의) 허리

N1 **こじいん** 코지잉	[孤児院] 몡 고아원	
N2 **こしかけ** 코시카께	[腰掛け] 몡 걸상, 의자	
N2 **こしかける** 코시카께루	[腰掛ける] 통 걸터앉다	
N2 **ごじゅうおん** 고쥬-옹	[五十音] 몡 かな로 적은 50개의 음	
N3 **ごじゅうおんじゅん** 고쥬-온쥰	[五十音順] 몡 오십음 순	
N3 **ごじゅうおんず** 고쥬-온즈	[五十音図] 몡 오십음도	
N4 **こしょう** 코쇼-	[故障] 몡 고장; 탈이 남, 지장	
N2 **こしょう** 코쇼-	[胡椒] 몡 후춧가루, 후추	
N2 **こしらえる** 코시라에루	[拵える] 통 아름다운 모양으로 꾸미다, 장식하다	
N1 **こじれる** 코지레루	[拗れる] 통 비틀리다, 비꼬이다	
N2 **こじん** 코징	[個人] 몡 개인; 한 사람 한 사람	
N2 **こす** 코스	[越す] 통 (강을) 넘다, 넘기다	

N2 **こす** 코스	[超す] 동 (어떤 기준을) 초과하다
N1 **コース** 코-스	course 명 코스, 진로, 행로
N1 **こせい** 코세-	[個性] 명 개성; 개체의 성질, 특성
N1 **こせき** 코세끼	[戸籍] 명 호적; 호수(戸數)나 인부를 적은 장부
N1 **こぜに** 코제니	[小銭] 명 잔돈, 약간의 목돈
N5 **ごぜん** 고젠	[午前] 명 오전; 상오
N1 **こだい** 코다-이	[古代] 명 고대; 상대(上代), 고풍
N2 **こたい** 코따-이	[固体] 명 고체; 일정한 형태를 유지하는 것
N4 **こたえ** 코따에	[答え] 명 답; 대답, (문제의) 답
N5 **こたえる** 코따에루	[答える] 동 대답하다, 해답하다
N1 **こたつ** 코따쯔	[炬燵] 명 코타츠, 각로(脚爐)
N1 **こだわる** 코다-와루	[拘る] 동 구애되다, 구애받다

N4 **ごちそう** 고찌소-	[御馳走] 명 진수성찬, 맛있는 음식
N2 **ごちそうさま** 고찌소-사마	[御馳走様] 감 맛있게 잘 먹었습니다
N1 **こちょう** 코쬬-	[誇張] 명 과장; 사실보다 크게 늘이어 말함
N1 **こつ** 코쯔	[骨] 명 사람이나 동물의 뼈, 요령, 비결, 급소
N2 **こっか** 콕까	[国家] 명 국가; 나라
N2 **こっかい** 콕까이	[国会] 명 국회; 나라의 의회
N2 **こづかい** 코즈까이	[小遣い] 명 용돈, 잡비로 충당되는 돈
N3 **こっかいぎいん** 콕까이기잉	[国会議員] 명 국회의원
N3 **こっかいぎじどう** 콕까이기지도-	[国会議事堂] 명 국회 의사당
N2 **こっきょう** 콕꾜-	[国境] 명 국경
N1 **こっけい** 콕께-	[滑稽] な형 해학(諧謔), 익살스러움
N1 **こっこう** 콕꼬-	[国交] 명 국교; 국가 사이의 교제

N2 こっせつ 콧세쯔	[骨折] 명 골절; 뼈가 부러짐
N2 こづつみ 코즈쯔미	[小包] 명 소포
N1 こっとうひん 콧또-힝	[骨董品] 명 골동품
N1 こっとうや 콧또-야	[骨董屋] 명 골동품 가게
N1 こてい 코떼-	[固定] 명 고정; 일정하여 변하지 않음
N2 こてん 코뗑	[古典] 명 고전; 클래식
N2 こと 코또	[事] 명 (세상의) 일, 사실, 큰일
コード 코-도	code 명 코드
N1 ことがら 코또가라	[事柄] 명 사정, 내용, 일, 사항
N1 こどく 코도꾸	[孤独] な형 고독; 외로움, 괴로움
N5 ことし 코또시	[今年] 명 금년; 올해(=本年; ほんねん)
N2 ことなる 코또나루	[異なる] 동 같지 않다, 다르다

N1 **ことに** 코또니	[殊に] 🔖 특히, 특별히, 각별히
N5 **ことば** 코또바	[言葉] 🔖 말, 언어, 낱말, 단어
N5 **こども** 코도모	[子供] 🔖 어린이, 아이, 자식
N4 **ことり** 코또리	[小鳥] 🔖 작은 새, 조그마한 새
N2 **ことわざ** 코또와자	[諺] 🔖 속담
N2 **ことわる** 코또와루	[断わる] 🔖 거절하다, 사퇴하다, 사죄하다
N2 **こな** 코나	[粉] 🔖 (주로 곡식 종류의) 가루, 분말
N1 **コーナー** 코-나-	corner 🔖 코너
N1 **こなごな** 코나고나	[粉粉] 🔖 산산조각이 남, 박살이 난 모양
N5 **この** 코노	[此の] 🔖 이, 최근의
N4 **このあいだ** 코노아이다	[此の間] 🔖 요전, 지난번, 접때
N4 **このごろ** 코노고로	[此の頃] 🔖 근래, 요즈음 최근(最近)

N5 **このへん** 코노헹	[此の辺] 명 이 근처, 이 근방, 이
N1 **このましい** 코노마시이	[好ましい] い형 호감을 가다, 바람직하다
N3 **このまま** 코노마마	[此のまま] 명 이대로, 이냥
N2 **このみ** 코노미	[好み] 명 좋아함, 취향, 기호
N2 **このむ** 코노무	[好む] 동 마음에 끌려 좋아하다, 사랑하다
N5 **ごはん** 고항	[ご飯] 명 진지, 밥, 식사
N1 **ごばん** 고방	[碁盤] 명 기반; 바둑판
N5 **コピ-** 코삐-	copy 명 복사
N2 **ごぶさた** 코부사따	[御無沙汰] 명 격조(隔阻)함, 무소식임
N1 **こべつ** 코베쯔	[個別] 명 개별; 하나하나, 한 사람 한 사람
N2 **こぼす** 코보스	[零す] 동 엎지르다, 흘리다
N2 **こぼれる** 코보레루	[零れる] 동 넘쳐 흘러내리다, 새어 나오다

N4	こまかい 코마까이	[細かい] [い형] (크기가) 잘다, 세심하다, 미세하다
N1	コマーシャル 코마-샤루	commercial [명] 커머셜, 방송 광고
N1	こまやか 코마야까	[細やか] [な형] 빛깔이 짙은 모양, 인정이 두터운 모양
N5	こまる 코마루	[困る] [동] 곤란해지다, 난처하다, 시달리다
N4	ごみ 고미	[芥] [명] 쓰레기, 먼지, 티끌
N2	コミュニケーション 코뮤니께-숑	communica-tion [명] 커뮤니케이션
N4	こむ 코무	[込む] [동] 붐비다, 혼잡하다, 복잡하다
N4	こめ 코메	[米] [명] 쌀, 쌀농사
N2	こめる 코메루	[込める] [동] (총알을) 재다, 쟁이다, 채워 넣다
N2	ごめん 고멩	[御免] [명] 면직(免職), 용서의 높임말
N1	コメント 코멘또	comment [명] 코멘트
N1	こもる 코모루	[籠(も)る] [동] 두문불출하다, 틀어박히다

| N2 **こや** | [小屋] |
| 코야 | 명 (임시로 지은) 오두막집, 작고 초라한 집 |

| N1 **こゆう** | [固有] |
| 코유 | 명 고유; 본래부터 있음, 특유함 |

| N1 **こゆうめいし** | [固有名詞] |
| 코우메-시 | 명 고유 명사 |

| N1 **こよう** | [雇用] |
| 코요- | 명 고용; 품삯을 주고 부림 |

| N3 **ごよう** | [御用] |
| 고요- | 명 볼일, 용건, 궁중·관청의 용건 |

| N1 **こよみ** | [曆] |
| 코요미 | 명 책력(册曆), 달력, 일력(日曆) |

| N2 **こらえる** | [堪える] |
| 코라에루 | 동 (고통 등을) 견디다, 참다 |

| N2 **ごらく** | [娛樂] |
| 고라꾸 | 명 오락; 위안거리 |

| N1 **こらす** | [凝らす] |
| 코라스 | 동 엉기게 하다, 응고시키다 |

| N1 **コーラス** | chorus |
| 코-라스 | 명 코러스 |

| N2 **ごらん** | [ご覽] |
| 고랑 | 명 보심 |

| N3 **ごらん** | [御覽] |
| 고랑 | 명 보심, '見(み)る'의 높임말 |

N1 **こりつ** 코리쯔	[孤立] 명 고립; 홀로임	
N1 **こりる** 코리루	[懲りる] 동 넌더리나다, 질리다	
N1 **こる** 코루	[凝る] 동 엉기다, 응고(凝固)되다	
N1 **ゴール** 고-루	goal 명 골, 결승점, 결승선	
N1 **ゴールデンウィーク** 고-루뎅위-쿠	golden week 명 골든위크, 황금 주간	
N5 **これ** 코레	[此れ] 명 이것, 지금, 현재	
N2 **コレクション** 코레꾸숑	collection 명 컬렉션	
N5 **ころ** 코로	[頃] 명 경, (시간의 대체적인) 즈음, 시기, 시절	
N2 **ころがす** 코로가스	[転がす] 동 굴리다, 회전(回轉)시키다	
N2 **ころがる** 코로가루	[転がる] 동 넘어지다, 뒹굴다, 굴러가다	
N2 **ころす** 코로스	[殺す] 동 죽이다, 살해하다	
N2 **ころぶ** 코로부	[転ぶ] 동 구르다, 굴러가다	

N4 **こわい**　코와이	[怖い] [い형] 무섭다, 두렵다, 겁나다
N4 **こわす**　코와스	[壊す] [동] 부수다, 깨뜨리다, 고장내다, 망치다
N4 **こわれる**　코와레루	[壊れる] [동] 부서지다, 파손되다
N2 **こん**　콩	[紺] [명] 감색, 자청색(紫靑色)
N3 **こんかい**　콩까이	[今回] [명] 금회; 이번 차례
N1 **こんき**　콩끼	[根気] [명] 근기; 끈기, 지구력
N1 **こんきょ**　콩꾜	[根拠] [명] 근거; 본거(本據), 근본이 되는 바탕
N2 **コンクール**　콩꾸-루	concours [명] 콩쿠르, 경연회
N1 **こんけつじ**　콩께쯔지	[混血児] [명] 혼혈아, 튀기
N2 **こんご**　콩고	[今後] [명] 금후; 앞으로, 차후
N2 **こんごう**　콩고-	[混合] [명] 혼합; 섞임, 섞는 것
N2 **こんざつ**　콘자쯔	[混雑] [な형] 혼잡; 북적거림, 뒤섞여 복잡함

N4	**コンサート** 콘사-또	concert 명 콘서트
N2	**コンセント** 콘셍또	consent (일) 명 콘센트
N2	**こんだて** 콘다떼	[献立] 명 (음식의) 메뉴, 식단
N1	**こんちゅう** 콘쮸-	[昆虫] 명 곤충; 여러 가지 벌레
N1	**こんちゅうさいしゅう** 콘쮸-사이슈-	[昆虫採集] 명 곤충 채집
N1	**こんてい** 콘떼-	[根底] 명 근저; 밑바탕, 기초, 근본
N4	**こんど** 콘도	[今度] 명 이번(=このたび), 금번, 이 다음
N1	**こんどう** 콘도-	[混同] 명 혼동; 서로 섞여 하나가 됨
N1	**コントロール** 콘또로-루	control 명 컨트롤, 통제, 조절
N2	**こんなん** 콘낭	[困難] な형 곤란; 외로움과 어려움
N2	**こんにちは** 콘니찌와	[今日は] 감 안녕하세요, 낮 인사
N5	**こんばん** 콤방	[今晩] 명 오늘 밤, 오늘 저녁

N2 こんばんは
콤방와
[今晩は]
감 (저녁 인사로) 안녕하세요

N4 コンピュータ(-)
콤퓨–따(-)
computer
명 컴퓨터

N1 コンプレックス
콤뿌레꾸스
complex
명 콤플렉스, 복합(複合), 합성

こんぽん
콤뽕
[根本]
명 근본; 근원, 근저(根底)

N1 こんぽんてき
콤뽕떼끼
[根本的]
な형 근본적

N2 こんやく
콩야꾸
[婚約]
명 혼약; 약혼

N2 こんらん
콘랑
[混乱]
な형 혼란; 뒤섞여서 어지러움

JAPANESE KOREAN WORDS DICTIONARY — さ

さ (사) N2
[差]
명 차; 차이, 차등, 간격

~さい (사이) N3
[~歳]
접미 연령에 붙이는 말 ~살

ざい (자이) N1
[財]
명 재; 재산, 재물(財物), 부(富)

さい (사이) N2
[際]
명 때, 즈음, 기회

さいがい (사이가이) N1
[災害]
명 재해; 재앙으로 인하여 받은 피해

さいかい (사이까이) N1
[再会]
명 재회; 다시 만남

ざいがく (자이가꾸) N2
[在学]
명 재학; 학교에 학적을 둠

ざいがくしょうめいしょ (자이가꾸쇼-메-쇼) N2
[在学証明書]
명 재학증명서

さいきん (사이낑) N4
[細菌]
명 세균; 박테리아(단세포 식물)

さいきん (사이낑) N1
[最近]
명 최근; 요즈음, 근래, 최근

さいく (사이꾸) N1
[細工]
명 세공; 작은 물건을 만드는 수공

N1 **さいくつ** 사이꾸쯔	[採掘] 명 채굴; 광물 등을 캐냄
N1 **サイクル** 사이꾸루	cycle 명 사이클, 자전거
N1 **さいけつ** 사이께쯔	[採決] 명 채결; (의장이) 의안의 채택
N1 **さいけん** 사이껭	[再建] 명 재건; 건물을 다시 세움
N1 **ざいげん** 자이겡	[財源] 명 재원; 재화(財貨)의 출처, 돈의 근원
N1 **さいげん** 사이겡	[再現] 명 재현; 다시 나타냄
N4 **ざいこ** 자이꼬	[在庫] 명 재고; 창고에 있음
さいご 사이고	[最後] 명 최후; 맨 뒤(=さいご), 맨끝(↔さいしょ)
N2 **さいこう** 사이꼬-	[最高] 명 최고; 높이가 가장 높음
N2 **ざいさん** 자이상	[財産] 명 재산; 개인·가정·단체의 재물
N2 **さいさん** 사이상	[再三] 명 재삼; 두세 번, 여러 번
N1 **さいさん** 사이상	[採算] 명 채산; 수지를 계산함

N2	**さいじつ** 사이지쯔	[祭日] 명 제일; 제삿날, 국경일
N1	**さいしゅう** 사이슈-	[採集] 명 채집; 채취하여 모음
N2	**さいしゅう** 사이슈-	[最終] 명 최종; 맨 나중, 최후(↔さいしょ)
N4	**さいしょ** 사이쇼	[最初] 명 최초; 맨 처음
N1	**サイズ** 사이즈	size 명 사이즈, 크기, 치수, 형(型)
N1	**さいせい** 사이세-	[再生] 명 재생; 폐물을 다시 쓰도록 함
N1	**ざいせい** 자이세-	[財政] 명 재정; 금융
N1	**さいぜん** 사이젱	[最善] 명 최선; 가장 좋음
N2	**さいそく** 사이소꾸	[催促] 명 재촉(再促), 독촉함
N1	**さいたく** 사이따꾸	[採択] 명 채택; 가려서 뽑음
N2	**さいちゅう** 사이쮸-	[最中] 명 한창 ~중임, 한창임
N2	**さいてい** 사이떼-	[最低] 명 최저; (높이·정도가) 가장 낮음(↔さいこう)

N2 さいてん 사이뗑	[採点] 명 채점; 점수를 매김	
N2 さいなん 사이낭	[災難] 명 재난; 뜻밖의 불행한 일	
N2 さいのう 사이노-	[才能] 명 재능; 재주, 재간(才幹)	
N1 さいばい 사이바이	[栽培] 명 재배; 씨를 뿌리거나 모종을 가꿈	
N1 さいはつ 사이하쯔	[再発] 명 재발; (병이) 다시 발병	
N2 さいばん 사이방	[裁判] 명 재판; 법률상의 쟁점에 대해 판단함	
N3 さいばんかん 사이방깡	[裁判官] 명 재판관; 법관	
N3 さいばんしょ 사이방쇼	[裁判所] 명 재판소; 법원(法院)	
N5 さいふ 사이후	[財布] 명 돈지갑, 돈주머니	
N1 さいぼう 사이보-	[細胞] 명 세포; 생물체를 이루는 최소의 단위	
N2 さいほう 사이호-	[裁縫] 명 재봉; 바느질	
N2 ざいもく 자이모꾸	[材木] 명 재목; 목재(木材)	

N1 **さいよう** 사이요-	[採用] 명 채용; 채택하여 씀
N2 **ざいりょう** 자이료-	[材料] 명 재료; 원료, 자재
N2 **サイレン** 사이렝	siren 명 사이렌, 경적, 음향 장치의 한 가지
N2 **さいわい** 사이와이	[幸い] な형 운 좋음
N2 **サイン** 사잉	sign 명 사인, 서명, 기호, 부호, 암호(暗號)
N1 **さえぎる** 사에기루	[遮る] 동 가로막다, 차단하다
N1 **さお** 사오	[竿] 명 장대, 작대기, 삿대, 저울
N4 **さか** 사까	[坂] 명 고개, 고갯길, 비탈길
N2 **さかい** 사까이	[境] 명 경계, 경계선, 갈림길
N1 **さかえる** 사까에루	[栄える] 동 번창하다, 번성하다
N2 **さかさ** 사까사	[逆さ] 명 거꾸로 됨, 반대로 됨(=さかしま)
N2 **さがす** 사가스	[探す] 동 찾다(=捜す), 구하다

N1 **さかずき** 사까즈끼	[杯・盃] 명 술잔, 주연(酒宴)	
N1 **さかだち** 사까다찌	[逆立ち] 명 물구나무서기, 거꾸로	
N5 **さかな** 사까나	[魚] 명 물고기, 생선	
N2 **さかのぼる** 사까노보루	[遡る] 동 (흐르는 물을) 거슬러 올라가다	
N2 **さかば** 사까바	[酒場] 명 (술을 마시는) 술집, 술자리	
N3 **さかや** 사까야	[酒屋] 명 술파는 가게, 술 전문점	
N2 **さからう** 사까라우	[逆らう] 동 역행하다, 거역하다	
N2 **さかり** 사까리	[盛り] 명 한창, 한창때, (짐승의) 발정(發情)	
N4 **さがる** 사가루	[下がる] 동 내려가다, 낮은 곳으로 옮기다	
N4 **さかん** 사깡	[盛ん] な형 번창함, 번성함	
N5 **さぎ** 사기	[詐欺] 명 사기; 남을 속여 금품을 탈취함	
N1 **さき** 사끼	[先] 명 (어떤 물체의) 끝, 끝 부분	

| N1 | **さきに** 사끼니 | [先に] 튀 먼저, 우선, 앞서 |

| N2 | **さきほど** 사끼호도 | [先程] 명 아까, 조금 전 |

| N2 | **さぎょう** 사교- | [作業] 명 작업; 일을 함, 노동을 함 |

| N5 | **さく** 사꾸 | [裂く] 동 (한 장의 종이나 천을) 찢다, 째다 |

| N1 | **さく** 사꾸 | [咲く] 동 (꽃이) 피다 |

| N1 | **さく** 사꾸 | [作] 명 작; 제작, 작품, 작황(作況) |

| N2 | **さく** 사꾸 | [昨] 명 어제, 전날 〈접두〉 어제의, 작년의 |

| N2 | **さく** 사꾸 | [柵] 명 울짱, 목책(木柵) |

| N1 | **さく** 사꾸 | [策] 명 책; 책략, 계책, 목간(木簡) |

| N2 | **さくいん** 사꾸잉 | [索引] 명 색인; 목록, 인덱스(index) |

| N1 | **さくご** 사꾸고 | [錯誤] 명 착오; 착각에 의한 잘못 |

| N3 | **さくじつ** 사꾸지쯔 | [昨日] 명 작일; 어제 |

N2 **さくしゃ** 사꾸샤	[作者] 명 작자; 작가(作家)
N2 **さくじょ** 사꾸죠	[削除] 명 삭제; 깎아서 없앰
N2 **さくせい** 사꾸세-	[作成] 명 작성; 만들어 완성함
N2 **さくせい** 사꾸세-	[作製] 명 제작, 물건 따위를 만듦
N1 **さくせん** 사꾸셍	[作戦] 명 작전; 싸움하는 방법을 세움
N3 **さくねん** 사꾸넹	[昨年] 명 작년; 지난해(=去年)
N3 **さくばん** 사꾸방	[昨晩] 명 어젯밤, 어제 저녁(=昨夜)
N2 **さくひん** 사꾸힝	[作品] 명 작품; 제작한 물건
N5 **さくぶん** 사꾸붕	[作文] 명 작문; 글짓기
N2 **さくもつ** 사꾸모쯔	[作物] 명 작물; 논밭에 심는 농작물
N3 **さくや** 사꾸야	[昨夜] 명 어젯밤, 어제 저녁(=昨晩)
N2 **さくら** 사꾸라	[桜] 명 벚나무, 벚꽃

일한 단어 | 225

N3 **さぐる** 사구루	[探る] 동 더듬어 찾다, 뒤지다
N2 **サークル** 사-꾸루	circle 명 서클, 동아리
N2 **さけ** 사께	[酒] 명 술, (일본) 청주(清酒)
N1 **さけび** 사께비	[叫び] 명 외침, 부르짖음
N2 **さけぶ** 사께부	[叫ぶ] 동 외치다, 부르짖다
N1 **さける** 사께루	[裂ける] 동 찢어지다, 터지다
N2 **さける** 사께루	[避ける] 동 (적극적으로) 피하다, 체면차리다
N4 **さげる** 사게루	[下げる] 동 (위에서 아래로) 내리다
N2 **ささえる** 사사에루	[支える] 동 받치다, 지탱하다, 방비하다
N1 **ささげる** 사사게루	[捧げる] 동 (양손으로) 높이 바치다, 헌상하다
N2 **さじ** 사지	[匙] 명 숟가락(spoon)
N4 **さしあげる** 사시아게루	[差し上げる] 동 들어올리다, 바치다, 드리다

N1 **さしかかる** 사시까까루	[差し掛かる] 동 당도(當到)하다, 그곳에 오다	
N2 **ざしき** 자시끼	[座敷] 명 응접실, 객실, 사랑방	
N1 **さしず** 사시즈	[指示] 명 지시, 지휘, 명령, 지명, 지정	
N1 **さしだす** 사시다스	[差し出す] 동 (손을) 내밀다, 제출하다, 보내다	
N2 **さしつかえ** 사시쯔까에	[差し支え] 명 지장, 장애	
N1 **さしつかえる** 사시쯔까에루	[差し支える] 동 고장이나 지장을 일으키다	
N1 **さしひき** 사시히끼	[差(し)引(き)] 명 빼냄, 또 빼낸 나머지	
N2 **さしひく** 사시히꾸	[差し引く] 동 빼내다, 감하다	
N2 **さしみ** 사시미	[刺(し)身] 명 생선회	
N2 **さす** 사스	[挿す] 동 (꽃·비녀 등을) 끼우다, 꽂다	
N1 **さす** 사스	[刺す] 동 찌르다, 꿰다	
N2 **さす** 사스	[指す] 동 (손가락으로) 가리키다, 지적하다	

N5 **さす** 사스	[差す] 동 (빛·그림자가) 들어오다, 비추다
N1 **さずける** 사즈께루	[授ける] 동 주다, 받게 하다
N1 **さする** 사스루	[摩る] 동 (손바닥으로) 문지르다, 마찰하다
N2 **ざせき** 자세끼	[座席] 명 좌석; 앉는 자리
N2 **さそう** 사소-	[誘う] 동 권하다, 권유하다, 부르다
N1 **さだまる** 사다마루	[定まる] 동 정해지다, 결정하다
N1 **さだめる** 사다메루	[定める] 동 하나로 정하다, 확정하다
ざだんかい 자당까이	[座談会] 명 좌담회
N1 **ざつ** 자쯔	[雑] な형 엉성함, 조잡함, 막됨
N2 **さつ** 사쯔	[札] 명 종이돈, 지폐, 증거가 되는 문서
N5 **さつ** 사쯔	[冊] 명 책, 기록한 문서, 편지
N2 **さつえい** 사쯔에-	[撮影] 명 촬영; 영화·사진을 찍음

N2 **ざつおん** 자쯔옹	[雑音] 명 잡음; 소음(騒音), 야유, 참견
N2 **さっか** 삭까	[作家] 명 작가; 예술 작품의 제작자
N1 **ざっか** 작까	[雑貨] 명 잡화; 여러 가지 화물·상품
N1 **サッカ-** 삭까-	football 명 축구
N1 **さっかく** 삭까꾸	[錯覚] 명 착각; 오해, 잘못 생각함
N4 **さっきゅう** 삭뀨-	[早急] な형 조급; 매우 급함
N2 **さっきょく** 삭꾜꾸	[作曲] 명 작곡; 악곡을 창작함
N5 **ざっし** 잣시	[雑誌] 명 잡지; 정기적으로 간행하는 책
N1 **さつじん** 사쯔징	[殺人] 명 살인; 사람을 죽임
N1 **さっする** 삿스루	[察する] 동 헤아리다, 이해하다, 추량(推量)하다
N2 **さっそく** 삿소꾸	[早速] 부 곧, 즉시, 당장, 재빨리
N1 **ざつだん** 자쯔당	[雑談] 명 잡담; 쓸데없는 이야기

N5 **さとう** 사또-	[砂糖] 명 설탕
N1 **さとる** 사또루	[悟る] 동 깨닫다, 느끼다
N2 **さばく** 사바꾸	[砂漠] 명 사막(=沙漠)
N1 **さばく** 사바꾸	[裁く] 동 재판하다, 심판하다
N2 **さび** 사비	[銹] 명 쇠붙이에 스는 녹(=錆), 나쁜 결과
N4 **さびしい** 사비시이	[寂しい] い형 쓸쓸하다, 허전하다
N5 **サービス** 사-비스	service 명 서비스, 봉사, 수고, 공헌, 이바지
N1 **ざひょう** 자효-	[座標] 명 좌표, 좌표축(座標軸)
N2 **さびる** 사비루	동 금속 표면에 녹이 슬다
N2 **ざぶとん** 자부똥	[座布団] 명 방석
N2 **さべつ** 사베쯔	[差別] 명 차별; 차등이 있게 구별함
N2 **さほう** 사호-	[作法] 명 예의범절, 예절, 관례

N1 **サポーター** 사뽀-따-	supporter 명 서포터, 지지자, 축구의 열광적인 팬
N4 **さま** 사마	[様] 명 상태, 모양, 인명에 붙이는 높임말
N2 **さまざま** 사마자마	[様様] 명 여러 가지, 가지각색,
N2 **さます** 사마스	[覚ます] 동 (잠을) 깨우다, 취기를 깨게 하다
N2 **さます** 사마스	[冷ます] 동 식히다, 차게 하다
N2 **さまたげる** 사마따게루	[妨げる] 동 방해하다
N5 **さむい** 사무이	[寒い] い형 (날씨가) 춥다, 차다, 오싹하다
N1 **さむけ** 사무께	[寒気] 명 한기; 추운 느낌, 오한(惡寒)이 남
N3 **さむさ** 사무사	[寒さ] 명 추위(↔あつさ)
N1 **さむらい** 사무라이	[侍] 명 무사(武士), 무사의 가문(家門)
N2 **さめる** 사메루	[覚める] 동 깨다, 졸음에서 잠이 깨다
N2 **さめる** 사메루	[冷める] 동 식다, 차가워지다

N2 **さゆう** 사유-	[左右] 명 좌우; 왼쪽과 오른쪽
N2 **さよう** 사요-	[作用] 명 작용; 다른 것에 영향을 미칠 움직임
N2 **さようなら** 사요-나라	[左様なら] 감 헤어질 때의 인사말(good-bye)
N2 **さら** 사라	[皿] 명 접시, 접시 모양의 물건
N4 **さらいげつ** 사라이게쯔	[再来月] 명 다음다음 달
N4 **さらいしゅう** 사라이슈-	[再来週] 명 다음다음 주
N5 **さらいねん** 사라이넹	[再来年] 명 내후년, 다음다음 해
N1 **さらう** 사라우	[攫う] 동 날치기하다, 채가다
N2 **さらに** 사라니	[更に] 부 더한층, 더욱더, 보다 더
N2 **サラリ-マン** 사라리-망	salary man 명 샐러리맨, 봉급 생활자
N2 **さる** 사루	[去る] 동 죽다, 이별하다 연체 지나간
N2 **さる** 사루	[猿] 명 원숭이, 교활한 사람

N2 **さわがしい** 사와가시이	[騒がしい] い형 시끄럽다, 소란하다
N2 **さわぎ** 사와기	[騒ぎ] 명 시끄러움, 떠들썩함
N4 **さわぐ** 사와구	[騒ぐ] 동 떠들다, 소란을 피다
N2 **さわやか** 사와야까	[爽やか] な형 (기분이) 상쾌함
N4 **さわる** 사와루	[障る] 동 지장이 있다, 방해하다
N1 **さわる** 사와루	[触る] 동 (살짝) 닿다, 건드리다
N3 **さん** 상	[産] 명 출산, 분만, 출생, 출신
N1 **さん** 상	[酸] 명 초(醋), 신맛, 신 것, 산(酸)
N5 **さん** 상	[三] 명 3, 셋, 셋째
N3 **さん** 상	[参] 명 참가함, 참여함, 삼
N1 **さんか** 상까	[酸化] 명 산화, 물체와 산소가 화합하는 일
N2 **さんか** 상까	[参加] 명 참가; 참여함

N1 **さんがく** 상가꾸	[山岳] 몡 산악; 높고 험한 산
N2 **さんかく** 상까꾸	[三角] 몡 삼각; 세모꼴, 삼각형
N5 **さんがつ** 상가쯔	[三月] 몡 (1년 중의 셋째 달) 3월, 3개월
N1 **さんきゅう** 상규-	[産休] 몡 산휴; 출산 휴가
N4 **さんぎょう** 상교-	[産業] 몡 산업; 생산을 하는 사업
N1 **ざんきん** 장낑	[残金] 몡 잔금; 쓰고 남은 돈
N1 **さんご** 상고	[産後] 몡 산후; 출산 후(↔さんぜん)
N2 **さんこう** 상꼬-	[参考] 몡 참고; 살펴서 생각함, 참조
N1 **ざんこく** 장꼬꾸	[残酷] な형 잔혹; 잔인하고 혹독함
N1 **さんしゅつ** 산슈쯔	[産出] 몡 산출; 산물이 남, 산물을 만들어 냄
N1 **さんしょう** 산쇼-	[参照] 몡 참조; 다른 것과 대조해 봄
N1 **さんじょう** 산죠-	[参上] 몡 방문(뵈러 감), 어른의 집에 찾아뵘

N2 **さんすう** 산스-	[算数] 명 산수; 수학(數學)	
N2 **さんせい** 산세-	[酸性] 명 산성, 산(酸)의 성질	
N2 **さんせい** 산세-	[賛成] 명 찬성; 동의함	
N2 **さんそ** 산소	[酸素] 명 산소	
N1 **ざんだか** 잔다까	[残高] 명 잔고; 잔액, 잔금	
N2 **さんち** 산찌	[産地] 명 산지; 생산지, 출생지	
N1 **さんちょう** 산쪼-	[山頂] 명 산정; 산꼭대기	
N4 **ざんねん** 잔넹	[残念] な형 유감스러움, 섭섭함	
N1 **さんばし** 삼바시	[残橋] 명 잔교; 부두, 선창(船艙)	
N1 **さんび** 삼비	[賛美] 명 찬미; 감동하여 칭찬함(=讚美)	
N1 **さんぷく** 삼뿌꾸	[山腹] 명 산복; 산중턱, 산허리	
N1 **さんふじんか** 상후징까	[産婦人科] 명 산부인과	

N1 **さんぶつ** 삼부쯔	[産物] 명 산물; 그 지방에서 생산되는 것
N2 **サンプル** 삼뿌루	sample 명 샘플, 견본, 표본
N5 **さんぽ** 삼뽀	[散歩] 명 산책(散策)
N1 **さんみゃく** 삼먀꾸	[山脈] 명 산맥, 연이어 있는 산
N2 **さんりん** 산링	[山林] 명 산림; 산과 숲, 산중의 숲
N3 **し** 시	[史] 명 역사
N1 **し** 시	[四] 명 4, 넷
N1 **し** 시	[士] 명 무사(武士), 무사 계급
N1 **し** 시	[師] 명 스승, 선생, 군대, 기능인
N4 **し** 시	[死] 명 죽음, 사형(死刑), 활동을 멈춤
N3 **~じ** 지	[~寺] 접미 사; ~절
N2 **し** 시	[市] 명 시, 지방 자치 단체의 하나

N2	**し** 시	[詩] 명 시, 한시(漢詩)
N5	**~じ** 지	[~時] 접미 (시각을 나타내는) 시기, 시간
N5	**じ** 지	[字] 명 글자, 문자, 글씨, 필적
N4	**しあい** 시아이	[試合] 명 시합; 경기(競技), 겨루기
N1	**しあがり** 시아가리	[仕上(が)り] 명 마무리, 일의 완성
N2	**しあがる** 시아가루	[仕上がる] 동 마무리되다, 완성되다
N1	**しあげ** 시아게	[仕上(げ)] 명 마무리, 완성
N1	**しあげる** 시아게루	[仕上げる] 동 일을 다 끝마치다, 완성하다
N2	**しあわせ** 시아와세	[幸せ] な형 행복함(=仕合わせ)
N1	**しいく** 시-꾸	[飼育] 명 사육; 가축을 먹이어 기름
N1	**しいて** 시-떼	[強いて] 부 억지로, 굳이, 구태여
N3	**しいる** 시-루	[強いる] 동 강요하다, 강제하다

N1 **しいれる** 시-레루	[仕入れる] 동 업자가 상품을 사들이다(＝仕?む)
N2 **じいん** 지잉	[寺院] 명 사원; 절, 사찰
N2 **じえい** 지에이	[自衛] 명 자위; 자기를 방위함
N3 **じえいたい** 지에이따이	[自衛隊] 명 (일본의) 자위대
N5 **しお** 시오	[塩] 명 소금, 식염, 소금기
N1 **しお** 시오	[潮] 명 바닷물, 조수, 밀물, 썰물
N2 **しおからい** 시오카라이	[塩辛い] い형 (맛이) 짜다
N1 **じが** 지가	[自我] 명 자아; 자기 자신
N2 **しかい** 시까이	[司会] 명 사회; 회의 진행을 맡음
N1 **しがい** 시가이	[市街] 명 시가; 거리
N2 **しかく** 시까꾸	[四角] 명 4각, 네모, 모가 남
N1 **しかく** 시까꾸	[視覚] 명 시각; 물체를 보는 눈의 각도

N1 じかく 지까꾸	[自覚] 명 자각; 스스로 깨달음
N1 しかく 시까꾸	[資格] 명 자격; 신분, 지위, 또는 그 조건
N2 しかくい 시까꾸이	[四角い] い형 네모나다, 딱딱하다
N1 しかけ 시까께	[仕掛け] 명 시작하는 것
N1 しかける 시까께루	[仕掛ける] 동 (일을) 시작하다, 도전하다
N5 しかし 시까시	[併し] 부 그러나, 그렇지만
N4 しかた 시까따	[仕方] 명 수단, 방법, 하는 짓
N2 しがつ 시가쯔	[四月] 명 (1년 중의) 4월
N4 しかる 시까루	[叱る] 동 꾸짖다, 나무라다, 야단치다
N5 じかん 지깡	[時間] 명 시간; 때의 길이, 때, 시각
N2 じかんわり 지깡와리	[時間割(り)] 명 (학교의) 시간표
N2 しき 시끼	[四季] 명 사계; 봄·여름·가을·겨울의 4계절

N2 **じき** 지끼	[時期] 명 시기; 정해진 때
N2 **しき** 시끼	[式] 명 식; 의식(儀式), 방법, 방식
N1 **じき** 지끼	[磁器] 명 자기; 사기 그릇
N1 **じき** 지끼	[磁気] 명 자기; 자석의 자력(磁力)의 작용
N1 **しき** 시끼	[指揮] 명 지휘; 지시해 일을 하도록 시킴
N2 **じき** 지끼	[直] 명 직접 부 곧, 바로(=すぐ)
N1 **しきさい** 시끼사이	[色彩] 명 색채; 색의 조화, 빛깔
N1 **しきじょう** 시끼죠-	[式場] 명 식장; 예식장(禮式場)
N1 **しきたり** 시끼따리	[仕来たり] 명 관습, 관례
N1 **しきち** 시끼찌	[敷地] 명 부지; 대지(垈地)
N3 **じきに** 지끼니	[直に] 부 곧, 금방, 즉시, 바로, 머지않아
N2 **しきゅう** 시뀨-	[支給] 명 지급; 급여·금품 등을 지불

N2	**しきゅう** 시큐—	[至急] 명 지급; 매우 급함
N1	**じぎょう** 지교—	[事業] 명 사업; 사회적으로 큰 일
N2	**しきりに** 시끼리니	[頻りに] 부 끊임없이, 자꾸, 계속하여
N1	**しきる** 시끼루	[仕切る] 동 칸막이하다, 분할하다
N1	**しきん** 시낑	[資金] 명 자금; 사업에 필요한 돈
N2	**しく** 시꾸	[敷く] 동 (바닥에) 깔다, 펴다
N1	**じく** 지꾸	[軸] 명 축; (회전하는 것의) 굴대, 말대
N1	**しくみ** 시꾸미	[仕組み] 명 조립(組立), 장치, 구조, 짜임새
N2	**しげき** 시게끼	[刺激] 명 자극, 생물의 감각기에 작용을 가함
N2	**しげる** 시게루	[茂る] 동 (초목이) 우거지다, 무성하다
N4	**じけん** 지껭	[事件] 명 사건; 뜻밖에 생긴 일
N2	**しけん** 시껭	[試験] 명 시험; 테스트하여 봄

| N2 | しげん
시겡 | [資源]
명 자원; 생산에 이용되는 것 |

| N4 | じこ
지꼬 | [事故]
명 사고; 뜻밖의 사건 |

| N1 | しこう
시꼬- | [思考]
명 사고; 생각하고 궁리함 |

| N1 | じこう
지꼬- | [事項]
명 사항; 하나로 뭉뚱그러진 일, 항목 |

| N1 | しこう
시꼬- | [施行]
명 시행; 실제로 행함 |

| N1 | しこう
시꼬- | [試行]
명 시행; 시험 삼아 해 봄 |

| N1 | しこう
시꼬- | [志向]
명 지향; 뜻이 향하는 방향 |

| N2 | じこく
지꼬꾸 | [時刻]
명 시각; 시간, 시기 |

| N1 | じごく
지고꾸 | [地獄]
명 지옥, 심한 괴로움을 받는 일 |

| N1 | じこくひょう
지꼬꾸효- | [時刻表]
명 (열차 등의) 시간표 |

| N1 | じこしょうかい
지꼬쇼-까이 | [自己紹介]
명 자기 소개 |

| N5 | しごと
시고또 | [仕事]
명 일, 작업, 업무, 직업 |

N1 **じさ** 지사	[時差] 명 시차; 각 지방에 따르는 시각의 차
N1 **じざい** 지자이	[自在] 명 자재; 속박되지 않고 생각대로 함
N1 **しさつ** 시사쯔	[視察] 명 시찰; 돌아다니며 살핌
N2 **じさつ** 지사쯔	[自殺] 명 자살; 스스로 자기 목숨을 끊음
N1 **しさん** 시상	[資産] 명 자산; 재산
N2 **じさん** 지상	[持参] 명 지참; 가지고 감, 가지고 옴
N2 **しじ** 시지	[指示] 명 지시; 지휘·명령하는 일
N1 **しじ** 시지	[支持] 명 지지; 버팀, 지탱함, 유지함
N3 **じしゃく** 지샤꾸	[磁石] 명 자석; 지남철, 마그넷
N3 **ししゃごにゅう** 시샤고뉴-	[四捨五入] 명 사사오입, 반올림
N1 **じしゅ** 지슈	[自首] 명 자수; 범죄 사실을 신고함
N1 **じしゅ** 지슈	[自主] 명 자주; 독립적으로 행함

| N2 **しじゅう** 시쥬- | [始終] 몡 시종; 처음과 끝, 처음부터 끝까지 |

| N2 **じしゅう** 지슈- | [自習] 몡 자습 |

| N2 **ししゅつ** 시슈쯔 | [支出] 몡 지출; 금품을 지불함(↔収入) |

| N5 **じしょ** 지쇼 | [辞書] 몡 사서; 낱말 사전(=じてん) |

| N3 **じじょ** 지죠 | [次女] 몡 차녀; 둘째딸 |

| N2 **じじょう** 지죠- | [事情] 몡 사정; 어떤 일의 형편 |

| N1 **じしょく** 지쇼꾸 | [辞職] 몡 사직; 직책을 물러남 |

| N2 **しじん** 시징 | [詩人] 몡 시인; 시를 쓰는 사람 |

| N2 **じしん** 지싱 | [自信] 몡 자신; 자신의 능력·가치·생 |

| N4 **じしん** 지싱 | [自身] 몡 자신; 자기, 그 자신 |

| N2 **じしん** 지싱 | [地震] 몡 지진 |

| N5 **しずか** 시즈까 | [静か] な형 조용함, 고요함 |

しずく 시즈꾸 (N1)	[滴] 명 물방울
システム 시스떼무 (N1)	system 명 시스템, 조직, 제도, 체계, 계통
しずまる 시즈마루 (N2)	[静まる] 동 조용해지다, 침착해지다
しずむ 시즈무 (N2)	[沈む] 동 (물속에) 가라앉다, (해, 달이) 지다
しずめる 시즈메루 (N1)	[沈める] 동 가라앉게 하다, 가라앉히다
シーズン 시-즁 (N1)	season 명 시즌, 계절, 철, 사철의 하나
しせい 시세- (N2)	[姿勢] 명 자세; 모습, 몸가짐, 몸의 태세
しせつ 시세쯔 (N1)	[施設] 명 시설; 만들어 설치함
じぜん 지젱 (N1)	[事前] 명 사전; 미리, 앞서
しぜん 시젱 (N2)	[自然] 명 자연; 천성, 본성
しぜんかがく 시젱까가꾸 (N2)	[自然科学] 명 자연과학
しぜんに 시젱니 (N3)	[自然に] 부 자연히, 저절로

N2	**しそう** 시소-	[思想] 명 사상; 생각, 의견
N2	**じそく** 지소꾸	[時速] 명 시속; 1시간에 가는 속도
N1	**しそく** 시소꾸	[子息] 명 자식; 아들, 자제(子弟)
N1	**じぞく** 지조꾸	[持続] 명 지속; 끊임없이 계속함, 오래 계속함
N2	**しそん** 시송	[子孫] 명 자손; 후손
N1	**じそんしん** 지손싱	[自尊心] 명 자존심
N5	**した** 시따	[舌] 명 (입안의) 혀
N2	**した** 시따	[下] 명 (위치·신분·지위·나이가) 아래, 밑
N1	**じたい** 지따이	[事態] 명 사태; 일이 되어 가는 형편
N2	**じだい** 지다이	[時代] 명 시대, 시절, 시기
N1	**じたい** 지따이	[字体] 명 자체; 글자 모양
N2	**しだい** 시다이	[次第] 명 순서, 사정, 경과(經過)

N2 **しだいに** 시다이니	[次第に] 부 서서히, 점점, 차츰
N1 **したう** 시따우	[慕う] 동 그리워하다, 사모하다
N2 **したがう** 시따가우	[従う] 동 따르다, 좇다, 쏠리다
N2 **したがき** 시따가끼	[下書き] 명 초안(草案), 초고
N2 **したがって** 시따갓떼	[従って] 접 그러니까, 따라서, 그러므로.
N4 **したぎ** 시따기	[下着] 명 속옷, 내의, 내복
N2 **じたく** 지따꾸	[自宅] 명 자택; 자기 집
N4 **したく** 시따꾸	[支度] 명 준비, 채비, 몸치장
N1 **したごころ** 시따고꼬로	[下心] 명 본심, 속마음, 전부터의 음모, 속셈
N1 **したじ** 시따지	[下地] 명 준비, 기초, 본래의 성질
N2 **したしい** 시따시이	[親しい] い형 친하다, 사이좋다, 의좋다
N1 **したしむ** 시따시무	[親しむ] 동 친하게 지내다

N1	**したてる** 시따떼루	[仕立てる] 동 (옷을) 맞추다, 만들다, 준비하다
N1	**したどり** 시따도리	[下取(り)] 명 신품 판매 시 중고품의 매입
N2	**したまち** 시따마찌	[下町] 명 도회지에 주로 상공업자가 사는 곳
N2	**じち** 지찌	[自治] 명 자치; 자기 일을 스스로 처리함
N5	**しち** 시찌	[七] 명 칠; 일곱, 일곱 번
N5	**しちがつ** 시찌가쯔	[七月] 명 7월, July, 1년 중 7번째
N5	**しちぶ** 시찌부	[七分] 명 7할, 70%
N1	**じつ** 지쯔	[実] 명 실리(實利), 성의, 진심
N2	**しつ** 시쯔	[質] 명 질; 품질, 자질(資質)
N1	**じっか** 직까	[実家] 명 생가(生家), 본가(本家)
N1	**しっかく** 싯까꾸	[失格] 명 실격; 자격을 잃음
N4	**しっかり** 싯까리	[確り] 명 튼튼함, 단단함, 견고함

N4 **しっかりと** 싯까리또	[確りと] **부** 단단히, 꼭, 꽉, 튼튼히, 똑똑히
N4 **じっかん** 짓깡	[実感] **명** 실감; 실제의 느낌
N2 **しっき** 싯끼	[湿気] **명** 습기; 축축한 기운
N1 **しつぎ** 시쯔기	[質疑] **명** 질의; 의문점을 물어 밝힘
N1 **しっきゃく** 싯꺄꾸	[失脚] **명** 실각; 실패하여 지위를 잃음
N1 **じつぎょうか** 지쯔교-까	[実業家] **명** 실업가; 사업가
N2 **しつぎょうしゃ** 시쯔교-샤	[失業者] **명** 실업자
N2 **じっけん** 짓껭	[実験] **명** 실험; 실제로 시험함
N2 **じつげん** 지쯔겡	[実現] **명** 실현; 실제로 나타남
N2 **じっこう** 직꼬-	[実行] **명** 실행; 실제로 행함
N2 **じっさい** 짓사이	[実際] **명** 실제
N2 **じっし** 짓시	[実施] **명** 실시; 실제로 시행함

N1	**じっしつ** 짓시쯔	[実質] 명 실질; 실제의 성적·공적
N2	**じっしゅう** 짓슈-	[実習] 명 실습; 실제로 익혀 배움
N1	**じつじょう** 지쯔죠-	[実情] 명 실정; 실제의 사정, 실제의 형편
N2	**じっせき** 짓세끼	[実績] 명 실적; 실제의 업적·공적
N1	**じっせん** 짓셍	[実践] 명 실천; 실제로 행동에 옮김
N1	**しっそ** 싯소	[質素] な형 꾸밈이 없는 모양, 검약을 하는 일
N1	**じったい** 짓따이	[実態] 명 실태; 실제의 상황
N1	**しっちょう** 싯쬬-	[失調] 명 실조; 조화를 잃음
N2	**しつど** 시쯔도	[湿度] 명 습도; 공기의 습기의 정도
N1	**しっと** 싯또	[嫉妬] 명 질투; 샘을 함, 시기하고 미워함
N2	**じつに** 지쯔니	[実に] 부 실로, 참으로, 매우, 아주
N2	**じつは** 지쯔와	[実は] 부 실은, 진실을 말하자면

N4	しっぱい 십빠이	[失敗] 명 실패; 실수, 실책(失策)
N1	じっぴ 짓삐	[実費] 명 실비; 실제의 비용
N2	しっぴつ 십삐쯔	[執筆] 명 집필; 붓으로 글씨를 씀
N2	じつぶつ 지쯔부쯔	[実物] 명 실물; 실제로 있는 물건
N3	じっぷん 짓뿡	[十分] な형 충분함, 부족함이 없음(充分)
N2	しつぼう 시쯔보-	[失望] 명 실망; 희망을 잃음
N5	しつもん 시쯔몽	[質問] 명 질문(↔回答: かいとう)
N2	じつよう 지쯔요-	[実用] 명 실용; 실제로 소용됨
N2	じつりょく 지쯔료꾸	[実力] 명 실력; 실제의 역량·힘
N4	しつれい 시쯔레-	[失礼] 명 실례, 미안, 무례
N2	じつれい 지쯔레-	[実例] 명 실례; 실제의 예
N2	しつれん 시쯔렝	[失恋] 명 실연; 연애에 실패함

N2	**してい** 시떼-	[指定] 몡 지정; 가리켜 정함
N1	**してき** 시떼끼	[指摘] 몡 지적; 손가락질해 가리킴
N1	**じてん** 지뗑	[事典] 몡 사전; '百科事典'의 준말
N4	**じてん** 지뗑	[辞典] 몡 사전; 낱말 사전
N1	**じてん** 지뗑	[自転] 몡 자전; 스스로 돎
N2	**してん** 시뗑	[支店] 몡 지점(↔ほんてん) 지렛목, 받침점
N5	**じてんしゃ** 지뗑샤	[自転車] 몡 자전거, 자전차(bicycle)
N2	**じどう** 지도-	[児童] 몡 아동; 어린이
N1	**じどう** 지도-	[自動] 몡 자동; 스스로 움직임
N2	**しどう** 시도-	[指導] 몡 지도; 가르쳐 인도함
N1	**じどうし** 지도-시	[自動詞] 몡 자동사
N5	**じどうしゃ** 지도-샤	[自動車] 몡 자동차

N1 **しとやか** 시또야까	[淑やか] な형 정숙함, 얌전함
N2 **しな** 시나	[品] 명 (상품으로서의) 물건, 물품
N1 **しなびる** 시나비루	[萎びる] 동 시들다, 위축되다, 오그라지다
N4 **しなもの** 시나모노	[品物] 명 물건, 물품, 상품
N3 **じなん** 지낭	[次男] 명 차남; 둘째아들
N5 **しぬ** 시누	[死ぬ] 동 죽다, 사망하다, (활동이) 멈추다
N1 **じぬし** 지누시	[地主] 명 지주; 땅 주인
N1 **しのぐ** 시노구	[凌ぐ] 동 참고 견디다, 참아내다
N1 **しば** 시바	[芝] 명 잔디
N2 **しばい** 시바이	[芝居] 명 연극, 일본 고유의 연극
N2 **しはい** 시하이	[支配] 명 지배; 다스림, 통치함
N1 **しはつ** 시하쯔	[始発] 명 시발

N2 **しばふ** 시바후	[芝生] 명 잔디, 잔디밭
N2 **しはらい** 시하라이	[支払い] 명 지불; 금전을 지불하여 줌
N2 **しはらう** 시하라우	[支払う] 동 지불하다, 대금을 내주다
N4 **しばらく** 시바라꾸	[暫く] 부 잠깐, 잠시, 당분간, 오래간만
N2 **しばる** 시바루	[縛る] 동 (끈으로) 묶다, 매다
N2 **じばん** 지방	[地盤] 명 지반; 지면(地面), 지표
N5 **じびき** 지비끼	[字引] 명 옥편(玉篇), 자전(字典)
N2 **しびれる** 시비레루	[痺れる] 동 저리다, 마비되다
N1 **しぶい** 시부이	[渋い] い형 (맛이) 떫다, 쓴 표정이다
N1 **しぶつ** 시부쯔	[私物] 명 개인 소유물(=わたくしもの)
N3 **じぶつ** 지부쯔	[事物] 명 사물; 일이나 물건
N5 **じぶん** 지붕	[自分] 명 자기 자신, 스스로, 나, 저

N2 **しへい** 시헤-	[紙幣] 명 지폐; 종이 돈
N2 **しぼう** 시보-	[死亡] 명 사망; 죽음
N1 **しほう** 시호-	[司法] 명 사법
N1 **しぼう** 시보-	[志望] 명 지망; 뜻하여 바람
N1 **しぼう** 시보-	[脂肪] 명 지방; 굳기름, 비계
N2 **しぼむ** 시보무	[萎む] 동 시들다, 시들시들해지다
N2 **しぼる** 시보루	[絞る] 동 (물기를) 쥐어짜다
N3 **しぼる** 시보루	[搾る] 동 (물기가 빠지게) 짜다
N2 **しほん** 시홍	[資本] 명 자본; 경제학상의 자본, 밑천
N4 **しま** 시마	[島] 명 섬, 연못 가운데 만든 작은 동산
N3 **しま** 시마	[縞] 명 줄무늬, 체크무늬
N2 **しまい** 시마이	[姉妹] 명 자매; 여자 형제, 언니와 동생

N2	**しまう** 시마우	[仕舞う/終う] 동 끝나다, 파하다, 종료하다
N1	**しまつ** 시마쯔	[始末] 명 시말; (나쁜) 결과, 사정, 이유, 까닭
N5	**しまる** 시마루	[閉まる] 동 (문 등이) 닫히다(↔ひらく, あく)
N2	**じまん** 지망	[自慢] 명 자랑, 자기 일을 자기가 칭찬함
N3	**じみ** 지미	[地味] な형 수수함, 검소함(↔はで)
N1	**しみる** 시미루	[染みる] 동 액체나 냄새가 속까지 스며들다
N4	**しみん** 시밍	[市民] 명 시민; 도시의 주민, 시의 주민
N2	**じむ** 지무	[事務] 명 사무; 사업의 경영상 필요한 서무
N4	**じむしょ** 지무쇼	[事務所] 명 사무소
N1	**しめい** 시메-	[使命] 명 사명; 사자(使者)로서의 역할
N2	**しめい** 시메-	[氏名] 명 성명(姓名), 성과 이름
N2	**しめきり** 시메끼리	[締(め)切り] 명 (기한의) 마감

N2	**しめきる** 시메끼루	[締め切る] 동 마감하다, 굳게 조르다
N2	**しめす** 시메스	[示す] 동 내어 보이다, 가리키다
N5	**しめる** 시메루	[湿る] 동 눅눅해지다, 축축해지다
N5	**しめる** 시메루	[占める] 동 독점하다, 점유(占有)하다
N2	**しめる** 시메루	[締める] 동 (바싹) 죄다
N2	**しめる** 시메루	[閉める] 동 닫다(=とじる↔ひらく, あける)
N2	**じめん** 지멩	[地面] 명 지면; 땅바닥, 토지, 땅
N2	**しも** 시모	[霜] 명 서리, 흰머리, 백발(白髮)
N1	**じもと** 지모또	[地元] 명 관계 있는 지역
N5	**しゃ** 샤	[社] 명 나라의 수호신, 회사, 무리
N1	**しや** 시야	[視野] 명 시야; 시력이 미치는 범위
N4	**しゃかい** 샤까이	[社会] 명 사회; 생활을 영위하는 인간의 집단

일한 단어 | 257

N1	**じゃく** 쟈꾸	[弱] 명 약; 약함, 힘이 없음, 뒤떨어짐
N2	**じゃぐち** 쟈구찌	[蛇口] 명 수도꼭지
N2	**じゃくてん** 쟈꾸뗑	[弱点] 명 약점; 단점(短点), 모자
N1	**ジャケット** 쟈껫또	jacket 명 재킷, 양복의 윗도리, 책 커버
N2	**しゃこ** 샤꼬	[車庫] 명 차고; 자동차를 넣어 두는 곳간
N1	**しゃこう** 샤꼬-	[社交] 명 사교
N1	**しゃざい** 샤자이	[謝罪] 명 사죄; 지은 죄에 대해 용서
N2	**しゃしょう** 샤쇼-	[車掌] 명 (기차·전차의) 차장
N5	**しゃしん** 샤싱	[写真] 명 사진, 사실(寫實)
N2	**しゃせい** 샤세-	[写生] 명 사생; 스케치
N1	**しゃぜつ** 샤제쯔	[謝絶] 명 사절; 거절함
N1	**しゃたく** 샤따꾸	[社宅] 명 사택; 회사 소유의 집

N4 **しゃちょう** 샤쪼-	[社長] 명 사장; 회사의 우두머리
N1 **じゃっかん** 쟉깡	[若干] 명 약간 부 얼마쯤, 얼마 안 됨
N2 **しゃっきん** 샥낑	[借金] 명 빚, 부채(負債)
N2 **シャッター** 샷따-	shutter 명 셔터, 덧문, 겉창
N2 **しゃどう** 샤도-	[車道] 명 차도; 거마(車馬)가 통행하는 길
N1 **ジャーナリスト** 쟈-나리스또	journalist 명 저널리스트
N2 **しゃべる** 샤베루	[喋る] 동 재잘거리다, 말하다, 이야기하다
N4 **じゃま** 쟈마	[邪魔] 명 방해, 장애, 거추장스러움
N1 **しゃみせん** 샤미셍	[三味線] 명 삼현(三絃)의 일본 현악기(絃樂器)
N1 **しゃめん** 샤멩	[斜面] 명 사면; 경사면
N1 **じゃり** 쟈리	[砂利] 명 자갈, 조무래기, 꼬마
N2 **しゃりん** 샤링	[車輪] 명 차륜; 바퀴, 열심히 일함

N2 **しゃれ** 샤레	[洒落] 명 익살, 유머, 농담, 재치
N1 **しゃれる** 샤레루	[洒落る] 동 세련되다, 멋지다
N1 **ジャンル** 쟝루	genre (프) 명 장르, 부류, 종류, 문예 작품의 종별
N1 **しゅ** 슈	[種] 명 종; 종류
N1 **しゅ** 슈	[主] 명 주; 주인, 주군(主君), 중
N4 **じゅう** 쥬-	[十] 명 10, 십
N1 **じゆう** 지유-	[自由] 명 자유, 생각대로 하고 싶은 대로
N1 **しゅう** 슈-	[宗] 명 종파(宗派), 종문(宗門)
N2 **しゅう** 슈-	[州] 명 주; 연방 국가의 행정 구획
N2 **しゅう** 슈-	[週] 명 주; 1주간(週間), 1주일(週日)
N3 **じゅう** 쥬-	[中] 명 가운데, 중간, 사이
N3 **しゅう** 슈-	[集] 명 집; 문장이나 시가(詩歌)를 모은 책

| N2 **じゅう** 쥬- | [銃] 명 총, 총신(銃身), 소총 |

| N2 **しゅうい** 슈-이 | [周囲] 명 주위; 주변, 근처, 부근 |

| N1 **しゅうえき** 슈-에끼 | [収益] 명 수익; 수입이 되는 이익 |

| N2 **しゅうかい** 슈-까이 | [集会] 명 집회; 모임 |

| N1 **しゅうがく** 슈-가꾸 | [修学] 명 수학; 학업을 닦음 |

| N2 **しゅうかく** 슈-까꾸 | [収穫] 명 수확; 곡식을 거둬들임, 추수 |

| N5 **じゅうがつ** 쥬-가쯔 | [十月] 명 (달력상의) 10월, 시월, 10개월 |

| N4 **しゅうかん** 슈-깡 | [習慣] 명 습관; 관습(=しきたり, あらわし) |

| N2 **しゅうかん** 슈-깡 | [週間] 명 주간; 1주일 동안 |

| N1 **しゅうき** 슈-끼 | [周期] 명 주기; 한 바퀴 도는 시기 |

| N1 **しゅうぎいん** 슈-기잉 | [衆議院] 명 중의원; 일본 국회의원 |

| N2 **じゅうきょ** 쥬-꾜 | [住居] 명 주거; 거주함, 생활함 |

N2	**しゅうきょう** 슈-쿄-	[宗教] 몡 종교; 신앙하여 안심·행복을 얻는 일
N1	**しゅうぎょう** 슈-교-	[就業] 몡 취업; 직업을 가짐
N1	**じゅうぎょういん** 쥬-교-잉	[従業員] 몡 종업원; 직원
N2	**しゅうきん** 슈-낑	[集金] 몡 집금; 수금(收金), 수금한 돈
N1	**しゅうけい** 슈-께-	[集計] 몡 집계; 수를 모아서 합계함
N3	**じゅうけいてい** 쥬-께-떼-	[従兄弟] 몡 종형제; 사촌 형제(いとこ)
N1	**しゅうげき** 슈-게끼	[襲撃] 몡 습격; 갑자기 덮쳐 공격함
N3	**しゅうごう** 슈-고-	[集合] 몡 집합; 한 곳으로 모임
N2	**しゅうし** 슈-시	[修士] 몡 석사(碩士), (가톨릭의) 수도승
N1	**しゅうし** 슈-시	[収支] 몡 수지; 수입과 지출
N2	**しゅうじ** 슈-지	[習字] 몡 습자; 글자 쓰기를 익힘
N1	**じゅうじ** 쥬-지	[従事] 몡 종사

N1 しゅうし 슈-시	[終始] 명 종시; 시종(始終), 시종
N2 じゅうし 쥬-시	[重視] 명 중시; 중요시함
N1 しゅうじつ 슈-지쯔	[終日] 명 종일; 하루 종일, 온종일
じゅうじつ 쥬-지쯔	[充実] 명 충실; 내용이 알참
N1 しゅうしゅう 슈-슈-	[収集] 명 수집; 거두어 모음
N4 じゅうしょ 쥬-쇼	[住所] 명 주소; 생활의 본거지
N1 しゅうしょく 슈-쇼꾸	[修飾] 명 수식; 겉모양을 꾸밈
N2 しゅうしょく 슈-쇼꾸	[就職] 명 취직; 직업을 가짐
N1 じゅうじろ 쥬-지로	[十字路] 명 십자로; 네거리
N1 しゅうせい 슈-세-	[修正] 명 수정; 바로 잡아 고침
しゅうぜん 슈-젱	[修繕] 명 수선; 손보아 고침
N2 じゅうたい 쥬-따이	[渋滞] 명 삽체; 지체, 정체

N2 **じゅうだい** 쥬-다이	[重大] 몡 중대; 매우 중요한 모양
N2 **じゅうたい** 쥬-따이	[重体] 몡 중태(重態), 병이 위급함
N1 **しゅうちゃく** 슈-쨔꾸	[執着] 몡 집착; 마음에 걸려 단념키 어려움
N2 **しゅうちゅう** 슈-쮸-	[集中] 몡 집중; 한 군데로 모음
N2 **しゅうてん** 슈-뗑	[終点] 몡 종점; 맨 끝의 지점
N2 **じゅうてん** 쥬-뗑	[重点] 몡 중점; (사물의) 중요한 점
N1 **じゅうなん** 쥬-낭	[柔軟] な형 유연; (몸·동작이) 부드럽고 연한 모양
N2 **しゅうにゅう** 슈-뉴-	[収入] 몡 수입; 소득
N1 **じゅうふく** 쥬-후꾸	[重複] 몡 중복; 거듭됨(=ちょうふく)
N4 **じゅうぶん** 쥬-붕	[十分] 몡 충분, 부족함이 없는 모양
N2 **しゅうへん** 슈-헹	[周辺] 몡 주변; 둘레, 근처, 부근
N5 **じゅうまん** 쥬-망	[十万] 몡 십만; 100,000

| N2 じゅうやく
쥬-야꾸 | [重役]
명 중역; 회사의 간부 |

| N1 しゅうよう
슈-요- | [収用]
명 수용; 받아 들여서 씀 |

| N2 じゅうよう
쥬-요- | [重要]
명 중요; 귀중함, 소중함 |

| N1 じゅうらい
쥬-라이 | [従来]
명 종래; 여태껏, 전부터, 본래부터 |

| N2 しゅうり
슈-리 | [修理]
명 수리; 손보아 고침 |

| N1 しゅうりょう
슈-료- | [修了]
명 수료; 일정한 과정을 끝까지 마침 |

| N1 しゅうりょう
슈-료- | [終了]
명 종료; 끝남, 끝냄 |

| N2 じゅうりょう
쥬-료- | [重量]
명 중량; 무게, 무게가 무거운 것 |

| N2 じゅうりょく
쥬-료꾸 | [重力]
명 중력; 지구가 물체를 끌어당기는 힘 |

| N1 しゅえい
슈에- | [守衛]
명 수위; 경비하는 사람 |

| N1 しゅえん
슈엥 | [主演]
명 주연; 연극의 주인공 |

| N1 しゅかん
슈깡 | [主観]
명 주관; 자기 혼자만의 생각 |

N2 **しゅぎ** 슈기	[主義] 명 주의; 사상
N5 **じゅぎょう** 쥬교-	[授業] 명 수업; 학문을 가르침
N1 **しゅぎょう** 슈교-	[修行] 명 수행; (학문·무예 등을) 닦음
N1 **じゅく** 쥬꾸	[塾] 명 사설 학원(學院)
N1 **しゅくが** 슈꾸가	[祝賀] 명 축하; 경축하여 기뻐함
N2 **じゅくご** 쥬꾸고	[熟語] 명 숙어; 복합어(複合語)
N2 **しゅくじつ** 슈꾸지쯔	[祝日] 명 축일; 국경일, 경축일
N2 **しゅくしょう** 슈꾸쇼-	[縮小] 명 축소; 줄여서 작게 함
N5 **しゅくだい** 슈꾸다이	[宿題] 명 숙제; 과제(課題)
N2 **しゅくはく** 슈꾸하꾸	[宿泊] 명 숙박; 유숙함, 묵음
N1 **しゅくめい** 슈꾸메-	[宿命] 명 숙명; 정해진 운명
N1 **しゅげい** 슈게-	[手芸] 명 수예; 자수·편물·인형 따위

N2 **じゅけん** 쥬껭	[受検] 명 수검; 검사를 받음
N1 **しゅけん** 슈껭	[主権] 명 주권; 국가가 갖는 최고 독립의 통치
N2 **しゅご** 슈고	[主語] 명 주어; 문장의 주어, 주사
N1 **しゅさい** 슈사이	[主催] 명 주최; 중심이 되어 개최함
N1 **しゅざい** 슈자이	[取材] 명 취재; 기사(記事)의 재료나 제목을 얻음
N1 **しゅざいきしゃ** 슈자이끼샤	[取材記者] 명 취재 기자
N1 **しゅじゅ** 슈쥬	[種種] 명 가지가지, 여러 가지
N2 **しゅじゅつ** 슈쥬쯔	[手術] 명 수술
N2 **しゅしょう** 슈쇼-	[首相] 명 수상; 국무총리
N1 **しゅしょく** 슈쇼꾸	[主食] 명 주식; 식사의 주된 음식물
N4 **しゅじん** 슈징	[主人] 명 주인; 장(家長), 임자
N1 **しゅじんこう** 슈징꼬-	[主人公] 명 주인공; 중심 인물

N1	**しゅたい** 슈따이	[主体] 图 주체; 사물의 중심이 되는 일
N1	**しゅだい** 슈다이	[主題] 图 주제; 중심 제목
N2	**しゅだん** 슈당	[手段] 图 수단; 방법, 방편
N2	**しゅちょう** 슈쪼-	[主張] 图 주장; 지론(持論)
N1	**しゅつえん** 슈쯔엥	[出演] 图 출연; (무대·영화·방송 등) 재주를 보임
N2	**しゅっきん** 슉낑	[出勤] 图 출근; 근무하러 감
N1	**しゅっけつ** 슉께쯔	[出血] 图 출혈; 피가 혈관 밖으로 나옴
N1	**しゅつげん** 슈쯔겡	[出現] 图 출현; 새로 나타남
N2	**じゅつご** 쥬쯔고	[述語] 图 술어; 주어(主語)에 풀이말
N1	**しゅっさん** 슛쌍	[出産] 图 출산; 해산(解産), 아이가 태어남
N1	**しゅっしゃ** 슛샤	[出社] 图 출사; 회사에 출근함
N2	**しゅつじょう** 슈쯔죠-	[出場] 图 출장; (경기·연기 등에) 참가함

N2 **しゅっしん** 슛신	[出身] 명 출신; 어떤 계층에서 나옴
N1 **しゅっせ** 슛세	[出世] 명 출세; 사회에 나가 훌륭한 신분이 됨
N1 **しゅっせい** 슛세-	[出生] 명 출생; (아이가) 태어남
N4 **しゅっせき** 슛세끼	[出席] 명 출석; 참석
N1 **しゅつだい** 슈쯔다이	[出題] 명 출제; 문제를 냄
N2 **しゅっちょう** 슛쪼-	[出張] 명 출장
N1 **しゅつどう** 슈쯔도-	[出動] 명 출동; 활동하러 떠남
N4 **しゅっぱつ** 슛빠쯔	[出発] 명 출발; 목적지를 향해 떠남
N2 **しゅっぱん** 슛빵	[出版] 명 출판; 서적을 인쇄하여 배부함
N3 **しゅっぱんしゃ** 슛빤샤	[出版社] 명 출판사
N3 **しゅっぱんぶつ** 슛빤부쯔	[出版物] 명 출판물
N1 **しゅっぴ** 슛삐	[出費] 명 출비; 비용을 지출함.

N1 **しゅっぴん** 슛삥	[出品] 명 출품; 전람회장에 물품·작품을 냄
N2 **しゅと** 슈또	[首都] 명 수도; 서울
N1 **しゅどう** 슈도-	[主導] 명 주도; 중심이 되어 인도함
N1 **しゅにん** 슈닝	[主任] 명 주임; 주로 그 사무를 관장
N1 **しゅのう** 슈노-	[首脳] 명 수뇌; 지도적 인물
N1 **しゅび** 슈비	[守備] 명 수비; 지키어 방어함
N2 **しゅふ** 슈후	[主婦] 명 주부
N1 **しゅほう** 슈호-	[手法] 명 수법; (예술 작품의) 기법
N4 **しゅみ** 슈미	[趣味] 명 취미; 멋, 정취, 풍류, 취향
N2 **じゅみょう** 쥬묘-	[寿命] 명 수명; 목숨의 길이
N1 **じゅもく** 쥬모꾸	[樹木] 명 수목; 살아 있는 나무
N2 **しゅやく** 슈야꾸	[主役] 명 주역; 주인공의 역할

N2 じゅよう 쥬요-	[需要] 명 수요; 필요해서 얻고자 함
N2 しゅよう 슈요-	[主要] 명 주요; 중요함
N1 じゅりつ 쥬리쯔	[樹立] 명 수립; 세움, 단단히 섬
N2 しゅるい 슈루이	[種類] 명 종류; 비슷한 개체의 총칭
N2 じゅわき 쥬와끼	[受話器] 명 수화기
N2 じゅん 즁	[順] 명 순; 순서, 순번, 당연함
N2 しゅんかん 슝깡	[瞬間] 명 순간; 순식간
N2 じゅんかん 즁깡	[循環] 명 순환; 쉬지 않고 계속 돎
N1 じゅんきゅう 즁뀨-	[準急] 명 '準急行列車'의 준말
N2 じゅんさ 쥰사	[巡査] 명 순사; 경찰관
N2 じゅんじゅんに 쥰쥰니	[順順に] 부 차례차례, 차례
N2 じゅんじょ 쥰죠	[順序] 명 순서; 정해진 차례

N2 **じゅんじょう** 쥰죠-	[純情] 명 순정; 순진한 마음
N1 **じゅんじる** 쥰지루	[準じる] 동 준하다, 기준하다
N2 **じゅんすい** 쥰스이	[純粋] な형 순수; 조금도 섞임이 없음
N1 **じゅんずる** 쥰즈루	[準ずる] 동 준하다, 기준하다
N2 **じゅんちょう** 쥰쪼-	[順調] 명 순조; 일이 예정대로 잘 되어 감
N2 **じゅんばん** 쥼방	[順番] 명 순번; 차례
N4 **じゅんび** 쥼비	[準備] 명 준비; 미리 마련하여 갖춤
N1 **しょ** 쇼	[書] 명 글씨를 씀, 필적, 서도(**書道**)
N2 **しょ** 쇼	[諸] 명 제; 모든, 많은
N1 **しよう** 시요-	[仕様] 명 일하는 방법, 하는 수단
N1 **しよう** 시요-	[使用] 명 사용; 씀
N2 **しよう** 시요-	[私用] 명 사용; 개인의 일, 사사로운 용무

N3 しょう 쇼-	[商] 명 장사함, 물건을 사고 팜, 장사
N2 しょう 쇼-	[賞] 명 상; 포상(褒賞)
N2 じょう 죠-	[上] 명 상; (지위·연령·위치·능력 등의) 위
N3 じょう 죠-	[状] 명 모양, 모습, 풍채
N2 しょう 쇼-	[省] 명 일본 내각 안의 행정관서
N2 しょう 쇼-	[小] 명 소; 작음, 작은 것, 작은 쪽
N2 しょう 쇼-	[章] 명 장; (문장·악곡의) 한 단락
N1 しょう 쇼-	[証] 명 증거, 증명, 증명서
N1 じょう 죠-	[情] 명 정; 감정, 동정심, 인정
N1 じょう 죠-	[条] 명 조; 조목, 대목, 줄, 줄기
N3 じょう 죠-	[畳] 명 다다미를 세는 말
N1 じょうい 죠-이	[上位] 명 상위; 높은 자리

N1	**じょうえん** 죠-엥	[上演] 명 상연; 연극을 공개함
N2	**しょうか** 쇼-까	[消化] 명 소화
N1	**しょうがい** 쇼-가이	[生涯] 명 생애; 평생, 일생, 일
N4	**しょうかい** 쇼-까이	[紹介] 명 소개; 서로를 알게 함(=ひきあわせ)
N2	**しょうがい** 쇼-가이	[障害] 명 장해; 장애, 방해
N2	**しょうがくきん** 쇼-가꾸낑	[奨学金] 명 장학금
N3	**しょうがくせい** 쇼-가꾸세-	[小学生] 명 초등학생
N4	**しょうがつ** 쇼-가쯔	[正月] 명 정월; 1월, 설날
N4	**しょうがっこう** 쇼-각꼬-	[小学校] 명 초등학교
N2	**じょうき** 죠-끼	[蒸気] 명 증기; 김, 수증기
N2	**じょうきゃく** 죠-꺄꾸	[乗客] 명 승객
N2	**じょうきゅう** 죠-뀨-	[上級] 명 상급; 윗 등급

N1 **しょうきょ** 쇼-꾜	[消去] 명 소거; 지워 없앰
N1 **じょうきょう** 죠-꾜-	[上京] 명 상경; 서울로 감·옴
N2 **しょうぎょう** 쇼-교-	[商業] 명 상업; 장사(=あきない)
N2 **じょうきょう** 죠-꾜-	[状況] 명 상황; 정황(情況), 그때
N2 **しょうきょくてき** 쇼-꾜꾸떼끼	[消極的] な형 소극적
N2 **しょうきん** 쇼-낑	[賞金] 명 상금; 포상으로 주는 돈
N1 **じょうくう** 죠-꾸-	[上空] 명 상공; 높은 하늘
N1 **じょうげ** 죠-게	[上下] 명 상하; 위아래
N1 **しょうげき** 쇼-게끼	[衝撃] 명 충격; 심하게 부딪힘, 갑작스런 타격
N1 **しょうげん** 쇼-겡	[証言] 명 증언; 사실을 증명하는 말
N2 **じょうけん** 죠-껭	[条件] 명 조건; 성립 요건
N1 **しょうこ** 쇼-꼬	[証拠] 명 증거; 증명할 수 있는 증거

N2 **しょうご** 쇼-고	[正午] 圐 정오; 낮 12시
N1 **しょうごう** 쇼-고-	[照合] 圐 조합; 대조하여 확인함
N1 **しょうさい** 쇼-사이	[詳細] 圐 상세; 자세함, 소상함
N1 **じょうし** 죠-시	[上司] 圐 상사; 상급의 관청, 또는 관리
N2 **しょうじ** 쇼-지	[障子] 圐 미닫이, 장지
N2 **じょうしき** 죠-시끼	[常識] 圐 상식; 일반적인 지식
N2 **しょうじき** 쇼-지끼	[正直] 圐 정직; 성실함
N2 **しょうしゃ** 쇼-샤	[商社] 圐 상사; 무역 회사
N2 **じょうしゃ** 죠-샤	[乗車] 圐 승차; 차에 탐(↔降車: こうしゃ)
N2 **じょうじゅん** 죠-즁	[上旬] 圐 상순; 초순(初旬)
N2 **しょうじょ** 쇼-죠	[少女] 圐 소녀; 나이 어린 처녀
N1 **じょうしょう** 죠-쇼-	[上昇] 圐 상승; 위로 올라감

N2 **しょうしょう** 쇼-쇼-	[少少] 명 조금, 약간, 잠깐	
N2 **しょうじょう** 쇼-죠-	[症状] 명 증상; 병이나 상처의 상태, 증세	
N2 **しょうじる** 쇼-지루	[生じる] 동 (식물 등이) 돋아나다, 트다	
N1 **しょうしん** 쇼-싱	[昇進] 명 승진; 직위가 오름	
N5 **じょうず** 죠-즈	[上手] な형 능숙함, 잘함, 솜씨가 좋음	
N2 **しょうすう** 쇼-스-	[小数] 명 소수; 작은 수, 적은 수	
N3 **しょうずる** 쇼-즈루	[生ずる] 동 생겨나다, 낳다	
N1 **しょうする** 쇼-스루	[称する] 동 칭하다, 일컫다	
N1 **じょうせい** 죠-세-	[情勢] 명 정세; 사정과 형편	
N4 **しょうせつ** 쇼-세쯔	[小説] 명 소설, 문학형식의 한 가지	
N1 **しょうそく** 쇼-소꾸	[消息] 명 소식; 기별, 연락	
N2 **じょうたい** 죠-따이	[状態] 명 상태; 사물의 형편 · 모양	

N1 □ **しょうたい** 쇼-따이	[正体] 명 정체; 본래의 모습	
N4 □ **しょうたい** 쇼-따이	[招待] 명 초대; 손님을 불러들임	
N1 □ **しょうだく** 쇼-다꾸	[承諾] 명 승낙; 받아들임	
N2 □ **じょうたつ** 죠-따쯔	[上達] 명 상달; 학예나 기술이 향상됨	
N2 □ **じょうだん** 죠-당	[冗談] 명 농담, 희롱하는 말	
N4 □ **しょうち** 쇼-찌	[承知] 명 (사정·형편 등을) 앎	
N1 □ **じょうちょ** 죠-쪼	[情緒] 명 정서; 정취	
N1 □ **しょうちょう** 쇼-쪼-	[象徴] 명 상징; 심벌	
N2 □ **しょうてん** 쇼-뗑	[商店] 명 상점; 가게	
N2 □ **しょうてん** 쇼-뗑	[焦点] 명 초점; 주의나 흥미가 집중하는 곳	
N2 □ **じょうとう** 죠-또-	[上等] 명 상등; 고급, 뛰어남	
N2 □ **しょうどく** 쇼-도꾸	[消毒] 명 소독; 병균을 죽임	

N2 **しょうとつ** 쇼-또쯔	[衝突] 명 충돌; 서로 부딪침
N2 **しょうにか** 쇼-니까	[小児科] 명 소아과
N1 **しようにん** 시요-닝	[使用人] 명 사용인; 고용인
N1 **しょうにん** 쇼-닝	[商人] 명 상인;장사꾼(=あきびと, あきんど)
N2 **しょうにん** 쇼-닝	[承認] 명 승인; 정당하다고 인정
N1 **しょうにん** 쇼-닝	[証人] 명 증인; 사실을 증명하는 사람
N1 **じょうねつ** 죠-네쯔	[情熱] 명 정열; 열띤 감정, 열정
N2 **しょうねん** 쇼-넹	[少年] 명 소년; 나이 젊은 사람
N2 **しょうばい** 쇼-바이	[商売] 명 장사, 매매
N2 **しょうはい** 쇼-하이	[勝敗] 명 승패; 이기고 짐, 승부
N2 **じょうはつ** 죠-하쯔	[蒸発] 명 증발
N2 **しょうひ** 쇼-히	[消費] 명 소비; 사용해서 없앰

しょうひん N2 쇼-힝	[商品] 몡 상품; 매매를 위한 물건
しょうひん N2 쇼-힝	[賞品] 몡 상품; 상으로 주는 물품
じょうひん N2 죠-힝	[上品] な형 고상함, 기품이 있음
しょうぶ N2 쇼-부	[勝負] 몡 승부; 이기고 짐, 승패
じょうぶ N2 죠-부	[丈夫] な형 건강함, 튼튼함
しょうべん N2 쇼-벵	[小便] 몡 소변; 오줌
じょうほ N1 죠-호	[譲歩] 몡 양보; 자기의 주장을 굽힘
じょうほう N2 죠-호-	[情報] 몡 정보; 사물의 내용·사정에 대한 보고
しょうぼうしょ N2 쇼-보-쇼	[消防署] 몡 소방서
しょうめい N2 쇼-메-	[証明] 몡 증명; 진실임을 밝힘
しょうめい N1 쇼-메-	[照明] 몡 조명; 빛을 비추어 밝힘
しょうめん N2 쇼-멩	[正面] 몡 정면; 바로 마주 보이는 편

N2 しょうもう 쇼-모-	[消耗] 명 소모; 사용해서 없어짐
N1 じょうやく 죠-야꾸	[条約] 명 조약; 명문화된 국가간 약속
N5 しょうゆ 쇼-유	[醬油] 명 장유; 간장, 일본 고유의 조미료
N1 しょうり 쇼-리	[勝利] 명 승리; 겨루어 이김
N1 じょうりく 죠-리꾸	[上陸] 명 상륙; 배에서 육지로 올라감
N2 しょうりゃく 쇼-랴꾸	[省略] 명 생략; 줄여서 간단하게 함
N1 じょうりゅう 죠-류-	[蒸留] 명 증류
N1 しょうれい 쇼-레-	[奨励] 명 장려; 권하여 북돋아 줌
N2 じょおう 죠오-	[女王] 명 여왕; 여자 군주, 혹은 왕비
N1 じょがい 죠가이	[除外] 명 제외; 어떤 범위 밖에 둠
N2 しょきゅう 쇼뀨-	[初級] 명 초급; 맨 첫 등급
N2 じょきょうじゅ 죠꾜-쥬	[助教授] 명 조교수

일한 단어 | 281

N2 □ **しょく** 쇼꾸	[職] 명 직; 직업, 기능, 기술, 직무
N1 □ **しょくいん** 쇼꾸잉	[職員] 명 직원; 직무를 담당하는 사람
N2 □ **しょくえん** 쇼꾸엥	[食塩] 명 식염; 식용의 소금
N2 □ **しょくぎょう** 쇼꾸교-	[職業] 명 직업; 생계를 위하여 하는 일
N4 □ **しょくじ** 쇼꾸지	[食事] 명 식사; 음식을 먹음
N2 □ **しょくたく** 쇼꾸따꾸	[食卓] 명 식탁; 식사를 하는 탁자
N5 □ **しょくどう** 쇼꾸도-	[食堂] 명 식당; 식사를 하는 방
N2 □ **しょくにん** 쇼꾸닝	[職人] 명 직인; 기술자, 목수·석수·미장이 등
N2 □ **しょくば** 쇼꾸바	[職場] 명 직장; 근무처, 일터
N2 □ **しょくひん** 쇼꾸힝	[食品] 명 식품; 식료품
N2 □ **しょくぶつ** 쇼꾸부쯔	[植物] 명 식물; 동물을 제외한 생물
N1 □ **しょくみんち** 쇼꾸민찌	[植民地] 명 식민지

しょくむ N1 쇼꾸무	[職務] 명 직무; 담당해 맡은 일
しょくもつ N2 쇼꾸모쯔	[食物] 명 음식, 음식물
しょくよく N2 쇼꾸요꾸	[食欲] 명 식욕; 밥맛, 먹고 싶은 욕망
しょくりょう N2 쇼꾸료-	[食糧] 명 식량; 먹을 양식
しょくりょうひん N4 쇼꾸료-힝	[食料品] 명 식료품
しょくん N1 쇼꿍	[諸君] 명 제군; 여러 사람들
じょげん N1 죠겡	[助言] 명 조언; 말로써 돕는 일(じょごん)
しょさい N2 쇼사이	[書齋] 명 서재; 독서(讀書)나 글을 쓰는 방
しょざい N1 쇼자이	[所在] 명 소재; 거처, 있는 곳
じょし N1 죠시	[女史] 명 여사; '女子'의 높임말임
じょし N2 죠시	[女子] 명 여자; 여성, 여자 아이, 딸
しょじ N1 쇼지	[所持] 명 소지; 가지고 있음

N1	**じょし** 죠시	[助詞] 명 조사
N2	**じょしゅ** 죠슈	[助手] 명 조수; 연구나 일을 돕는 사람
N2	**しょじゅん** 쇼쥰	[初旬] 명 초순; 상순(上旬)
N2	**じょじょに** 죠죠니	[徐徐に] 명 서서히, 천천히, 조금씩
N4	**じょせい** 죠세-	[女性] 명 여성; 여자
N2	**しょせき** 쇼세끼	[書籍] 명 서적; 책, 도서(しょじゃく)
N1	**しょぞく** 쇼조꾸	[所属] 명 소속; 어떤 단체에 딸림
N1	**しょち** 쇼찌	[処置] 명 처치; 조처, 조치, 처리
N1	**ショック** 숏꾸	shock 명 쇼크, 갑작스럽게 당하는 타격, 충격
N2	**ショップ** 숍뿌	shop 명 숍, 상점, 소매점
N1	**しょてい** 쇼떼-	[所定] 명 소정; 정한 바, 정해진 대로
N2	**しょてん** 쇼뗑	[書店] 명 서점; 책방

N2 **しょどう** 쇼도-	[書道] 명 서도; 서예(書芸)
N1 **じょどうし** 죠도-시	[助動詞] 명 조동사
N1 **しょとく** 쇼또꾸	[所得] 명 소득; 이익, 수입
N1 **しょばつ** 쇼바쯔	[処罰] 명 처벌; 형벌에 처함
N1 **しょはん** 쇼항	[初版] 명 초판; 제1판
N1 **しょひょう** 쇼효-	[書評] 명 서평; 책에 대한 평
N1 **しょぶん** 쇼붕	[処分] 명 처분; 처리하여 다룸
N2 **しょほ** 쇼호	[初歩] 명 초보; 첫걸음, 초심(初心)
N1 **しょみん** 쇼밍	[庶民] 명 서민; 일반 대중
N2 **しょめい** 쇼메-	[署名] 명 서명; 자기 이름을 써 넣음
N1 **しょもつ** 쇼모쯔	[書物] 명 책, 서적
N2 **じょゆう** 죠유-	[女優] 명 여우; 여자 배우

N1	**しょゆう** 쇼유-	[所有] 명 소유; 갖고 있음
N2	**しょり** 쇼리	[処理] 명 처리; (사건·사무를) 다룸
N2	**しょるい** 쇼루이	[書類] 명 서류; 기록한 문서, 여러 가지 문서
N2	**しらが** 시라가	[白髪] 명 백발; 흰머리, 새치
N2	**しらせ** 시라세	[知らせ] 명 알림, 통보, 통지, 조짐
N4	**しらせる** 시라세루	[知らせる] 동 알게 하다, 알리다
N4	**しらべる** 시라베루	[調べる] 동 조사하다, 점검하다
N2	**しり** 시리	[尻] 명 엉덩이, 궁둥이, 볼기, 끝
N2	**しりあい** 시리아이	[知(り)合い] 명 친지(親知), 아는 사이, 지인(知人)
N2	**シリーズ** 시리-즈	series 명 시리즈
N2	**しりつ** 시리쯔	[私立] 명 사립; 개인이 설립함(わたくしりつ)
N2	**しりょう** 시료-	[資料] 명 자료; 바탕이 되는 재료

N5 しる 시루	[汁] 명 즙; 과일 따위에 있는 액체, 진액	
N2 しる 시루	[知る] 동 (보고 듣고 배워서) 알다	
N2 しるし 시루시	[印] 명 표, 표시, 심벌, 상징	
N1 しれい 시레–	[指令] 명 지령; 지휘, 명령	
N5 しろ 시로	[白] 명 백; 흰색, 흰 것	
N2 しろ 시로	[城] 명 성, 본거지, 아성	
N5 しろい 시로이	[白い] い형 희다, 하얗다	
N2 しろうと 시로–또	[素人] 명 아마추어, 초심자, 풋내기	
N3 しわ 시와	[皺] 명 주름, 구김살	
N2 しん 싱	[新] 명 신; 새로움, 양력(陽力)	
N2 しん 싱	[芯] 명 심; 물건의 중심이 되는 것	
N5 じん 징	[人] 명 사람, 인간	

N1 じん 징	[陣] 몡 진; 병사를 배치함, 진지(陣地)
N1 しんか 싱까	[進化] 몡 진화
N1 じんかく 징까꾸	[人格] 몡 인격; 사람의 됨됨이, 사람의 품성(品性)
N2 しんがく 싱가꾸	[進学] 몡 진학; 상급 학교에 들어감
N2 しんかんせん 싱깐셍	[新幹線] 몡 신칸센, 일본 최초의 광궤철도
N1 しんぎ 싱기	[審議] 몡 심의; 자세하고 치밀하게 의논함
N2 しんくう 싱꾸-	[真空] 몡 진공; 작용·영향이 미치지 않는 상태
N2 しんけい 싱께-	[神経] 몡 신경
N2 しんけん 싱껭	[真剣] な형 진검; 진짜 칼, 진지함
N2 しんこう 싱꼬-	[信仰] 몡 신앙; 신불을 믿고 받드는 일
N1 しんごう 싱고-	[信号] 몡 신호
N4 じんこう 징꼬-	[人工] 몡 인공; 사람의 힘으로 하는 일

N2 **じんこう** 징꼬-	[人口] 명 인구; 뭇사람들의 입
N1 **しんこう** 싱꼬-	[進行] 명 진행; 앞으로 나아감
N1 **しんこう** 싱꼬-	[振興] 명 진흥; 떨쳐 일으킴
N1 **しんこうしゅうきょう** 싱꼬-슈-꾜-	[新興宗教] 명 신흥 종교
N1 **しんこく** 싱꼬꾸	[申告] 명 신고; 일정한 사실을 관청에 알림
N2 **しんこく** 싱꼬꾸	[深刻] な형 심각함; 아주 깊고 절실함
N1 **しんこんりょこう** 싱꽁료꼬-	[新婚旅行] 명 신혼여행
N1 **しんさ** 신사	[審査] 명 심사; 자세히 조사함
N1 **じんざい** 진자이	[人材] 명 인재; 뛰어난 인물
N2 **しんさつ** 신사쯔	[診察] 명 진찰
N1 **しんし** 신시	[紳士] 명 신사; 교양과 품위가 있는 남자
N2 **じんじ** 진지	[人事] 명 인사; 인간이 할 수 있는 일

N1 しんじつ 신지쯔	[真実] 명 진실; 거짓이 없음
N4 じんじゃ 진쟈	[神社] 명 신사; 일본 황실의 조상
N1 しんじゃ 신쟈	[信者] 명 신자; 신도(信徒)
N2 じんしゅ 진슈	[人種] 명 인종; 신체적 특징에 따른 인류의 종별
N1 しんじゅ 신쥬	[真珠] 명 진주
N1 しんじゅう 신쥬-	[心中] 명 사랑하는 남녀가 같이 자살함
N1 しんしゅつ 신슈쯔	[進出] 명 진출; 세력의 확장 또는 나아감
N1 しんじょう 신죠-	[心情] 명 심정; 마음과 정
N2 しんじる 신지루	[信じる] 명 믿다, 신용하다, 신앙하다
N1 しんじん 신징	[新人] 명 신인; 새로운 얼굴
N2 しんしん 신싱	[心身] 명 심신; 몸과 마음
N3 しんずる 신즈루	[信ずる] 동 믿다, 신뢰하다

N1	**しんせい** 신세–	[神聖] 명 신성; 신처럼 성스러움
N2	**しんせい** 신세–	[申請] 명 신청; 신고하여 청구함
N2	**じんせい** 진세–	[人生] 명 인생
N2	**しんせき** 신세끼	[親戚] 명 친척; 친족과 외척
N4	**しんせつ** 신세쯔	[親切] な형 친절함; 매우 정답고 상냥함
N2	**しんせん** 신셍	[新鮮] な형 신선; 싱싱함, 산뜻함
N1	**しんぜん** 신젱	[親善] 명 친선; 친하여 사이좋게 지냄
N2	**しんぞう** 신조–	[心臓] 명 심장; 염통
N2	**じんぞう** 진조–	[人造] 명 인조; 사람이 만듦
N1	**しんそう** 신소–	[真相] 명 진상; 사물의 참된 모습
N2	**しんたい** 신따이	[身体] 명 신체; 몸
N1	**じんたい** 진따이	[人体] 명 인체; 사람의 몸

N2	**しんだい** 신다이	[寝台] 명 침대(=ねだい)
N2	**しんだん** 신당	[診斷] 명 진단; 의사가 환자를 진찰하여 결정함
N1	**しんちく** 신찌꾸	[新築] 명 신축; 새로 건축함
N2	**しんちょう** 신쪼-	[身長] 명 신장; 키
N2	**しんちょう** 신쪼-	[愼重] な형 신중함; 매우 조심스러움
N1	**しんてい** 신떼-	[進呈] 명 진정; 드림, 증정(贈呈)
N1	**しんでん** 신뎅	[神殿] 명 신전; 신을 모시는 전당
N1	**しんてん** 신뗑	[進展] 명 진전; 사태가 진행함
N1	**しんど** 신도	[進度] 명 진도; 진행 정도
N1	**しんどう** 신도-	[振動] 명 진동; 흔들리어 움직임
N2	**しんにゅう** 신뉴-	[侵入] 명 침입; (남의 영토에) 침범
N1	**しんにゅうせい** 신뉴-세-	[新入生] 명 신입생

N1 しんにん 신닝	[信任] 명 신임; 믿고 일을 맡김	
N1 しんねん 신넹	[信念] 명 신념; 굳게 믿는 마음	
N4 しんぱい 심빠이	[心配] 명 근심, 걱정, 염려, 배려	
N2 しんぱん 심빵	[審判] 명 심판; 사건을 심리하여 판단함	
N1 しんぴ 심삐	[神秘] な형 신비	
N2 じんぶつ 짐부쯔	[人物] 명 인물; 사람, 인간, 사람의 됨됨이	
N5 しんぶん 심붕	[新聞] 명 신문	
N2 じんぶんかがく 짐붕까가꾸	[人文科学] 명 인문 과학	
N4 しんぶんしゃ 심붕샤	[新聞社] 명 신문사	
N2 しんぽ 심뽀	[進步] 명 진보; 앞으로 나아감	
N1 しんぼう 심보-	[辛抱] 명 참고 견딤, 인내함	
N1 じんみん 진밍	[人民] 명 인민; 국민, 백성	

N2	**じんめい**　진메-	[人命]　圕 인명; 사람의 목숨
N2	**しんや**　신야	[深夜]　圕 심야; 깊은 밤
N2	**しんゆう**　신유-	[親友]　圕 친우; 친구, 벗
N2	**しんよう**　신요-	[信用]　圕 신용; 믿어 의심치 않음
N2	**しんらい**　신라이	[信頼]　圕 신뢰; 믿고 의지함
N2	**しんり**　신리	[心理]　圕 심리; 마음의 움직임
N1	**しんり**　신리	[真理]　圕 진리; 참된 도리(道理)
N1	**しんりゃく**　신랴꾸	[侵略]　圕 침략
N1	**しんりょう**　신료-	[診療]　圕 진료; (의사에 의한) 진찰과 치료
N2	**しんりん**　신링	[森林]　圕 삼림; 숲
N2	**じんるい**　진루이	[人類]　圕 인류; 인간, 사람
N2	**しんるい**　신루이	[親類]　圕 친척, 집안, 일가

N1 **しんろ** 신로	[進路] 명 진로; 나아갈 길, 나아가는 방향
N2 **しんわ** 싱와	[神話] 명 신화; 신을 중심으로 한 설
N2 **ず** 즈	[図] 명 도면, 도형, 화, 그림, 꼴
N2 **す** 스	[巣] 명 (새·짐승·벌레·물고기의) 집, 둥지
N2 **す** 스	[酢] 명 초; 식초
N3 **すい** 스이	[水] 명 '水曜日'의 준말
N1 **すい** 스이	[粋] な형 세련됨, 멋있음, 멋들어짐
N4 **すいえい** 스이에-	[水泳] 명 수영; 헤엄침
N1 **すいげん** 스이겡	[水源] 명 수원; 물의 근원
N2 **すいさんぶつ** 스이상부쯔	[水産物] 명 수산물
すいじ 스이지	[炊事] 명 취사; 밥 짓고 음식을 만듦
N2 **すいじゅん** 스이중	[水準] 명 수준; 정도, 레벨

N2	**すいじょうき** 스이죠-끼	[水蒸気] 명 수증기; 김
N1	**すいしん** 스이싱	[推進] 명 추진; 밀고 나아감
N1	**すいせん** 스이셍	[水洗] 명 수세; 물로 씻음
N2	**すいせん** 스이셍	[推薦] 명 추천; 좋다고 남에게 권함
N2	**すいそ** 스이소	[水素] 명 수소
N1	**すいそう** 스이소-	[吹奏] 명 취주; 악기를 불어서 연주함
N1	**すいそうがく** 스이소-가꾸	[吹奏楽] 명 취주악
N1	**すいそうがくだん** 스이소-가꾸당	[吹奏楽団] 명 취주악단
N1	**すいそく** 스이소꾸	[推測] 명 추측; 미루어 헤아림
N2	**すいちょく** 스이쪼꾸	[垂直] 명 수직; 반듯하게 드리움
N1	**スイッチ** 스잇찌	switch 명 스위치
N2	**すいてい** 스이떼-	[推定] 명 추정; 추측하여 단정함

N2 **すいてき** 스이떼끼	[水滴] 명 물방울, 연적(硯滴)
N1 **すいでん** 스이뎅	[水田] 명 수전; 논, 수답(水畓)
N4 **すいどう** 스이도-	[水道] 명 수도; 상수도, 해협(海峽)
N2 **すいとう** 스이또-	[水筒] 명 수통; 물통
N2 **ずいひつ** 즈이히쯔	[随筆] 명 수필; 에세이
N4 **すいぶん** 스이붕	[水分] 명 수분; 물기
N2 **ずいぶん** 즈이붕	[随分] 부 몹시, 꽤, 대단히, 아주, 퍽
N2 **すいへいせん** 스이헤-셍	[水平線] 명 수평선
N2 **すいみん** 스이밍	[睡眠] 명 수면; 잠, 잠을 잠, 활동을 쉼
N2 **すいめん** 스이멩	[水面] 명 수면; 물의 표면, 물위
N5 **すいようび** 스이요-비	[水曜日] 명 수요일
N1 **すいり** 스이리	[推理] 명 추리; 사물을 추측하여 생각함

| N5 **すう**
스- | [数]
명 수; 얼마의, 서넛, 대여섯 |
| --- | --- |
| N2 **すう**
스- | [吸う]
동 들이마시다, 빨아들이다 |
| N4 **すうがく**
스-가꾸 | [数学]
명 수학 |
| N1 **すうし**
스-시 | [数詞]
명 수사; 수량(數量) 또는 순서를 세는 말 |
| N2 **すうじ**
스-지 | [数字]
명 숫자, 수 개의 문자 |
| N2 **ずうずうしい**
즈-즈-시이 | [図々しい]
い형 뻔뻔스럽다, 넉살좋다 |
| N2 **すうはい**
스-하이 | [崇拜]
명 숭배; 우러러 섬김 |
| N2 **すえ**
스에 | [末]
명 (물체의) 끝, (시시한) 말 |
| N1 **すえつける**
스에쯔께루 | [据え付ける]
동 설치하다 |
| N2 **すえっこ**
스엣꼬 | [末っ子]
명 막내, 막내둥이 |
| N1 **すえる**
스에루 | [据える]
동 (물건을) 움직이지 않도록 비치하다 |
| N2 **すがた**
스가따 | [姿]
명 모습, 모양, 형체, 옷차림, 풍채 |

N2 **ずかん** 즈깡	[図鑑] 명 도감; 사진이나 그림으로 설명한 책
N5 **すぎ** 스기	[過(ぎ)] 접미 (시간·나이가) 지남, 넘음
N2 **すき** 스끼	[隙] 명 빈틈, 여지, 짬, 겨를
N5 **すぎ** 스기	[杉] 명 삼목(杉木)
N3 **すき** 스끼	[透き] 명 틈, 빈틈, 틈새기, 겨를
N2 **すき** 스끼	[好き] な형 좋아함, 호기심
N2 **すききらい** 스끼끼라이	[好き嫌い] 명 좋아함과 싫어함
N2 **すきとおる** 스끼또-루	[透き通る] 동 비쳐 보이다
N2 **すきま** 스끼마	[隙間] 명 빈틈, 틈새기, 짬, 겨를
N3 **すきま** 스끼마	[透き間] 명 틈, 빈틈, 틈새기, 겨를
N4 **すぎる** 스기루	[過ぎる] 동 (장소를) 지나가다, 경과하다
N4 **すく** 스꾸	[空く] 동 (빈자리가) 나다

N5 **すぐ** 스구	[直ぐ] 부 곧, 즉시, 당장, 냉큼
N1 **すくいぬし** 스꾸이누시	[救い主] 명 구조자, 구해 준 사람
N2 **すくう** 스꾸-	[救う] 동 구하다, 구원하다
N1 **すくう** 스꾸-	[掬う] 동 액체 속에서 떠내다
N5 **すくない** 스꾸나이	[少ない] い형 (수량·수효가)적다, 어리다
N1 **スクール** 스꾸-루	school 명 스쿨
N2 **すぐれる** 스구레루	[優れる] 동 우수하다, 뛰어나다
N2 **ずけい** 즈께-	[図形] 명 도형; 그림의 형상
N2 **スケジュール** 스께쥬-루	schedule 명 스케줄, 시간표, 일정(日程), 예정표
N4 **すごい** 스고이	[凄い] い형 무섭다, 험상궂다, 대단하다
N5 **すこし** 스꼬시	[少し] 부 조금, 약간, 좀(=ちょっと, わずか)
N2 **すごす** 스고스	[過ごす] 동 (시간을) 보내다, 지내다

N1 **すこやか** 스꼬야까	[健やか] な형 건강하여 원기 왕성한 모양
N2 **すじ** 스지	[筋] 명 힘줄, 핏대, 혈관, 줄기
N1 **すすぐ** 스스구	[濯ぐ] 동 (물로) 씻다, 헹구다
N5 **すずしい** 스즈시이	[涼しい] い형 서늘하다, 시원하다
N1 **すすみ** 스스미	[進み] 명 나아가는 일, 진행(進行), 진보(進步)
N2 **すずむ** 스즈무	[凉む] 동 납량(納凉)하다, 시원하다
N4 **すすむ** 스스무	[進む] 동 (앞으로) 나아가다, 빨리지다
N2 **すすめる** 스스메루	[勧める] 동 권하다, 권장하다, 권유하다
N2 **すすめる** 스스메루	[進める] 동 전진시키다, 진척시키다, 진행하다
N1 **すそ** 스소	명 옷단, 옷자락, 산기슭
N2 **スター** 스따-	star 명 스타
N2 **スタイル** 스따이루	style 명 스타일

N1 **スタート** 스따-또	start 명 스타트	
N1 **スタミナ** 스따미나	stamina 명 스태미너, 끈기, 정력	
N1 **すたれる** 스따레루	[廃れる] 동 쓸모없게 되다	
N2 **ずつう** 즈쯔-	[頭痛] 명 두통; 두통, 고생, 괴로움, 근심	
N4 **すっかり** 슥까리	부 완전히, 몽땅, 모두, 홀딱, 온통	
N4 **ずっと** 줏또	부 훨씬, 쭉, 매우, 아주(=ずかと, ずいと)	
N2 **すっぱい** 슷빠이	[酸っぱい] い형 맛이 시다, 시큼한 맛이 나다	
N2 **ステージ** 스떼-지	stage 명 스테이지	
N2 **すでに** 스데니	[既に] 부 이미, 벌써, 하마터면	
N3 **すてる** 스떼루	[棄てる] 동 버리다, 포기하다	
N4 **すてる** 스떼루	[捨てる] 동 (불필요한 것을) 버리다	
N1 **ストライキ** 스또라이끼	strike 명 파업, 동맹파업, 동맹휴교	

N1	ストップ 스톳뿌	stop 명 스톱, 정지(停止)함
N1	ストレス 스또레스	stress 명 스트레스
N1	ストレッチ 스또렛치	stretch 명 스트레치
N4	すな 스나	[砂] 명 모래
N2	すなお 스나오	[素直] な형 순박함, 순진함
N2	すなわち 스나와찌	[即ち] 접 즉, 곧, 바꿔 말하면
N2	ずのう 즈노-	[頭脳] 명 두뇌; 뇌, 지혜, 판단력
N1	すばやい 스바야이	[素速い] な형 재빠르다, 날래다
N4	すばらしい 스바라시이	[素晴らしい] な형 훌륭하다, 멋있다, 근사하다
N2	スピーカー 스삐-까-	speaker 명 스피커
N2	スピード 스삐-도	speedy 명 스피드
N2	ずひょう 즈효-	[図表] 명 도표; 그래프

N1	**スペース** 스뻬-스	space 몡 스페이스
N2	**すべて** 스베떼	[凡て・総て] 튄 통틀어, 전부, 전체, 모조리
N4	**すべる** 스베루	[滑る] 동 미끄러지다, 거침없이 나아가다
N5	**スポーツ** 스뽀-쯔	sports 명 스포츠
N1	**スポーツドリンク** 스뽀-쯔도링꾸	sports-drink 명 스포츠 드링크, 이온 음료
N2	**すまい** 스마이	[住(ま)い] 명 사는 곳, 주거(住居)
N2	**すます** 스마스	[済ます] 동 (어떤 일을) 끝마치다
N1	**すます** 스마스	[澄ます] 동 탁한 것을 제거하다
N2	**すませる** 스마세루	[済ませる] 동 (어떤 일을) 끝내다, 마치다
N1	**スマート** 스마-또	smart 명 스마트
N2	**すまない** 스마나이	[済まない] 연어 (감사·사과) 미안하다
N4	**すみ** 스미	[墨] 명 먹, 먹물, 검댕, 그을음

N2 すみ 스미	[隅] 명 구석, 모퉁이, 귀퉁이
N3 すみ 스미	[済(み)] 명 끝남, 지불이 끝남
N3 すみ 스미	[炭] 명 숯, 목탄(木炭)
N1 すみやか 스미야까	[速やか] な형 재빠름, 신속함
N4 すむ 스무	[済む] 동 (어떤 일이) 끝나다
N5 すむ 스무	[住む] 동 거주하다, 살다
N2 すむ 스무	[澄む] 동 (탁한 것이 없어지고) 맑아지다
N2 すもう 스모-	[相撲] 명 (일본) 씨름
N2 スライド 스라이도	slide 명 슬라이드, (임금 등을) 책정하는 것
N4 すり 스리	[掏摸] 명 소매치기
N2 する 스루	[刷る] 동 (책을) 인쇄하다
N1 する 스루	[擦る] 동 문지르다, 비비다

N5	**する** 스루	[為る] 통 하다
N2	**ずるい** 즈루이	[狡い] い형 교활하다, 약삭빠르다
N2	**するどい** 스루도이	[鋭い] い형 (칼날·끝이) 날카롭다
N2	**すれちがう** 스레찌가우	[擦れ違う] 통 엇갈려 지나가다
N1	**すれる** 스레루	[擦れる] 통 (나뭇잎 등이) 살짝 닿다
N5	**すわる** 스와루	[座る] 통 앉다, 침착해지다, 단단히 자리잡다
N2	**すんぽう** 슴뽀-	[寸法] 명 치수, 길이, 사이즈, 계획, 순서
N3	**せ** 세	[背] 명 등, 등허리, 등 뒤, 배경, 신장(=せい)
N5	**せい** 세-	[背] 명 키, 신장(身長)
N2	**せい** 세-	[生] 명 생; 삶, 생활, 생명, 목숨
N2	**せい** 세-	[性] 명 성; 천성, 본성
N2	**ぜい** 제-	[税] 명 세; 세금

N2 **せい** 세-	[所為] 명 탓, 원인, 이유
N3 **せい** 세-	[正] 명 정; 정도(正道), 바른 길, 올바름
N1 **せい** 세-	[制] 명 제도, 규제, 정(定)함, 규칙
N3 **せい** 세-	[製] 명 제; 그 물건이 제조된 장소
N1 **せいいく** 세-이꾸	[生育] 명 생육; 태어나 자람
N1 **せいか** 세-까	[成果] 명 성과; 이루어진 결과
N1 **せいかい** 세-까이	[正解] 명 정해; 자세히 해석함
N2 **せいかく** 세-까꾸	[性格] 명 성격; 고유의 성질
N2 **せいかく** 세-까꾸	[正確] な형 정확함; 바르고 확실함
N4 **せいかつ** 세-까쯔	[生活] 명 생활; 살아감
N2 **ぜいかん** 제-깡	[税関] 명 세관
N2 **せいき** 세-끼	[世紀] 명 세기; 연대

N1 **せいき** 세-끼	[正規] 명 정규; 정식, 규칙적임
N1 **せいぎ** 세-기	[正義] 명 정의; 올바른 도리
N2 **せいきゅう** 세-뀨-	[請求] 명 청구; 상대에게 요구함
N3 **せいきゅうしょ** 세-뀨-쇼	[請求書] 명 청구서
N2 **ぜいきん** 제-낑	[税金] 명 세금
N1 **せいけい** 세-께-	[生計] 명 생계; 살아 나아갈 방도
N2 **せいけつ** 세-께쯔	[清潔] な형 청결함; 맑고 깨끗함
N1 **せいけん** 세-껭	[政権] 명 정권; 정치상의 권리
N2 **せいげん** 세-겡	[制限] 명 제한; 한계를 정함, 정해진 한계
N2 **せいこう** 세-꼬-	[成功] 명 성공; 목적을 이룸
N1 **せいこう** 세-꼬-	[精巧] な형 정교; 정밀하고 교묘함
N3 **ぜいこみ** 제-꼬미	[税込(み)] 명 세금 포함

N1 **せいざ** 세-자	[星座] 명 성좌; 별자리
N1 **せいさい** 세-사이	[制裁] 명 제재; 잘못에 대하여 나무라거나 처벌함
N2 **せいさく** 세-사꾸	[政策] 명 정책; 정치의 방침
N2 **せいさく** 세-사꾸	[制作] 명 제작; 예술 작품을 만듦
N2 **せいさく** 세-사꾸	[製作] 명 제작; 도구 등을 만듦
N4 **せいさん** 세-상	[生産] 명 생산; 생활에 필요한 물건을 만들어 냄
N1 **せいさん** 세-상	[精算] 명 정산; 정밀한 계산
N1 **せいし** 세-시	[生死] 명 생사; 삶과 죽음(=しょうし)
N4 **せいし** 세-시	[静止] 명 정지; 머물러 움직이지 아니함
N4 **せいじ** 세-지	[政治] 명 정치; 나라를 다스림
N2 **せいしき** 세-시끼	[正式] 명 정식; 바른 격식
N1 **せいじつ** 세-지쯔	[誠実] な형 성실; 참되고 정직함

N2 □ **せいしつ** 세-시쯔	[性質] 명 성질; 본래의 특성(=たち)
N1 □ **せいじゅく** 세-주꾸	[成熟] 명 성숙; (농작물이) 익음
N1 □ **せいじゅん** 세-중	[清純] な형 청순; 맑고 순수함
N1 □ **せいしゅん** 세-슝	[青春] 명 청춘; 청년기
N1 □ **せいしょ** 세-쇼	[聖書] 명 성서; 성경
N2 □ **せいしょ** 세-쇼	[清書] 명 정서(淨書), 새로 바르게 고쳐 씀
N1 □ **せいじょう** 세-죠-	[正常] 명 정상; 바르고 떳떳함
N2 □ **せいしょうねん** 세-쇼-넹	[青少年] 명 청소년
N2 □ **せいじん** 세-징	[成人] 명 성인; 어른
N2 □ **せいしん** 세-싱	[精神] 명 정신; 사람의 마음
N2 □ **せいすう** 세-스-	[整数] 명 정수; 자연수
N1 □ **せいする** 세-스루	[制する] 동 억제하다, 제지하다

N2 **せいぜい** 세-제-	[精精] 튀 힘껏, 최대한, 가능한 한	
せいせき 세-세끼	[成績] 명 성적; 평가된 결과(=できばえ)	
N1 **せいぜん** 세-젱	[整然] 명 정연; 질서 있고 가지런함	
N1 **せいそう** 세-소-	[盛装] 명 성장; 옷을 훌륭하게 차려 입음	
せいぞう 세-조-	[製造] 명 제조; 원료를 가공해서 만듦	
N2 **せいそう** 세-소-	[清掃] 명 청소; 깨끗이 소제함	
せいぞん 세-종	[生存] 명 생존; 살아 있음	
N1 **せいだい** 세-다이	[盛大] な형 성대함; 아주 성함	
N1 **せいだく** 세-다꾸	[清濁] 명 청탁; 맑음과 흐림	
N2 **ぜいたく** 제-따꾸	[贅沢] 명 사치스러움, 분에 넘침	
N2 **せいちょう** 세-쪼-	[生長] 명 생장; 초목이 자람	
N2 **せいちょう** 세-쪼-	[成長] 명 성장; 자라서 점점 커짐	

N1	**せいてい** 세-떼-	[制定] 명 제정; 규칙이나 법률 등을 정함
N1	**せいてき** 세-떼끼	[静的] 명 정적; 정지한 모양, 조용한 모양
N1	**せいてつ** 세-떼쯔	[製鉄] 명 제철; 철광으로 선철을 만드는 공정
N1	**せいてん** 세-뗑	[晴天] 명 청천; 맑은 하늘
N5	**せいと** 세-또	[生徒] 명 생도; (중·고교) 학생
N2	**せいど** 세-도	[制度] 명 제도; 제정된 규정·법규
N2	**せいとう** 세-또-	[政党] 명 정당; 정치를 위해 결합된 정치 단체
N1	**せいとう** 세-또-	[正当] な형 정당함; 합법적임, 바르고 옳음
N1	**せいねん** 세-넹	[成年] 명 성년; 20세 이상의 성인
N2	**せいねん** 세-넹	[青年] 명 청년; 청년기의 사람
N2	**せいねんがっぴ** 세-넹갓삐	[生年月日] 명 생년월일
N2	**せいのう** 세-노-	[性能] 명 성능; 성질과 능력

N2 **せいび**　세-비	[整備]　명 정비; 정돈하여 바로 갖춤
N2 **せいひん**　세-힝	[製品]　명 제품; 원료로 물건을 만듦
N2 **せいふ**　세-후	[政府]　명 정부; 국가의 행정을 관장하는 기관
N1 **せいふく**　세-후꾸	[征服]　명 정복; 정벌하여 복종시킴
N1 **せいふく**　세-후꾸	[制服]　명 제복; 유니폼
N2 **せいぶつ**　세-부쯔	[生物]　명 생물; 동물·식물의 총칭
N2 **せいぶん**　세-붕	[成分]　명 성분; 바탕이 되는 물질이나 원소
N2 **せいべつ**　세-베쯔	[性別]　명 성별; 남녀의 구별, 암수의 구별
N1 **せいほう**　세-호-	[製法]　명 제법; 제조 방법
N2 **せいほうけい**　세-호-께-	[正方形]　명 정방형; 정사각형
N1 **せいみつ**　세-미쯔	[精密]　명 정밀; 가늘고 촘촘함
N1 **ぜいむしょ**　제-무쇼	[税務署]　명 세무서

N2 **せいめい** 세-메-	[生命] 명 생명; 목숨, 수명
N1 **せいめい** 세-메-	[姓名] 명 성명; 성씨와 이름
N1 **せいめい** 세-메-	[声明] 명 성명; 의사나 태도를 공적으로 밝힘
N2 **せいもん** 세-몽	[正門] 명 정문; 정면에 있는 문
N1 **せいやく** 세-야꾸	[制約] 명 제약; 조건을 붙여서 활동을 제한함
N4 **せいよう** 세-요-	[西洋] 명 서양; 유럽
N1 **せいり** 세-리	[生理] 명 생리; 생물의 생명 현상, 생활 원리
N2 **せいり** 세-리	[整理] 명 정리; 가지런히 바로잡음
N2 **せいりつ** 세-리쯔	[成立] 명 성립; 사물이 이루어짐
N1 **せいりょく** 세-료꾸	[勢力] 명 세력; 위세와 힘, 위력(威力)
N2 **せいれき** 세-레끼	[西暦] 명 서력; 서기(西紀)
N1 **せいれつ** 세-레쯔	[整列] 명 정렬; 바르게 줄을 지어 섬

N2 **せおう** 세오-	[背負う] 동 짊어지다, 업다, 메다
N4 **せかい** 세까이	[世界] 명 세계; 모든 나라, 우주
N4 **せき** 세끼	[席] 명 자리, 좌석
N3 **せき** 세끼	[隻] 명 척, 배·군함 등을 헤아리는 단위
N2 **せき** 세끼	[咳] 명 기침, 헛기침(=しわぶき)
N2 **せきたん** 세끼땅	[石炭] 명 석탄
N2 **せきどう** 세끼도-	[赤道] 명 적도
N2 **せきにん** 세끼닝	[責任] 명 책임; 마땅히 해야 할 임무
N1 **せきむ** 세끼무	[責務] 명 책무; 책임과 의무
N2 **せきゆ** 세끼유	[石油] 명 석유
N2 **せけん** 세껭	[世間] 명 (사람이 모여 사는) 세상
N1 **せじ** 세지	[世辞] 명 아첨하는 말이나 응대

N1 **せたい** 세따이	[世帯] 명 세대; 가구(家口)	
N1 **せだい** 세다이	[世代] 명 세대; 어떤 연령층	
N2 **せつ** 세쯔	[説] 명 설; 의견, 주장, 학설	
N1 **せっかい** 섹까이	[切開] 명 절개; 째서 벌림	
N2 **せっかく** 섹까꾸	[折角] 명 고생, 애씀 힘들임	
N2 **せっかく** 섹까꾸	[折角] 부 애써, 일부러, 부디, 아무쪼록	
N2 **せっきょくてき** 섹쿄꾸떼끼	[積極的] な형 적극적	
N2 **せっきん** 섹낑	[接近] 명 접근; 가까이 함, 바싹 다가옴	
N2 **せっけい** 섹께-	[設計] 명 설계; 목적에 따라 계획을 세움	
N1 **せつじつ** 세쯔지쯔	[切実] な형 절실; 아주 긴요함	
N1 **せっしょく** 셋쇼꾸	[接触] 명 접촉; 접근하여 맞닿음	
N2 **せっする** 셋스루	[接する] 동 잇대다, 잇다	

| N2 **せつぞく** | [接続] |
| 세쯔조꾸 | 명 접속; 이어짐 |

| N1 **せつぞくし** | [接続詞] |
| 세쯔조꾸시 | 명 접속사 |

| N2 **ぜったい** | [絶対] |
| 젯따이 | 명 절대; 틀림이 없는 일, 완전함 |

| N1 **せっち** | [設置] |
| 셋찌 | 명 설치; (설비·기관 따위를) 만듦 |

| N1 **せってい** | [設定] |
| 셋떼- | 명 설정; 사물을 정하여 만드는 일 |

| N1 **せっとく** | [説得] |
| 셋또꾸 | 명 설득; 설명하여 납득시킴 |

| N1 **せつない** | [切ない] |
| 세쯔나이 | い형 간절하다, 절절(切切)하다 |

| N1 **ぜっぱん** | [絶版] |
| 젯빤 | 명 절판; 출판한 책을 폐지하는 일 |

| N2 **せつび** | [設備] |
| 세쯔비 | 명 설비; 만들어서 갖춤 |

| N1 **ぜつぼう** | [絶望] |
| 제쯔보- | 명 절망; 희망이 완전히 끊어짐 |

| N4 **せつめい** | [説明] |
| 세쯔메- | 명 설명; 내용·이유 등을 쉽게 풀이함 |

| N2 **ぜつめつ** | [絶滅] |
| 제쯔메쯔 | 명 절멸; 멸절(滅絶), 전멸 |

N2 せつやく 세쯔야꾸	[節約] 명 절약; 아껴 사용함
N1 せつりつ 세쯔리쯔	[設立] 명 설립; (조직을) 만들어 세움
N2 せともの 세또모노	[瀬戸物] 명 도자기
N4 せなか 세나까	[背中] 명 등, 뒤쪽
N4 ぜひ 제히	[是非] 명 시비; 옳고 그름
N4 ぜひ 제히	부 부디, 꼭, 제발, 아무쪼록(=どうしても)
N5 せびろ 세비로	[背広] 명 (남자용) 신사복
N5 せまい 세마이	[狭い] い형 (면적·폭이) 좁다, 여유가 없다
N2 せまる 세마루	[迫る] 동 (거리가) 좁혀지다
N1 せめ 세메	[攻め] 명 공격, 공세(攻勢)
N2 せめる 세메루	[攻める] 동 공격하다, 싸움을 걸다
N2 せめる 세메루	[責める] 동 조르다, 힐난하다

N1	**セルフサ-ビス** 세루후사-비스	self-service 명 셀프서비스
N4	**せわ** 세와	[世話] 명 시중, 돌봄, 보살핌, 수고
N4	**せん** 셍	[先] 명 선; 앞장, 선수(先手), 이전
N1	**せん** 셍	[線] 명 선; 줄, 금, (교통통신의) 노선
N2	**ぜん** 젱	[善] 명 선; 선행(善行), 옳은 일
N1	**ぜん** 젱	[膳] 명 반찬, 밥상, 요리상
N1	**ぜん** 젱	[禅] 명 선; 무아지경에 이르러 진리를 깨달음
N2	**せん** 셍	[栓] 명 마개, 병마개
N3	**せん** 셍	[戦] 접미 전; 전쟁, 시합
N2	**ぜん** 젱	[全] 명 전; 전체, 모두, 모든
N5	**せん** 셍	[千] 명 천, 백의 십 배, 1000, 많음
N1	**せんい** 셍이	[繊維] 명 섬유; 극히 가는 옷감의 원료, 실

N2 ぜんいん 젱잉	[全員] 명 전원; 모든 인원
N1 ぜんかい 젱까이	[全快] 명 전쾌; 완쾌(完快)
N2 せんきょ 셍꾜	[選挙] 명 선거; 투표로 선출함
N1 せんきょう 셍꾜-	[宣教] 명 선교; 포교(布教) 활동
N5 せんげつ 셍게쯔	[先月] 명 전월(前月), 지난 달
N1 せんげん 셍겡	[宣言] 명 선언; 의견을 공표함
N2 ぜんご 젱고	[前後] 명 전후; (위치상의) 앞뒤
N1 せんこう 셍꼬-	[選考] 명 인물·재능 등을 생각하여 고름, 전형
N1 せんこう 셍꼬-	[先行] 명 선행; 앞서감, 우선, 먼저 행함
N2 ぜんこく 젱꼬꾸	[全国] 명 전국; 나라 전체, 온 나라
N1 せんさい 센사이	[戦災] 명 전재; 전쟁으로 인한 재화·재해
N2 せんじつ 센지쯔	[先日] 명 요전 날, 일전

N2 **ぜんしゃ** 젠샤	[前者] 몡 전자; 앞의 것(↔後者: こうしゃ)
N2 **せんしゅ** 센슈	[選手] 몡 선수
N5 **せんしゅう** 센슈-	[専修] 몡 전수; 오로지 그 일만 수업함, 전공
N1 **せんしゅう** 센슈-	[先週] 몡 지난 주
N2 **ぜんしゅう** 젠슈-	[全集] 몡 전집; 개인이 쓴 것을 전부 모은 책
N1 **せんしゅうかもく** 센슈-까모꾸	[専修科目] 몡 전수과목
N1 **せんじゅつ** 센쥬쯔	[戦術] 몡 전술; 전쟁의 방법
N2 **ぜんしん** 젠싱	[全身] 몡 전신; 온몸
N2 **ぜんしん** 젠싱	[前進] 몡 전진; 앞으로 나아감
N2 **せんす** 센스	[扇子] 몡 쥘부채, 접부채
N1 **センス** 센스	sense 몡 센스, 감수성
N1 **せんすい** 센스이	[潜水] 몡 잠수; 자맥질

N1	**せんすいかん** 센스이깡	[潜水艦] 명 잠수함
N5	**せんせい** 센세—	[先生] 명 선생; 선생님, 사람의 존경어
N1	**ぜんせい** 젠세—	[全盛] 명 전성; 한창 왕성함
N4	**ぜんぜん** 젠젱	[全然] 부 전연; (부정을 동반) 전혀, 온통
N2	**せんせんげつ** 센셍게쯔	[先々月] 명 지지난 달
N2	**せんせんしゅう** 센셍슈—	[先々週] 명 지지난 주
N2	**せんぞ** 센조	[先祖] 명 선조; 조상, 시조(始祖)
N4	**せんそう** 센소—	[戦争] 명 전쟁; 전투, 싸움
N1	**センター** 센따—	center 명 센터
N1	**せんだい** 센다이	[先代] 명 선대; 전대(前代)
N1	**ぜんたい** 젠따이	[全体] 명 전체; 온몸, 전신(全身)
N2	**せんたく** 센따꾸	[選択] 명 선택; 골라 가림

N5 **せんたく** 센따꾸	[洗濯] 몡 세탁; 빨래
N1 **せんだって** 센닷떼	[先だって] 몡 요전 날, 지난번
N2 **せんたん** 센땅	[先端] 몡 첨단(尖端), (물체의) 끝
N2 **せんちゃく** 센짜꾸	[先着] 몡 선착; 먼저 도착함
N1 **ぜんてい** 젠떼-	[前提] 몡 전제; 어떤 일이 성립하기 위한 조건
N2 **せんでん** 센뎅	[宣伝] 몡 선전; 널리 전함
N1 **せんてんてき** 센뗀떼끼	[先天的] な형 선천적; 태어날 때부터 가지고 있는 모양
N1 **ぜんと** 젠또	[前途] 몡 전도; 장래, 앞으로 나갈 길
N2 **せんとう** 센또-	[先頭] 몡 선두; 첫머리
N1 **せんとう** 센또-	[戦闘] 몡 전투; 싸움
N1 **せんにゅう** 센뉴-	[潜入] 몡 잠입; 남몰래 숨어서 들어감
N4 **せんぱい** 셈빠이	[先輩] 몡 선배; 연장자, 나이가 많은 사람

ぜんぱん [N2] 젬빵	[全般] 몡 전반; 통틀어 모두
ぜんぶ [N5] 젬부	[全部] 몡 전부; 모두, 전체
せんぷうき [N2] 셈뿌-끼	[扇風機] 몡 선풍기
ぜんめつ [N1] 젬메쯔	[全滅] 몡 전멸; 모두 멸망함
せんめん [N2] 셈멩	[洗面] 몡 세면; 세수를 함
せんよう [N1] 셍요-	[専用] 몡 전용; 오로지 한 가지 일에 사용함
ぜんりょう [N1] 젠료-	[善良] な형 선량; 착하고 어짊
せんりょう [N1] 센료-	[占領] 몡 점령; 일정한 장소를 독차지함
せんりょく [N1] 센료꾸	[戦力] 몡 전력; 전쟁을 계속하는 힘
ぜんりょく [N2] 젠료꾸	[全力] 몡 전력; 온힘
ぜんれい [N1] 젠레-	[前例] 몡 전례; 선례(先例)
せんろ [N2] 센로	[線路] 몡 선로; 철도의 레일

N1 そう 소-	[相] 명 형상, 형체, 모습
N2 ぞう 조-	[像] 명 상; 어떤 형태, 모습, 모양, 꼴
N2 ぞう 조-	[象] 명 코끼리
N1 そう 소-	[僧] 명 승; 중, 승려
N2 そう 소-	[沿う] 동 ~을 따라서 가다
N2 そう 소-	[添う] 동 더해지다, 늘다
N2 そうい 소-이	[相違] 명 상위; 서로 다름
N3 そういない 소-이나이	[相違ない] い형 틀림없다
N1 そうおう 소-오-	[相応] 명 상응; 어울림, 알맞음
N2 そうおん 소-옹	[騒音] 명 소음; 시끄러운 소리
N2 ぞうか 조-까	[増加] 명 증가; 수량이 더 많아짐
N1 そうかい 소-까이	[総会] 명 총회; 회원 전원이 참가하는 회합

N1	そうかん 소-캉	[創刊] 몡 창간; (잡지·신문 등) 처음 간행함
N1	ぞうき 조-끼	[雑木] 몡 잡목; 잡목, 여러 가지 나무
N1	ぞうきょう 조-꾜-	[増強] 몡 증강; 더하여 굳세게 함
N1	そうきん 소-킹	[送金] 몡 송금; 돈을 보냄
N3	ぞうきん 조-낑	[雑巾] 몡 걸레, 방이나 마룻바닥을 닦는 천
N2	ぞうげん 조-겡	[増減] 몡 증감; 늘림과 줄임
N2	そうご 소-고	[相互] 몡 상호; 서로, 번갈아, 교대로
N2	そうこ 소-꼬	[倉庫] 몡 창고; 곳간, 곳집
N1	そうこう 소-꼬-	[走行] 몡 주행; 달려 감
N1	そうごう 소-고-	[綜合] 몡 종합(綜合), 전부를 합함
N1	そうさ 소-사	[捜査] 몡 수사; 찾아다니며 조사함
N2	そうさ 소-사	[操作] 몡 조작; (기계 등을) 다룸

N2 **そうさく** 소-사꾸	[創作] 명 창작; 처음으로 만들어 냄
N5 **そうじ** 소-지	[掃除] 명 소제; 청소
N2 **そうしき** 소-시끼	[葬式] 명 장례식, 장례
N1 **そうしつ** 소-시쯔	[喪失] 명 상실; 잃어버림
N1 **そうじゅう** 소-쥬-	[操縦] 명 조종; 기계를 부림
N1 **そうじゅうし** 소-쥬-시	[操縦士] 명 조종사
N1 **ぞうしょう** 조-쇼-	[蔵相] 명 재무(財務)를 맡은 장관, 장상
N1 **そうしょく** 소-쇼꾸	[装飾] 명 장식; 치장하여 꾸밈
N1 **ぞうしん** 조-싱	[増進] 명 증진; 더하여 나아감
N2 **ぞうせん** 조-셍	[造船] 명 조선; 선박을 건조함
N1 **そうぞう** 소-조-	[想像] 명 상상
N1 **そうぞう** 소-조-	[創造] 명 창조; 처음으로 만들어 냄

N2 **そうぞうしい** 소-조-시이	[騒騒しい] [い형] 떠들썩하다
N2 **そうぞく** 소-조꾸	[相続] [명] 상속; 받아 계승함
N1 **そうたい** 소-따이	[相対] [명] 상대; 서로 마주봄
N2 **そうだい** 소-다이	[壮大] [な형] 장대; 웅대함
N2 **ぞうだい** 조-다이	[増大] [명] 증대; 늘려서 많게 함
N4 **そうだん** 소-당	[相談] [명] 상담; 의논, 상의(=談合; だんごう)
N2 **そうち** 소-찌	[装置] [명] 장치; 기계·도구 등을 차려 놓음
N2 **そうとう** 소-또-	[相当] [명] 상당; 해당함, 대등함
N1 **そうどう** 소-도-	[騒動] [명] 소동
N1 **そうなん** 소-낭	[遭難] [명] 조난; 재난을 당함
N1 **そうば** 소-바	[相場] [명] 시가(時價), 시세(時勢)
N1 **そうび** 소-비	[装備] [명] 장비; 비품·부속품 등을 갖춤

N2 **そうべつ** 소-베쯔	[送別] 명 송별; 사람을 이별하여 보냄
N3 **ぞうり** 조-리	[草履] 명 (일본) 짚신
N2 **そうりだいじん** 소-리다이징	[総理大臣] 명 총리대신; 수상
N1 **そうりつ** 소-리쯔	[創立] 명 창립; 처음 설립함, 창건, 창설
N2 **そうりょう** 소-료-	[送料] 명 송료; 물건을 보내는 요금
N1 **そえる** 소에루	[添える] 동 곁들이다, 더하다, 보태다
N3 **そく** 소꾸	[足] 명 다리, 발
N1 **そくざに** 소꾸자니	[即座に] 부 즉석에서, 당장에, 그 자리에
N1 **そくしん** 소꾸싱	[促進] 명 촉진; 재촉하여 빨리 나감
N2 **ぞくする** 조꾸스루	[属する] 동 속하다, 소속되다
N1 **そくする** 소꾸스루	[即する] 동 딱 들어맞다, 적응하다
N2 **ぞくぞくと** 조꾸조꾸또	[続々と] 부 잇달아, 연이어

N2 **そくたつ** 소꾸따쯔	[速達] ⑲ 속달; 속달 우편	
N2 **そくてい** 소꾸떼-	[測定] ⑲ 측정; 계기를 사용하여 무게를 잼	
N2 **そくど** 소꾸도	[速度] ⑲ 속도; 스피드, 빠르기	
N1 **そくばく** 소꾸바꾸	[束縛] ⑲ 속박; 자유를 빼앗음	
N1 **そくめん** 소꾸멩	[側面] ⑲ 측면; 사물의 옆 표면	
N2 **そくりょう** 소꾸료-	[測量] ⑲ 측량	
N2 **そくりょく** 소꾸료꾸	[速力] ⑲ 속력; 스피드, 속도	
N2 **そこ** 소꼬	[底] ⑲ 밑바닥, 바닥, 끝, 한계	
N1 **そこなう** 소꼬나우	[損なう] ⑧ 망가뜨리다, 파손하다	
N1 **そし** 소시	[阻止] ⑲ 저지(沮止), 방해함	
N2 **そしき** 소시끼	[組織] ⑲ 조직; 유기적인 집합체를 꾸밈	
N2 **そしつ** 소시쯔	[素質] ⑲ 소질; 본래 갖추어 있는 성질	

N1 **そしょう** 소소-	[訴訟] 명 소송; 재판을 청구함
N2 **そせん** 소셍	[祖先] 명 조선; 조상, 선조(先祖)
N3 **そそぐ** 소소구	[注ぐ] 동 흘러 들어가다
N3 **そだつ** 소다쯔	[育つ] 동 자라다, 성장하다
N4 **そだてる** 소다떼루	[育てる] 동 기르다, 양육하다, 키우다
N1 **そち** 소찌	[措置] 명 조치; 조처(措處), 일을 잘 정돈
N4 **そつぎょう** 소쯔교-	[卒業] 명 졸업
N1 **そっちょく** 솟쪼꾸	[率直] な형 솔직; 꾸밈이 없음, 있는 그대로 임함
N1 **そっぽ** 솟뽀	[外方] 명 다른 쪽, 딴 데(=そっぽう)
N2 **そで** 소데	[袖] 명 소매, 소맷자락, 대문 양쪽
N5 **そと** 소또	[外] 명 밖, 바깥, 겉, 표면, 외부
N1 **そなえつける** 소나에쯔께루	[備え付ける] 동 설비하다, 준비해 두다

N2	**そなえる** 소나에루	[備える] 동 갖추다, 구비하다
N1	**そなわる** 소나와루	[備わる] 동 갖춰지다, 구비하다(=ねたむ)
N1	**そねむ** 소네무	[嫉む] 동 질투하다, 시기하다
N5	**その** 소노	[其の] 연체 조금 떨어진 곳을 가리키는 말, 그
N2	**そのうえ** 소노우에	[其の上] 부 게다가, 더구나
N2	**そのころ** 소노꼬로	[其の頃] 명 그 무렵, 그 당시
N2	**そば** 소바	[蕎麦] 명 메밀, 메밀국수
N5	**そば** 소바	[側] 명 곁, 옆, 가까이
N1	**そびえる** 소비에루	[聳える] 동 높이 솟다, 우뚝 솟다
N4	**そふ** 소후	[祖父] 명 조부; 할아버지, 외할아버지
N4	**ソフト** 소후토	soft 명 소프트, 유연한, 폭신한
N4	**そぼ** 소보	[祖母] 명 조모; 할머니, 외할머니

N2 そまつ 소마쯔	[粗末] な형 변변치 못함, 조잡함, 허술함	
N1 そまる 소마루	[染まる] 동 물들다, 염색되다	
N1 そむく 소무꾸	[背く] 동 등을 돌리다, 등지다	
N1 そめる 소메루	[染める] 동 (빛깔을) 물들이다	
N5 そら 소라	[空] 명 하늘, 공중, 허공, 날씨, 처지	
N1 そらす 소라스	[反らす] 동 (몸을) 뒤로 젖히다	
N1 そる 소루	[反る] 동 (몸이) 뒤로 젖혀지다	
N2 そる 소루	[剃る] 동 (수염·머리 등을) 면도하다	
N5 それ 소레	[其れ] 연체 (조금 떨어진 곳의) 그것	
N2 それる 소레루	[逸れる] 동 빗나가다, 벗어나다	
N1 そろい 소로이	[揃い] 명 갖추어짐, 가지런함	
N2 そろう 소로-	[揃う] 동 갖추어지다, 구비되다	

일한 단어 | 333

そろえる 소로에루 N2	[揃える] 동 모두 갖추다
そろばん 소로방 N2	[算盤] 명 주판, 주산
そわそわ 소와소와 N3	부 안절부절, 침착하지 못한 모양
そん 송 N2	[損] 명 손해, 소득이 없음, 불리함
そんがい 송가이 N2	[損害] 명 손해; 손실, 손상, 파손
そんけい 송께- N2	[尊敬] 명 존경; 높여 공경함
そんざい 손자이 N2	[存在] 명 존재; 사람·일·물건이 있음
そんしつ 손시쯔 N1	[損失] 명 손실; 손해
そんしょく 손쇼꾸 N3	[遜色] 명 손색; 못 미치는 상태
ぞんじる 존지루 N2	[存じる] 동 알고 있다, 알다·기억하다의 겸사말
そんする 손스루 N5	[損する] 동 손해보다
そんぞく 손조꾸 N1	[存続] 명 존속; 계속 존재함

N2 そんちょう
손쪼—

[尊重]
명 존중; 높여 중히 여김

N2 そんとく
손또꾸

[損得]
명 손득; 손해와 이득, 손익

N5 そんりつ
손리쯔

[存立]
명 존립; 살아감

た

JAPANESE KOREAN WORDS DICTIONARY

N2	**た** 타	[田] 명 전; 논
N2	**た** 타	[他] 명 타; 다른 것, 남, 다른 사람
N1	**たい** 타이	[隊] 명 대; 정렬한 한 무리, 대열
N2	**たい** 타이	[対] 명 대; 성질이 반대됨, 비를 나타냄
N3	**だい** 다이	[代] 명 대; 세대, 대금, 값
N2	**だい** 다이	[大] 명 큼, 큰 것, (정도가) 심함
N2	**だい** 다이	[第] 명 제; 차례
N2	**だい** 다이	[題] 명 표제, 제목, 문제
N2	**だい** 다이	[台] 명 받침대, (접목의) 밑나무
N2	**たいいく** 타이이꾸	[体育] 명 체육; 건강한 몸을 만드는 교육
N2	**だいいち** 다이이찌	[第一] 명 제일; 첫째, 첫 번째

N4 **たいいん** 타이잉	[退院] 몡 퇴원; 병자가 나아서 병원을 나감
N1 **たいおう** 타이 오-	[対応] 몡 대응; 서로 마주 봄, 균형을 이룸
N2 **たいおん** 타이옹	[体温] 몡 체온; 몸의 온도
N1 **たいか** 타이가	[大家] 몡 대가; 거장(巨匠), 부자, 좋은 집안
N1 **たいか** 타이까	[退化] 몡 퇴화; 진보 이전으로 되돌아감
N1 **たいがい** 타이가-이	[大概] 몡 대개; 대강, 대부분 튄 보통, 아마
N2 **たいかい** 타이까이	[大会] 몡 대회; 여러 사람의 회합
N5 **だいがく** 다이가꾸	[大学] 몡 대학; 대학, 대학교
N1 **たいかく** 타이까꾸	[体格] 몡 체격; 몸의 외관상 상태
N1 **たいがく** 타이가꾸	[退学] 몡 퇴학; 학업을 그만둠
N2 **だいがくいん** 다이가꾸잉	[大学院] 몡 대학원
N4 **だいがくせい** 다이가꾸세-	[大学生] 몡 대학생

N2 **たいき** 타이끼	[大気] 몡 대기; 공기, 도량이 큼
N1 **たいきん** 타이낑	[大金] 몡 거금(巨金), 큰 돈(=おおがね)
N2 **だいきん** 다이낑	[代金] 몡 대금; 물건 값, 대가
N2 **だいく** 다이꾸	[大工] 몡 목수
N1 **たいぐう** 타이구-	[待遇] 몡 대우; (손님에 대한) 대접
N2 **たいくつ** 타이꾸쯔	[退屈] な형 따분함, 싫증이 남, 무료함
N2 **たいけい** 타이께-	[体系] 몡 체계; 구성하는 각 부분의 조직
N1 **たいけつ** 타이께쯔	[対決] 몡 대결; 대질, 곤란한 문제에 대항함
N1 **たいけん** 타이껭	[体験] 몡 체험; 실제의 경험
N2 **たいこ** 타이꼬	[太鼓] 몡 북, 'たいこもち'의 준말
N1 **たいこう** 타이꼬-	[対抗] 몡 대항; 서로 경쟁함
N2 **たいざい** 타이자이	[滞在] 몡 체재; 다른 곳에서 오래 머묾

N2 **たいさく** 타이사꾸	[対策] 명 대책; 어떤 사건에 대하여 취하는 방책
N4 **たいし** 타이시	[大使] 명 대사; 사자(使者)의 높임말
N3 **だいじ** 다이지	[大事] な형 소중함, 중요함
N1 **たいじ** 타이지	[退治] 명 퇴치; 해로운 것을 없앰, 멸망시킴
N5 **たいしかん** 타이시깡	[大使館] 명 대사관
N2 **たいした** 타이시따	[大した] 연체 대단한, 굉장한, 놀라운
N2 **たいして** 타이시떼	[大して] 부 그다지, 그렇게까지는
N1 **たいしゅう** 타이슈-	[大衆] 명 대중; 많은 사람들, 군중
N2 **たいじゅう** 타이쥬-	[体重] 명 체중; 몸무게
N1 **たいしょ** 타이쇼	[対処] 명 대처; 대응하는 조처
N1 **たいしょう** 타이쇼-	[対象] 명 대상; 목표가 되는 것, 목적물
N2 **だいしょう** 다이쇼-	[大小] 명 대소; 큰 것과 작은 것

N2 **たいしょう** 타이쇼-	[対照] 명 대조; 대비(對比)
N5 **だいじょうぶ** 다이죠-부	[大丈夫] な형 염려 없는 일, 확실한 일
N1 **たいしょく** 타이쇼꾸	[退職] 명 퇴직; 현직을 그만둠
N2 **だいじん** 다이징	[大臣] 명 대신; 국무대신·각성(各省)의 대신
N5 **だいすき** 다이스끼	[大好き] な형 아주 좋아함
N2 **たいする** 타이스루	[対する] 동 대하다; 마주하다
N1 **だいする** 다이스루	[題する] 동 제목을 붙이다
N2 **たいせい** 타이세-	[体制] 명 체제; 형태, 구조
N1 **たいせい** 타이세-	[態勢] 명 태세; 태도, 자세
N2 **たいせき** 타이세끼	[体積] 명 체적; 부피
N5 **たいせつ** 타이세쯔	[大切] な형 중요함, 소중함
N2 **たいせん** 타이셍	[大戦] 명 대전; 서로 대항해서 싸움

N2	**たいそう** 타이소-	[大層] 튀 매우, 몹시, 대단히, 심히
N2	**たいそう** 타이소-	[体操] 명 체조; 신체의 발육
N4	**だいたい** 다이따이	[大体] 명 대강, 대개 튀 대체로, 원래
N1	**だいたん** 다이땅	[大胆] な형 대담함; 배짱이 큼
N1	**たいだん** 타이당	[対談] 명 대담; 서로 대하여 이야기함
N5	**たいてい** 타이떼-	[大抵] 명 대저; 개략, 대강 튀 아마, 대개
N2	**たいど** 타이도	[態度] 명 태도; 몸가짐, 행동
N1	**たいとう** 타이또-	[対等] 명 대등; 양쪽이 비슷함
N2	**だいとうりょう** 다이또-료-	[大統領] 명 대통령
N5	**だいどころ** 다이도꼬로	[台所] 명 부엌(=だとこ, くりや), 주방
N1	**タイトル** 타이또루	title 명 타이틀, 영화의 자막, 자격
N1	**だいなし** 다이나시	[台無し] 명 엉망이 됨, 부서져서 쓸 수 없게 됨

| N1 | **ダイニングキッチン**
다이닝구킷찡 | 몡 식당, 부엌 |

N1 たいのう 다이노-
[滞納]
몡 체납

N2 たいはん 타이항
[大半]
몡 태반, 대부분, 반 이상, 거의 대부분

N1 たいひ 타이히
[対比]
몡 대비; 비교, 대조, 견줌

N2 だいひょう 다이효-
[代表]
몡 대표; 전체의 성질·특징을 나타냄

N4 たいぶ 타이부
[大部]
몡 두꺼운 책, 권수가 많은 서적

N1 だいぶ 다이부
[大分]
부 꽤, 제법, 상당히

N4 タイプ 타이뿌
type
몡 타입, 형(型), 유형(類型), 견본(見本)

N4 たいふう 타이후-
[台風]
몡 태풍; 열대성 저기압의 하나

N2 だいぶぶん 다이부붕
[大部分]
몡 대부분; 거의

N5 たいへん 타이헹
[大変]
몡 큰일, 큰 사건, 거의, 모두, 태반

N1 だいべん 다이벵
[代弁]
몡 대변; 본인을 대신하여 변상함

N1 **だいべん** 다이벵	[大便] 명 대변; 똥
N5 **たいへん** 타이헹	[大変] な형 대단하다, 굉장하다
N2 **たいほ** 타이호	[逮捕] 명 체포
N1 **たいぼう** 타이보-	[待望] 명 대망; 큰 소망(=たいもう), 기대
N2 **たいぼく** 타이보꾸	[大木] 명 대목; 거목, 큰 나무
N1 **だいほん** 다이홍	[台本] 명 대본; 각본, 시나리오
N1 **たいまん** 타이망	[怠慢] な형 태만함; 게으름피움
タイミング 타이밍구	timing 명 타이밍
N2 **だいめい** 다이메-	[題名] 명 제명; 제목, 타이틀
N2 **だいめいし** 다이메-시	[代名詞] 명 대명사; 대이름씨
N1 **たいめん** 타이멩	[対面] 명 대면; 마주 봄
N1 **だいよう** 다이요-	[代用] 명 대용; 대신하여 사용함

N2	**たいよう** 타이요-	[太陽] 명 태양; 해
N2	**たいら** 타이라	[平ら] 명 평지, 분지(盆地) な형 평평함
N2	**だいり** 다이리	[代理] 명 대리; 남을 대신하여 일을 처리함
N2	**たいりく** 타이리꾸	[大陸] 명 대륙
N2	**たいりつ** 타이리쯔	[対立] 명 대립; 마주 섬, 서로 버팀
N1	**たいりょく** 타이료꾸	[体力] 명 체력; 몸의 힘
N1	**たいわ** 타이와	[対話] 명 대화; 마주 대하여 이야기함
N2	**たうえ** 타우에	[田植(え)] 명 모내기, 모심기
N1	**ダウン** 다웅	down 명 다운, 내림, 내려가는 일
N2	**たえず** 타에즈	[絶えず] 부 끊임없이, 늘, 언제나, 항상
N1	**たえる** 타에루	[堪える] 동 참고 견디어 해내다
N1	**たえる** 타에루	[耐える] 동 견디다, 참다

N1 **たえる** 타에루	[絶える] 동 중지되다, 없어지다
N2 **だえん** 다엥	[楕円] 명 타원, 긴 원
N2 **たおす** 타오스	[倒す] 동 쓰러뜨리다, 넘어지다
N4 **たおれる** 타오레루	[倒れる] 동 넘어지다, 쓰러지다, 무너지다
N5 **たかい** 타까이	[高い] い형 (높이가) 높다, 비싸다
N1 **だかい** 다까이	[打開] 명 타개; 사물의 해결의 방도를 찾아냄
N2 **たがい** 타가이	[互い] 명 저편과 이편, 상대방과 자기
N3 **たかさ** 타까사	[高さ] 명 높이, 물건의 아래위의 길이, 키
N1 **たかまる** 타까마루	[高まる] 동 높아지다, 고조되다
N2 **たかめる** 타까메루	[高める] 동 높이다, 올리다
N2 **たがやす** 타가야스	[耕す] 동 (논밭을) 갈다, 경작하다
N2 **たから** 타까라	[宝] 명 보물, 보배, 가장 소중한 일

N2 **たき** 타끼	[滝] 명 폭포, 여울, 급류
N1 **たきび** 타끼비	[焚(き)火] 명 모닥불, 화톳불, 횃불
N1 **だきょう** 다쿄-	[妥協] 명 타협; 협조, 타결
N2 **たく** 타꾸	[宅] 명 댁; 사는 집, 주거(住居), 자기의 집
N2 **たく** 타꾸	[焚く] 동 (불을) 태우다, 불을 지피다
N2 **たく** 타꾸	[炊く] 동 (밥을) 짓다
N2 **だく** 다꾸	[抱く] 동 두 팔로 껴안다
N5 **たくさん** 타꾸상	[択山] 명 수량이 많음, 가득 참, 수다(數多)
N5 **タクシー** 타꾸시-	taxi 명 택시
N1 **たくましい** 타꾸마시이	[逞しい] い형 몸이 단단하다, 건장하다
N1 **たくみ** 타꾸미	[巧み] 명 기교(技巧), 계략, 생각, 계획, 예측, 획책
N2 **たくわえる** 타꾸와에루	[蓄える] 동 모아 두다, 비축하다

N1 **たけ** 타께	[丈] 몡 키, 신장(身長), (옷의) 길이
N2 **たけ** 타께	[竹] 몡 대, 대나무
N1 **だげき** 다게끼	[打撃] 몡 타격; 세게 침, 갑자기 세력이 꺾여짐
N1 **だけつ** 다께쯔	[妥結] 몡 타결; 서로 절충하여 합의함
N1 **ださく** 다사꾸	[駄作] 몡 졸작(拙作), 시시한 작품(↔傑作)
N2 **たしか** 타시까	[確か] な형 확실함, 틀림없음
N2 **たしかめる** 타시까메루	[確かめる] 동 애매한 점을 명백히 하다, 확인하다
N1 **たしざん** 타시장	[足し算] 몡 덧셈
N2 **たしょう** 타쇼-	[多少] 몡 다소; 많음과 적음 튄 얼마간
N4 **たす** 타스	[足す] 동 더하다, 보태다
N5 **だす** 다스	[出す] 동 (밖으로) 내다, 내밀다, 드러내다
N1 **たすうけつ** 타스-께쯔	[多数決] 몡 다수결

N2 **たすかる** 타스까루	[助かる] 동 구조 받다, 위험이나 죽음에서 벗어나다
N2 **たすける** 타스께루	[助ける] 동 (목숨을) 구하다, 돕다, 구조하다, 살리다
N1 **たずさわる** 타즈사와루	[携わる] 동 (어떤 일에) 종사하다
N4 **たずねる** 타즈네루	[訪ねる] 동 방문하다, 찾아가다
N4 **たずねる** 타즈네루	[尋ねる] 동 묻다, 찾다
N2 **ただ** 타다	[只] 명 대금(代金)이 필요 없는 일
N2 **ただいま** 타다이마	[只今] 명 지금, 현재, 방금, 곧
N2 **たたかい** 타따까이	[戦い] 명 전쟁, 싸움, 전투, 승부
N2 **たたかい** 타따까이	[闘い] 명 투쟁, 싸움, 다툼
N2 **たたかう** 타따까우	[戦う] 동 (무력으로) 싸우다, 전쟁하다, 투쟁하다
N3 **たたかう** 타따까우	[闘う] 동 서로 치며 승리를 겨루다
N2 **たたく** 타따꾸	[叩く] 동 계속해서 치다, 또 단순히 치다, 털다

N2 **たたく** 타따꾸	[敲く] 동 두드리다, 털다
N2 **ただし** 타다시	[但し] 접 단; 다만
N4 **ただしい** 타다시이	[正しい] い형 (모양이) 옳다, 올바르다, 바르다
N2 **ただちに** 타다찌니	[直ちに] 부 즉시, 곧, 당장, 바로
N4 **たたみ** 타따미	[畳] 명 다다미, 일본 돗자리
N2 **たたむ** 타따무	[畳む] 동 개다, 개키다
N1 **ただよう** 타다요우	[漂う] 동 (물에) 떠다니다
N3 **~たち** 타찌	[~達] 접미 ~들, 사람·생물의 복수를 나타냄
N2 **たちあがる** 타찌아가루	[立ち上がる] 동 일어서다, 일을 시작하다
N1 **たちさる** 타찌사루	[立ち去る] 동 떠나가다, 물러가다
N2 **たちどまる** 타찌도마루	[立ち止まる] 동 멈추어 서다, 걸음을 멈추다
N2 **たちば** 타찌바	[立場] 명 입장; 서 있는 곳, 발판

일한 단어

| N3 **たちまち** [忽ち]
타찌마찌 | 튀 갑자기, 곧, 금세, 순식간에 |

| N1 **たちよる** [立ち寄る]
타찌요루 | 동 다가서다, 가까이 오다 |

| N2 **たつ** [建つ]
타쯔 | 동 (건물이) 서다, 세워지다 |

| N1 **たつ** [経つ]
타쯔 | 동 (시간이) 경과하다, 지나다 |

| N5 **たつ** [断つ]
타쯔 | 동 끊다, 절단하다, 잘라내다, 근절시키다 |

| N2 **たつ** [立つ]
타쯔 | 동 일어서다, 서다, 나서다, 곤두서다 |

| N2 **たつ** [絶つ]
타쯔 | 동 (이어진 것을) 끊다 |

| N1 **たっしゃ** [達者]
탓샤 | 명 명인(名人), な형 건강함 |

| N1 **だっしゅつ** [脱出]
닷슈쯔 | 명 탈출; 몸을 빼쳐 나옴 |

| N2 **たっする** [達する]
탓스루 | 동 도달하다, 이르다 |

| N1 **だっする** [脱する]
닷스루 | 동 빠져나가다, 도망치다, 면하다 |

| N1 **たっせい** [達成]
탓세이 | 명 달성; 목적한 바를 이룸 |

| N2 **だっせん**
닷셍 | [脱線]
명 탈선; 바퀴가 선로에서 벗어남 |

| N1 **だったい**
닷따이 | [脱退]
명 탈퇴; 조직에서 물러남 |

| N3 **~だて**
다떼 | [~建て]
접미 집의 건축 방식을 나타냄 |

| N1 **たて**
타떼 | [盾]
명 방패, 자기를 유리하게 하는 일 |

| N5 **たて**
타떼 | [縦]
명 상하의 방향, 세로 |

| N1 **たてかえる**
타떼까에루 | [立て替える]
동 본인을 대신하여 지불하다 |

| N1 **たてまえ**
타떼마에 | [建前]
명 상량(上樑), 방침·원칙 |

| N1 **たてまつる**
타떼마쯔루 | [奉る]
동 바치다, 올리다 |

| N5 **たてもの**
타떼모노 | [建物]
명 건물; 건축물 |

| N4 **たてる**
타떼루 | [建てる]
동 (건물을) 짓다 |

| N4 **たてる**
타떼루 | [立てる]
동 세우다, 일으키다, 꽂다, 돋치다 |

| N2 **だとう**
다또- | [妥当]
な형 타당; 잘 들어맞음, 적당함 |

N1 **たどうし** 타도-시	[他動詞] 명 타동사
N3 **たとえ** 타또에	[仮令] 부 가령; 비록, 설사(=たとい)
N1 **たとえ** 타또에	[例え] 명 비유(比喩), 비슷한 예
N4 **たとえば** 타또에바	[例えば] 부 예를 들면, 이를테면, 가령, 예컨대
N1 **たどりつく** 타도리쯔꾸	[辿り着く] 동 가까스로 도달하다
N1 **たどる** 타도루	[辿る] 동 길을 따라가다
N4 **たな** 타나	[棚] 명 선반, 시렁, 산의 경사가 완만한 곳
N2 **たに** 타니	[谷] 명 골짜기, 계곡
N2 **たにん** 타닝	[他人] 명 타인; 남, 다른 사람
N2 **たね** 타네	[種] 명 씨앗, 씨, 종자, (동물의) 정자(精子)
N5 **たのしい** 타노시이	[楽しい] い형 즐겁다, 유쾌하다
N4 **たのしみ** 타노시미	[楽しみ] 명 즐거움, 쾌락, 재미, 기대(期待), 갈망

N4 **たのしむ** 타노시무	[楽しむ] 동 즐겁게 생각하다, 유쾌하게 느끼다	
N2 **たのみ** 타노미	[頼み] 명 부탁, 의뢰(依賴), 의지함	
N5 **たのむ** 타노무	[頼む] 동 부탁하다, 의뢰하다, 당부하다, 청하다	
N2 **たのもしい** 타노모시이	[頼もしい] い형 믿음직하다, 의지할 만하다	
N2 **たば** 타바	[束] 명 한 뭉치로 묶은 것, 다발, 뭉치	
N5 **たばこ** 타바꼬	[煙草] 명 연초; 담배, 잘게 썬 담배, 실담배	
N1 **たばねる** 타바네루	[束ねる] 동 다발로 묶다, 통솔하다	
N2 **たび** 타비	[度] 명 때, 번, ~할 적마다, ~할 때	
N2 **たび** 타비	[旅] 명 여행	
N2 **たびたび** 타비따비	[度度] 부 자주, 번번이, 누차, 여러 번	
N5 **たぶん** 타붕	[多分] 명 많음, 다량 부 아마, 대개(=たいてい)	
N5 **たべもの** 타베모노	[食べ物] 명 음식, 음식물(=しょくもつ)	

일한 단어 | 353

N5 **たべる** 타베루	[食べる] 동 (음식을) 먹다, 생활을 하다
N1 **たほう** 타호-	[他方] 명 타방; 다른 방면 부 다른 면에서
N2 **たま** 타마	[球] 명 옥, 구슬, 보석, 진주, 보올, 둥근 것
N2 **たま** 타마	[玉] 명 구슬, 진주
N2 **たま** 타마	[弾] 명 총알, 탄환
N5 **たまご** 타마고	[卵] 명 (새·벌레·물고기의) 알, 달걀
N1 **たましい** 타마시-	[魂] 명 혼; 영혼(靈魂), 정신, 기분
N2 **だます** 다마스	[騙す] 동 속이다, 달래다
N2 **たまたま** 타마따마	[偶偶] 부 가끔, 드물게, 우연히, 문득
N4 **たまに** 타마니	[偶に] 부 간혹, 가끔, 드물게, 모처럼
N2 **たまらない** 타마라나이	[堪らない] 연어 견딜 수 없다, 참을 수 없다
N1 **たまり** 타마리	[溜(ま)り] 명 괴는 일, 괴어 있는 곳

N2 **たまる** 타마루	[溜まる] 동 쌓이다, 모이다
N2 **だまる** 다마루	[黙る] 동 침묵하다
N1 **たまわる** 타마와루	[賜る] 동 (웃어른한테서) 주시다, 받다
N4 **ため** 타메	[為] 명 (어떤 점에서) 위함, 유익함
N4 **だめ** 다메	[駄目] 명 (바둑에서) 공배(空排) な형 소용없음
N2 **ためいき** 타메이끼	[溜(め)息] 명 한숨, 탄식
N2 **ためし** 타메시	[試し] 명 시험, 시도
N2 **ためす** 타메스	[試す] 동 (실제로) 시험해 보다
N2 **ためらう** 타메라우	[躊躇う] 동 주저하다, 망설이다
N2 **ためる** 타메루	[溜める] 동 모으다, 저축하다
N1 **たもつ** 타모쯔	[保つ] 동 유지되다, 견디다
N1 **たやすい** 타야스이	[容易い] い형 용이하다, 손쉽다

N2 たより 타요리	[便り] 몡 소식, 편지, 편리, 편의
N2 たよる 타요루	[頼る] 동 의지하다, 의존하다
N4 たりる 타리루	[足りる] 동 족하다, 충분하다, 충족되다
N5 だれ 다레	[誰] 몡 누구, 어떤 사람, 아무개
N1 たれる 타레루	[垂れる] 동 늘어뜨리다, 드리우다
N2 たん 탕	[短] 몡 단; 짧음, 결점, 단점
N1 たん 탕	[単] 몡 단; 하나의 (운동 경기의) 단식
N2 だん 당	[段] 몡 계단, 층계, (문장의) 단락, 문
N2 たんい 탕이	[単位] 몡 단위; 계산의 기준이 되는 수
N1 たんいつ 탕이쯔	[単一] 몡 단일; 오직 하나뿐임
N1 たんか 탕까	[短歌] 몡 단가; 일본의 和歌(わか)
N1 たんか 탕까	[担架] 몡 (환자·부상자를 나르는) 들것

N2 **だんかい** 당까이	[段階] 명 단계; 과정, 등급, 계단
N2 **たんき** 탕끼	[短期] 명 단기; 짧은 기간
N1 **たんき** 탕끼	[短気] な형 성급함, 조급함
N1 **だんけつ** 당께쯔	[団結] 명 단결; 여러 사람이 한데 뭉침
N1 **だんげん** 당겡	[断言] 명 단언; 딱 잘라 말함
N1 **たんけん** 탕껭	[探険] 명 탐험, 위험을 무릅쓰고 조사함
N2 **たんご** 탕고	[単語] 명 단어; 낱말
N2 **だんし** 단시	[男子] 명 남자; 사내, 남성
N1 **たんしゅく** 탄슈꾸	[短縮] 명 단축; 짧게 줄임
N2 **たんじゅん** 탄중	[単純] 명 단순; 간단함
N2 **たんしょ** 탄쇼	[短所] 명 단소; 단점, 결점
N2 **たんじょう** 탄죠-	[誕生] 명 탄생; 출생, 사람이 태어남

N5	**たんじょうび** 탄죠-비	[誕生日] 명 생일, 탄생일
N2	**ダンス** 단스	dance 명 댄스, 서양 무용
N2	**だんすい** 단스이	[断水] 명 단수; 수돗물이 끊어짐
N2	**たんすい** 탄스이	[淡水] 명 담수; 민물, 단물
N2	**たんすう** 탄스-	[単数] 명 단수; 수효가 하나임
N4	**だんせい** 단세이	[男性] 명 남성; 남자
N1	**だんぜん** 단젱	[断然] 부 단연; 단연코, 단호히
N1	**たんだい** 탄다이	[短大] 명 '短期大學'의 준말, 전문대학
N2	**だんたい** 단따이	[団体] 명 단체; 어떤 사람들의 한패, 집단
N5	**だんだん** 단당	[段段] 부 점점, 차차
N2	**だんち** 단찌	[団地] 명 단지; 같은 건물이 집단을 이룸
N1	**たんちょう** 탄쪼-	[単調] な형 단조; 한결같음, 단순하고 변화가 적음

N2 **だんてい** 단페-	[断定] 명 단정; 딱 잘라 결정함	
N2 **たんとう** 탄드-	[担当] 명 담당; 책임지고 그 일을 맡음	
N1 **たんどく** 탄도꾸	[単独] 명 단독; 혼자, 오로지 하나	
N1 **だんな** 단나	[旦那] 명 시주(施主), 주인어른, 남편	
N2 **たんなる** 탄나루	[単なる] 연체 단순한	
N2 **たんに** 탄니	[単に] 부 오직, 오로지, 겨우	
N1 **たんぱ** 탄빠	[短波] 명 단파; 짧은 파장의 전파	
N1 **たんぱくしつ** 탐빠꾸시쯔	[蛋白質] 명 단백질; 흰자질	
N2 **たんぺん** 탐뼁	[短編] 명 단편; 짧은 시문(詩文)	
N2 **たんぼ** 탐보	[田圃] 명 논, 논이 있는 들판	
N4 **だんぼう** 담보-	[暖房] 명 난방; 방안을 따뜻하게 함	
N3 **だんぼうそうち** 담보-소-찌	[暖房奨置] 명 난방 장치	

N1	**だんめん** 담멩	[断面] 명 단면; 물체를 베어낸 면
N1	**だんりょく** 단료구	[弾力] 명 탄력; 튀어 오르는 힘, 반발력
N1	**ターミナル** 타-미나루	terminal 명 터미널
N4	**ち** 치	[地] 명 땅, 대지, (특정한) 지역
N2	**ち** 치	[血] 명 피, 혈액(血液), 핏줄, 혈통
N1	**ちあん** 치앙	[治安] 명 치안
N2	**ちい** 치-	[地位] 명 지위; 역할상의 위치, 신분
N2	**ちいき** 치-끼	[地域] 명 지역; 토지의 구역
N5	**ちいさい** 치이사이	[小さい] い형 (면적·부피가) 작다, 크지 않다
N5	**ちいさな** 치이사나	[小さな] 연체 작은, 조그만(=大きな)
N2	**ちえ** 치에	[知恵] 명 지혜; 슬기, 꾀
N1	**チェンジ** 첸지	change 명 체인지, 교환, 고체, 변경

N2 **ちか** 치까	[地下] 명 지하; 지면의 밑, 땅 속	
N5 **ちかい** 치까이	[近い] い형 가깝다, 친하다, 친밀하다	
N2 **ちがい** 치가이	[違い] 명 차이, 다름	
N2 **ちがいない** 치가이나이	[違いない] い형 틀림없다, 확실하다	
N5 **ちかう** 치까우	[誓う] 동 맹세하다, 서약(誓約)하다	
N2 **ちがう** 치가우	[違う] 동 다르다, 틀리다, 잘못되다	
N1 **ちがえる** 치가에루	[違える] 동 따로 하다, 바꾸다	
N5 **ちかく** 치까꾸	[近く] 명 근처, 가까운 곳	
N2 **ちかごろ** 치까고로	[近頃] 명 요즈음, 근래, 최근	
N2 **ちかすい** 치까스이	[地下水] 명 지하수	
N2 **ちかぢか** 치까지까	[近々] 부 머지않아, 근간에, 곧	
N2 **ちかづく** 치까즈꾸	[近づく] 동 접근하다, 다가오다	

N2 **ちかづける** 치까즈께루	[近付ける] 동 가까이 하다, 가까이 두고 친절히 하다
N5 **ちかてつ** 치까떼쯔	[地下鉄] 명 지하철
N2 **ちかよる** 치까요루	[近寄る] 동 접근하다, 다가서다
N4 **ちから** 치까라	[力] 명 힘, 육체적인 힘, 효력
N2 **ちからづよい** 치까라즈요이	[力強い] い형 믿음직스럽다, 마음 든든하다
N2 **ちきゅう** 치꾸-	[地球] 명 지구; 인류가 살고 있는 천체
N2 **ちぎる** 치기루	[契る] 동 장래를 굳게 약속하다
N2 **ちく** 치꾸	[地球] 명 지구; 일정한 지역
N1 **ちくさん** 치꾸상	[畜産] 명 축산; 가축을 사육하는 일
N1 **ちくしょう** 치꾸쇼-	[畜生] 명 짐승, 동물, 사람을 욕할 때 쓰는 말
N1 **ちくせき** 치꾸세끼	[蓄積] 명 축적; 많이 쌓아 둠
N1 **ちけい** 치께이	[地形] 명 지형; 땅의 형태

N1 ちこく 치꼬꾸	[遅刻] 몡 지각; 정해진 시각에 늦음
N2 ちじ 치지	[知事] 몡 지사; 지방 장관
N2 ちしき 치시끼	[知識] 몡 지식; (뚜렷이) 알고 이해함
N2 ちしつ 치시쯔	[地質] 몡 지질; 지각을 구성하는 암석
N2 ちじん 치징	[知人] 몡 지인; 친지, 아는 사이
N5 ちず 치즈	[地図] 몡 지도, 지도 모양의 도해
N1 ちせい 치세-	[知性] 몡 지성; 인식 및 이해의 능력
N3 ちそう 치소-	[馳走] 몡 손님을 대접함, 향응(饗應)함
N2 ちたい 치따이	[地帯] 몡 지대; 일정한 지역
N5 ちち 치찌	[父] 몡 아버지, 부친, 선구자
N3 ちち 치찌	[乳] 몡 젖, 유즙(乳汁), 젖퉁이
N2 ちちおや 치찌오야	[父親] 몡 부친; 아버지, 호칭은 아님

N1 **ちぢまる** 치지마루	[縮まる] 동 오그라들다, 움츠리다
N2 **ちぢむ** 치지무	[縮む] 동 줄다, 쭈그러들다
N2 **ちぢめる** 치지메루	[縮める] 동 줄이다, 좁히다, 짧게 하다
N2 **ちぢれる** 치지레루	[縮れる] 동 (옷감이) 오그라들다, 작아지다, 좁아지다
N1 **ちつじょ** 치쯔죠	[秩序] 명 질서; 사물의 바른 순서
N1 **ちっそく** 칫소꾸	[窒息] 명 질식; 숨이 막힘, 호흡 작용이 멎는 상태
N1 **ちてき** 치떼끼	[知的] 명 지적; 지성과 지식이 풍부한 모양
N1 **ちてん** 치뗑	[地点] 명 지점; 땅 위의 일정한 지점
N2 **ちのう** 치노-	[知能] 명 지능; 지혜의 작용, 두뇌의 작용
N2 **ちへいせん** 치헤-셍	[地平線] 명 지평선
N2 **ちほう** 치호-	[地方] 명 지방; 어느 한 방면의 땅
N2 **ちめい** 치메-	[地名] 명 지명; 고장 이름

N5 **ちゃいろ** 챠이로	[茶色] 몡 갈색, 검은 색을 띤 적황색(赤黃色)
N2 **ちゃいろい** 챠이로이	[茶色い] い형 갈색이다
N3 **ちゃく** 챠꾸	[着] 몡 착; 입음, 도착, 도착함, 옷을 세는 단위
N1 **ちゃくしゅ** 챠꾸슈	[着手] 몡 착수; 일을 시작함
N1 **ちゃくしょく** 챠꾸쇼꾸	[着色] 몡 착색; 물들임, 염색을 함
N1 **ちゃくせき** 챠꾸세끼	[着席] 몡 착석; 자리에 앉음
N2 **ちゃくちゃくと** 챠꾸챠꾸또	[着々と] 부 착착; 척척
N1 **ちゃくもく** 챠꾸모꾸	[着目] 몡 착목; 주의(注意)하여 봄
N1 **ちゃくりく** 챠꾸리꾸	[着陸] 몡 착륙; 비행기가 육지에 내림
N1 **ちゃっこう** 챡꼬-	[着工] 몡 착공; 공사에 착수함
N1 **ちゃのま** 챠노마	[茶の間] 몡 다실(茶室), 거실(居室), 부엌방
N1 **ちゃのゆ** 챠노유	[茶の湯] 몡 다도(茶道)

N5 **ちゃわん** 차왕	[茶碗] 명 찻잔, 밥공기
N2 **チャンス** 찬스	chance 명 찬스, 기회(機會), 호기(好機)
N2 **ちゅう** 츄-	[注] 명 주; 주석(註釋), 주해(註解)
N2 **ちゅう** 츄-	[中] 명 중간, 한가운데, 중간
N4 **ちゅうい** 츄-이	[注意] 명 주의; 정신을 차림, 마음을 집중함
N2 **ちゅうおう** 츄-오-	[中央] 명 중앙; 중심, 한가운데
N1 **ちゅうがえり** 츄-가에리	[宙返り] 명 공중제비
N2 **ちゅうがく** 츄-가꾸	[中学] 명 중학; 중학교
N4 **ちゅうがっこう** 츄-각꼬-	[中学校] 명 중학교
N2 **ちゅうかん** 츄-깡	[中間] 명 중간; 두 개 사이, 중간쯤
N1 **ちゅうけい** 츄-께이	[中継] 명 중계; 중간에서 이어 줌
N2 **ちゅうこ** 츄-꼬	[中古] 명 중고; 어느 정도 사용한 물건

N1 **ちゅうこく** 쮸―코꾸	[忠告] 명 충고
N4 **ちゅうし** 쮸―시	[中止] 명 중지; 그만 둠
N1 **ちゅうじつ** 쮸―지쯔	[忠実] な형 충실함; 성실함
N4 **ちゅうしゃ** 쮸―샤	[注射] 명 주사
N2 **ちゅうしゃ** 쮸―샤	[駐車] 명 주차; 자동차를 세워 둠
N4 **ちゅうしゃじょう** 쮸―샤죠―	[駐車場] 명 주차장
ちゅうじゅん 쮸―즁	[中旬] 명 중순; 한 달의 11일부터
N1 **ちゅうしょう** 쮸―쇼―	[中傷] 명 중상
N2 **ちゅうしょう** 쮸―쇼―	[抽象] 명 추상
N2 **ちゅうしょく** 쮸―쇼꾸	[昼食] 명 점심, 점심 식사
N2 **ちゅうしん** 쮸―싱	[中心] 명 중심; 중앙, 한가운데
N1 **ちゅうすう** 쮸―스―	[中枢] 명 중추; 한복판, 중심

N2 **ちゅうせい** 츄-세-	[中性] 명 중성; 중간의 성질
N2 **ちゅうせい** 츄-세-	[中世] 명 중세; 고대와 근대 사이
N1 **ちゅうせん** 츄-셍	[抽選] 명 추첨(抽籤), 제비뽑기
N1 **ちゅうだん** 츄-당	[中断] 명 중단; 중도에서 끊음
N2 **ちゅうと** 츄-또	[中途] 명 중도; 중간, 도중
N1 **ちゅうどく** 츄-도꾸	[中毒] 명 중독
N2 **ちゅうねん** 츄-넹	[中年] 명 중년; 40대 나이
N1 **ちゅうふく** 츄-후꾸	[中腹] 명 (산의) 중턱
N1 **ちゅうもく** 츄-모꾸	[注目] 명 주목; 주의해서 바라봄
N2 **ちゅうもん** 츄-몽	[注文] 명 주문; 맞춤, 요구, 희망
N1 **ちゅうりつ** 츄-리쯔	[中立] 명 중립; 중간 입장에 섬
N1 **ちゅうわ** 츄-와	[中和] 명 중화; 성격이 온화함

N1 **ちょ** 쵸	[著] 명 저; 저술(著述), 저서(著書)
N1 **ちょう** 쵸-	[腸] 명 장; 창자
N1 **ちょう** 쵸-	[蝶] 명 나비
N4 **ちょう** 쵸-	[町] 명 지방 자치 단체의 하나
N3 **ちょう** 쵸-	[兆] 명 조; 1억의 1만 배, 조짐, 징조
N3 **ちょう** 쵸-	[庁] 명 청; 관청
N1 **ちょういん** 쵸-잉	[調印] 명 조인; 쌍방의 대표자가 서명함
N3 **ちょうか** 쵸-까	[超過] 명 초과; 어떤 기준을 넘어섬
N1 **ちょうかく** 쵸-까꾸	[聴覚] 명 청각; 듣기 감각
N1 **ちょうかん** 쵸-깡	[長官] 명 장관; 행정 기관
N2 **ちょうかん** 쵸-깡	[朝刊] 명 조간; 아침 신문
N2 **ちょうき** 쵸-끼	[長期] 명 장기; 장기간, 오랜 기간

N1 **ちょうこう** 쵸-꼬-	[聴講] 명 청강; 강의를 들음	
N2 **ちょうこく** 쵸-꼬꾸	[彫刻] 명 조각	
N2 **ちょうさ** 쵸-사	[調査] 명 조사; 명확하게 살펴 봄	
N2 **ちょうし** 쵸-시	[調子] 명 박자, 리듬, 가락	
N1 **ちょうしゅう** 쵸-슈-	[徴収] 명 징수; (법에 근거하여) 거둬들임	
N2 **ちょうじょ** 쵸-죠	[長女] 명 장녀; 맏딸	
N2 **ちょうしょ** 쵸-쇼	[長所] 명 장점(長点)	
N2 **ちょうじょう** 쵸-죠-	[頂上] 명 정상; 꼭대기, 최고	
N3 **ちょうしょく** 쵸-쇼꾸	[朝食] 명 조식; 아침 식사	
N1 **ちょうしんき** 쵸-싱끼	[聴診器] 명 청진기	
N2 **ちょうせい** 쵸-세-	[調整] 명 조정; 상태를 고르게 함	
N2 **ちょうせつ** 쵸-세쯔	[調節] 명 조절; 알맞게 맞춤	

N1 **ちょうせん** 쵸-셍	[挑戦] 몡 도전; 싸움을 걺
N2 **ちょうだい** 쵸-다이	[頂戴] 몡 받음, 'もらう'의 겸양어
N2 **ちょうたん** 쵸-땅	[長短] 몡 장단; 긴 것과 짧은 것
N1 **ちょうてい** 쵸-떼-	[調停] 몡 조정; 분쟁을 중간에서 중재함
N2 **ちょうてん** 쵸-뗑	[頂点] 몡 정점; 정상, 꼭대기
N5 **ちょうど** 쵸-도	[丁度] 부 꼭, 마침, 마치, 알맞게
N2 **ちょうなん** 쵸-낭	[長男] 몡 장남; 맏아들
N1 **ちょうネクタイ** 쵸-네꾸따이	[蝶ネクタイ] 몡 나비넥타이
N1 **ちょうへん** 쵸-헹	[長編] 몡 장편
N2 **ちょうほうけい** 쵸-호-께-	[長方形] 몡 장방형; 직사각형
N2 **ちょうみりょう** 쵸-미료-	[調味料] 몡 조미료
N3 **ちょうめ** 쵸-메	[丁目] 몡 행정구역의 하나

N1 ちょうり 쵸-리	[調理] 명 조리; 일을 처리함
N1 ちょうわ 쵸-와	[調和] 명 조화; 잘 어울림
N2 ちょきん 쵸낑	[貯金] 명 저금; 돈을 저축함, 저축금
N2 ちょくご 쵸꾸고	[直後] 명 직후; (어떤 일이 발생한) 바로 뒤
N2 ちょくせつ 쵸꾸세쯔	[直接] 명 직접; 바로, 곧
N2 ちょくせん 쵸꾸셍	[直線] 명 직선; 곧은 줄
N2 ちょくぜん 쵸꾸젱	[直前] 명 직전; 바로 앞, 눈 앞
N2 ちょくつう 쵸꾸쯔-	[直通] 명 직통; 목적지까지 직접 통하는 일
N1 ちょくめん 쵸꾸멩	[直面] 명 직면; 직접 접하는 일
N2 ちょくりゅう 쵸꾸류-	[直流] 명 직류; 곧게 흐름
N2 ちょしゃ 쵸샤	[著者] 명 저자; 저작자(著作者)
N1 ちょしょ 쵸쇼	[著書] 명 저서; 지은 책

N2 **ちょぞう** 쵸조-	[貯蔵] 명 저장; 비축해 둠
N1 **ちょちく** 쵸찌꾸	[貯蓄] 명 저축; 저금함, 비축함
N2 **ちょっかく** 쵸까꾸	[直角] 명 직각; 직각임
N1 **ちょっかん** 쵿깡	[直感] 명 직감; 마음으로 느껴서 앎
N2 **ちょっけい** 쵿께-	[直径] 명 직경; 지름
N5 **ちょっと** 쵿또	부 좀, 잠시, 꽤, 상당히
N1 **ちょめい** 쵸메-	[著名] な형 저명; 이름이 세상에 알려짐
N2 **ちらかす** 치라까스	[散らかす] 동 흩트려 놓다
N2 **ちらかる** 치라까루	[散らかる] 동 어질러지다, 흩어지다
N2 **ちらす** 치라스	[散らす] 동 흩날리다, 흩트리다
N4 **ちり** 치리	[地理] 명 지리
N1 **ちり** 치리	[塵] 명 먼지, 티끌, 쓰레기

N2 **ちりがみ** 치리가미	[塵紙] 명 휴지, 뒤지
N1 **ちりとり** 치리또리	[塵取り] 명 쓰레받기
N1 **ちりょう** 치료-	[治療] 명 치료; 병이나 상처를 고치는 일
N2 **ちる** 치루	[散る] 동 (꽃·나무 등이) 지다, 흩어지다
N1 **ちんぎん** 칭깅	[賃金] 명 임금; 품삯, 노임
N1 **ちんでん** 친뎅	[沈殿] 명 침전; 액체 속의 앙금·잡물
N1 **ちんでんぶつ** 친뎅부쯔	[沈殿物] 명 침전물
N1 **ちんぼつ** 침보쯔	[沈没] 명 침몰; 물속에 깊이 잠김
N1 **ちんもく** 침모꾸	[沈黙] 명 침묵; 말이 없음
N1 **ちんれつ** 친레쯔	[陳列] 명 진열; 물품을 죽 벌이어 놓는 일
N1 **チーム** 치-무	team 명 팀
N1 **ツア-コンダクタ-** 쯔아-꼰다꾸따-	tour conductor 명 단체 여행 안내원

N1 **つい** 쯔이	[対] 명 (둘로 짝을 이루는 것) 쌍, 짝
N2 **ついか** 쯔이까	[追加] 명 추가; 나중에 더하여 보탬
N1 **ついきゅう** 쯔이뀨-	[追及] 명 추급; 추적(追跡)
N1 **ついせき** 쯔이세끼	[追跡] 명 추적; 뒤쫓음
N5 **ついたち** 쯔이따찌	[一日・朔日] 명 (매달) 초하루(=ひとひ)
N2 **ついで** 쯔이데	[序] 명 형편이 좋을 때, 알맞은 기회
N3 **ついて** 쯔이떼	[就いて] 연어 ~에 관해서, ~대해서
N2 **ついに** 쯔이니	[遂に] 부 결국, 드디어, 끝내는
N1 **ついほう** 쯔이호-	[追放] 명 추방; (해로운 것을) 쫓아내는 일
N1 **ついやす** 쯔이야스	[費やす] 동 소비하다, 쓰다
N1 **ついらく** 쯔이라꾸	[墜落] 명 추락; 높은 곳에서 떨어짐
N3 **つう** 쯔-	[通] 명 통; (그 방면에) 정통함, 훤함

N2 **つうか** 쯔-까	[通過] 몡 통과; 지나감
N2 **つうか** 쯔-까	[通貨] 몡 통화; 화폐, 돈
N2 **つうがく** 쯔-가꾸	[通学] 몡 통학; 학교에 다님
N1 **つうかん** 쯔-깡	[痛感] 몡 통감; 절실히 느낌
N2 **つうきん** 쯔-낑	[通勤] 몡 통근; 근무처에 다님
N2 **つうこう** 쯔-꼬-	[通行] 몡 통행; 왕래, 오고감
N1 **つうじょう** 쯔-죠-	[通常] 몡 통상; 보통, 당연, 일상(日常)
N2 **つうじる** 쯔-지루	[通じる] 동 길이 통하다
N2 **つうしん** 쯔-싱	[通信] 몡 통신; 소식을 알림
N3 **つうずる** 쯔-즈루	[通ずる] 동 통하다, 개통하다, 친하게 사귀다
N1 **つうせつ** 쯔-세쯔	[痛切] な형 통절; 절실함, 간절함
N2 **つうち** 쯔-찌	[通知] 몡 통지; 통고, 알림

N2 **つうちょう** 쯔-쬬-	[通帳] 명 통장; 장부
N2 **つうやく** 쯔-야꾸	[通訳] 명 통역; 통변
N2 **つうよう** 쯔-요-	[通用] 명 통용; 일반에 쓰이고 또는 인정됨
N2 **つうろ** 쯔-로	[通路] 명 통로; 통행하는 길
N1 **つかいみち** 쯔까이미찌	[使い道] 명 용도, 쓸모, 사용법
N5 **つかう** 쯔까우	[使う] 동 (물건을) 쓰다, 사용하다
N1 **つかえる** 쯔까에루	[仕える] 동 섬기다, 모시다
N1 **つかさどる** 쯔까사도루	[司る] 동 (업무를) 담당하다
N4 **つかまえる** 쯔까마에루	[捕まえる] 동 꼭 잡다, 포착하다, 붙들다, 붙잡다
N2 **つかまる** 쯔까마루	[捕まる] 동 (범인 등이) 꼭 붙잡다, 잡히다
N2 **つかむ** 쯔까무	동 잡다, 붙잡다, 손에 넣다, 포착하다
N2 **つかれ** 쯔까레	[疲れ] 명 피곤, 피로, 몸살

N5 つかれる 쯔까레루	[疲れる] 동 지치다, 피로하다, 낡아지다	
N3 つき 쯔끼	[付き] 명 달라붙음, 붙는 상태, 부착(附着)	
N5 つき 쯔끼	[月] 명 달, 달빛	
N4 つぎ 쯔기	[次] 명 (차례의) 다음, 곧장 뒤를 따름, 버금	
N2 つきあい 쯔끼아이	[付(き)合い] 명 교제(交際), 사귐	
N2 つきあう 쯔끼아우	[付き合う] 동 교제하다, 사귀다	
N2 つきあたり 쯔끼아따리	[突(き)当(た)り] 명 부딪힘, 충돌, 막다른 길(=ゆきづまり)	
N2 つきあたる 쯔끼아따루	[突き当たる] 동 부딪히다	
N3 つきこむ 쯔끼꼬무	[突き込む] 동 돌진하다, 돌입하다	
N2 つぎつぎと 쯔기쯔기또	[次々と] 부 잇달아, 차례차례, 뒤이어서	
N2 つぎつぎに 쯔기쯔기니	[次々に] 부 잇달아, 차례차례, 잇달아, 뒤 이어서	
N5 つぎに 쯔기니	[次に] 부 다음에, 그리고	

N2	つきひ	[月日]
	쯔끼히	명 세월, 시일

N1	つぎめ	[継(ぎ)目]
	쯔기메	명 이음매, 호주, 상속인

N1	つきる	[尽きる]
	쯔끼루	동 없어지다, 다하다, 끝나다

N2	つぐ	[継ぐ]
	쯔구	동 잇다, 이어받다, 상속하다

N2	つく	[突く]
	쯔꾸	동 끝이 뾰족한 것으로 찌르다

N4	つく	[付く]
	쯔꾸	동 (떨어지지 않게) 달라붙다, 묻다

N2	つぐ	[接ぐ]
	쯔구	동 (뼈를) 접골하다

N5	つぐ	[次ぐ]
	쯔구	동 뒤따르다, 뒤를 잇다

N1	つく	[着く]
	쯔꾸	동 도착하다, 닿다

N2	つく	[就く]
	쯔꾸	동 취임하다, 취업하다

N5	つくえ	[机]
	쯔꾸에	명 책상

N1	つくす	[尽くす]
	쯔꾸스	동 다하다, 바닥내다

N1 **つぐない** 쯔구나이	[償い] 명 변상, 배상(=つぐのい)
N1 **つぐなう** 쯔구나우	[償う] 동 변상하다(=つぐのう)
N1 **つくり** 쯔꾸리	[作り] 명 만듦새, 구조, 꾸밈새
N3 **つくり** 쯔꾸리	[造り] 명 (건물 등의) 만듦새, 꾸밈새, 구조
N5 **つくる** 쯔꾸루	[作る] 동 만들다, 조직하다, 설립하다, 꾸미다
N2 **つくる** 쯔꾸루	[造る] 동 제작하다, 창시하다, 창설하다
N1 **つくろう** 쯔꾸로-	[繕う] 동 (터진 곳) 수선하다
N1 **つけくわえる** 쯔께꾸와에루	[付け加える] 동 후에 첨가하다, 덧붙이다
N4 **つげる** 쯔게루	[告げる] 동 고하다, 알리다
N5 **つける** 쯔께루	[付ける] 동 붙이다, 달다, 첨가하다, 익히다
N1 **つける** 쯔께루	[漬ける] 동 김치를 담그다
N2 **つける** 쯔께루	[着ける] 동 (옷을) 입다

N4 **つごう** 쯔고-	[都合] 명 사정, 형편, 변통함(=ぐあい)	
N4 **つたえる** 쯔따에루	[伝える] 동 (소식을) 전하다, 전도하다	
N2 **つたわる** 쯔따와루	[伝わる] 동 전해지다, 전해내려오다	
N2 **つち** 쯔찌	[土] 명 땅, 흙, 지면(地面)	
N1 **つつ** 쯔쯔	[筒] 명 통; 관(管), 대롱	
N2 **つづき** 쯔즈끼	[続き] 명 연결, 계속, 죽 계속됨	
N2 **つづく** 쯔즈꾸	[続く] 동 이어지다, 계속되다, 연결되다	
N4 **つづける** 쯔즈께루	[続ける] 동 계속하다	
N2 **つっこむ** 쯧꼬무	[突っ込む] 동 마구 들어가다, 돌진하다	
N1 **つつしむ** 쯔쯔시무	[謹む] 동 삼가 경의를 표하다	
N1 **つつしむ** 쯔쯔시무	[慎む] 동 삼가다, 조심하다	
N1 **つっつく** 쯧쯔꾸	[突っ突く] 동 가볍게 쿡쿡 찌르다	

N1 **つっぱる** 쯧빠루	[突っ張る] 图 버티다, 뻗대다
N2 **つつみ** 쯔쯔미	[包み] 명 포장함, 쌈, 포장한 물건
N4 **つつむ** 쯔쯔무	[包む] 图 포장하다, 싸다
N2 **つとめ** 쯔또메	[勤め] 명 근무, (중들의) 수행(修行), 근행(勤行)
N2 **つとめ** 쯔또메	[務め] 명 직무, 책무, 임무, 의무(義務)
N1 **つとめさき** 쯔또메사끼	[勤め先] 명 직장, 근무처
N5 **つとめる** 쯔또메루	[勤める] 图 근무하다, 종사하다
N2 **つとめる** 쯔또메루	[努める] 图 노력하다, 힘쓰다
N2 **つとめる** 쯔또메루	[務める] 图 (임무를) 맡다
N2 **つな** 쯔나	[綱] 명 밧줄, 로프, 의지할 대상
N2 **つながり** 쯔나가리	[繋がり] 명 연결, 연결된 것, 관계
N2 **つながる** 쯔나가루	[繋がる] 图 연결되다, 잇따르다

N2 **つなぐ** 쯔나구	[繋ぐ] 동 연결하다, 잇다	
N2 **つなげる** 쯔나게루	[繋げる] 동 매다, 묶다	
N1 **つなみ** 쯔나미	[津波] 명 해일(海溢), 해소(海嘯)	
N2 **つねに** 쯔네니	[常に] 부 늘, 항상, 언제나, 평소에	
N1 **つの** 쯔노	[角] 명 (동물의) 뿔, 질투	
N1 **つのる** 쯔노루	[募る] 동 더해지다, 심해지다	
N1 **つば** 쯔바	[唾] 명 침(=つばき), 타액(唾液)	
N2 **つばさ** 쯔바사	[翼] 명 새의 날개, 비행기의 날개	
N2 **つぶ** 쯔부	[粒] 명 낱알, 알, 주사위, 주판	
N2 **つぶす** 쯔부스	[潰す] 동 찌부러뜨리다, 으깨다	
N1 **つぶやく** 쯔부야꾸	[呟く] 동 중얼거리다, 투덜대다	
N2 **つぶれる** 쯔부레루	[潰れる] 동 찌부러지다, 부수어지다	

N1 **つぼ** 쯔보	[壷] 명 항아리, 단지, 종지, 보시
N4 **つま** 쯔마	[妻] 명 처; 아내, 회(膾) 등에 곁들이는 음식
N2 **つまずく** 쯔마즈꾸	[躓く] 동 (발이) 걸려 넘어지다
N1 **つまむ** 쯔마무	[摘まむ] 동 (손가락으로) 집다
N5 **つまらない** 쯔마라나이	[詰(ま)らない] い형 시시하다, 하찮다(=くだらない)
N2 **つまり** 쯔마리	[詰(ま)り] 명 꽉 참, 가득 참
N2 **つまる** 쯔마루	[詰まる] 동 꼼짝달싹 못하다, 궁지에 몰리다
N2 **つみ** 쯔미	[罪] 명 죄; 죄악, 형벌, 책임
N1 **つむ** 쯔무	[摘む] 동 손끝으로 집어서 따다
N2 **つむ** 쯔무	[積む] 동 (물건을) 쌓다
N2 **つめ** 쯔메	[爪] 명 손톱, 발톱, (거문고의) 깍지
N5 **つめたい** 쯔메따이	[冷たい] い형 차다, 차갑다, 냉정하다

N3 **つめる** 쯔메루	[詰める] 동 빈틈없이 채워 넣다, 가득 채우다	
N4 **つもり** 쯔모리	[積(も)り] 명 어림, 견적, 예산	
N2 **つもる** 쯔모루	[積もる] 동 쌓이다, 모이다	
N2 **つや** 쯔야	[艶] 명 윤, 윤기, 광택	
N1 **つゆ** 쯔유	[露] 명 이슬, 덧없음, 눈물	
N2 **つゆ** 쯔유	[梅雨] 명 장마, 장마철(=ばいう)	
N5 **つよい** 쯔요이	[強い] い형 (힘이) 세다, 강하다	
N2 **つよき** 쯔요끼	[強気] な형 강경한 태도, 강경함	
N1 **つよまる** 쯔요마루	[強まる] 동 세어지다, 강해지다	
N1 **つよめる** 쯔요메루	[強める] 동 세게 하다, 강하다	
N2 **つらい** 쯔라이	[辛い] い형 괴롭다, 고통스럽다	
N1 **つらなる** 쯔라나루	[連なる] 동 (한 줄로) 나란히 잇닿다	

N1 つらねる 쯔라네루	[連ねる] ⑧ 늘어세우다, 거느리다, 동반하다
N2 つり 쯔리	[釣り] ⑲ 낚시, 낚시질, 거스름돈
N1 つりかわ 쯔리까와	[吊(り)革] ⑲ (차량의) 손잡이
N4 つる 쯔루	[吊る] ⑧ 치켜 올라가다, 쥐가 나다
N2 つる 쯔루	[釣る] ⑧ (물고기를) 낚다, 잡다
N2 つるす 쯔루스	[吊(る)す] ⑧ 달아매다, 매달다
N4 つれる 쯔레루	[連れる] ⑧ 데리고 오(가)다, 동반하다
N5 て 테	[手] ⑲ 손, (동물의) 앞다리, 손잡이
N2 であい 데아이	[出会(い)] ⑲ 만남, 마주침, 첫 만남
N2 であう 데아우	[出会う] ⑧ 우연히 만나다, 마주치다
N1 てあて 테아떼	[手当] ⑲ 수당; 급여, 팁, 사례금
N1 てあて 테아떼	[手当て] ⑲ (상처의) 치료, 조처, 급여, 수당

N2 てあらい 테아라이	[手洗い] 몡 손을 씻음, 손 씻는 그릇	
N2 ていあん 테-앙	[提案] 몡 제안; 안건(案件)을 제출함	
N2 ていいん 테-잉	[定員] 몡 정원; 수용 인원, 일정한 인원	
N2 ていか 테-까	[低下] 몡 저하; 정도가 낮아짐	
N2 ていか 테-까	[定価] 몡 정가; 정해진 가격	
N2 ていき 테-끼	[定期] 몡 정기; 정해진 일정 기간	
N1 ていぎ 테-기	[定義] 몡 정의	
N2 ていけん 테-끼껭	[定期券] 몡 정기권; 정기 승차권	
N2 ていきゅうび 테-뀨-비	[定休日] 몡 정기(定期) 휴일	
N1 ていきょう 테-꾜-	[提供] 몡 제공; 내어놓음, 제출	
N1 テイクアウト 테이꾸아우또	takeout 몡 테이크아웃, 사 가지고 가는 요리	
N2 ていけい 테-께-	[提携] 몡 제휴; 서로 협조함	

N2 **ていこう** 테-꼬-	[抵抗] 명 저항; 거역함, 반항, 항쟁
N1 **ていさい** 테-사이	[体裁] 명 체재; 외관, 겉모양
N2 **ていし** 테-시	[停止] 명 정지; 중도에서 멈춤
N1 **ていじ** 테-지	[提示] 명 제시; 꺼내어 보여 줌
N2 **ていしゃ** 테-샤	[停車] 명 정차; 정거
N2 **ていしゅつ** 테-슈쯔	[提出] 명 제출; 내어놓음, 나타내어 보임
N1 **ティシュペーパー** 티슈뻬-빠-	명 티슈
N1 **ていしょく** 테-쇼꾸	[定食] 명 정식; 메뉴에 의해서 내어놓는 음식
N1 **ていせい** 테-세-	[訂正] 명 정정; 잘못된 것을 바로 고침
N1 **ていたい** 테-따이	[停滞] 명 정체; 일이 진행되지 않음
N1 **ていたく** 테-따꾸	[邸宅] 명 저택; 규모가 큰 집
N2 **ていでん** 테-뎅	[停電] 명 정전; 전등이 한 때 꺼짐

N2 **ていど** 테-도	[程度] 명 정도; 성질이나 값어치의 기준
N4 **ていねい** 테-네-	[丁寧] な형 공손함, 정중함
N1 **ていねん** 테-넹	[定年] 명 정년
N1 **ていぼう** 테-보-	[堤防] 명 제방; 둑
N1 **ディーラー** 디-라-	dealer 명 딜러, 업자, 상인
N1 **ていり** 테-리	[定理] 명 정리
N2 **でいり** 데이리	[出入り] 명 드나듦, 출입
N2 **でいりぐち** 데이리구찌	[出入り口] 명 출입구(=ではいりぐち)
N2 **ていれ** 테이레	[手入れ] 명 손질, (경찰의) 단속
N5 **テーブル** 테-부루	table 명 테이블
N1 **ておくれ** 테오꾸레	[手後れ] 명 시기를 놓쳐 가망이 없음
N1 **てがかり** 테가까리	[手掛(か)り] 명 실마리, 어떤 목적을 위한 단서

일한 단어 | 389

てがける 테가께루 N5	[手掛ける] 동 직접 다루다
でかける 데까께루 N1	[出掛ける] 동 (목적지로) 나가다, 나서다, 외출하다
てかず 테까즈 N1	[手数] 명 성가신 수고, 수고비
てがみ 테가미 N5	[手紙] 명 편지, 서한(=しょかん)
てがる 테가루 N1	[手軽] な형 간편함, 간단함, 손쉬움
てき 테끼 N2	[敵] 명 적; 적군(敵軍), 적수(敵手)
てき 테끼 N3	[的] 명 표적, 적
できあがり 데끼아가리 N2	[出来上(が)り] 명 완성, 완성품
できあがる 데끼아가루 N2	[出来上がる] 동 완성되다, 완전히 만들다
てきおう 테끼오- N1	[適応] 명 적응
てきかく 테끼까꾸 N2	[的確] 명 틀림없이 정확(正確)함(=てっかく)
てきかく 테끼까꾸 N2	[適確] 명 적당하고 확실함, 틀림없이 확실함

^{N1} **てきぎ** 테끼기	[適宜] 명 적의; 적절함, 적당함
^{N2} **できごと** 데끼고또	[出来事] 명 사건, 사고, 일어난 일
^{N4} **テキスト** 테끼스또	text 명 텍스트, 교과서, 원서
^{N2} **てきする** 테끼스루	[適する] 동 알맞다, 적합하다
^{N1} **てきせい** 테끼세-	[適性] 명 적성; 적합한 성질
^{N2} **てきせつ** 테끼세쯔	[適切] な형 적절함; 딱 들어맞음
^{N2} **てきど** 테끼도	[適度] 명 적도; 알맞은 정도
^{N4} **てきとう** 테끼또-	[適当] な형 적당; 적합함, 적절함
^{N2} **てきよう** 테끼요-	[適用] 명 적용
^{N4} **できる** 데끼루	[出来る] 동 할 수 있다, 되다, 생기다, 가능하다
^{N1} **てぎわ** 테기와	[手際] 명 (사물을 처리하는) 솜씨
^{N5} **でぐち** 데구찌	[出口] 명 출구; 나가는 곳, 나오는 곳

N2 **てくび** 테쿠비	[手首] 명 손목, 팔목
N1 **でくわす** 데쿠와스	[出くわす] 동 우연히 만나다
N2 **でこぼこ** 데코보코	[凸凹] 명 표면이 울퉁불퉁함, 들쭉날쭉(=とつおう)
N1 **てごろ** 테고로	[手頃] 명 (크기·굵기가) 적당함
N1 **デザイン** 데자잉	design 명 디자인, 설계, 계획
N2 **でし** 데시	[弟子] 명 제자; 가르침을 받는 사람
N2 **てじな** 테지나	[手品] 명 요술, 마술, 속임수
N1 **てじゅん** 테중	[手順] 명 수순; 순서, 절차
N1 **てじょう** 테죠-	[手錠] 명 수갑, 쇠고랑
N1 **データ** 데-따	data 명 데이터, (관찰에 의해 얻어진) 정보
N2 **でたらめ** 데따라메	명 엉터리, 터무니없음
N1 **てぢか** 테지까	[手近] な형 바로 곁에 있음, 근처

| N2 **てちょう**
テ쪼— | [手帳]
명 수첩(手帖) |

| N2 **てつ**
테쯔 | [鉄]
명 철; 쇠, 굳고 단단한 것 |

| N2 **てつがく**
테쯔가꾸 | [哲学]
명 철학 |

| N2 **てっきょう**
텍꼬— | [鉄橋]
명 철교; 쇠로 된 다리 |

| N1 **てっこう**
텍꼬— | [鉄鋼]
명 철강; 강철 |

| N1 **てっする**
텟스루 | [徹する]
동 꿰뚫다, 관철시키다, 일관하다 |

| N2 **てつだい**
테쯔다이 | [手伝い]
명 거듦, 도와줌, 돕는 사람 |

| N4 **てつだう**
테쯔다우 | [手伝う]
동 같이 거들다, 돕다 |

| N2 **てつづきほう**
테쯔즈끼호— | [手続(き)法]
명 수속법; 절차법 |

| N2 **てってい**
텟떼— | [徹底]
명 철저; 밑바닥까지 깊이 꿰뚫음, 투철 |

| N3 **てっていてき**
텟떼—떼끼 | [徹底的]
명 철저함 |

| N2 **てつどう**
테쯔도— | [鉄道]
명 철도; 기찻길 |

일한 단어 | 393

N1 **てつぼう** 테쯔보-	[鉄棒] 명 (체조용의) 철봉
N2 **てっぽう** 텟뽀-	[鉄砲] 명 총, 소총, 철제 목욕탕
N2 **てつや** 테쯔야	[徹夜] 명 철야; 밤을 새움, 밤샘
N1 **でなおし** 데나오시	[出直し] 명 (돌아갔다가) 다시 옴
N2 **てぬぐい** 테누구이	[手拭い] 명 손을 닦는 데 쓰는 수건
N1 **てはい** 테하이	[手配] 명 수배; 준비, 채비
N1 **てはず** 테하즈	[手筈] 명 준비, 채비, 계획
N5 **デパート** 데빠-또	department store 명 디파트먼트 스토어, 백화점
N1 **てびき** 테비끼	[手引き] 명 안내, 안내인, 길잡이
N1 **デビットカード** 데빗또까-도	debit card 명 데빗카드, 직불카드
N4 **てぶくろ** 테부꾸로	[手袋] 명 장갑, 깍지
N1 **てほん** 테홍	[手本] 명 글씨본, 그림본, 모범, 본

N2 **てま** 테마	[手間] 명 노력, 품, 시간, 일손, 노동
N1 **テーマ** 테-마	theme 명 테마, 주제, 화제, 논지
N2 **てまえ** 테마에	[手前] 명 자기 앞, 자기에 가까운 곳, 이쪽
N1 **てまわし** 테마와시	[手回し] 명 손으로 돌림, 준비
N2 **でむかえ** 데무까에	[出迎え] 명 출영; 마중
N2 **でむかえる** 데무까에루	[出迎える] 동 출영하다, 서서 맞이하다
N1 **デモ** 데모	demonstration 명 데몬스트레이션, 시위운동
N1 **てもと** 테모또	[手元] 명 손이 미치는 범위, 주변
N4 **てら** 테라	[寺] 명 절, 사찰(寺刹)
N2 **てらす** 테라스	[照らす] 동 (빛을) 비추다
N1 **てりかえす** 테리까에스	[照り返す] 동 반사(反射)하다
N5 **てる** 테루	[照る] 동 (빛이) 비치다, 밝게 빛추다

N2 でる 데루	[出る] 동 (밖으로) 나오다, 전진하다, 진출하다
N5 テレビ 테레비	television 명 텔레비전
N1 てわけ 테와께	[手分け] 명 분담함
N4 てん 텡	[点] 명 점; 작은 표시, (답안지의) 점
N1 てん 텡	[天] 명 하늘
N4 てんいん 텡잉	[店員] 명 점원; 가게 종업원
N1 でんえん 뎅엥	[田園] 명 전원; 논과 밭, 시골
N1 てんか 텡까	[天下] 명 천하; 온 세상, 전세계
N2 てんかい 텡까이	[展開] 명 전개; (눈앞에) 펼침, 펼쳐 나감
N1 てんかい 텡까이	[転回] 명 전회; 회전(回轉), 방향
N1 てんかん 텡깡	[転換] 명 전환; 옮기고 바꿈, 옮겨져 바뀜
N5 でんき 뎅끼	[電気] 명 전기, 전등(電燈)의 속칭

N5 **でんき** 뎅끼	[伝記] ⑲ 전기; 개인의 일생 사적을 기록한 책
N2 **てんき** 텡끼	[天気] ⑲ 천기; 날씨, 일기(日氣), 기분
N2 **でんきゅう** 뎅뀨-	[電球] ⑲ 전구; 전등알
N1 **てんきょ** 텡꾜	[転居] ⑲ 전거; 주거(住居)를 바꿈, 이전(移轉)
N4 **てんきよほう** 텡끼요호-	[天気予報] ⑲ 일기(日氣) 예보
N1 **てんきん** 텡낑	[転勤] ⑲ 전근; 근무처를 옮김
N2 **てんけい** 텡께-	[典型] ⑲ 전형; 모범이 될 만한 본보기
N3 **てんけいてき** 텡께-떼끼	[典型的] な형 전형적
N1 **でんげん** 뎅겡	[電源] ⑲ 전원; 전력을 공급하는 원천
N1 **てんけん** 텡껭	[点検] ⑲ 점검; 하나하나 검사함
N1 **てんこう** 텡꼬-	[転校] ⑲ 전교; 전학(轉學)
N2 **てんこう** 텡꼬-	[天候] ⑲ 천후; 날씨, 기후

N1 **てんごく** 텡고꾸	[天国] 명 천국; 하늘나라, 훌륭하고 즐거운 곳
N2 **でんごん** 뎅공	[伝言] 명 전언; 남에게 부탁하여 말을 전함
N1 **てんさい** 텐사이	[天才] 명 천재; 태어날 때부터 갖춘 재능
N1 **てんさい** 텐사이	[天災] 명 천재; 자연 재해(災害)
N1 **てんじ** 텡지	[展示] 명 전시; 작품이나 물품을 진열
N2 **でんし** 뎅시	[電子] 명 전자
N5 **でんしゃ** 덴샤	[電車] 명 전차; 전기로 가는 열차
N2 **てんじょう** 텐죠-	[天井] 명 천정; 천장, 최대값
N1 **てんじる** 텐지루	[転じる] 동 변하다, 바뀌다
N2 **てんすう** 텐스-	[点数] 명 점수; 평점·득점의 수
N1 **てんずる** 텐즈루	[転ずる] 동 변하다, 바뀌다
N1 **でんせつ** 덴세쯔	[伝説] 명 전설; 전해 내려오는 이야기

N2 でんせん 덴셍	[電線] 명 전선; 전깃줄
N2 でんせん 덴셍	[伝染] 명 전염
N1 てんせん 텐셍	[点線] 명 점선; 점으로 이어진 선
N3 でんせんびょう 덴셍뵤-	[伝染病] 명 전염병
N1 てんたい 텐따이	[天体] 명 천체; 우주의 총칭
N2 でんたく 덴따꾸	[電卓] 명 전자 계산기
N1 でんたつ 덴따쯔	[伝達] 명 전달; 전하여 알림
N2 でんち 덴찌	[電池] 명 전지
N1 てんち 텐찌	[天地] 명 천지; 하늘과 땅, 세계
N2 でんちゅう 덴쮸-	[電柱] 명 전주; 전신주
N2 てんてんと 텐뗀또	[転々と] 부 여기저기 옮겨 다님
N4 でんとう 덴또-	[電灯] 명 전등; 전등불

N2 でんとう 덴또-	[伝統] 명 전통
N1 てんにん 텐닝	[転任] 명 전임; 직무(職務)·임지(任地)를 바꿈
N2 てんねん 텐넹	[天然] 명 천연; 자연 그대로임
N2 てんのう 텐노-	[天皇] 명 천황; 일본 국왕(國王)
N2 でんぱ 뎀빠	[電波] 명 전파
N2 テンポ 템뽀	tempo 명 템포, 사물의 진전되는 속도
N4 てんぼう 템보-	[展望] 명 전망; 멀리까지 바라봄
N1 でんぽう 뎀뽀-	[電報] 명 전보; 전신으로 글을 보내
N1 てんぼうだい 템보-다이	[展望台] 명 전망대
N1 でんらい 덴라이	[伝来] 명 전래; 전해 내려옴
N1 てんらく 텐라꾸	[転落] 명 전락; 굴러 떨어짐, 타락함
N4 てんらんかい 텐랑까이	[展覧会] 명 전람회

N2 でんりゅう 덴류-	[電流] 명 전류; 전기의 흐름
N5 でんわ 뎅와	[電話] 명 전화
N2 と 토	[都] 명 '東京都(とうきょうと)'의 준말
N5 ど 도	[度] 명 도, 정도, 한도, (안경의) 도
N5 ど 도	[土] 명 '土曜日(どようび)'의 준말
N1 と 토	[戸] 명 문, 집의 출입문
N2 とい 토이	[問(い)] 명 물음, 질문, 문제, 설문
N2 といあわせ 토이아와세	[問い合(わ)せ] 명 조회, 문의
N1 といあわせる 토이아와세루	[問い合わせる] 동 조회하다, 문의하다, 알아보다
N2 とう 토-	[党] 명 당; 무리, 패거리, 정당(政黨)
N3 とう 토-	[島] 명 섬
N3 どう 도-	[道] 명 '北海道(ほっかいどう)'의 준말

N1 とう 토-	[棟] 圐 지붕의 제일 높은 곳, 마룻도리, 마룻대	
N2 どう 도-	[同] 圐 동; 같음, 비슷함, 같은 것	
N1 どう 도-	[胴] 圐 몸통, 동체(胴體)	
N2 どう 도-	[銅] 圐 동; 구리	
N5 とう 토-	[等] 圐 (숫자에 접속하여) 등; 순서, 순위	
N2 とう 토-	[問う] 園 묻다, 질문하다, 듣다	
N2 とう 토-	[塔] 圐 탑	
N1 どうい 도-이	[同意] 圐 동의; 뜻이 같음, 찬성	
N2 どういつ 도-이쯔	[同一] 圐 동일; 똑같음, 한가지임	
N2 とういつ 토-이쯔	[統一] 圐 통일; 2개 이상의 것을 합치는 일	
N1 どういん 도-잉	[動員] 圐 동원; 목적을 위해 사람·물자를 모음	
N2 どうかく 도-까꾸	[同格] 圐 동격; 같은 자격	

N1 どうかん 도-깡	[同感] 명 동감; 같은 느낌
N1 とうき 토-끼	[陶器] 명 도기; 오지그릇, 도자기
N1 どうき 도-끼	[動機] 명 동기; 일을 발동시키는 계기
N1 とうぎ 토-기	[討議] 명 토의
N1 どうきゅう 도-뀨-	[同級] 명 동급; 같은 등급
N1 とうきゅう 토-뀨-	[等級] 명 등급; 등수
N1 どうきょ 도-꾜	[同居] 명 동거; 같은 집에 함께 사는 일
N4 どうぐ 도-구	[道具] 명 도구; 연장, 용구
N2 とうげ 토-게	[峠] 명 고개, 산마루, 고비, 한창
N2 とうけい 토-께-	[統計] 명 통계; 한데 합쳐서 셈
N1 どうこう 도-꼬-	[動向] 명 동향; 마음의 움직임
N1 とうこう 토-꼬-	[登校] 명 등교; 학생이 학교에 감

N1	**とうごう** 토-고-	[統合] 명 통합; 2개 이상의 것을 하침
N2	**どうさ** 도-사	[動作] 명 동작; 몸놀림
N2	**とうざい** 토-자이	[東西] 명 동서; 동쪽과 서쪽
N3	**とうざいなんぼく** 토-자이난보꾸	[東西南北] 명 동서남북
N1	**とうさん** 토-상	[倒産] 명 도산; 기업이 망함
N2	**とうじ** 토-지	[当時] 명 당시; 그때, 그 무렵
N2	**どうし** 도-시	[動詞] 명 동사; 품사의 한 가지
N1	**どうし** 도-시	[同士] 명 같은 패, 동지(同志) 접미 ~끼리
N2	**どうじ** 도-지	[同時] 명 동시; 같은 시각
N1	**どうし** 도-시	[同志] 명 동지; 사상과 행동을 같이하는 사람
N1	**とうし** 토-시	[投資] 명 투자; 사업에 자금을 투입함
N2	**とうじつ** 토-지쯔	[当日] 명 당일; 그 날

N2 とうしょ 토-쇼	[投書] 명 투서; 투고
N1 どうじょう 도-죠-	[道場] 명 도장; 불도를 교수·수도하는 장소
N1 どうじょう 도-죠-	[同情] 명 동정; 타인의 불행을 가엾게 여김
N2 とうじょう 토-죠-	[登場] 명 등장; 무대에 나타남
N1 とうせい 토-세-	[統制] 명 통제; 많은 사물을 단속함
N1 とうせん 토-셍	[当選] 명 당선; 선거에 뽑힘
N2 とうぜん 토-젱	[当然] な형 당연; 마땅함
N5 どうぞ 도-조	부 부디, 어서, 아무쪼록(=どうか)
N1 とうそう 토-소-	[逃走] 명 도주; 몰래 도망쳐 달아남
N1 とうそつ 토-소쯔	[統率] 명 통솔; 총괄하여 거느림
N2 とうだい 토-다이	[灯台] 명 등대, 등잔 받침대
N1 とうたつ 토-따쯔	[到達] 명 도달; 정한 곳에 다다름

N1 とうち 토-찌	[統治] 명 통치; 주권자가 나라를 다스림
N2 とうちゃく 토-짜꾸	[到着] 명 도착; 어느 장소에 다다름
N1 どうちょう 도-쪼-	[同調] 명 동조; 보조를 맞춤
N1 とうてい 토-떼-	[到底] 부 요컨대, 결국, 도저
N1 どうてき 도-떼끼	[動的] 명 동적; 움직이고 있는 모양
N3 とうとい 토-또이	[貴い] い형 귀중하다(=たっとい)
N3 とうとい 토-또이	[尊い] い형 고귀하다(=たっとい)
N4 とうとう 토-또-	[到頭] 부 드디어, 마침내, 결국
N1 どうとう 도-또-	[同等] 명 동등; 같은 등급
N1 どうどうと 도-도-또	[堂々と] 부 당당함, 당당히
N2 どうとく 도-또꾸	[道徳] 명 도덕; 사람이 지켜야 할 바른 길
N1 とうとぶ 토-또부	[尊ぶ] 동 숭상하다(=たっとぶ), 소중히 하다

| N2 **とうなん**
토-낭 | [盗難]
명 도난; 도둑맞는 재난 |

| N1 **どうにゅう**
도-뉴- | [導入]
명 도입; (사물을) 끌어넣음 |

| N1 **とうにゅう**
토-뉴- | [投入]
명 투입; 던져 넣음 |

| N1 **とうにん**
토-닝 | [当人]
명 당인; 당사자, 본인 |

| N2 **とうばん**
토-방 | [当番]
명 당번; 차례가 됨(↔非番) |

| N2 **とうひょう**
토-효- | [投票]
명 투표 |

| N1 **どうふう**
도-후- | [同封]
명 동봉; 편지에 함께 넣어 봉함 |

| N5 **どうぶつ**
도-부쯔 | [動物]
명 동물 |

| N4 **どうぶつえん**
도-부쯔엥 | [動物園]
명 동물원 |

| N2 **とうぶん**
토-붕 | [等分]
명 등분; 동일하게 나눔 |

| N1 **とうみん**
토-밍 | [冬眠]
명 동면; 겨울잠 |

| N1 **どうめい**
도-메- | [同盟]
명 동맹; 함께 행동하기로 약속함 |

N2 **とうめい** 토-메-	[透明] 명 투명; 트이어 있음
N5 **どうも** 도-모	부 참으로, 아무래도, 어딘가, 도무지
N2 **とうゆ** 토-유	[灯油] 명 등유; 등불을 켜는 데 쓰는 기름
N2 **とうよう** 토-요-	[東洋] 명 동양; 오리엔트
N2 **どうよう** 도-요-	[同様] 명 마찬가지임, 다름없음
N1 **どうよう** 도-요-	[動揺] 명 동요; 흔들려 움직임
N2 **どうよう** 도-요-	[童謡] 명 동요; 어린이 노래
N3 **とうようじん** 토-요-징	[東洋人] 명 동양인
N2 **どうりょう** 도-료-	[同僚] 명 동료; 같은 직장의 사람
N1 **どうりょく** 도-료꾸	[動力] 명 동력; 원동력
N2 **どうろ** 도-로	[道路] 명 도로; 길
N1 **とうろく** 토-로꾸	[登録] 명 등록; 공식 기록에 오름

とうろん N1 토-롱	[討論] 몡 토론; 의론을 벌이는 일
どうわ N2 도-와	[童話] 몡 동화; 어린이를 위한 이야기
とお N5 토-	[十] 몡 열, 열 개, 열 살
とおい N5 토-이	[遠い] い형 거리가 멀다
とおか N5 토-까	[十日] 몡 초열흘날, 열흘, 10일간
とおく N4 토-꾸	[遠く] 몡 먼 곳 뷔 멀리
とおす N2 토-스	[通す] 동 관통·침투하다, 통과시키다
とおり N2 토-리	[通り] 몡 도로, 한길, 거리
とおりかかる N2 토-리까까루	[通り掛かる] 동 마침 그 곳을 지나가다
とおりすぎる N2 토-리스기루	[通り過ぎる] 동 지나가다, 통과하다
とおる N4 토-루	[通る] 동 지나가다, 통하다
とかい N2 토까이	[都会] 몡 도회; 도시

N1 とかく 토까꾸	[兎角] 부 이럭저럭, 이러쿵저러쿵
N2 とかす 토까스	[溶かす] 동 물에 녹이다
N2 とかす 토까스	[熔かす] 동 금속을 불에 녹이다
N2 とがる 토가루	[尖る] 동 뾰족해지다(=とんがる)
N2 とき 토끼	[時] 명 때, 시간, 시각, 시점
N5 ときどき 토끼도끼	[時々] 부 그때그때, 때때로, 가끔
N2 どく 도꾸	[毒] 명 독; 독약, 해로움
N2 とく 토꾸	[得] 명 득; 이득, 이익 な형 유리한 일
N1 とく 토꾸	[説く] 동 설명하다, 타이르다
N1 とぐ 토구	[研ぐ] 동 (날붙이 등을) 갈다
N2 とく 토꾸	[溶く] 동 (액체에) 풀다, 개다
N2 とく 토꾸	[解く] 동 (묶은 것) 풀다, 뜯다

N2 **とくい** 토꾸이	[得意] な형 득의; 만족, 뽐냄
N1 **とくぎ** 토꾸기	[特技] 명 특기; 특별히 잘하는 기술
N1 **どくさい** 도꾸사이	[独裁] 명 독재; 독단으로 사물을 재결함
N1 **とくさん** 토꾸상	[特産] 명 특산; 독특한 산물
N1 **どくじ** 도꾸지	[独自] 명 독자; 개인적임, 독특함
N1 **どくしゃ** 도꾸샤	[読者] 명 독자; 책을 읽는 사람
N2 **とくしゅ** 토꾸슈	[特殊] な형 특수; 보통과 다름
N1 **とくしゅう** 토꾸슈-	[特集] 명 특집
N2 **どくしょ** 도꾸쇼	[読書] 명 독서
N2 **とくしょく** 토꾸쇼쿠	[特色] 명 특색; 특질, 특징
N2 **どくしん** 도꾸싱	[独身] 명 독신; 미혼자, 홀몸
N1 **どくせん** 도꾸셍	[独占] 명 독점; 혼자서 독차지함

N1	**どくそう** 도꾸소-	[独創] 몡 독창
N2	**とくちょう** 토꾸쬬-	[特長] 몡 특장; 특별한 장점
N2	**とくちょう** 토꾸쬬-	[特徴] 몡 특징; 특색, 특별히 눈에 띄는 점
N2	**とくてい** 토꾸떼-	[特定] 몡 특정; 특별히 지정함
N1	**とくてん** 토꾸뗑	[得点] 몡 득점; 점수를 얻음
N2	**どくとく** 도꾸또꾸	[独特] な형 독특함, 특별히 다름
N4	**とくに** 토꾸니	[特に] 틧 특히, 특별히, 각별히(=ことさら)
N1	**とくは** 토꾸하	[特派] 몡 특파; 특별히 파견함
N2	**とくばい** 토꾸바이	[特売] 몡 특매; 특별히 싸게 판매
N1	**とくはいん** 토꾸하잉	[特派員] 몡 특파원
N4	**とくべつ** 토꾸베쯔	[特別] な형 특별; 보통과 다름
N1	**とくゆう** 토꾸유-	[特有] 몡 특유; 특별히 지니고 있는 일

N2 どくりつ 도꾸리쯔	[独立] 명 독립; 따로 떨어져 혼자 섬
N1 とげ 토게	[棘] 명 가시, 마음을 자극하는 심술궂은 일
N5 とけい 토께-	[時計] 명 시계
N2 とけこむ 토께꼬무	[溶け込む] 동 (어떤 물질이) 녹다, 용해되다
N1 とげる 토게루	[遂げる] 동 (목적을) 이루다, 완수하다, 달성하다
N2 とける 토께루	[溶ける] 동 녹다, 용해되다
N2 とける 토께루	[熔ける] 동 녹다, 고체가 액체로 되다
N2 とける 토께루	[解ける] 동 매듭이 풀리다, 풀어지다
N2 とこのま 토꼬노마	[床の間] 명 (일본가옥의) 바닥을 한 층 높인 곳
N4 とこや 토꼬야	[床屋] 명 이발소, 이발사
N5 ところ 토꼬로	[所] 명 곳, 장소, 주소, 근무처
N2 ところどころ 토꼬로도꼬로	[所所] 명 군데군데, 여기저기

N2 □	**とざん** 토장	[登山] 명 등산; 높은 산에 오름
N5 □	**とし** 토시	[年] 명 해, 년, 나이, 연령
N2 □	**とし** 토시	[都市] 명 도시; 도회지
N1 □	**としごろ** 토시고로	[年頃] 명 적령기, 시집갈 나이
N2 □	**としつき** 토시쯔끼	[年月] 명 세월, 긴 세월, 오랜 세월
N1 □	**とじまり** 토지마리	[戸締(ま)り] 명 문단속
N1 □	**とじょう** 토죠-	[途上] 명 도상; 도중, 노상(路上)
N5 □	**としょかん** 토쇼깡	[図書館] 명 도서관
N2 □	**としより** 토시요리	[年寄り] 명 노인, 늙은이
N1 □	**とじる** 토지루	[綴じる] 동 (끈으로) 철하다, 꿰매어 얽어매다
N2 □	**とじる** 토지루	[閉じる] 동 (열린 것이) 닫히다, 닫다, 눈을 감다
N2 □	**としん** 토싱	[都心] 명 도심; 도시의 중심지

N1	**どだい** 도다이	[土台] 명 토대; 기초, 본시, 사물의 근본
N1	**とだえる** 토다에루	[途絶える] 동 두절되다, 왕래가 끊어지다
N2	**とだな** 토다나-	[戸棚] 명 안에 선반을 단 장, 찬장, 벽장
N1	**とたん** 토땅	[途端] 명 ~하는 순간, 찰나,
N2	**とち** 토찌	[土地] 명 토지; 땅, 대지(垈地)
N4	**とちゅう** 토쮸-	[途中] 명 도중; 어떤 일을 하고 있을 때
N4	**とっきゅう** 톡뀨-	[特急] 명 특급
N1	**とっきょ** 톡꾜	[特許] 명 특허; 특별히 허가함
N1	**とっけん** 톡껭	[特権] 명 특권; 특별한 권리
N1	**とつじょ** 토쯔죠	[突如] 명 갑자기, 별안간, 돌연
N1	**とつぜん** 토쯔쩽	[突然] 부 돌연; 갑자기, 느닷없이
N2	**トップ** 톱뿌	[top] 명 톱, 정상, 선두, 선단, 첫째

| N1 | **どて** 도떼 | [土手] 명 둑, 제방, 토담 |

| N5 | **とても** 토떼모 | 부 대단히, 도저히, 아무리해도, 몹시 |

| N2 | **とどく** 토도꾸 | [届く] 동 (보낸 물건이) 도착하다, 미치다 |

| N1 | **とどけ** 토도께 | [届(け)] 명 신고, 신고서 |

| N4 | **とどける** 토도께루 | [届ける] 동 (물건을) 보내다, 닿게 하다, 제출하다 |

| N1 | **とどこおる** 토도꼬-루 | [滞る] 동 일이 순조롭지 못하다 |

| N2 | **ととのう** 토또노- | [整う] 동 정돈되다, 정비되다 |

| N1 | **ととのえる** 토또노에루 | [整える] 동 정돈하다, 정리하다 |

| N1 | **となえる** 토나에루 | [唱える] 동 노래하다, 소리를 내어 읽다 |

| N5 | **となり** 토나리 | [隣] 명 이웃, 옆, 곁, 이웃집 |

| N2 | **どなる** 도나루 | [怒鳴る] 동 큰 소리로 부르다 |

| N2 | **とにかく** 토니까꾸 | [兎に角] 부 어쨌든, 하여튼 |

N5 **どの** 도노	[殿] 몡 귀인의 저택, 귀족이나 호족의 집
N1 **とのさま** 토노사마	[殿様] 몡 귀인이나 군주의 높임말
N2 **とばす** 토바스	[飛ばす] 동 (하늘로) 날리다
N2 **とびこむ** 토비꼬무	[飛び込む] 동 몸을 던지다, 뛰어 들어가다
N2 **とびだす** 토비다스	[飛び出す] 동 뛰쳐나가다, 뛰어 들어가다
N1 **とびら** 토비라	[扉] 몡 문, 문짝, 대문
N5 **とぶ** 토부	[跳ぶ] 동 뛰다, 뛰어오르다, 흩날리다, 퍼지다
N2 **とぶ** 토부	[飛ぶ] 동 (하늘을) 날다, 비행하다
N1 **とほ** 토호	[徒歩] 몡 도보; 걸어서 감
N1 **どぼく** 도보꾸	[土木] 몡 토목
N1 **どぼくこうじ** 도보꾸꼬-지	[土木工事] 몡 토목 공사
N1 **とぼける** 도보께루	[恍ける] 동 얼빠지다, 멍청해지다

N1 **とぼしい** 토보시이	[乏しい] [い형] 부족하다, 모자라다
N1 **とまどい** 토마도이	[戸惑い] 명 당황함, 망설임
N1 **とまどう** 토마도우	[戸惑う] 동 당황하다, 망설이다
N3 **とまる** 토마루	[留まる] 동 (새·벌레 등이) 움직이지 않다
N4 **とまる** 토마루	[泊まる] 동 (숙소에) 묵다
N5 **とまる** 토마루	[止まる] 동 (활동·기계 등) 멎다, 멈추다, 서다
N1 **とみ** 토미	[富] 명 부; 재산, 재화(財貨), 자원
N1 **とむ** 토무	[富む] 동 부자가 되다, 부유해지다
N3 **とめる** 토메루	[留める] 동 고정시키다, 정지시키다
N4 **とめる** 토메루	[泊める] 동 (숙소에) 묵게 하다, 숙박시키다
N2 **とめる** 토메루	[止める] 동 (활동·기계) 세우다, 막다, 정지하다
N1 **とも** 토모	[共] 접두 함께, 같이, 모두, 전부

N2 **とも** 토모	[友] 명 벗, 동무, 친구, 동료
N1 **ともかく** 토모까꾸	[兎も角] 부 여하튼, 어쨌든
N1 **ともかせぎ** 토모까세기	[共稼ぎ] 명 맞벌이
N5 **ともだち** 토모다찌	[友達] 명 친구, 동무, 벗(=友人; ゆうじん)
N2 **ともなう** 토모나우	[伴う] 동 (사람을) 동반하다
N2 **ともに** 토모니	[共に] 부 함께, 다 같이, 동시에
N1 **ともばたらき** 토모바따라끼	[共稼き] 명 맞벌이
N2 **どよう** 도요~	[土曜] 명 토요; 토요일
N5 **どようび** 도요~비	[土曜日] 명 토요일
N2 **とら** 토라	[虎] 명 범, 호랑이
N1 **ドライ** 도라이	dry 명 드라이, 무미건조함
N2 **ドライブ** 도라이부	drive 명 드라이브, 자동차의 장거리 운전

N2 **とらえる** 토라에루	[捕(ら)える] 동 잡다, 붙들다
N1 **トラブル** 토라부루	trouble 명 트러블
N2 **ドラマ** 도라마	drama 명 드라마, 각본, 희곡, 연근
N1 **トランク** 토랑꾸	trunk 명 여행용 대형 가방, 자동차의 짐 싣는 곳
N5 **とり** 토리	[鳥] 명 새, 닭, 닭고기
N2 **とりあげる** 토리아게루	[取り上げる] 동 손으로 집어들다, 채택(採擇)하다
N1 **とりあつかい** 토리아쯔까이	[取(り)扱(い)] 명 취급; 다루는 일
N1 **とりあつかう** 토리아쯔까우	[取り扱う] 동 취급하다, 다루다, 보살피다, 사용하다
N1 **とりい** 토리-	[鳥居] 명 神社(じんじゃ) 입구에 세운 문
N2 **とりいれる** 토리이레루	[取り入れる] 동 거두어들이다, 농작물을 수확(收穫)하다
N1 **とりかえ** 토리까에	[取(り)替え] 명 대체, 교환
N4 **とりかえる** 토리까에루	[取り換える] 동 새것으로 갈다, 교환하다

N1 **とりくむ** 토리꾸무	[取り組む] 동 맞붙다, 맞붙어 대결하다	
N2 **とりけす** 토리께스	[取り消す] 동 취소하다, 소멸시키다	
N1 **とりしまり** 토리시마리	[取(り)締(ま)り] 명 관리, 감독	
N1 **とりしまる** 토리시마루	[取り締まる] 동 관리하다	
N1 **とりしらべる** 토리시라베루	[取り調べる] 동 조사하다, 취조하다	
N2 **とりだす** 토리다스	[取り出す] 동 꺼내다, 뽑아내다	
N1 **とりたてる** 토리따떼루	[取り立てる] 동 강제적으로 징수하다	
N1 **とりつぐ** 토리쯔구	[取り次ぐ] 동 의지하다, 붙들고 늘어지다	
N1 **とりつける** 토리쯔께루	[取り付ける] 동 정한 가게에서 늘 사들이다	
N1 **とりのぞく** 토리노조꾸	[取り除く] 동 제거하다, 꺼내서 따로하다	
N1 **とりひき** 토리히끼	[取引] 명 거래, 흥정, 매매	
N1 **とりまく** 토리마꾸	[取り巻く] 동 포위하다, 에워싸다	

| N1 **とりまぜる**
토리마제루 | [取り混ぜる]
⑧ 한데 뒤섞다 |

| N1 **とりもどす**
토리모도스 | [取り戻す]
⑧ 되찾다, 회복하다 |

| N2 **どりょく**
도료꾸 | [努力]
⑲ 노력; 애씀, 힘씀 |

| N1 **とりよせる**
토리요세루 | [取り寄せる]
⑧ 가지고 오게 하다, 보내 오게 하다. |

| N5 **とる**
토루 | [採る]
⑧ (사람을) 채용하다 |

| N5 **とる**
토루 | [撮る]
⑧ (사진을) 찍다, 촬영하다 |

| N2 **とる**
토루 | [取る]
⑧ (손에) 잡다, 들다, 취하다 |

| N2 **とる**
토루 | [捕る]
⑧ (생물을) 쥐다, 가지다, 잡다 |

| N2 **ドレス**
도레스 | dress
⑲ 드레스, 여자의 옷, 부인복 |

| N1 **トレーナー**
토레-나- | trainer
⑲ 트레이너, 운동복 |

| N2 **トレーニング**
토레-닝구 | training
⑲ 트레이닝 |

| N2 **とれる**
토레루 | [取れる]
⑧ 잡을 수 있다, 취할 수 있다 |

N2 **どろ** 토로	[泥] 몡 진흙탕	
N1 **とろける** 토로께루	[蕩ける] 동 녹아서 액체가 되다	
N4 **どろぼう** 도로보-	[泥坊] 몡 도둑, 도둑질(=泥棒)	
N1 **どわすれ** 도와스레	[度忘れ] 몡 건망증, 깜빡 잊어버림	
N2 **トン** 통	ton 몡 톤	
N2 **トンネル** 톤네루	tunnel 몡 터널	

な   JAPANESE KOREAN WORDS DICTIONARY

N2 な
나
[名]
명 이름, 명칭, 호칭, 명의

N5 ない
나이
[無い]
い형 없다(↔ある)

N2 ないか
나이까
[内科]
명 내과

N2 ないかく
나이까꾸
[内閣]
명 내각

N1 ないしょ
나이쇼
[内緒]
명 은밀히 함, 비밀로 함

N1 ないしん
나이싱
[内心]
명 내심; 속마음, 의중(意中)

N2 ないせん
나이셍
[内線]
명 내선; 안쪽의 선, 구내전화선

N1 ないぞう
나이조-
[内臓]
명 내장

N1 ないぶ
나이부
[内部]
명 내부; 안쪽

N2 ないよう
나이요-
[内容]
명 내용; 집안의 볼 일

N1 ないらん
나이랑
[内乱]
명 내란; 국내의 반란

N1 ないりく 나이리꾸	[内陸] 명 내륙; 육지의 안쪽
N2 ナイロン 나이롱	nylon 명 나일론
N1 なえ 나에	[苗] 명 모종, 모
N2 なお 나오	[猶] 부 역시, 여전히 접 말하자면
N1 なおさら 나오사라	[尚更] 부 더욱더, 게다가, 더 한층
N4 なおす 나오스	[直す] 동 (잘못 된 것을) 고치다, 바로잡다
N2 なおす 나오스	[治す] 동 (병을) 치료하다
N4 なおる 나오루	[直る] 동 (잘못 된 것이) 고쳐지다, 바로잡히다
N4 なおる 나오루	[治る] 동 (병이) 낫다, 치유되다
N5 なか 나까	[中] 명 안, 속, 내부, 복판, 중앙
N2 なか 나까	[仲] 명 (사람과 사람의) 사이, 관계
N5 ながい 나가이	[永い] い형 (시간적으로) 오래다

일한 단어 | 425

N5 **ながい** 나가이	[長い] い형 (길이가) 길다, 오래다
N1 **ながし** 나가시	[流し] 명 흘려 보냄, 설거지대
N2 **ながす** 나가스	[流す] 동 흘리다, 씻어내다
N2 **なかなおり** 나까나오리	[仲直り] 명 화해, 화목(和睦)
N4 **なかなか** 나까나까	[中々] 부 꽤, 상당히, 제법
N1 **ながながと** 나가나가또	[長々と] 부 기다랗게, 길게, 오래
N2 **なかば** 나까바	[半ば] 명 절반, 반수, 반 정도
N2 **ながびく** 나가비꾸	[長引く] 동 오래 끌다, 지연되다
N1 **なかほど** 나까호도	[中程] 명 (공간의) 한가운데쯤
N2 **なかま** 나까마	[仲間] 명 동료, 한패, 같은 종류
N2 **なかみ** 나까미	[中味] 명 내용물, 알맹이
N2 **なかみ** 나까미	[中身] 명 내용물, 알맹이, 칼의 몸

N2 **ながめ** 나가메	[眺め] 명 바라보는 경치, 전망(展望)
N2 **ながめる** 나가메루	[眺める] 동 바라보다, 전망하다, 멀리보다
N2 **なかゆび** 나까유비	[中指] 명 중지; 가운뎃손가락
N2 **なかよし** 나까요시	[仲良し] 명 (주로 어린이들의) 사이
N2 **ながれ** 나가레	[流れ] 명 흐름, 흐르는 물, 물살
N2 **ながれる** 나가레루	[流れる] 동 흐르다, 흘러내리다, 유창하다
N5 **なく** 나꾸	[鳴く] 동 (새·벌레·짐승이) 울다
N4 **なく** 나꾸	[泣く] 동 울다, 후회하다, 고생하다
N2 **なぐさめる** 나구사메루	[慰める] 동 위로하다, 어루만지다
N5 **なくす** 나꾸스	[亡くす] 동 여의다, 사별하다
N2 **なくす** 나꾸스	[無くす] 동 분실하다, 잃어버리다
N4 **なくなる** 나꾸나루	[亡くなる] 동 죽다, 돌아가시다

N4 なくなる 나꾸나루	[無くなる] 동 없어지다, 보이지 않게 되다, 다하다	
N2 なぐる 나구루	[殴る] 동 세게 때리다, 구타하다	
N1 なげく 나게꾸	[嘆く] 동 탄식하다, 신음하다	
N1 なげだす 나게다스	[投げ出す] 동 내팽개치다, 내던지다	
N4 なげる 나게루	[投げる] 동 던지다, 단념하다, 포기하다	
N1 なごやか 나고야까	[和やか] な형 온화한 모양, 부드러운 모양	
N1 なごり 나고리	[名残り] 명 여운(餘韻), 여정(餘情)	
N1 なさけ 나사께	[情け] 명 정; 인정, 동정심, 자비	
N1 なさけない 나사께나이	[情けない] い형 한심하다, 인정이 없다, 무정하다	
N1 なさけぶかい 나사께부까이	[情け深い] い형 인정이 많다	
N4 なさる 나사루	[為さる] 동 하시다, 'する, なす'의 높임말	
N2 なし 나시	[無し] 명 없음, 없는 상태	

N1 **なじる** 나지루	[詰る] 동 힐문(詰問)하다, 문책하다
N5 **なぜ** 나제	[何故] 부 왜, 어째서(=なにゆえ)
N2 **なぞ** 나조	[謎] 명 수수께끼, 불가사의, 신비
N2 **なぞなぞ** 나조나조	[謎々] 명 수수께끼놀이
N1 **なだかい** 나다까이	[名高い] い형 유명하다
N5 **なつ** 나쯔	[夏] 명 여름
N2 **なつかしい** 나쯔까시ー	[懐かしい] い형 정답다, 그립다
N1 **なつく** 나쯔꾸	[懐く] 동 (친숙해져) 따르다
N1 **なづける** 나즈께루	[名付ける] 동 이름을 짓다
N2 **なっとく** 낫또꾸	[納得] 명 납득; 이해, 양해
N5 **なつやすみ** 나쯔야스미	[夏休み] 명 여름 방학·휴가
N2 **なでる** 나데루	[撫でる] 동 어루만지다, 쓰다듬다

N2 **なな** 나나	[七] 몡 칠; 일곱, 7	
N5 **ななつ** 나나쯔	[七つ] 몡 일곱, 일곱 개, 일곱	
N2 **ななめ** 나나메	[斜め] 몡 비스듬함, 경사짐	
N5 **なに** 나니	[何] 몡 무엇 캄 뭐! 뭐라고!	
N2 **なにか** 나니까	[何か] 튀 왠지 모르게, 어쩐지	
N1 **なにげない** 나니게나이	[何気無い] い형 무심하다, 태연하다	
N2 **なにで** 나니데	[何で] 튀 무엇으로	
N1 **なにとぞ** 나니또조	[何卒] 튀 부디, 아무쪼록, 제발	
N2 **なになに** 나니나니	[何々] 몡 무엇과 무엇 캄 뭐야, 무슨 일이야	
N2 **なにぶん** 나니붕	[何分] 몡 다소간, 얼마간 튀 뭐라 해도	
N2 **なにも** 나니모	[何も] 튀 무엇이나, 아무 거나, 일부러	
N5 **なのか** 나노까	[七日] 몡 초이렛날, 7일간(=なぬか)	

N2	**なべ** 나베	[鍋] 몡 냄비, 냄비요리
N2	**なま** 나마	[生] 몡 날 것, 생것, 가공하지 않은 것
N2	**なまいき** 나마이끼	[生意気] な형 건방짐, 주제넘음, 건방짐
N5	**なまえ** 나마에	[名前] 몡 이름, 성명, 명칭
N1	**なまぐさい** 나마구사이	[生臭い] い형 비릿하다, 피비린내 나다
N2	**なまける** 나마께루	[怠ける] 동 게으름을 피우다
N1	**なまぬるい** 나마누루이	[生温い] い형 미지근하다, 완만하다
N1	**なまみ** 나마미	[生身] 몡 산 몸, 살아있는 몸뚱이
N1	**なまり** 나마리	[鉛] 몡 납, 금속 원소의 하나
N1	**なみ** 나미	[並(み)] 몡 보통, 중간치, 하치, 하등
N2	**なみ** 나미	[波] 몡 (바다의) 파도, 물결
N2	**なみき** 나미끼	[並木] 몡 가로수(街路樹)

N2	**なみだ** 나미다	[涙] 명 눈물, 울음, 동정
N1	**なめらか** 나메라까	[滑らか] な형 거침없는 모양
N1	**なめる** 나메루	[舐める] 동 (혀로) 핥다(=嘗める)
N1	**なやましい** 나야마시-	[悩ましい] い형 괴롭다, 기분이 언짢다
N1	**なやます** 나야마스	[悩ます] 동 괴롭히다
N1	**なやみ** 나야미	[悩み] 명 고민, 괴로움, 번민, 근심
N1	**なやむ** 나야무	[悩む] 동 괴로워하다, 고민하다
N1	**ならう** 나라우	[倣う] 동 흉내내다, 모방하다
N5	**ならう** 나라우	[習う] 동 (학문·예능 등을) 배우다, 익히다
N1	**ならす** 나라스	[慣らす] 동 익숙해지게 하다, 습관이 되다
N2	**ならす** 나라스	[鳴らす] 동 소리를 내다, 견책(譴責)하다
N1	**ならびに** 나라비니	[並びに] 부 더불어, 혹은, 및

N5 **ならぶ** 나라부	[並ぶ] 동 늘어서다, 나란히 서다, 병행하다
N5 **ならべる** 나라베루	[並べる] 동 (한 줄로) 늘어 놓다, 열거하다
N1 **なりたつ** 나리따쯔	[成り立つ] 동 성립되다, 완성되다
N4 **なる** 나루	[鳴る] 동 울리다, 떨치다, 널리 알려지다
N2 **なる** 나루	[生る] 동 (열매가) 열리다, 맺다
N5 **なる** 나루	[成る] 동 이룩되다, 이루어지다
N4 **なるほど** 나루호도	[成程] 부 과연, 정말, 참으로
N1 **なれなれしい** 나레나레시이	[馴れ馴れしい] い형 허물없이 친하다, 정답다
N4 **なれる** 나레루	[慣れる] 동 익숙해지다, 습관이 되다
N4 **なれる** 나레루	[馴れる] 동 익숙해지다, 친숙해지다
N2 **なわ** 나와	[縄] 명 새끼줄, 줄, 오랏줄, 포승
N1 **なん** 낭	[難] 명 난; 재난, 결점, 결함, 흠, 비난

N2 **なんきょく** 낭꾜꾸	[南極] 몡 남극
N5 **なんさつ** 난사쯔	[何冊] 몡 (책·노트의) 몇 권
N5 **なんしゅうかん** 난슈-깡	[何週間] 몡 몇 주간
N1 **なんだか** 난다까	[何だか] 몡 무엇인지, 무언지
N1 **なんだかんだ** 난다깐다	[何だかんだ] 연어 이것저것, 여러 가지로
N2 **なんでも** 난데모	[何でも] 연어 무엇이든지, 뭐든지
N3 **なんでもない** 난데모나이	[何でもない] 아무것도 아니다
N1 **なんと** 난또	[何と] 뷔 뭐라고, 어떻게, 어찌
N2 **なんとか** 난또까	[何とか] 연어 뭔가, 뭐라든가
N2 **なんとなく** 난또나꾸	[何となく] 뷔 어딘지 모르게, 어쩐지, 수월하게
N2 **なんとも** 난또모	[何とも] 뷔 (부정문에서) 아무렇지도, 어떻게도
N1 **なんなりと** 난나리또	[何なりと] 뷔 무엇이든지, 어느것이든

| N1 | **ナンバー**
남바- | number
명 넘버, 수, 총수 |

| N2 | **なんべい**
남베- | [南米]
명 남미; 남아메리카 |

| N2 | **なんぼく**
남보꾸 | [南北]
명 남북; 남쪽과 북쪽 |

| N5 | **に**
니 | [二]
명 2, 둘, 둘째 번, 두 번째 |

| N3 | **に**
니 | [弐]
명 '二'와 같은 글자임 |

| N1 | **に**
니 | [荷]
명 짐, 하물, 화물(貨物), 부담 |

| N2 | **にあう**
니아우 | [似合う]
동 어울리다, 걸맞다 |

| N5 | **にいさん**
니-상 | [兄さん]
명 형, 형님, 오빠 |

| N2 | **にえる**
니에루 | [煮える]
동 (물이) 끓다 |

| N4 | **におい**
니오이 | [臭い]
명 냄새, 향기(=かおり), 정취, 분위기 |

| N2 | **におう**
니오- | [臭う]
동 (악취가) 나다 |

| N4 | **にがい**
니가이 | [苦い]
い형 (맛이) 쓰다 |

N5	**にかい** 니까이	[二階] 몡 (집의) 2층, 2층 건물
N2	**にがす** 니가스	[逃がす] 동 놓아 주다, 놓치다
N5	**にがつ** 니가쯔	[二月] 몡 (1년 중의) 2월, 두 달, 2개월
N2	**にがて** 니가떼	[苦手] な형 다루기 힘든 상대, 서투름
N5	**にぎやか** 니기야까	[賑やか] な형 번화함, 흥청거림, 활기참
N2	**にぎる** 니기루	[握る] 동 (손에) 쥐다, 잡다
N1	**にぎわう** 니기와우	[賑わう] 동 흥청거리다, 북적거리다
N5	**にく** 니꾸	[肉] 몡 육; 살, 근육, 고기
N3	**にくい** 니꾸이	[難い] い형 (동사 ます형에)~하기가 어렵다
N2	**にくい** 니꾸이	[憎い] い형 밉다, 얄밉다
N1	**にくしみ** 니꾸시미	[憎しみ] 몡 미움, 증오
N1	**にくしん** 니꾸싱	[肉親] 몡 육친; 혈연 관계가 가까움

N1 にくたい 니꾸따이	[肉体] 명 육체; 몸, 몸뚱이	
N2 にくむ 니꾸무	[憎む] 동 미워하다, 증오하다	
N5 にくや 니꾸야	[肉屋] 명 정육점, 고깃간, 푸줏간	
N2 にくらしい 니꾸라시이	[憎らしい] い형 얄밉다	
N4 にげる 니게루	[逃げる] 동 도망하다, 달아나다, 도피하다	
N2 にごる 니고루	[濁る] 동 (물·공기 등이) 흐리다, 탁하다	
N5 にし 니시	[西] 명 서; 서쪽, 서풍(西風)	
N1 にしび 니시비	[西日] 명 석양, 서쪽으로 기운 해	
N1 にじむ 니지무	[滲む] 동 (액체가) 스미다, 번지다	
N5 にじゅう 니쥬-	[二十] 명 20, 스물	
N3 にじゅう 니쥬-	[二重] 명 2중; 겹, 중복됨	
N5 にじゅうよじかん 니쥬-요지깡	[二十四時間] 명 24시간	

N1	**にせもの** 니세모노	[偽物] 명 가짜 물건, 위조품(=ぎぶつ)
N2	**にち** 니찌	[日] 명 해, 태양, 햇빛, 햇살, 햇볕
N2	**にちじ** 니찌지	[日時] 명 일시; 날짜와 시각, 시일
N2	**にちじょう** 니찌죠-	[日常] 명 일상; 평소
N1	**にちや** 니찌야	[日夜] 명 낮과 밤, 밤낮, 밤낮
N2	**にちよう** 니찌요-	[日曜] 명 '日曜日(にちようび)'의 준말
N5	**にちようび** 니찌요-비	[日曜日] 명 일요일
N2	**にちようひん** 니찌요-힝	[日用品] 명 일용품
N4	**にっき** 닉끼	[日記] 명 일기
N1	**にづくり** 니즈꾸리	[荷造り] 명 포장, 짐을 꾸림
N2	**にっこう** 닉꼬-	[日光] 명 일광; 햇빛
N2	**にっちゅう** 닛쮸-	[日中] 명 주간, 대낮, 한낮

N2 にってい 닛떼-	[日程] 명 일정; 매일의 스케줄
N2 にど 니도	[二度] 명 두 번, 재차
N3 にとう 니또-	[二等] 명 2등; 두 번째 등급
N1 になう 니나우	[担う] 동 (어깨에) 메다, 짊어지다
N3 にねんせい 니넨세-	[二年生] 명 2년생
N5 にばい 니바이	[二倍] 명 2배; 두 배, 두 곱
N5 にばん 니방	[二番] 명 2번; 둘째, 두 번째
N3 にぶ 니부	[二分] 명 이부; 두 부분, 제2의 부분
N2 にぶい 니부이	[鈍い] い형 무디다, 둔하다
N1 にぶる 니부루	[鈍る] 동 무디어지다, 둔해지다
N5 にほん 니홍	[二本] 명 두 자루, 가늘고 긴 물건
N3 にほん 니홍	[日本] 명 일본(=にっぽん)

N5 **にまい** 니마이	[二枚] 몡 2매; 두 장, 두 개, 두 쪽
N5 **にもつ** 니모쯔	[荷物] 몡 하물; 짐, 화물(貨物)
N1 **ニュアンス** 뉴앙스	nuance (프) 몡 뉘앙스, 미묘한 차이
N4 **にゅういん** 뉴-잉	[入院] 몡 입원
N4 **にゅうがく** 뉴-가꾸	[入学] 몡 입학; 학교에 들어감
N2 **にゅうしゃ** 뉴-샤	[入社] 몡 입사; 회사에 취직함
N1 **にゅうしゅ** 뉴-슈	[入手] 몡 입수; 손에 넣음
N1 **にゅうしょう** 뉴-쇼-	[入賞] 몡 입상; 상을 타게 됨
N2 **にゅうじょう** 뉴-죠-	[入場] 몡 입장; 어떤 장소로 들어감
N1 **にゅうよく** 뉴-요꾸	[入浴] 몡 입욕; 목욕탕에 들어감
N1 **ニュース** 뉴-스	news 몡 뉴스, 소식, 기별
N1 **にょう** 뇨-	[尿] 몡 뇨; 소변, 오줌

N2 にょうぼう 뇨-보-	[女房] 명 아내, 마누라, 처(妻)
N2 にらむ 니라무	[睨む] 동 눈을 부라려 노려 보다
N4 にる 니루	[似る] 동 닮다, 비슷하다
N2 にる 니루	[煮る] 동 (음식을) 삶다, 끓이다, 졸이다
N5 にわ 니와	[庭] 명 뜰, 정원, 마당
N2 にわかに 니와까니	[俄に] 부 갑자기, 별안간
N2 にんき 닝끼	[人気] 명 인기; 세상의 평판
N4 にんぎょう 닝교-	[人形] 명 (장난감) 인형, 꼭두각시
N2 にんげん 닝겡	[人間] 명 인간; 사람, 인류, 세상
N1 にんしき 닌시끼	[認識] 명 인식; 사물을 분석하고 판단함
N1 にんじょう 닌죠-	[人情] 명 인정; 인간다운 애정
N1 にんしん 닌싱	[妊娠] 명 임신; 아이를 뱀

N1 にんぷ 님뿌	[妊婦] 명 임부; 임신한 부인
N1 にんむ 님무	[任務] 명 임무; 맡은 직무
N1 にんめい 님메-	[任命] 명 임명; 직무를 맡김
N2 ぬう 누-	[縫う] 동 (바늘로) 꿰매다, 깁다
N1 ぬかす 누까스	[抜かす] 동 (중요한 것을) 빠뜨리다
N5 ぬく 누꾸	[抜く] 동 (박힌 것을) 뽑다, 빼내다
N2 ぬぐ 누구	[脱ぐ] 동 (옷·신발 등을) 벗다
N1 ぬけだす 누께다스	[抜け出す] 동 살짝 빠져나가다
N2 ぬける 누께루	[抜ける] 동 빠져나가, 떨어져 나가다
N1 ぬし 누시	[主] 명 주인, 가장(家長), 임자
N1 ぬすみ 누스미	[盗み] 명 도둑질
N4 ぬすむ 누스무	[盗む] 동 훔치다, 도둑질하다

N2 **ぬの** 누노	[布] 명 천, 옷감, 직물
N1 **ぬま** 누마	[沼] 명 늪, 늘 물이 괸 곳
N2 **ぬらす** 누라스	[濡らす] 동 적시다, 젖게 하다
N4 **ぬる** 누루	[塗る] 동 (어떤 물체의 표면에) 칠하다
N5 **ぬるい** 누루이	[温い] い형 미지근하다, 미적지근하다
N4 **ぬれる** 누레루	[濡れる] 동 물에 젖다. 적셔지다, 연애하다
N2 **ね** 네	[根] 명 뿌리, 근본, 시초
N1 **ね** 네	[音] 명 (새·곤충·종·피리·거문고 등) 소리
N2 **ね** 네	[値] 명 값, 가격, 가치, 값어치
N1 **ねいろ** 네이로	[音色] 명 음색; 음의 느낌(=おんしょく)
N1 **ねうち** 네우찌	[値打ち] 명 값, 가격, 가치, 값어치
N5 **ねえさん** 네-상	[姉さん] 명 누님, 언니

N2 **ねがい** 네가이	[願い] 몡 소원, 바람, 부탁, 기원
N2 **ねがう** 네가우	[願う] 동 바라다, 원하다, 기원하다
N1 **ねかせる** 네까세루	[寝かせる] 동 잠재우다
N5 **ねこ** 네꼬	[猫] 몡 고양이
N3 **ねじ** 네지	[螺子] 몡 나사(螺絲), (시계 등의) 태엽
N2 **ねずみ** 네즈미	[鼠] 몡 쥐, 쥐색
N1 **ねたむ** 네따무	[妬む] 동 질투하다, 시기하다
N1 **ねだん** 네당	[値段] 몡 (물건의) 값, 가격
N4 **ねつ** 네쯔	[熱] 몡 열; 기후가 더움, 열중, 열의, 흥분함
N1 **ねつい** 네쯔이	[熱意] 몡 열의; 열의 열성, 열심
N4 **ねっしん** 넷싱	[熱心] な형 열심임; 어떤 일에 골똘함
N2 **ねっする** 넷스루	[熱する] 동 뜨겁게 하다, 열중하다

N2 **ねったい** 넷따이	[熱帯] 명 열대
N2 **ねっちゅう** 넷쮸-	[熱中] な형 열중임; 어떤 한 가지 일에 골몰함
N1 **ねっとう** 넷또-	[熱湯] 명 열탕; 펄펄 끓어오르는 물
N1 **ねつりょう** 네쯔료-	[熱量] 명 열량; 칼로리
N1 **ねばり** 네바리	[粘り] 명 찰기, 끈기, 끈기가 있음
N1 **ねばる** 네바루	[粘る] 동 끈적거리다, 끈기 있게 버티다
N1 **ねびき** 네비끼	[値引き] 명 할인, 에누리
N4 **ねぼう** 네보-	[寝坊] 명 늦잠을 잠
N2 **ねまき** 네마끼	[寝間着] 명 잠옷
N1 **ねまわし** 네마와시	[根回し] 명 교섭·회의 타결을 위한) 사전 공작
N4 **ねむい** 네무이	[眠い] い형 졸리다, 졸음이 오다
N1 **ねむたい** 네무따이	[眠たい] い형 졸리다, 자고 싶다

N4	**ねむる** 네무루	[眠る] 동 잠들다, 잠자다
N2	**ねらい** 네라이	[狙い] 명 노리는 바, 목표, 목적
N2	**ねらう** 네라우	[狙う] 동 노리다, 엿보다
N1	**ねる** 네루	[練る] 동 벼리다, 단련하다, 끓여서 굳히다
N5	**ねる** 네루	[寝る] 동 잠자다, 자다, 드러눕다
N3	**ねん** 넹	[年] 명 연, 연간, 1년 단위
N1	**ねん** 넹	[念] 명 생각, 주의, 주의함
N1	**ねんがじょう** 넹가죠-	[年賀状] 명 연하장
N2	**ねんかん** 넹깡	[年間] 명 연간; 한 해 동안
N1	**ねんかん** 넹깡	[年鑑] 명 연감; 1년 동안 기록한 간행물
N1	**ねんがん** 넹강	[念願] 명 염원; 소원
N2	**ねんげつ** 넹게쯔	[年月] 명 연월, 햇수와 달수, 세월

N1 ねんごう 넹고-	[年号] 명 연호; 그 해에 붙이는 칭호
N2 ねんじゅう 넹쥬-	[年中] 명 일 년 내내(=ねんちゅう)
N1 ねんしょう 넨쇼-	[燃焼] 명 연소; 물건이 탐
N3 ねんせい 넨세-	[年生] 명 학년(學年)
N2 ねんだい 넨다이	[年代] 명 연대; 경과한 시대, 과거의 시대
N1 ねんちょう 넨쬬-	[年長] 명 연장; 연상(年上)
N2 ねんど 넨도	[年度] 명 연도
N1 ねんりょう 넨료-	[燃料] 명 연료; 땔감
N1 ねんりん 넨링	[年輪] 명 연륜; 나무의 나이테
N2 ねんれい 넨레-	[年齢] 명 연령; 나이
N2 の 노	[野] 명 들, 들판, 논밭, 야생
N1 のう 노-	[脳] 명 뇌; 뇌수, 괴로워함, 걱정함, 괴롭힘

N2 **のうか** 노-까	[農家] 몡 농가; 농사짓는 집안
N2 **のうぎょう** 노-교-	[農業] 몡 농업; 농사
N1 **のうこう** 노-꼬-	[農工] 몡 농공; 농업과 공업
N2 **のうさんぶつ** 노-산부쯔	[農産物] 몡 농산물
N1 **のうじょう** 노-죠-	[農場] 몡 농장; 농원(農園)
N2 **のうそん** 노-송	[農村] 몡 농촌; 시골
N1 **のうち** 노-찌	[農地] 몡 농지; 농토, 농사짓는 땅
N2 **のうど** 노-도	[濃度] 몡 농도; 짙은 정도
N1 **のうにゅう** 노-뉴-	[納入] 몡 납입; 납품
N2 **のうみん** 노-밍	[農民] 몡 농민; 농부
N2 **のうやく** 노-야꾸	[農薬] 몡 농약; 농사에 사용하는 약
N2 **のうりつ** 노-리쯔	[能率] 몡 능률

N2 **のうりょく** 노ː료꾸	[能力] 명 능력; 일을 할 수 있는 힘
N1 **のがす** 노가스	[逃す] 동 놓아 주다, 놓치다
N1 **のがれる** 노가레루	[逃れる] 동 도망치다, 달아나다
N2 **のき** 노끼	[軒] 명 처마, 지붕 끝
N1 **のきなみ** 노끼나미	[軒並み] 명 집들이 늘어서 있음
N2 **のこぎり** 노꼬기리	[鋸] 명 톱
N2 **のこす** 노꼬스	[残す] 동 남기다, 남겨 두다
N2 **のこらず** 노꼬라즈	[残らず] 부 남김없이, 전부, 모두
N2 **のこり** 노꼬리	[残り] 명 남음, 남은 것, 나머지
N4 **のこる** 노꼬루	[残る] 동 (일부분이) 남다, 여분이 생기다
N2 **のせる** 노세루	[乗せる] 동 (탈것에) 태우다
N2 **のせる** 노세루	[載せる] 동 (짐을) 싣다

N2 のぞく 노조꾸	[覗く] 동 (좁은 틈으로) 엿보다
N2 のぞく 노조꾸	[除く] 동 없애다, 제거하다
N1 のぞましい 노조마시이	[望ましい] い형 바람직하다
N2 のぞみ 노조미	[望み] 명 소망, 소원, 희망, 전망
N2 のぞむ 노조무	[臨む] 동 면(面)하다, 마주 대하다
N1 のぞむ 노조무	[望む] 동 바라다, 원하다
N2 のち 노찌	[後] 명 뒤, 나중
N1 のっとる 놋또루	[乗っ取る] 동 탈취하다, 납치하다
N5 ノート 노-또	note 명 노트, 각서, 비망록, 메모
N4 のど 노도	[咽] 명 목, 목구멍, 목청, 목소리
N4 のど 노도	[喉] 명 목구멍, 목, 인후(咽喉)
N2 のばす 노바스	[伸ばす] 동 (길게) 늘이다, 펴다, 성장시키다

のばす 노바스	N2	[延ばす] 동 (날짜 등을) 늦추다, 펴다
のびる 노비루	N2	[伸びる] 동 (길게) 자라다, 펴지다, 발전하다
のびる 노비루	N2	[延びる] 동 (날짜 등이) 길어지다
のべ 노베	N1	[延べ] 명 (금・은 등을) 두드려서 늘임, 뻗침
のべる 노베루	N2	[述べる] 동 말하다, 진술하다
のぼり 노보리	N2	[上り] 명 올라감, 오름, 비탈
のぼる 노보루	N5	[登る] 동 (높은 곳에) 오르다
のぼる 노보루	N2	[上る] 동 (높은 곳으로) 올라가다, 상경하다
のぼる 노보루	N2	[昇る] 동 (해・달이) 떠오르다(↔おりる)
のみこむ 노미꼬무	N1	[呑み込む] 동 꿀꺽 삼키다(=飲み込む)
のみもの 노미모노	N5	[飲み物] 명 음료수, 마실 것
のむ 노무	N5	[飲む] 동 마시다, (약을) 복용하다

N2 **のり** 노리	[糊] 명 풀, 물건을 붙이는 데에 쓰는 것
N2 **のりかえ** 노리까에	[乗(り)換え] 명 환승, 갈아탐, 바꿔탐
N4 **のりかえる** 노리까에루	[乗り換える] 동 바꾸어 타다, 탈것을 바꾸다
N2 **のりこし** 노리꼬시	[乗(り)越し] 명 목적지를 지나쳐 감
N1 **のりこむ** 노리꼬무	[乗り込む] 동 차에 타다, 탑승하다
N4 **のりもの** 노리모노	[乗(り)物] 명 교통수단, 탈것, 교통
N5 **のる** 노루	[乗る] 동 (탈것에) 타다, 올라가다
N2 **のる** 노루	[載る] 동 (물건 위에) 놓이다
N2 **のろい** 노로이	[鈍い] い형 (일의 추진이) 느리다
N2 **のんき** 농끼	[呑気] な형 낙천적임, 무사태평함

は

JAPANESE KOREAN WORDS DICTIONARY

- N4 **は**
  하
  [葉]
  명 잎, 잎사귀

- N2 **は**
  하
  [刃]
  명 (칼 따위의) 날

- N1 **は**
  하
  [歯]
  명 이, 치아(齒牙)

- N5 **ば**
  바
  [場]
  명 곳, 자리, 장소, 때, 경우

- N4 **ばあい**
  바-이
  [場合]
  명 경우, 때, (특별한) 형편

- N1 **はあく**
  하-꾸
  [把握]
  명 파악; 내용·사정을 이해함

- N5 **はい**
  하이
  [杯]
  명 잔, 배, (술잔·차) 그릇 수를 세는 말

- N4 **ばい**
  바이
  [倍]
  명 배; 갑절, 2배, 곱절, 반대함

- N1 **はい**
  하이
  [敗]
  명 패; 패배, 짐

- N1 **はい**
  하이
  [肺]
  명 폐; 폐장(肺臓), 허파, 호흡 기관

- N3 **はい**
  하이
  [灰]
  명 재, 가치가 없는 것

일한 단어 | 453

N2	**はいいろ** 하이이로	[灰色] 명 회색; 잿빛(=かいしょく)
N1	**はいき** 하이끼	[廃棄] 명 폐기; 못 쓰게 된 것을 버림
N1	**はいきゅう** 하이뀨-	[配給] 명 배급; 분배하여 지급함
N1	**ばいきん** 바이낑	[黴菌] 명 미균; 박테리아, 세균
	はいぐうしゃ 하이구-샤	[配偶者] 명 배우자; 남편이나 아내
N1	**はいけい** 하이께-	[背景] 명 배경; 뒷경치, 배후 세력
N1	**はいけい** 하이께-	[拝啓] 명 배계; 편지의 첫머리에 쓰는 말
N4	**はいけん** 하이껭	[拝見] 명 배견; 우러러 봄, 삼가 봄
N1	**はいご** 하이고	[背後] 명 배후; 뒤쪽, 후방, 이면
N5	**はいざら** 하이자라	[灰皿] 명 재떨이
N1	**はいし** 하이시	[廃止] 명 폐지; 종래 있던 것을 없앰
N4	**はいしゃ** 하이샤	[歯医者] 명 치과 의사

N1 **はいしゃく** 하이샤꾸	[拝借] 명 배차; '빌리다'의 겸양어
N1 **ハイジャック** 하이작꾸	hijacking 명 하이잭, 항공기의 공중 납치
N1 **はいじょ** 하이죠	[排除] 명 배제; 물리쳐서 치워냄
N1 **ばいしょう** 바이쇼-	[賠償] 명 배상; 남에게 입힌 손해
N1 **はいすい** 하이스이	[排水] 명 배수; 물을 빼냄
N1 **はいすいこう** 하이스이꼬-	[排水溝] 명 배수구; 배수로(排水路)
N1 **はいせん** 하이셍	[敗戦] 명 패전; 전쟁·시합에 짐
N2 **はいたつ** 하이따쯔	[配達] 명 배달; 물건을 분배해 줌
N1 **はいち** 하이찌	[配置] 명 배치; 나누어 각자의 자리에 둠
N2 **ばいてん** 바이뗑	[売店] 명 매점; 물건을 파는 가게
N2 **ばいばい** 바이바이	[売買] 명 매매; 팔고 삼
N1 **はいふ** 하이후	[配布] 명 배포; 널리 배부함

N1 **はいぶん** 하이붕	[配分] 명 배분; 나누어 줌
N1 **はいぼく** 하이보꾸	[敗北] 명 패배; (경쟁·싸움에) 짐
N2 **はいゆう** 하이유-	[俳優] 명 배우; 스타
N1 **ばいりつ** 바이리쯔	[倍率] 명 배율; 경쟁률, 확대율
N1 **はいりょ** 하이료	[配慮] 명 배려; 이리저리 마음을 씀
N5 **はいる** 하이루	[入る] 동 (공간 속으로) 들어가(오)다, 첨가되다
N1 **はいれつ** 하이레쯔	[配列] 명 배열; 죽 벌여서 줄을 섬
N2 **パイロット** 파이롯또	[pilot] 명 파일럿, 항공기의 조종사
N2 **はう** 하우	[這う] 동 기다, 기어가다
N2 **はえる** 하에루	[生える] 동 나다, 자라다
N1 **はえる** 하에루	[映える] 동 (반사하여) 빛나다
N2 **ばか** 바까	[馬鹿] 명 바보, 멍청이, 바보스러운 일

N2 **はか** 하까	[墓] 명 묘; 무덤, 묘소(墓所)
N1 **はかい** 하까이	[破壊] 명 파괴; 무너뜨림, 깨뜨림
N5 **はがき** 하가끼	[葉書] 명 엽서, 우편 엽서
はがす 하가스	[剥がす] 동 (껍질 따위를) 벗기다
N2 **はかせ** 하까세	[博士] 명 박식한 사람, 학식이 있는 사람
N1 **はかない** 하까나이	[果敢ない] い형 덧없다, 무상(無常)한
N2 **はかり** 하까리	[秤] 명 저울
N2 **はかる** 하까루	[計る] 동 (길이를) 재다
N1 **はかる** 하까루	[図る] 동 (어떤 일을) 도모하다
N2 **はかる** 하까루	[量る] 동 (무게·양을 저울에) 재다
N1 **はかる** 하까루	[諮る] 동 자문하다, 의견을 묻다
N2 **はかる** 하까루	[測る] 동 (길이·넓이·높이) 재다

N1 **はき** 하끼	[破棄] 명 파기; 깨뜨리거나 찢어서 버림
N2 **はきけ** 하끼께	[吐き気] 명 구역질
N5 **はく** 하꾸	[履く] 동 (버선·양말·신발 등을) 신다
N3 **はく** 하꾸	[泊] 명 외박(外泊), 배를 멈춤
N1 **はぐ** 하구	[剥ぐ] 동 옷을 벗기다, 껍질을 벗기다
N2 **はく** 하꾸	[掃く] 동 (빗자루로) 쓸다, 소제하다
N5 **はく** 하꾸	[穿く] 동 (바지·치마 등을) 입다
N2 **はく** 하꾸	[吐く] 동 토하다, 뱉다, 게우다
N1 **はくがい** 하꾸가이	[迫害] 명 박해; 핍박
N1 **はくじゃく** 하꾸쟈꾸	[薄弱] 명 박약; 빈약(貧弱)함
N2 **はくしゅ** 하꾸슈	[拍手] 명 박수; 손뼉을 침
N1 **ばくぜん** 바꾸젠	[漠然] 명 막연; 아득함, 흐리멍덩한 모양

N2 ばくだい 바꾸다이	[莫大] な형 막대; 대단히 크고 많음
N1 ばくだん 바꾸당	[爆弾] 명 폭탄
N1 ばくは 바꾸하	[爆破] 명 폭파; 폭약으로 파괴함
N1 ばくはつ 바꾸하쯔	[爆発] 명 폭발; 일시에 터짐
N2 はくぶつかん 하꾸부쯔깡	[博物館] 명 박물관
N1 ばくろ 바꾸로	[暴露] 명 폭로; 비바람을 맞음
N2 はげしい 하게시이	[激しい] い형 심하다, 격심하다, 세차다
N1 はげます 하게마스	[励ます] 동 격려하다, 힘을 돋우어 주다
N1 はげむ 하게무	[励む] 동 힘쓰다, 노력하다
N1 はげる 하게루	[剝げる] 동 (붙은 것이) 벗겨지다
N1 ばける 바께루	[化ける] 동 변신(變身)하다
N1 はけん 하껭	[派遣] 명 파견; 명령하여서 보냄. 파송

N5 はこ 하꼬	[箱] 명 상자, 함, 궤짝, 박스
N4 はこぶ 하꼬부	[運ぶ] 동 (물건을) 나르다, 운반하다, 옮기다
N2 はさまる 하사마루	[挟まる] 동 사이에 끼이다, 사이에 서다
N2 はさみ 하사미	[鋏] 명 가위
N2 はさむ 하사무	[挟む] 동 (틈새에) 끼우다
N2 はさん 하상	[破産] 명 파산; 재산을 없앰
N5 はし 하시	[橋] 명 다리, 교량(橋梁)
N2 はし 하시	[端] 명 (어떤 물건의) 끝, 끄트머리
N5 はし 하시	[箸] 명 저; 젓가락
N1 はじ 하지	[恥] 명 부끄러움, 수치, 치욕, 창피
N1 はじく 하지꾸	[弾く] 동 (손끝으로) 튀기다
N2 はしご 하시고	[梯子] 명 사닥다리, 계단

はじまり
N2 하지마리
[始まり]
명 시작, 시초, 발단

はじまる
N5 하지마루
[始まる]
동 (새로운 일이)시작되다, 개시되다

はじめ
N5 하지메
[始め]
명 처음, 시작, 시초 부 앞, 이전

はじめて
N5 하지메떼
[初めて]
부 처음으로, 최초로

はじめに
N5 하지메니
[初めに]
부 처음에, 시초에

はじめる
N4 하지메루
[始める]
동 (새로운 일) 시작하다, 개시하다

パジャマ
N1 파자마
pajamas
명 파자마, 잠옷

ばしょ
N4 바쇼
[場所]
명 장소; 곳, (어떤) 좌석, 경우

はしら
N2 하시라
[柱]
명 기둥, 중심 인물

はじらう
N1 하지라우
[恥じらう]
동 부끄러워하다, 수줍어하다

はしる
N5 하시루
[走る]
동 달리다, 뛰다

はじる
N1 하지루
[恥じる]
동 부끄럽다, 면목없이 여기다

N2	**パス** 빠스	pass 명 패스, 통과, 합격, 급제
N4	**はず** 하즈	[筈] 명 당연·예정이나 확신을 나타냄
N4	**はずかしい** 하즈까시이	[恥ずかしい] い형 부끄럽다, 면목없다, 작용하다
N2	**はずす** 하즈스	[外す] 동 떼어내다, 떼다
N2	**パスポート** 빠스뽀―또	passport 명 패스포트, 여권
N1	**はずむ** 하즈무	[弾む] 동 (어떤 물체가 반동으로) 튀다
N2	**はずれる** 하즈레루	[外れる] 동 빠지다, 벗겨지다
N4	**パーセント** 파―센또	percent 명 퍼센트, 100분, 백분율
N1	**はそん** 하송	[破損] 명 파손; 깨어져 못쓰게 됨
N2	**はた** 하따	[旗] 명 기; 깃발, 군사를 일으키다
N2	**はだ** 하다	[肌] 명 피부, 살갗, 살결, 거죽, 표면
N2	**はだか** 하다까	[裸] 명 알몸, 맨몸, 벌거숭이, 나

N2 **はだぎ** 하다기	[肌着] 명 속옷, 내의
N2 **はたけ** 하따께	[畑] 명 밭, 전문 분야
N1 **はだし** 하다시	[裸足] 명 맨발, 맨발로 걸음, 당하지 못함
N2 **はたして** 하따시떼	[果たして] 부 예상한 대로, 과연, 역시
N1 **はたす** 하따스	[果たす] 동 수행하다, 실행하다
N5 **はたち** 하따찌	[二十歳] 명 스무 살, 20세
N2 **はたらき** 하따라끼	[働き] 명 일, 노동, 기능, 작용, 효
N5 **はたらく** 하따라꾸	[働く] 동 일하다, 활동하다, 움직이다
N5 **はち** 하찌	[鉢] 명 (중의 밥그릇) 바리때, 주발
N5 **はち** 하찌	[八] 명 8, 팔, 여덟, 여덟 째
N5 **はちがつ** 하찌가쯔	[八月] 명 8월, 1년 중 여덟 번째
N3 **はつ** 하쯔	[発] 명 발; 출발, 발신(發信), 발사

N1 **ばつ** 바쯔	[罰] 명 벌; 죄, 벌줌, 형벌을 가함
N1 **はついく** 하쯔이꾸	[発育] 명 발육; 성장, 자라남
N4 **はつおん** 하쯔옹	[発音] 명 발음; 목소리나 소리를 냄
N1 **はつが** 하쯔가	[発芽] 명 발아; 풀·나무·종자가 싹을 냄
N5 **はつか** 하쯔까	[二十日] 명 스무 날, 20일
N2 **はっき** 학끼	[発揮] 명 발휘; 떨치어 나타냄
N4 **はっきり** 학끼리	부 뚜렷이, 분명히, 확실히, 명확히
N2 **バック** 박꾸	back 명 백, 뒤, 후위
N1 **パック** 빡꾸	pack 명, 하물(荷物), 피부 미용법의 한 가지
N1 **はっくつ** 학꾸쯔	[発掘] 명 발굴; 땅속에 묻힌 것을 파냄
N2 **はっけん** 학껭	[発見] 명 발견
N1 **はつげん** 하쯔겡	[発言] 명 발언; 의견을 말함

N2 はっこう 학꼬-	[発行] 몡 발행; 도서·신문·지폐 등을 펴냄
N2 はっしゃ 핫샤	[発射] 몡 발사; (화살·총·전파 등을) 쏨
N2 はっしゃ 핫샤	[発車] 몡 발차; 차가 출발함
N2 ばっする 밧스루	[罰する] 동 벌주다, 처벌하다
N1 はっせい 핫세-	[発生] 몡 발생; 생겨남
N2 はっそう 핫소-	[発想] 몡 발상; 착상(着想), 생각나는 일
N2 はったつ 핫따쯔	[発達] 몡 발달; 진보, 성장
N2 はってん 핫뗑	[発展] 몡 발전; 세력·힘이 뻗음, 번영함
N2 はつでん 하쯔뎅	[発電] 몡 발전; 전기를 일으킴
N2 はつばい 하쯔바이	[発売] 몡 발매; 팔기 시작함
N1 はつびょう 하쯔뵤-	[発病] 몡 발병; 병이 남
N2 はっぴょう 합뾰-	[発表] 몡 발표; 널리 세상에 알림

N1	**はつみみ** 하쯔미미	[初耳] 명 금시초문, 처음 듣는 이야기
N2	**はつめい** 하쯔메-	[発明] な형 발명; 현명한 일
N3	**はて** 하떼	[果て] 명 끝, 끝장, 종말, 마지막
N2	**はで** 하데	[派手] な형 화려함, 화사함, 야함
N1	**パーティー** 파-띠-	party 명 파티, 모임, 회
N1	**はてる** 하떼루	[果てる] 동 끝나다, 다하다
N5	**はな** 하나	[鼻] 명 코, 후각(嗅覚)
N5	**はな** 하나	[花] 명 꽃, 꽃꽂이의 꽃
N5	**はなし** 하나시	[話] 명 이야기, 말, 대화, 담화
N2	**はなしあい** 하나시아이	[話(し)合い] 명 의논, 서로 이야기함
N2	**はなしあう** 하나시아우	[話し合う] 동 서로 이야기하다, 의논하다
N2	**はなしかける** 하나시까께루	[話し掛ける] 동 이야기를 걸다, 이야기를 시작하다

N2 **はなしちゅう** 하나시쮸-	[話(し)中] 명 이야기 도중, 말씀 도중
N3 **はなす** 하나스	[離す] 동 떼다, 떼어놓다
N3 **はなす** 하나스	[放す] 동 놓아주다, 풀어 주다
N5 **はなす** 하나스	[話す] 동 이야기하다, 말하다
N1 **はなはだ** 하나하다	[甚だ] 부 매우, 심히, 대단히
N2 **はなはだしい** 하나하다시이	[甚だしい] い형 (주로 나쁜) 매우 심하다, 대단하다
N1 **はなばなしい** 하나바나시이	[華華しい] い형 매우 화려하다, 눈부시다
N2 **はなび** 하나비	[花火] 명 불꽃, 폭죽(爆竹)
N3 **はなびたいかい** 하나비따이까이	[花火大会] 명 불꽃놀이
N1 **はなびら** 하나비라	[花弁] 명 화판(花瓣), 꽃잎(=かべん)
N4 **はなみ** 하나미	[花見] 명 꽃구경, 벚꽃놀이
N3 **はなむこ** 하나무꼬	[花婿] 명 신랑(↔花嫁), 갓 결혼한 남자

일한 단어 | 467

N1 **はなやか** 하나야까	[華やか] な형 화려함, 화사함	
N2 **はなよめ** 하나요메	[花嫁] 명 신부(↔花婦), 새색시	
N2 **はなれる** 하나레루	[離れる] 동 붙어 있던 것이 떨어지다	
N2 **はね** 하네	[羽根] 명 새털, 깃, (새·곤충의) 날개	
N2 **はねる** 하네루	[跳ねる] 동 뛰다, 뛰어오르다	
N5 **はは** 하하	[母] 명 어머니, 모친, 근원, 원천	
N3 **はば** 하바	[巾] 명 폭, 너비, 나비	
はば 하바	[幅] 명 폭; 너비, 나비, 천의 폭	
N2 **ははおや** 하하오야	[母親] 명 모친; 어머니	
N1 **はばむ** 하바무	[阻む] 동 가로막다, 방해하다	
はぶく 하부꾸	[省く] 동 생략하다, 제거하다	
N2 **はへん** 하헹	[破片] 명 파편; 깨어진 조각	

N1 **はま** 하마	[浜] 명 바닷가, 호숫가	
N1 **はまべ** 하마베	[浜辺] 명 바닷가, 해변가	
N1 **はまる** 하마루	[填まる] 동 (구멍·틀 등에) 꼭 끼이다	
N2 **はみがき** 하미가끼	[歯磨き] 명 양치질, 치약	
N3 **はめる** 하메루	[嵌める/填める] 동 (단추·장갑·반지) 끼우다, 넣다	
N2 **ばめん** 바멩	[場面] 명 장면; 연극·영화 등의 정경, 광경	
N1 **はもの** 하모노	[刃物] 명 날붙이, 날이 있는 도구	
N5 **はやい** 하야이	[速い] い형 (속도·동작·과정) 빠르다	
N5 **はやい** 하야이	[早い] い형 (시기·시각이) 이르다	
N5 **はやく** 하야꾸	[早く] 부 일찍이, 오래 전에, 일찍	
N2 **はやくち** 하야꾸찌	[早口] 명 말을 빨리 함, 빠른 말	
N5 **はやさ** 하야사	[速さ] 명 속도, 빠르기	

N4 はやし 하야시	[林] 명 숲, 수풀	
N1 はやす 하야스	[生やす] 동 (수염・초목 등을) 기르다	
N1 はやめる 하야메루	[速める] 동 속력을 내다, 서두르다	
N1 はやめる 하야메루	[早める] 동 (시간・기일 등을) 재촉하다	
N2 はら 하라	[腹] 명 (척추동물의) 배, 복부(腹部)	
N2 はら 하라	[原] 명 들, 들판, 평평하고 넓은 땅	
N2 はらいこむ 하라이꼬무	[払い込む] 동 돈을 납부하다	
N2 はらいもどす 하라이모도스	[払い戻す] 동 청산하고 나머지를 돌려주다	
N4 はらう 하라우	[払う] 동 (돈을) 치르다, 치다, 털다, 제거하다	
N1 はらっぱ 하랏빠	[原っぱ] 명 잡초가 난 빈터, 들, 들판	
N2 バランス 바란스	balance 명 밸런스, 균형, 평균	
N2 はり 하리	[針] 명 바늘, 바느질, 재봉	

N2 **はりがね** 하리가네	[針金] 명 철사	
N1 **はりがみ** 하리가미	[張(り)紙] 명 라벨, 레테르, 벽	
N2 **はりきる** 하리끼루	[張り切る] 동 팽팽하게 당기다, 충분히 뻗다	
N5 **はる** 하루	[張る] 동 뻗다, (온 면을) 덮다	
N5 **はる** 하루	[貼る] 동 (풀로) 붙이다, 바르다	
N5 **はる** 하루	[春] 명 봄, 새해, 신년, 전성기	
N1 **はるか** 하루까	[遥か] な형 (거리가) 아득함	
N3 **はるやすみ** 하루야스미	[春休み] 명 봄방학	
N5 **はれ** 하레	[晴れ] 명 (날씨가) 맑음, 갬	
N1 **はれつ** 하레쯔	[破裂] 명 파열; 터져서 찢어짐	
N1 **バレーボール** 바레-보-루	volley-ball 명 배구	
N5 **はれる** 하레루	[腫れる] 동 (몸이) 붓다	

N5	**はれる** 하레루	[晴れる] 동 (날씨가) 개다, 괴로움이 사라지다
N5	**ばん** 방	[晚] 명 저녁, 밤
N5	**パン** 빵	명 빵, 과자(菓子)
N5	**はん** 항	[半] 명 반; 절반, 홀수, 기수(奇數)
N1	**はん** 항	[班] 명 반; 조(組), ~반
N5	**ばん** 방	[番] 명 번; 차례, 순서, 순번, 망을 봄
N1	**はん** 항	[判] 명 도장, 인장(印章), 판결
N2	**はんい** 항이	[範囲] 명 범위; 한정된 장소
N2	**はんえい** 항에-	[反映] 명 반영; 반사해서 비침
N1	**はんえい** 항에-	[繁栄] 명 번영; 일이 잘 되어 영화로움
N1	**はんかん** 항깡	[反感] 명 반감; 나쁜 감정
N1	**はんきょう** 항꾜-	[反響] 명 반향; 메아리

N4 **ばんぐみ** 방구미	[番組] 명 (방송·연예 등의) 프로그램
N2 **はんけい** 항께-	[半径] 명 반경; 반지름
N1 **はんげき** 항게끼	[反撃] 명 반격; 반공(反攻)
N1 **はんけつ** 항께쯔	[判決] 명 판결
N2 **はんこ** 항꼬	[判子] 명 도장, 인장(印章)
N2 **はんこう** 항꼬-	[反抗] 명 반항; 대항
N5 **ばんごう** 방고-	[番号] 명 번호; 순번을 나타내는 숫자
N5 **ばんごはん** 방고항	[晩御飯] 명 저녁 식사, 저녁밥
N2 **ばんざい** 반자이	[万歳] 명 만세; 많은 세월, 경사스러움
N2 **はんざい** 한자이	[犯罪] 명 범죄; 죄를 지음
N2 **ハンサム** 항사무	handsome 명 핸섬, 풍채 좋은, 미남자(美男子)
N2 **はんじ** 한지	[判事] 명 판사, 재판관의 명칭

N1 **はんしゃ** 한샤	[反射] 명 반사
N1 **はんじょう** 한죠-	[繁盛] 명 번성; 번창함
N1 **はんしょく** 한쇼쿠	[繁殖] 명 번식; 식물이 무성하게 자라남
N2 **はんする** 한스루	[反する] 동 반대하다, 틀리다, 위반되다
N2 **はんせい** 한세-	[反省] 명 반성; 한 일을 돌이켜 살핌
N4 **はんたい** 한따이	[反対] 명 반대; 맞서서 대항함
N2 **はんだん** 한당	[判断] 명 판단; 길흉(吉凶)을 점침
N2 **ばんち** 반찌	[番地] 명 번지; 주소(住所)
N1 **はんてい** 한떼-	[判定] 명 판정; 판별하여 결정함
N2 **はんとう** 한또-	[半島] 명 반도; 삼면이 바다로 둘러싸인 땅
N2 **ハンドル** 한도루	handle 명 핸들, 도어의 손잡이
N1 **ばんにん** 반닝	[万人] 명 만인; 온갖 사람(=まんにん)

N2 **はんにん** 한닝	[犯人] 명 범인; 범죄인
N1 **ばんねん** 반넹	[晩年] 명 만년; 늘그막, 노년(老年)
N1 **ばんのう** 반노-	[万能] 명 만능; 모든 것에 효능이 있음
N1 **はんのう** 한노-	[反応] 명 반응; 응답(應答)
N1 **はんぱ** 함빠	[半端] 명 온전하지 않음, 우수리
N2 **はんばい** 함바이	[販売] 명 판매; 상품을 파는 일
N1 **はんぱつ** 함빠쯔	[反発] 명 반발; 되받아 튕겨짐
N5 **はんぶん** 함붕	[半分] 명 반분; 절반, 반쯤, 반(=なかば)
N3 **ばんめ** 밤메	[番目] 명 숫자에 접속하여 횟수를 나타냄
N1 **はんらん** 한랑	[反乱] 명 반란; 반역하여 난을 일으킴
N1 **はんらん** 한랑	[氾濫] 명 범람; 물이 가득 차서 넘침
N1 **び** 비	[美] 명 미; 아름다움, 훌륭함

N2 ひ 히	[非] 명 비; 도리에 어긋남, 나쁨, 불리함
N4 ひ 히	[日] 명 해, 태양, 햇볕, 햇살, 날
N4 ひ 히	[火] 명 불, 불꽃, 불길, 화재
N2 ひあたり 히아따리	[日当(た)り] 명 햇빛이 쬐임, 양지·양달
N4 ピアノ 삐아노	piano 명 피아노
N4 ひえる 히에루	[冷える] 동 (날씨가) 차가워지다
N2 ひがい 히가이	[被害] 명 피해; 손해를 입음
N1 ひかえしつ 히까에시쯔	[控(え)室] 명 대기실
N2 ひがえり 히가에리	[日帰り] 명 하루에 왕복함, 당일치기
N1 ひかえる 히까에루	[控える] 동 대기하다, 기다리다
N2 ひかく 히까꾸	[比較] 명 비교; 견줌
N2 ひかくてき 히까꾸떼끼	[比較的] 명 비교적

N1 ひかげ 히까게	[日陰] 명 응달, 그늘	
N5 ひがし 히가시	[東] 명 동; 동쪽, 동풍	
N4 ひかり 히까리	[光] 명 빛, 광선, 불빛, 광, 윤	
N4 ひかる 히까루	[光る] 동 빛나다, 출중하다, 뛰어나다	
N1 ひかん 히깡	[悲観] 명 비관; 슬프게 여김	
N5 ~ひき 히끼	[~匹] 접미 짐승・새・물고기・벌레 등을 세는 말	
N1 ひきあげる 히끼아게루	[引き上げる] 동 높이 끌어올리다, 물러나다	
N1 ひきいる 히끼-루	[率いる] 동 이끌다, 인솔하다	
N2 ひきうける 히끼우께루	[引き受ける] 동 책임지고 하다	
N1 ひきおこす 히끼오꼬스	[引き起こす] 동 (넘어진 것을) 일으켜 세우다	
N2 ひきかえす 히끼까에스	[引き返す] 동 되돌아가다, 반대로 하다	
N1 ひきさげる 히끼사게루	[引き下げる] 동 값을 싸게 하다	

N2 **ひきざん** 히끼장	[引(き)算] 명 뺄셈, 감산(減算)
N1 **ひきずる** 히끼즈루	[引きずる] 동 질질 끌다
N4 **ひきだし** 히끼다시	[引(き)出し] 명 (책상의) 서랍, 빼냄
N2 **ひきだす** 히끼다스	[引き出す] 동 꺼내다, 끌어내다
N2 **ひきとめる** 히끼또메루	[引き止める] 동 만류하다, 가는 것을 멈추게 하다
N1 **ひきとる** 히끼또루	[引き取る] 동 (장소에서) 물러나다
N2 **ひきょう** 히꾜-	[卑怯] な형 비겁; 인품이 낮고 겁이 많음
N2 **ひきわけ** 히끼와께	[引(き)分け] 명 비김, 무승부
N1 **ピーク-** 삐-꾸-	peak 명 피크, 절정, 최고점
N2 **ひく** 히꾸	[轢く] 동 차바퀴가 사람 등을 짓누르고 지나가다
N5 **ひく** 히꾸	[引く] 동 잡아당기다, 끌다, 활을 쏘다
N5 **ひく** 히꾸	[弾く] 동 (악기를) 연주하다

N5 **ひくい** 히꾸이	[低い] い형 (높이가) 낮다, 얕다
N2 **ひげき** 히게끼	[悲劇] 명 비극(↔喜劇)
N1 **ひけつ** 히께쯔	[否決] 명 부결(↔可決)
N1 **ひこう** 히꼬-	[非行] 명 비행; 나쁜 짓
N5 **ひこうき** 히꼬-끼	[飛行機] 명 비행기
N4 **ひこうじょう** 히꼬-죠-	[飛行場] 명 비행장
N1 **ひごろ** 히고로	[日頃] 명 평소, 평상시, 요즘
N2 **ビザ** 비자	visa 명 비자, 여권의 사증(査證)
N3 **ひざ** 히자	[膝] 명 무릎
N1 **ひさしい** 히사시이	[久しい] い형 오래다, 오래되다
N4 **ひさしぶり** 히사시부리	[久し振(り)] 명 시간이 오래 걸림
N1 **ひさん** 히상	[悲惨] な형 비참함; 슬프고도 끔찍함

N2 **ひじ** 히지		명 팔꿈치, 팔꿈치 모양의 것
N1 **ビジネス** 비지네스		business 명 비즈니스, 업무, 사무
N1 **ビジュアルけい** 비쥬아루께-	[ビジュアル系] 명 비주얼계	
N1 **ひじゅう** 히쥬-	[比重] 명 비중	
N4 **びじゅつかん** 비쥬쯔깡	[美術館] 명 미술관	
N1 **ひしょ** 히쇼	[秘書] 명 비서; 비밀 문서	
N1 **びしょう** 비쇼-	[微笑] 명 미소; 엷은 웃음	
N2 **ひじょう** 히죠-	[非常] 명 비상; 뜻밖의 비상사태	
N4 **ひじょうに** 히죠-니	[非常に] 부 대단히, 아주, 심히	
N2 **びじん** 비징	[美人] 명 미인; 미녀(美女)	
N1 **ピストル** 삐스또루	pistol 명 피스톨, 권총, 단총(短銃)	
N1 **ひずむ** 히즈무	[歪む] 동 (모양이) 뒤틀리다	

N1 **ひそか** 히소까	[密か] な형 살짝 함, 몰래 함	
N1 **ヒーター** 히-따-	heater 명 히터, 난방장치, 가열기	
N2 **ひたい** 히따이	[額] 명 이마	
N1 **ひたす** 히따스	[浸す] 동 (물·액체에) 담그다	
N2 **ビタミン** 비따밍	vitamin 명 비타민, 영양소의 한 가지	
N5 **ひだり** 히다리	[左] 명 왼쪽, 왼편, 좌측	
N1 **ひだりきき** 히다리기끼	[左利き] 명 왼손잡이	
N2 **ひっき** 힉끼	[筆記] 명 필기; 글씨를 씀	
N2 **ひづけ** 히즈께	[日付] 명 일부; 날짜	
N2 **ひっこし** 힉꼬시	[引っ越し] 명 주거(住居)를 옮김, 이사	
N4 **ひっこす** 힉꼬스	[引っ越す] 동 이사하다	
N2 **ひっこむ** 힉꼬무	[引っ込む] 동 틀어박히다, 주저하다	

일한 단어 | 481

N2 **ひっし** 힛시	[必死] 명 필사; 반드시 죽음, 필사
N2 **ひっしゃ** 힛샤	[筆者] 명 필자; 집필자, 저자(著者), 작자
N1 **ひっしゅう** 힛슈-	[必修] 명 필수; 반드시 익혀 배워야 함
N2 **ひつじゅひん** 히쯔쥬힝	[必需品] 명 필수품
N1 **ひつぜん** 히쯔젱	[必然] 명 필연; 필시
N1 **ひってき** 힛떼끼	[匹敵] 명 필적; 맞먹음, 어깨를 겨룸
N2 **ひっぱる** 힙빠루	[引っ張る] 동 잡아당기다, 유인하다
N4 **ひつよう** 히쯔요-	[必要] 명 필요; 없어서는 안됨
N2 **ひてい** 히떼-	[否定] 명 부정; 인정하지 않음
N2 **ビデオ** 비데오	video 명 비디오
N5 **ひと** 히또	[人] 명 사람, 인간, 인류
N4 **ひどい** 히도이	[酷い] い형 너무하다, 지독하다

N1 **ひといき** 히또이끼	[一息] 명 한 번의 숨, 한숨 돌림
N1 **ひとかげ** 히또카게	[人影] 명 사람의 그림자
N1 **ひとがら** 히또가라	[人柄] 명 인품, 성품, 사람됨
N1 **ひとけ** 히또께	[人気] 명 인기척, 인간다움
N2 **ひとこと** 히또꼬또	[一言] 명 한 마디 말(=いちごん)
N2 **ひとごみ** 히또고미	[人込み] 명 사람으로 붐빔, 혼잡함
N1 **ひところ** 히또꼬로	[一頃] 명 옛날의 한 때, 어느 때
N2 **ひとさしゆび** 히또사시유비	[人指(し)指] 명 집게손가락
N2 **ひとしい** 히또시이	[等しい] い형 같다, 동일하다
N1 **ひとじち** 히또지찌	[人質] 명 인질; 볼모
N1 **ひとすじ** 히또스지	[一筋] 명 한 줄기, 외줄기, 외곬
N5 **ひとつ** 히또쯔	[一つ] 명 수(数)의 단위, 하나, 한 개

^{N2} **ひとどおり** 히또도-리	[人通り] 명 사람의 왕래, 사람의 통행	
^{N2} **ひととおり** 히또또-리	[一通り] 부 (처음부터 끝까지) 대충, 대강	
^{N5} **ひとびと** 히또비또	[人人] 명 (많은) 사람들, 각자	
^{N1} **ひとめ** 히또메	[人目] 명 남이 봄, 남의 눈에 뜨임	
^{N2} **ひとやすみ** 히또야스미	[一休み] 명 잠시 쉼, 한번 쉼	
^{N5} **ひとり** 히또리	[独り] 명 혼자, 홀몸, 독신	
^{N5} **ひとり** 히또리	[一人] 명 한 사람, 1명, 혼자	
^{N2} **ひとりひとり** 히또리히또리	[一人一人] 명 한 사람 한 사람, 각각, 각자	
^{N1} **ひな** 히나	[雛] 명 병아리, 새끼 새, 일본 민속 인형	
^{N1} **ひなた** 히나따	[日向] 명 양지(陽地), 양달, 풍족	
^{N1} **ひなまつり** 히나마쯔리	[雛祭り] 명 3월 3일에 하는 행사	
^{N1} **ひなん** 히낭	[避難] 명 피난	

N2 ひにく 히니꾸	[皮肉] 명 피육; 가죽과 살, 비아냥
N2 ひにち 히니찌	[日日] 명 날 수, 일수, 날, 날짜
N2 ひねる 히네루	[捻る] 동 틀다, 꼬다, 돌리다
N2 ひのいり 히노이리	[日の入り] 명 일몰(日沒), 해가 짐
N2 ひので 히노데	[日の出] 명 일출; 해돋이
N1 ひのまる 히노마루	[日の丸] 명 일장기(日章旗), 일본의 국기
N2 ひはん 히항	[批判] 명 비판; 비평하고 판단함
N2 ひびき 히비끼	[響き] 명 울림, 울리는 소리, 메아리
N2 ひびく 히비꾸	[響く] 동 (소리가) 울리다
N2 ひひょう 히효-	[批評] 명 비평; 평가하여 논함
N2 ひふ 히후	[皮膚] 명 피부; 살갗
N5 ひま 히마	[暇] 명 틈, 짬, 기회

N2 **ひみつ** 히미쯔	[秘密] 명 비밀; 공개하지 않음	
N2 **びみょう** 비묘-	[微妙] な형 미묘; 간단하게 표현하기	
N1 **ひめい** 히메-	[悲鳴] 명 비명; 슬픔으로 외치는 소리	
N2 **ひも** 히모	[紐] 명 끈, 줄, 조건부(條件附), 조건	
N1 **ひやかす** 히야카스	[冷やかす] 동 놀리다, 야유하다	
N5 **ひゃく** 햐꾸	[百] 명 백; 100, 100세	
N1 **ひやけ** 히야께	[日焼け] 명 햇볕에 탐	
N2 **ひやす** 히야스	[冷やす] 동 식히다, 차게 하다	
N2 **ひゃっかじてん** 햣까지뗑	[百科事典] 명 백과사전	
N2 **びよう** 비요-	[美容] 명 미용; 예쁜 용모	
N2 **ひよう** 히요-	[費用] 명 비용; 어떤 일에 쓰이는 돈	
N2 **びょう** 뵤-	[秒] 명 초; 시간의 단위	

N1 **ひょう** 효-	[票] 명 표; 딱지, 전표, 카드, 투표지
N2 **ひょう** 효-	[表] 명 표; 도표, 일람표
N5 **びよういん** 비요-잉	[美容院] 명 미장원(美粧院)
N5 **びょういん** 뵤-잉	[病院] 명 병원
N2 **ひょうか** 효-까	[評価] 명 평가; 물건의 가격을 결정함
N5 **びょうき** 뵤-끼	[病気] 명 병, 질환, 질병(=やまい, わずらい)
N2 **ひょうげん** 효-겡	[表現] 명 표현; 나타내 보임
N1 **ひょうご** 효-고	[標語] 명 표어; 슬로건
N2 **ひょうし** 효-시	[表紙] 명 표지; 책의 겉장
N2 **ひょうしき** 효-시끼	[標識] 명 표지; 표시
N1 **びょうしゃ** 뵤-샤	[描写] 명 묘사; 사물을 있는 그대로 그려냄
N2 **ひょうじゅん** 효-중	[標準] 명 표준; 기준(基準)

N2 **ひょうじょう** 효-죠-	[表情] 명 표정
N2 **ひょうばん** 효-방	[評判] 명 평판; 소문, 세상 사람들의 비평
N2 **ひょうほん** 효-홍	[標本] 명 표본; 견본
N2 **ひょうめん** 효-멩	[表面] 명 표면, 겉, 앞면
N2 **ひょうろん** 효-롱	[評論] 명 평론; 비평하여 논함
N5 **ひらがな** 히라가나	[平仮名] 명 히라가나
N4 **ひらく** 히라꾸	[開く] 동 (문이) 열리다, 열다, 펴다, 벌어지다
N1 **ひらたい** 히라따이	[平たい] い형 납작하다, 널찍하다
N1 **ひりつ** 히리쯔	[比率] 명 비율; 2개 이상의 것을 비교한 율
N1 **びりょう** 비료-	[微量] 명 미량; 매우 작은 양
N5 **ひる** 히루	[昼] 명 낮, 정오, 점심
N5 **ひるごはん** 히루고항	[昼御飯] 명 점심, 점심 식사

| N1 **ビールス**
비-루스 | virus
명 바이러스, 병균, 도덕상의 해독 |

| N2 **ビルディング**
비루딩구 | building
명 빌딩, 서양식의 고층 건축물 |

| N2 **ひるね**
히루네 | [昼寝]
명 낮잠, 오수(午睡) |

| N4 **ひるま**
히루마 | [昼間]
명 주간; 낮, 낮 동안(=ちゅうかん) |

| N4 **ひるやすみ**
히루야스미 | [昼休み]
명 점심 휴식 시간 |

| N1 **ひれい**
히레- | [比例]
명 비례; 예를 들어 비교함 |

| N5 **ひろい**
히로이 | [広い]
い형 (면적이) 넓다 |

| N4 **ひろう**
히로- | [拾う]
동 (떨어진 것을) 줍다, 골라내다 |

| N1 **ひろう**
히로- | [披露]
명 피로; 공개함, 광고함, 선전 |

| N1 **ひろうえん**
히로-엥 | [披露宴]
명 피로연 |

| N2 **ひろがる**
히로가루 | [広がる]
동 넓어지다 |

| N2 **ひろげる**
히로게루 | [広げる]
동 범위를 넓히다(↔せばめる) |

N2	**ひろさ** 히로사	[広さ] 명 넓이
N2	**ひろば** 히로바	[広場] 명 광장; 넓은 장소
N2	**ひろびろと** 히로비로또	[広広と] 부 널찍이, 넓디넓게
N1	**ひろまる** 히로마루	[広まる] 동 퍼지다, 번지다
N2	**ひろめる** 히로메루	[広める] 동 범위를 넓히다
N2	**びん** 빙	[瓶] 명 병, (유리・사기・금속의) 병
N2	**びん** 빙	[便] 명 (우편・운송 수단의) 편, 운송
N2	**ひん** 힝	[品] 명 품위, 품격, 기품
N1	**びんかん** 빙깡	[敏感] な형 민감; 예민함
N1	**ひんけつ** 힝께쯔	[貧血] 명 빈혈
N1	**ひんこん** 힝꽁	[貧困] 명 빈곤; 가난하여 생활이 궁함
N1	**ひんしつ** 힌시쯔	[品質] 명 품질; 물품의 성질

N1 **ひんじゃく** 힌쟈꾸	[貧弱] [な형] 빈약; 매우 약함
N1 **ひんしゅ** 힌슈	[品種] [명] 품종; 물품의 종류
N2 **びんづめ** 빈즈메	[瓶詰(め)] [명] 병조림, 병에 담은 것
N1 **ヒント** 힌도	hint [명] 힌트, 암시, 넌지시 알림
N1 **ひんぱん** 힘빵	[頻繁] [な형] 빈번; 횟수가 잦음
N1 **びんぼう** 빔보-	[貧乏] [な형] 빈핍; 가난함, 궁핍함, 빈궁함
N2 **ふ** 후	[不] [명] 불; 좋지 않음, 불합격
N1 **ぶ** 부	[部] [명] 부; 한 구분, 부류
N2 **ぶ** 부	[分] [명] 푼, 1할의 10분의 1, 한 치
N1 **ファイル** 화이루	[file] [명] 파일, 서류꽂이, 서류철
N1 **ファーストフード** 화-스또후-도	fast food [명] 패스트푸드, 즉석 식품
N1 **ファン** 황	fan [명] 팬, 후원자

일한 단어 | **491**

N2	**ふあん** 후앙	[不安] [な형] 불안; 안정되지 않음
N1	**ふい** 후이	[不意] 명 불의; 불시(不時), 허점
N1	**ふう** 후-	[風] 명 풍습, 관습, 경향, 기풍
N2	**ふうけい** 후-께-	[風景] 명 풍경; 경치(景致)
N1	**ふうさ** 후-사	[封鎖] 명 봉쇄; 막는 일
N1	**ふうしゃ** 후-샤	[風車] 명 풍차, 팔랑개비
N1	**ふうしゅう** 후-슈-	[風習] 명 풍습; 풍속과 습관
N2	**ふうせん** 후-셍	[風船] 명 풍선, 기구, 벌룬(balloon)
N1	**ふうぞく** 후-조꾸	[風俗] 명 풍속; 풍습, 습관, 풍기
N1	**ふうど** 후-도	[風土] 명 풍토; 토지의 기후·성질·지형
N5	**ふうとう** 후-또-	[封筒] 명 편지 봉투
N2	**ふうふ** 후-후	[夫婦] 명 부부; 남편과 아내

N2 ふうん 후웅	[不運] 명 불운; 불행함, 운이 나쁨
N2 ふえ 후에	[笛] 명 피리, 호각, 호루라기
N4 ふえる 후에루	[殖える] 동 (재산이) 늘다
N4 ふえる 후에루	[増える] 명 (수효나 양이) 늘다, 불어나다
N1 ふか 후까	[不可] 명 불가; 옳지 않음, 좋지 않음
N4 ふかい 후까이	[深い] い형 깊다, (정도가) 심하다
N1 ふかけつ 후까께쯔	[不可欠] 명 불가결; 없어서는 안 됨
N3 ふかさ 후까사	[深さ] 명 깊이, 깊은 것
N3 ふかのう 후까노ー	[不可能] 명 불가능; 될 수 없음
N2 ふかまる 후까마루	[深まる] 동 깊어지다
N1 ふかめる 후까메루	[深める] 동 깊게 하다
N2 ぶき 부끼	[武器] 명 무기; 병기(兵器)

N2 ふきそく 후끼소꾸	[不規則] 명 불규칙; 규칙적이 아님
N1 ふきつ 후끼쯔	[不吉] 명 불길; 운수가 안 좋음
N2 ふきゅう 후뀨-	[普及] 명 보급; 세상에 널리 퍼지게 함
N1 ふきょう 후꾜-	[不況] 명 불황; 불경기(不景氣)
N1 ふきん 후낑	[付近] 명 부근; 근처, 근방
N2 ふきん 후낑	[布巾] 명 포건; 행주, 식기 등을 닦는 천
N5 ふく 후꾸	[服] 명 복; 옷, 의복, 서양 옷
N1 ふく 후꾸	[福] 명 복; 행복
N2 ふく 후꾸	[副] 명 부; 부차적인 것, 곁에서 시중듦
N2 ふく 후꾸	[拭く] 동 (걸레나 종이 등으로) 훔치다
N5 ふく 후꾸	[吹く] 동 (바람이) 불다
N1 ふくごう 후꾸고-	[複合] 명 복합; 두 가지 이상을 하나로 함

N4 ふくざつ 후꾸자쯔	[複雜] な형 복잡; 복잡함	
N1 ふくし 후꾸시	[福祉] 명 복지; 행복과 이익	
N2 ふくし 후꾸시	[副詞] 명 부사, 품사의 한 가지	
N2 ふくしゃ 후꾸샤	[複寫] 명 복사; 베낌, copy	
N4 ふくしゅう 후꾸슈-	[復習] 명 복습; 배운 것을 다시 익힘(↔豫習)	
N2 ふくすう 후꾸스-	[複數] 명 복수; 둘 이상의 수	
N2 ふくそう 후꾸소-	[服裝] 명 복장; 옷차림	
N2 ふくむ 후꾸무	[含む] 동 (입에) 물다, 포함하다, 함유하다	
N2 ふくめる 후꾸메루	[含める] 동 그 속에 넣다, 포함되게 하다	
N2 ふくらます 후꾸라마스	[膨らます] 동 부풀게 하다	
N2 ふくらむ 후꾸라무	[膨らむ] 동 부풀어 커지다	
N1 ふくれる 후꾸레루	[膨れる] 동 볼록해지다	

N2 ふくろ 후꾸로	[袋] 명 (종이·천·가죽 등으로) 만든 주머니
N1 ふけいき 후께-끼	[不景気] 명 불경기; 불황(↔好景氣)
N2 ふけつ 후께쯔	[不潔] な형 불결; 깨끗하지 않음
N1 ふける 후께루	[老ける] 동 (막연하게) 늙다
N1 ふける 후께루	[耽る] 동 (어떤 일에) 몰두하다
N2 ふこう 후꼬-	[不幸] 명 불행; 행복하지 않음
N2 ふごう 후고-	[符号] 명 부호; 기호(記號)
N1 ふこく 후꼬꾸	[布告] 명 포고; 널리 알림
N1 ふざい 후자이	[不在] 명 부재; 그 장소에 없음
N1 ふさい 후사이	[負債] 명 부채; 빚, 채무(債務)
N1 ふさい 후사이	[夫妻] 명 부처; 부부(夫婦)
N3 ふさがる 후사가루	[塞がる] 동 막히다, 닫히다

N2 **ふさぐ** 후사구	[塞ぐ] 동 막다, 틀어막다
N2 **ぶさた** 부사따	[無沙汰] 명 소식을 전하지 않음, 무소식
N2 **ぶし** 부시	[武士] 명 무사; 무인(武人)
N2 **ぶじ** 부지	[無事] な형 무사; 변함이 없음, 평온, 평안
N2 **ふし** 후시	[節] 명 (대나무·갈대 등의) 마디
N2 **ふしぎ** 후시기	[不思議] な형 불가사의(不可思議)함
N2 **ふじゆう** 후지유–	[不自由] な형 부자유; 자유롭지 못함, 불편함
N1 **ふじゅん** 후중	[不順] な형 불순; 고르지 못함
N1 **ふしょう** 후쇼–	[負傷] 명 부상; 상처를 입음
N1 **ぶじょく** 부조꾸	[侮辱] 명 모욕; 업신여겨 욕되게 함
N1 **ふしん** 후싱	[不審] な형 불심; 의심스러움, 의문
N2 **ふじん** 후징	[夫人] 명 부인; 타인의 아내의 높임말

N2 ふじん 후징	[婦人] 명 부인; 여성, 여자, 결혼
N1 ふしん 후싱	[不振] な형 부진; 일이 잘 안됨
N2 ふせい 후세-	[不正] 명 부정; 바르지 않음
N2 ふせぐ 후세구	[防ぐ] 동 (적의 공격을) 막다, 방어하다
N1 ぶそう 부소-	[武装] 명 무장; 전투 준비
N2 ふぞく 후조꾸	[付属] 명 부속; 주된 것에 딸려 붙음
N2 ふそく 후소꾸	[不足] 명 부족; 모자람, 불충분함
N2 ふた 후따	[蓋] 명 뚜껑, 덮개, (소라·우럭의) 등딱지
N1 ふだ 후다	[札] 명 표찰(標札), 표(標)
N2 ぶたい 부따이	[舞台] 명 무대; 연기 등을 행하는 장소
N2 ふたご 후따고	[双子] 명 쌍둥이, 쌍생아(=そうし)
N2 ふたたび 후따따비	[再び] 명 두 번, 재차, 다시

N5 **ふたつ** 후따쯔	[二つ] 명 둘, 두 개, 두 가지
N5 **ふたり** 후따리	[二人] 명 두 사람, 두 명
N2 **ふだん** 후당	[普段] 명 평소, 평상시
N2 **ふたん** 후땅	[負担] 명 부담; 과중한 일, 무거운 짐
N2 **ふち** 후찌	[縁] 명 가장자리, 테두리, 둘레, 테
N4 **ぶちょう** 부쬬-	[部長] 명 부장; 한 부(部)의 장(長)
N1 **ふちょう** 후쬬-	[不調] な형 부조; 상태가 나쁨(↔好調)
N4 **ふつう** 후쯔-	[普通] 명 보통; 일반적임, 대개
N2 **ふつう** 후쯔-	[不通] 명 불통; 통하지 않음
N2 **ぶっか** 북까	[物価] 명 물가; 물건값
N5 **ふつか** 후쯔까	[二日] 명 초이틀, 이틀, 2일
N1 **ふっかつ** 훅까쯔	[復活] 명 부활; 죽었다가 다시 되살아남

N1 ぶつぎ 부쯔기	[物議] 명 물의; 뭇사람의 평판·논의
N1 ふっきゅう 훗뀨-	[復旧] 명 복구; 원래 상태로 회복함
N1 ふっこう 훗꼬-	[復興] 명 부흥; 다시 일어남
N1 ぶっし 붓시	[物資] 명 물자; 물품
N2 ぶっしつ 붓시쯔	[物質] 명 물질; 물건의 본바탕
N2 ぶっそう 붓소-	[物騒] な형 뒤숭숭함, 겁이 남, 위험함
N1 ぶつぞう 부쯔조-	[仏像] 명 불상; 부처의 상(像)
N1 ぶったい 붓따이	[物体] 명 물체; 물건의 형체
N1 ふっとう 훗또-	[沸騰] 명 비등; (액체가) 끓어오름
N2 ぶつり 부쯔리	[物理] 명 물리; 사물의 이치
N2 ふで 후데	[筆] 명 붓, 붓으로 쓰는 일(글씨·그림)
N5 ふとい 후또이	[太い] い형 굵다, 대담하다, 크다

N1 **ふとう** 후또-	[不当] [な형] 부당; 정당하지 않음
N1 **ふどうさん** 후도-상	[不動産] [명] 부동산; 토지나 건물
N1 **ふどうさんや** 후도-상야	[不動産屋] [명] 복덕방
N4 **ふとる** 후또루	[太る] [동] 살찌다, 굵어지다
N4 **ふとん** 후똥	[布団] [명] 포단; 이부자리, 침구, 방석
N2 **ふなびん** 후나빙	[船便] [명] 선편; 배편, 선박 교통
N1 **ぶなん** 부낭	[無難] [な형] 무난; 결점·지장이 없음
N1 **ふにん** 후닝	[赴任] [명] 부임; 임지(任地)로 감, 임명
N4 **ふね** 후네	[船] [명] 배, 선박(船舶)
N4 **ふね** 후네	[舟] [명] (작은) 배
N1 **ぶねん** 부넹	[無念] [명] 주의가 미치지 못함
N1 **ふひょう** 후효-	[不評] [명] 불평; 평판이 좋지 않음

N2 **ぶひん** 부힝	[部品] 몡 부품; 부분품, 부속품
N2 **ふぶき** 후부끼	[吹雪] 몡 취설; 흩날리는 눈, 눈보라
N1 **ふふく** 후후꾸	[不服] な형 불복; 복종하지 않음
N2 **ぶぶん** 부붕	[部分] 몡 부분(↔ぜんたい)
N2 **ふへい** 후헤-	[不平] 몡 불평; 불만을 말함
N4 **ふへん** 후헹	[普遍] 몡 보편; 두루 널리 미침
N1 **ふべん** 후벵	[不便] な형 불편; 편리하지 않음
ふぼ 후보	[父母] 몡 부모; 어버이(=ちちはは)
N2 **ふまん** 후망	[不満] な형 불만; 만족하지 않음
ふみきり 후미끼리	[踏切] 몡 철도의 건널목
N1 **ふみこむ** 후미꼬무	[踏み込む] 동 (힘차게) 발을 들여놓다
N1 **ブーム** 부-무	boom 몡 붐, 벼락 경기, 급속한 발전

N4 ふむ	[踏む]
후무	동 (발로) 밟다, 디디다, 경험하다

N1 ふめい	[不明]
후메-	명 불명; 불분명, 어리석음

N3 ふやす	[殖やす]
후야스	동 (재산을) 늘리다(=増やす)

N5 ふゆ	[冬]
후유	명 겨울, 사철의 하나

N1 ふよう	[扶養]
후오-	명 부양; 보살펴 기름.

N2 プラス	plus
뿌라스	명 플러스, 더함, 양(극)의

N2 プラスチック	plastics
뿌라스찍꾸	명 플라스틱, 합성수지

N2 プラットホーム	platform
뿌랏또호-무	명 플랫폼, 단(壇), 승강장

N2 プラン	plan
뿌랑	명 플랜, 계획, 안(案), 계략

N1 ブランド	brand
부란도	명 브랜드, 상표, 상품의 이름

N1 フリ-	free
후리-	な형 프리, 자유로운, 속박 없는

N2 ふり	[不利]
후리	な형 불리; 이롭지 못함

N1	**ふり** 후리	[振り] 명 휘두름, 흔듦
N1	**ふりかえる** 후리까에루	[振り返る] 동 뒤돌아보다
N2	**ふりがな** 후리가나	[振(り)仮名] 명 한자(漢字)의 읽는 법을 단 토
N1	**ふりだし** 후리다시	[振(り)出し] 명 털어 냄, 또 내는 것
N2	**ふりむく** 후리무꾸	[振り向く] 동 뒤돌아보다, 뒤로 향하다
N1	**ふりょう** 후료-	[不良] 명 불량; 질이 안 좋음
N1	**ぶりょく** 부료꾸	[武力] 명 무력; 군사력, 병력
N2	**プリント** 뿌린또	print 명 프린트, 인쇄, 인쇄물
N5	**ふる** 후루	[降る] 동 (비·눈·서리 등) 내리다
N3	**ふる** 후루	[古] 명 헌, 낡은, 옛, 이전의, 경험
N3	**ふる** 후루	[振る] 동 (몸의 일부를) 흔들다
N5	**ふるい** 후루이	[古い] い형 오래 되다, 낡다

| N2 **ふるえる** 후루에루 | [震える] 동 흔들리다, 떨리다 |

| N3 **ふるぎ** 후루기 | [古着] 명 헌 옷, 낡은 옷 |

| N3 **ふるしんぶん** 후루싱붕 | [古新聞] 명 헌 신문 |

| N3 **ふるほん** 후루홍 | [古本] 명 고본; 헌 책(=こほん) |

| N2 **ふるまう** 후루마우 | [振(る)舞う] 동 행동하다, 처신하다 |

| N1 **ふるわせる** 후루와세루 | [震わせる] 동 떨리게 하다, 울리게 하다 |

| N1 **ぶれい** 부레- | [無礼] な형 무례; 실례(失禮) |

| N2 **ブレーキ** 부레-끼 | brake 명 브레이크, 제동기, 바퀴 멈추개 |

| N4 **プレゼント** 뿌레젠드 | present 명 프레젠트, 지금의, 선물, 선사품 |

| N2 **ふれる** 후레루 | [触れる] 동 (살짝) 닿다, 부딪치다 |

| N2 **プロ** 뿌로 | professional 명 프로, 전문의 |

| N5 **ふろ** 후로 | [風呂] 명 목욕, 목욕물, 목욕통, 욕실 |

N1 **ふろく** 후로꾸	[付録] 명 부록; 본문에 덧붙여 쓴
N2 **プログラム** 뿌로구라무	program 명 프로그램, 순서, 예정표
N2 **ふろしき** 후로시끼	[風呂敷] 명 보자기, 허풍
N1 **フロント** 후론또	front 명 프런트, 앞, 정면, 앞면
N2 **ぶん** 붕	[文] 명 글, 문장, 학문, 예술
N2 **ふん** 훙	[分] 명 분; (시간·각도 단위) 60초, 60분이 1도
N2 **ぶん** 붕	[分] 명 부분, 몫, (사물의) 상태
N2 **ふんいき** 훙이끼	[雰囲気] 명 분위기; 느낌
N4 **ぶんか** 붕까	[文化] 명 문화; 세상이 열려 나아감
N1 **ふんがい** 훙가이	[憤慨] 명 분개; 분노, 노여움
N2 **ぶんかい** 붕까이	[分解] 명 분해; 사물의 도리를 잘게 나눔
N4 **ぶんがく** 붕가꾸	[文学] 명 문학; 글에 대한 학문

N1 ぶんかざい 붕까자이	[文化財] 명 문화재
N1 ぶんぎょう 붕교-	[分業] 명 분업; 분담하여 일을 함
N2 ぶんげい 붕게-	[文芸] 명 문예; 학예(學藝), 문학
N2 ぶんけん 붕껭	[文献] 명 문헌; 자료가 되는 서적·문서
N1 ぶんご 붕고	[文語] 명 문어; 문장어
N1 ぶんさん 분상	[分散] 명 분산; 갈라져 흩어짐
N1 ぶんし 분시	[分子] 명 분자; 독립성 화학 물질의 최소 단위
N1 ふんしつ 훈시쯔	[紛失] 명 분실; 잃어버림
N1 ふんしゅつ 훈슈쯔	[噴出] 명 분출; 솟아남, 뿜어냄
N1 ぶんしょ 분쇼	[文書] 명 문서; 서류(=もんじょ)
N5 ぶんしょう 분쇼-	[文章] 명 문장; 글월
N2 ふんすい 훈스이	[噴水] 명 분수; 내뿜는 물

N2	**ぶんすう** 분스-	[分数] 몡 분수
N2	**ぶんせき** 분세끼	[分析] 몡 분석
N1	**ふんそう** 훈소-	[紛争] 몡 분쟁; 분규(紛糾)
N2	**ぶんたい** 분따이	[文体] 몡 문체; 문장의 양식
N1	**ぶんたん** 분땅	[分担] 몡 분담; 부담을 나누어 맡음
N1	**ふんとう** 훈또-	[奮闘] 몡 분투; 힘껏 노력함
N1	**ぶんぱい** 붐빠이	[分配] 몡 분배; 고르게 나눔
N2	**ぶんぷ** 붐뿌	[分布] 몡 분포; 나뉘어 퍼짐, 종류
N1	**ぶんぼ** 분보	[分母] 몡 분모(↔分子)
N4	**ぶんぽう** 분뽀-	[文法] 몡 문법; 문장 구성 법칙
N2	**ぶんぼうぐ** 분보-구	[文房具] 몡 문방구; 문구
N3	**ぶんぼうぐや** 분보-구야	[文房具屋] 몡 문방구점, 문구점

N1 ふんまつ 훔마쯔	[粉末] 명 분말; 가루
N2 ぶんみゃく 붐먀꾸	[文脈] 명 문맥; 글의 맥락
N2 ぶんめい 붐메-	[文明] 명 문명; 물질문화
N2 ぶんや 붕야	[分野] 명 분야; 범위, 영역
N1 ぶんり 분리	[分離] 명 분리; 나눔, 나누어짐
N2 ぶんりょう 분료-	[分量] 명 분량; 무게, 용적
N2 ぶんるい 분루이	[分類] 명 분류; 종류에 따라 나눔
N1 ぶんれつ 분레쯔	[分裂] 명 분열; 찢어져 갈라짐
N2 へい 헤-	[塀] 명 담, 울타리
N2 へいかい 헤-까이	[閉会] 명 폐회; 회의·모임을 끝마침
N1 へいき 헤-끼	[兵器] 명 병기; 무기
N2 へいき 헤-끼	[平気] な형 태연함, 아무렇지도 않음

N2 **へいきん** 헤-낑	[平均] 명 평균; 균일함, 평등
N2 **へいこう** 헤-꼬-	[平行] 명 평행; 서로 만나지 않는 일
N1 **へいこう** 헤-꼬-	[閉口] 명 입을 굳게 다물고 말하지 않음
N1 **へいさ** 헤-사	[閉鎖] 명 폐쇄; 문을 닫아 버림(↔開放)
N1 **へいし** 헤-시	[兵士] 명 병사; 병졸(兵卒)
N2 **へいじつ** 헤-지쯔	[平日] 명 평일; 평상시, 보통 때
N1 **へいじょう** 헤-죠-	[平常] 명 평상; 일상, 보통, 평소
N2 **へいたい** 헤-따이	[兵隊] 명 군대, 병사, 군인
N1 **へいほう** 헤-호-	[平方] 명 평방; 자승, 제곱
N1 **へいぼん** 헤-봉	[平凡] な형 평범; 보통임
N2 **へいや** 헤-야	[平野] 명 평야; 넓은 들판
N2 **へいわ** 헤-와	[平和] な형 평화; 화목함, 평온함

N1 **へきえき** 헤끼에끼	[辟易] 명 세력에 밀려 뒷걸음을 침	
N2 **へこむ** 헤꼬무	[凹む] 동 옴폭 들어가다, 오므라들다	
N1 **ベスト** 베스또	best 명 베스트, 가장 좋은, 최선의	
N2 **へそ** 헤소	[臍] 명 배꼽	
N5 **へた** 헤따	[下手] な형 서투름, 어설픔	
N1 **へだたる** 헤다따루	[隔たる] 동 거리 또는 사이가 멀어지다	
N1 **へだてる** 헤다떼루	[隔てる] 동 거리를 두다	
N4 **べつ** 베쯔	[別] 명 구별, 이별, 다름	
N1 **べっきょ** 벡꾜	[別居] 명 별거; 따로 삶, 따로 생활함	
N2 **べっそう** 벳소ー	[別荘] 명 별장; 별저(別邸)	
N3 **べつに** 베쯔니	[別に] 부 특별히, 그밖에, 따로	
N2 **べつべつ** 베쯔베쯔	[別々] 명 제각기, 각각, 따로따로	

N2 ベテラン 베떼랑	veteran 명 베테랑, 노련가, 경험이 많은 사람
N5 へや 헤야	[部屋] 명 방, (씨름의) 소속된 도장, 헛간
N2 へらす 헤라스	[減らす] 동 (수량·정도를) 줄이다, 감하다
N1 へり 헤리	[縁] 명 (바다·강·호수·굴의) 가장자리
N1 へりくだる 헤리꾸다루	[遜る] 동 겸손하다, 자기를 낮추다(=謙る)
N2 ベル 베루	bell 명 벨, 방울, 초인종
N2 へる 헤루	[減る] 동 줄다, 적어지다
N1 へる 헤루	[経る] 동 (시간이) 지나다
N4 へん 헹	[変] な형 이상함, 보통과 다름, 수상함
N5 へん 헹	[辺] 명 근방, 근처, 쯤, 정도
N3 へん 헹	[遍] 명 (횟수를 세는 말로) 번, 회(回)
N2 べん 벵	[便] 명 편; 편리함, 형편이 좋음

N2 へんか 헹까	[変化] 명 변화; (성질·상태가) 바뀜
N1 べんかい 벵까이	[弁解] 명 변명, 변호
N1 へんかく 헹까꾸	[変革] 명 변혁; 바꾸어 새롭게 함
N1 へんかん 헹깡	[返還] 명 반환; (원위치로) 되돌려 줌
N1 べんぎ 벵기	[便宜] 명 편의; 편리하고 마땅함
N5 べんきょう 벵꾜-	[勉強] 명 공부, 노력, 에누리
N1 へんけん 헹껭	[偏見] 명 편견; 한쪽으로 치우친 견해
N2 へんこう 헹꼬-	[変更] 명 변경; 바꾸어서 고침
N1 べんごし 벵고시	[弁護士] 명 변호사
N1 へんさい 헹사이	[返済] 명 반제; 변제, 빚을 갚음
N4 へんじ 헨지	[返事] 명 대답, 응답, 답장, 회신
N2 へんしゅう 헨슈-	[編集] 명 편집; 편찬

N2 **べんじょ** 벤죠	[便所] 명 변소; 화장실
N1 **べんしょう** 벤쇼-	[弁償] 명 변상; 손실을 물어줌
N1 **へんせん** 헨센	[変遷] 명 변천; 바뀌어 변함
N2 **ベンチ** 벤찌	bench 명 벤치, 긴 의자
N1 **ベンチャービジネス** 벤쨔-비지네스	venture business 명 벤처 비즈니스
N1 **へんとう** 헨또-	[返答] 명 대답, 응답, 답변, 회답
N2 **べんとう** 벤또-	[弁当] 명 도시락, 밖에서 드는 간단한 식사
N5 **べんり** 벤리	[便利] な형 편리; 편하고 유용함
N1 **べんろん** 벤롱	[弁論] 명 변론; 연설, 논쟁
N3 **ほ** 호	[歩] 명 발걸음, 보조(步調)
N1 **ほ** 호	[穂] 명 이삭
N1 **ほいく** 호이꾸	[保育] 명 보육; 유아를 돌보아 기름

N1 **ボイコット** 보이꼿또	boycott 명 보이콧, 불매동맹(不買同盟)
N1 **ポイント** 뽀인또	point 명 포인트, 뾰족한 끝, 점, 반점
N5 **ほう** 호-	[方] 명 쪽, 편, 방위, 방향의 길흉
N2 **ほう** 호-	[法] 명 법; 법률, 규범, 예의, 법도
N2 **ぼう** 보-	[棒] 명 막대기, 몽둥이, 봉술(棒術)
N1 **ほうあん** 호-앙	[法案] 명 법안; 법률의 초안(草案)
N1 **ぼうえい** 보-에-	[防衛] 명 방위; 막아서 지킴
N4 **ぼうえき** 보-에끼	[貿易] 명 무역; 국제간의 상업거래
N2 **ぼうえんきょう** 보-엥꾜-	[望遠鏡] 명 망원경
N1 **ぼうか** 보-까	[防火] 명 방화; 화재를 예방함
N1 **ほうかい** 호-까이	[崩壊] 명 붕괴; 허물어져 내림
N2 **ほうがく** 호-가꾸	[方角] 명 방위, 방향, 쪽, 진로

N1 **ほうがく** 호-가꾸	[法学] 명 법학; 법률학
N1 **ほうき** 호-끼	[放棄] 명 포기(抛棄)함, 버려버림
N2 **ぼうけん** 보-껭	[冒険] 명 모험; 위험을 무릅쓰고 행함
N1 **ほうげん** 호-겡	[方言] 명 방언; 사투리
N1 **ほうけん** 호-껭	[封建] 명 봉건
N2 **ほうこう** 호-꼬-	[方向] 명 방향; 방위, 방침, 목표
N2 **ほうこく** 호-꼬꾸	[報告] 명 보고; 결과를 알림
N1 **ほうさく** 호-사꾸	[方策] 명 방책; 문서, 계략
N1 **ほうさく** 호-사꾸	[豊作] 명 풍작; 농작물이 풍성하게
N2 **ぼうさん** 보-상	[坊さん] 명 스님, 친근한 호칭
N5 **ぼうし** 보-시	[帽子] 명 모자, 모자 모양의 뚜껑
N2 **ぼうし** 보-시	[防止] 명 방지; 막아서 멎게 함

N1 **ほうし** 호-시	[奉仕] 명 봉사; 받들어 섬김	
N1 **ほうしき** 호-시끼	[方式] 명 방식; 법칙, 법식(法式)	
N1 **ほうしゃ** 호-샤	[放射] 명 방사; 밖으로 방출하는 일	
N1 **ほうしゃのう** 호-샤노-	[放射能] 명 방사능	
N1 **ほうしゅう** 호-슈-	[報酬] 명 보수; 사례(謝禮)	
N1 **ほうしゅつ** 호-슈쯔	[放出] 명 방출; 분출, 쏟아져 나옴	
N2 **ほうしん** 호-싱	[方針] 명 방침; 계획과 방향	
N1 **ぼうせき** 보-세끼	[紡績] 명 방적; 실을 자음	
N2 **ほうせき** 호-세끼	[宝石] 명 보석; 귀중한 천연석	
N4 **ほうそう** 호-소-	[放送] 명 방송; 전파를 보냄	
ほうそう 호-소-	[包装] 명 포장; 물건을 싸서 꾸림	
N2 **ほうそく** 호-소꾸	[法則] 명 법칙; 꼭 지켜야 하는 규범	

일한 단어 | 517

N2 ぼうだい 보-다이	[膨大] 명 팽대; 부풀어 커짐
N2 ほうたい 호-따이	[包帯] 명 붕대
N1 ほうち 호-찌	[放置] 명 방치; 내버려 둠
N1 ぼうちょう 보-쪼-	[膨脹] 명 팽창; 부풀어 커짐
N2 ほうちょう 호-쪼-	[庖丁] 명 부엌칼, 식칼, 요리사
N1 ぼうちょうりつ 보-쪼-리쯔	[膨脹率] 명 팽창률
N1 ほうてい 호-떼-	[法廷] 명 법정; 재판정(裁判廷)
N2 ほうていしき 호-떼이시끼	[方程式] 명 방정식
N1 ぼうとう 보-또-	[冒頭] 명 모두; 첫머리, 벽두(劈頭)
N1 ほうどう 호-도-	[報道] 명 보도; 소식을 알려줌
N1 ぼうどう 보-도-	[暴動] 명 폭동; 무리를 지어 소동을 일으킴
N2 ぼうはん 보-항	[防犯] 명 방범; 범죄를 방지함

N1 ほうび 호-비	[褒美] 명 포상(褒賞), 칭찬하며 격려하여 상을 줌
N2 ほうふ 호-후	[豊富] な형 풍부; 넉넉하고 많음
N1 ぼうふう 보-후-	[暴風] 명 폭풍; 극심하게 부는 바람
N2 ほうぼう 호-보-	[方々] 명 여기저기, 여러 방면, 여러 곳
N2 ほうほう 호-호-	[方法] 명 방법; 수단
N1 ほうむる 호-두루	[葬る] 동 장사지내다, 매장하다
N2 ほうめん 호-멘	[方面] 명 방면; 그 방향, 분야
N2 ほうもん 호-몽	[訪問] 명 방문; 남의 집을 찾아감
N2 ぼうや 보-야	[坊や] 명 아가, 아가야, 사내아이
N1 ほうりこむ 호-리꼬무	[放り込む] 동 던져 넣다
N4 ほうりつ 호-리쯔	[法律] 명 법률; 국가적인 규범
N1 ぼうりょく 보-료꾸	[暴力] 명 폭력; 물리적 힘을 사용

N2 **ほうる** 호-루	[放る] 통 (멀리) 던지다, 내던지다
N1 **ほうわ** 호-와	[飽和] 명 포화; 더 이상 넣을 수 없음
N2 **ほえる** 호에루	[吠える] 통 (개가) 짖다, (짐승이) 울다
N1 **ほおん** 호옹	[保温] 명 보온; 일정한 온도를 유지함
N1 **ほかく** 호까꾸	[捕獲] 명 포획; (짐승 등을) 잡음
N2 **ほがらか** 호가라까	[朗らか] な형 쾌활함, 명랑
N1 **ほかん** 호깡	[保管] 명 보관; 잘 간직하여 관리함
N1 **ほきゅう** 호뀨-	[補給] 명 보급; 부족한 것을 대어 줌
N1 **ほきょう** 호꾜-	[補強] 명 보강; 보태고 채워 더 튼튼하게 함
N1 **ぼきん** 보낑	[募金] 명 모금; 기부금을 모집함
N4 **ぼく** 보꾸	[僕] 명 (남성 용어로) 나
N1 **ぼくし** 보꾸시	[牧師] 명 (교회의) 목사

N2 **ぼくじょう** 보꾸죠-	[牧場] 명 목장; 가축을 놓아 기르는 장소
N2 **ぼくちく** 보꾸찌꾸	[牧畜] 명 목축; 목장을 경영함
N1 **ほげい** 호게-	[捕鯨] 명 포경; 고래잡이
N1 **ほげいせん** 호게-셍	[捕鯨船] 명 포경선
N1 **ぼける** 보께루	[惚ける] 동 멍청해지다
N2 **ほけん** 호껭	[保健] 명 보건; 건강을 보전함
N1 **ほけん** 호껭	[保険] 명 보험; 손해를 보장하겠다는 보증
N1 **ほご** 호고	[保護] 명 보호; 돌보아 잘 지킴
N1 **ぼこう** 보꼬-	[母校] 명 모교; 출신 학교
N1 **ぼこく** 보꼬꾸	[母国] 명 모국; 조국, 고국
N1 **ほこり** 호꼬리	[誇り] 명 자랑, 자부심, 자존심
N2 **ほこり** 호꼬리	[埃] 명 먼지

일한 단어 | 521

N1 **ほこる** 호꼬루	[誇る] 동 자랑하다, 뽐내다
N1 **ほころびる** 호꼬로비루	[綻びる] 명 실밥이 터지다
N4 **ほし** 호시	[星] 명 별, 세월, 운수
N5 **ほしい** 호시-	[欲しい] い형 탐나다, 필요하다, ~하고 싶다
N1 **ポジション** 뽀지숑	position 명 포지션, 직무상의 지위, 위치, 부서
N1 **ほしゅ** 호슈	[保守] 명 보수; 보전하여 지킴
N2 **ぼしゅう** 보슈-	[募集] 명 모집; 널리 알려 희망자를 모음
N1 **ほじゅう** 호쥬-	[補充] 명 보충; 모자란 것을 채워 메움
N1 **ほじょ** 호죠	[補助] 명 보조; 보충하여 도와줌
N1 **ほしょう** 호쇼-	[補償] 명 보상; 남의 손해를 물어줌
N1 **ほしょう** 호쇼-	[保障] 명 보장; 떠받치는 일, 막는 일
N2 **ほしょう** 호쇼-	[保証] 명 보증; 틀림없음을 책임짐

N2 **ほす** 호스	[干す] 동 말리다, 건조시키다	
N2 **ポスター** 뽀스따ー	poster 명 포스터, 광고 전단	
N5 **ほそい** 호소이	[細い] い형 가늘다, 좁다, 여유가 없다	
N1 **ほそう** 호소ー	[鋪裝] 명 포장	
N1 **ほそうこうじ** 호소ー꼬ー지	[鋪裝工事] 명 포장 공사	
N1 **ほそうどうろ** 호소ー도ー로	[鋪裝道路] 명 포장 도로	
N1 **ほそく** 호소꾸	[補足] 명 보족; 보충하여 채움	
N2 **ほぞん** 호종	[保存] 명 보존; 본래의 상태로 유지함	
N1 **ぼち** 보찌	[墓地] 명 묘지; 무덤	
N2 **ほっきょく** 혹꾜꾸	[北極] 명 북극	
N1 **ほっさ** 홋사	[発作] 명 발작; 갑자기 일어나는 증상	
N1 **ぼっしゅう** 봇슈ー	[没収] 명 몰수; 압수(押収)	

N1 **ほっそく** 홋소꾸	[発足] 명 발족; 출발
N2 **ぼっちゃん** 봇쨩	[坊ちゃん] 명 도련님, 아드님
N1 **ぼつらく** 보쯔라꾸	[没落] 명 몰락; 멸망하여 없어짐
N4 **ほど** 호도	[程] 명 사물의 정도, 한도, 한계
N2 **ほどう** 호도-	[歩道] 명 보도; 인도(人道)
N2 **ほどく** 호도꾸	[解く] 동 (묶은 것을) 풀다
N2 **ほとけ** 호또께	[仏] 명 부처, 석가모니
N1 **ほどける** 호도께루	[解ける] 동 풀려 나가다, 풀리다, 풀어지다
N1 **ほどこす** 호도꼬스	[施す] 동 (자선을) 베풀다
N4 **ほとんど** 호똔도	[殆ど] 부 거의, 대부분, 대략, 하마터면
N1 **ボーナス** 보-나스	bonus 명 보너스, 상여금, 장려금
N2 **ほね** 호네	[骨] 명 뼈, 기골, (사물의) 핵심

N2 **ほのお** 호노-	[炎] 명 불길, 불꽃
N2 **ほぼ** 호보	[略] 명 거의, 대략, 대강
N2 **ほほえむ** 호호에무	[微笑む] 동 미소 짓다
N1 **ホーム** 호-무	home 명 홈, 가정, 가정 생활
N4 **ほめる** 호메루	[褒める] 동 칭찬하다, 찬양하다
N1 **ほよう** 호요-	[保養] 명 보양; 몸을 휴양시켜 기름
N2 **ほり** 호리	[堀/濠] 명 도랑, 해자(垓子), 성 둘레
N1 **ボリューム** 보류-구	volume 명 볼륨, 용적, 부피, 체적, 크기
N1 **ほりょ** 호로	[捕虜] 명 포로
N1 **ほりょしゅうようしょ** 호료슈-요-쇼	[捕虜収容所] 명 포로수용소
N2 **ほる** 호루	[掘る] 동 (땅을) 파다, (묻힌 것을) 파내다
N2 **ほる** 호루	[彫る] 동 조각하다, 새기다

N5 **ボールペン** 보-루펭	ball-point 명 볼펜
N1 **ほろびる** 호로비루	[滅びる] 동 망하다, 멸망하다
N1 **ほろぶ** 호로부	[滅ぶ] 동 망하다, 멸망하다
N1 **ほろぼす** 호로보스	[滅ぼす] 동 망치다, 망하게 하다
N5 **ほん** 홍	[本] 명 책, 서적, 각본, 대본
N2 **ぼん** 봉	[盆] 명 쟁반, 우란분재(盂蘭盆齋)
N1 **ほんかく** 홍까꾸	[本格] 명 본격; 본래의 격식
N1 **ほんかん** 홍깡	[本館] 명 본관; 본건물
N1 **ほんき** 홍끼	[本気] 명 진심, 제정신, 본심, 진정
N1 **ほんごく** 홍고꾸	[本国] 명 본국; 자기 나라, 모국
N1 **ほんしつ** 혼시쯔	[本質] 명 본질; 본래의 성질, 근본
N1 **ほんたい** 혼따이	[本体] 명 본체 사물의 참모습

N5 **ほんだな** 혼다나	[本棚] 몡 서가(書架), 책장
N2 **ぼんち** 본찌	[盆地] 몡 분지; 산으로 둘러싸인 평지
N3 **ほんてん** 혼뗑	[本店] 몡 본점; 으뜸이 되는 점프
N5 **ほんとう** 혼또-	[本当] 몡 정말, 사실, 진짜
N2 **ほんにん** 혼닝	[本人] 몡 본인; 장본인
N1 **ほんね** 혼네	[本音] 몡 본심(本心), 진심, 속마음
N1 **ほんのう** 혼노-	[本能] 몡 본능
N1 **ほんば** 혼바	[本場] 몡 본고장, 본바닥, 본산지
N2 **ほんぶ** 홈부	[本部] 몡 본부; 중심이 되는 곳
N1 **ほんぶん** 홈붕	[本文] 몡 본문; 원문(原文)
N1 **ほんみょう** 홈묘-	[本名] 몡 본명; 실명(實名), 진짜-이름
N2 **ほんもの** 홈모노	[本物] 몡 진짜 물건, 실물(實物)

N3 **ほんや** 홍야	[本屋] 명 책방, 집의 본채
N4 **ほんやく** 홍야꾸	[飜訳] 명 번역; 국어를 다른 국어로 옮김
N2 **ぼんやり** 봉야리	부 우두커니, 어렴풋이, 아련히
N2 **ほんらい** 혼라이	[本来] 명 본래; 본디, 원래
N3 **ほんろん** 혼론	[本論] 명 본론; 중심이 되는 논의(論議)

ま

N2 ま
마
[間]
圀 (공간적인) 틈, 간격

N5 ~まい
마이
[~枚]
젭미 ~매; 얇고 편편한 것을 세는 말

N2 まい
마이
[每]
圀 매; 늘, 그때마다

N5 まいあさ
마이아사
[毎朝]
圀 매일 아침, 아침마다

N2 マイク
마이쿠
mike
圀 마이크, '마이크로폰'의 통칭

N2 まいご
마이고
[迷子]
圀 미아(迷兒), 길 잃은 아이

N5 まいしゅう
마이슈-
[毎週]
圀 매주; 1주일마다

N2 まいすう
마이스-
[枚数]
圀 매수; 장수

N1 まいそう
마이스-
[埋葬]
圀 매장; 시체를 땅속에 묻음

N5 まいつき
마이쯔끼
[毎月]
圀 매월; 달마다(=まいげつ)

N2 まいど
마이도
[毎度]
圀 매번, 늘, 항상, 번번이

^{N5} **まいとし** 마이또시	[毎年] 명 매년; 해마다(=まいねん)
^{N2} **マイナス** 마이나스	minus 명 마이너스, 미치지 못한, 뒤떨어진
^{N5} **まいにち** 마이니찌	[毎日] 명 매일; 날마다
^{N5} **まいばん** 마이방	[毎晩] 명 매일 밤, 밤마다
^{N4} **まいる** 마이루	[参る] 동 가다, 오다의 겸양어, 참배하다
^{N1} **まう** 마우	[舞う] 동 (공중에서) 빙빙 돌다
^{N5} **まえ** 마에	[前] 명 앞(↔うしろ, あと), 정면, 표면
^{N1} **まえうり** 마에우리	[前売り] 명 예매(豫買)
^{N1} **まえおき** 마에오끼	[前置き] 명 머리말, 서론(序論)
^{N1} **まえもって** 마에못떼	[前以て] 부 미리, 사전에, 앞질러
^{N1} **まかす** 마까스	[負かす] 동 (상대를) 이기다
^{N2} **まかせる** 마까세루	[任せる] 동 맡기다, 일임하다

N1 **まかなう** 마까나우	[賄う] 동 처리하다, 정리하다
N5 **まがる** 마가루	[曲がる] 동 구부러지다, 굴절하다
N1 **まぎらわしい** 마기라와시이	[紛らわしい] い형 틀리기 쉽다
N1 **まぎれる** 마기레루	[紛れる] 동 구별하기 힘들다
N1 **マーク** 마-쿠	[mark] 명 마크, 표, 기호
N2 **まく** 마쿠	[巻く] 동 감다, 말다
N2 **まく** 마쿠	[幕] 명 막; 휘장, (무대의) 막, 장
N1 **まく** 마쿠	[膜] 명 막; 표면을 덮고 있는 얇은 막
N2 **まく** 마쿠	[撒く] 동 (물 따위를) 뿌리다
N2 **まく** 마쿠	[蒔く] 동 파종하다, 씨를 뿌리다(=蒔く)
N2 **まくら** 마쿠라	[枕] 명 베개, 잠을 잠, 묶음
N2 **まけ** 마께	[負け] 명 (싸움에) 짐, 패배, 값을 싸게 함

N1 マーケット 마-껫또	market 명 마켓, 장, 장날
N4 まげる 마게루	[曲げる] 동 구부리다, 굽히다, 기울이다
N2 まける 마께루	[負ける] 동 (싸움에) 지다, 패하다(=やぶれる)
N2 まご 마고	[孫] 명 손자
N1 まこと 마꼬또	[誠] 명 참, 사실, 진실, 성의
N1 まことに 마꼬또니	[誠に] 부 참으로, 정말로, 대단히
N2 まさつ 마사쯔	[摩擦] 명 마찰; 서로 비빔, 문지름, 저항
N1 まさに 마사니	[正に] 부 바로, 틀림없이, 지금
N3 まざる 마자루	[交ざる] 동 뒤섞이다
N1 まさる 마사루	[勝る] 동 (다른 것과 비교해서) 우수하다
N2 まざる 마자루	[混ざる] 동 두 종류 이상의 것이 섞이다
N1 まし 마시	[増し] 명 많아짐, 증가, 할증(割增)

N1 **まじえる** 마지에루	[交える] 동 섞다, 보태다	
N1 **まして** 마시떼	[況して] 부 하물며, 더구나, 한층	
N4 **まじめ** 마지메	[真面目] な형 진지함, 진실함	
N1 **マージャン** 마-쟝	명 마작(麻雀)	
N2 **まじる** 마지루	[交じる] 동 뒤섞이다, 혼합되다	
N2 **まじる** 마지루	[混じる] 동 혼합되다, 섞이다	
N1 **まじわる** 마지와루	[交わる] 동 사귀다, 교제하다	
N4 **まず** 마즈	[先ず] 부 우선, 먼저, 첫째로	
N2 **ます** 마스	[増す] 동 (수량이) 늘다, 많아지다	
N1 **ますい** 마스이	[麻酔] 명 마취; 기능이 마비됨	
N5 **まずい** 마즈이	[不味い] い형 맛이 없다, 서투르다	
N1 **マスコミ** 마스꼬미	masscom 명 매스컴, 대량[대중] 전달	

N2 **まずしい** 마즈시이	[貧しい] い형 가난하다, 부족하다
N2 **ますます** 마스마스	[益益] 부 더욱더, 점점 더
N2 **まぜる** 마제루	[交ぜる] 동 섞다, 혼합하다
N2 **まぜる** 마제루	[混ぜる] 동 혼합하다, 휘저어 섞다
N5 **また** 마따	[股] 명 다리 가랑이, 사타구니
N5 **まだ** 마다	[未だ] 부 아직, 여지껏, 더욱, 차라리
N1 **また** 마따	[又] 부 또, 또다시, 재차, 또
N4 **または** 마따와	[又は] 접 그것이 아니면, 또는, 혹은
N5 **まち** 마찌	[街] 명 (상점들이 늘어 선) 거리, 번화가
N2 **まち** 마찌	[町] 명 거리, 시가지, 도회
N2 **まちあいしつ** 마찌아이시쯔	[待合室] 명 대합실
N2 **まちあわせる** 마찌아와세루	[待ち合わせる] 동 약속하고 오기를 서로 기다리다

N2 **まちがい** 마찌가이	[間違い] 명 틀림, 잘못, 실수
N2 **まちがう** 마찌가우	[間違う] 동 틀리다, 실수하다, 바르지 못하다
N2 **まちかど** 마찌카도	[街角] 명 가각; 거리의 모퉁이, 길목
N1 **まちどおしい** 마찌도ー시이	[待ち遠しい] い형 몹시 기다리다
N1 **まちのぞむ** 마찌노조무	[待ち望む] 동 애타게 기다리다
N5 **まつ** 마쯔	[待つ] 동 기다리다, 기대를 걸다
N1 **まつ** 마쯔	[末] 명 말; 어떤 기간의 끝, 나무끝
N3 **まつ** 마쯔	[松] 명 소나무
N2 **まっか** 막까	[真っ赤] な형 새빨감, 전연, 정말
N1 **まっき** 막끼	[末期] 명 말기; 어떤 시기의 끝 무렵(↔初期)
N1 **まっくら** 맛꾸라	[真っ暗] な형 (어두워서) 아주 캄캄함
N2 **まっくろ** 막꾸로	[真っ黒] な형 아주 검음, 검정

まっくろい (막꾸로이) — N3	[真っ黒い] [い형] 아주 새까맣다
まっさき (맛사끼) — N2	[真っ先] [명] 선두, 맨 앞, 제일 먼저
まっしろ (맛시로) — N2	[真っ白] [な형] 새하얌
まっしろい (맛시로이) — N2	[真っ白い] [い형] 새하얗다
まっすぐ (맛스구) — N5	[真っ直ぐ] [명] 똑바름, 정직함
まったく (맛따꾸) — N2	[全く] [부] 모조리, 모두, 전혀
まっぷたつ (맛뿌따쯔) — N1	[真っ二つ] [명] 두 동강, 딱 절반
まつり (마쯔리) — N2	[祭り] [명] 제례, 제사
まつる (마쯔루) — N2	[祭る] [동] 제사지내다, 받들어 모시다
まで (마데) — N5	[迄] [조] ~까지, ~조차
まと (마또) — N1	[的] [명] 과녁, 표적, 목표, 초점
まど (마도) — N1	[窓] [명] 창; 창문, (비유적인) 창문

N2	**まどぐち** 마도구찌	[窓口] 명 창구; 창이 있는 곳
N1	**まとまり** 마또마리	[纏まり] 명 통합, 합침, 정리
N2	**まとまる** 마또마루	[纏まる] 동 한데 모이다, 분쟁이 해결되다
N1	**まとめ** 마또메	[纏め] 명 통합, 통괄, 총괄
N2	**まとめる** 마또메루	[纏める] 동 한데 모으다, 매듭을 짓다
N1	**マナ-** 마나-	manner 명 매너, 방법, 방식, 예절, 예의
N2	**まなぶ** 마나부	[学ぶ] 동 배우다, 배워 익히다
N4	**まにあう** 마니아-우	[間に合う] 동 시간에 대다, 족하다, 충분하다
N1	**まぬがれる** 마누가레루	[免れる] 동 잘 피하다. 면하다. 모면하다
N2	**まね** 마네	[真似] 명 흉내, 모방, 시늉
N1	**まねき** 마네끼	[招き] 명 초대, 초빙, 초청
N1	**まねく** 마네꾸	[招く] 동 손짓하여 부르다, 권하다

일한 단어 | 537

N1 **マネージャー** 마네-쟈-	manager 명 매니저, 지배인, 경영[관리]자
N2 **まねる** 마네루	[真似る] 동 흉내내다, 모방하다
N1 **まひ** 마히	[麻痺] 명 마비; 저림, 둔해짐
まぶしい 마부시-	[眩しい] い형 눈부시다, 눈을 뜨지 못함
N2 **まぶた** 마부따	[瞼] 명 눈꺼풀, 눈언저리
N2 **まめ** 마메	[豆] 명 콩, (콩알 같은) 작은 물건
N2 **まもなく** 마모나꾸	[間もなく] 부 곧, 머지않아, 이윽고
N2 **まもる** 마모루	[守る] 동 지키다, 수비하다, 보호하다
N1 **まゆ** 마유	[眉] 명 눈썹, 눈썹을 그리는 먹
N2 **まよう** 마요-	[迷う] 동 (길을) 잃다, 헤매다
N2 **まる** 마루	[丸] 명 둥근 것, 동그라미
N5 **まるい** 마루이	[円い] い형 둥글다

N5 **まるい** 마루이	[丸い] い형 둥글다, 동그랗다
N1 **まるごと** 마루고토	[丸ごと] 부 있는 그대로, 통째로, 온통
N1 **まるっきり** 마룻끼리	[丸切り] 부 (부정문에서) 전연, 정말
N1 **まるまる** 마루마루	[丸まる] 동 둥글게 되다
N1 **まるまると** 마루마루또	[丸々と] 부 모두, 죄다, 전부
N1 **まるめる** 마루메루	[丸める] 동 둥글게 만들다
N2 **まれ** 마레	[希/稀] な형 드묾, 많지 않음, 진귀한
N2 **まわす** 마와스	[回す] 동 (빙글빙글) 회전시키다
N4 **まわり** 마와리	[周り・回り] 명 둘레, 주위, 근처, 회전
N2 **まわりみち** 마와리미찌	[回り道] 명 길을 돌아서 감
N4 **まわる** 마와루	[回る] 동 (축을 중심으로) 돌다, 회전하다
N5 **まん** 망	[万] 명 만, 천(千)의 열 배, 10,000

N2 **まんいん** 망잉	[満員] 명 만원; 정한 인원이 다 참
N4 **まんが** 망가	[漫画] 명 만화; 풍자하는 그림
N3 **まんがいち** 망가이찌	[万が一] 부 만약, 만일에
N1 **まんげつ** 망게쯔	[満月] 명 만월; 보름달, 둥근 달
N1 **まんじょう** 만죠-	[満場] 명 만장; 회장에 가득 모임
N2 **マンション** 만숑	mansion 명 맨션, 대저택, 대형의 고급아파트
N1 **まんせい** 만세-	[慢性] 명 만성; 오래 끄는 병의 상태
N2 **まんぞく** 만조꾸	[満足] 명 만족; 온전함, 충분함
N3 **まんちょう** 만쪼-	[満潮] 명 만조; 밀물
N4 **まんなか** 만나까	[真ん中] 명 한가운데, 한복판
N5 **まんねんひつ** 만넹히쯔	[万年筆] 명 만년필
N1 **まんまえ** 망마에	[真ん前] 명 정면, 바로 앞

N1 まんまるい 망마루이	[真ん丸い] い형 아주 둥글다, 동그랗다
N2 み 미	[身] 명 몸, 신체, 자기, 자신
N2 み 미	[実] 명 열매, (과일의) 씨, 내용
N1 みあい 미아이	[見合(い)] 명 서로 봄, 맞선, 맞선봄
N2 みあげる 미아게루	[見上げる] 동 우러러보다
N1 みあわせる 미아와세루	[見合わせる] 동 마주 보다
N4 みえる 미에루	[見える] 동 (눈에) 보이다, 오시다
N2 みおくり 미오꾸리	[見送り] 명 전송, 배웅
N2 みおくる 미오꾸루	[見送る] 동 전송하다, 배웅하다
N1 みおとす 미오또스	[見落とす] 동 간과(看過)하다
N2 みおろす 미오로스	[見下ろす] 동 내려다보다, 굽어보다
N1 みかい 미까이	[未開] 명 미개; 미개봉(未開封)

N5 **みがく** 미가꾸	[磨く] ⑧ 닦다, 갈다, 윤을 내다
N1 **みかく** 미까꾸	[味覚] ⑲ 미각; 맛을 느끼는 감각
N2 **みかけ** 미까께	[見掛(け)] ⑲ 겉보기, 외관
N1 **みかける** 미까께루	[見掛ける] ⑧ 눈에 띄다
N2 **みかた** 미까따	[見方] ⑲ 보는 방법, 견해, 생각
N2 **みかた** 미까따	[味方] ⑲ 아군(我軍), 자기편, 편듦
N1 **みき** 미끼	[幹] ⑲ 나무줄기, (사물의) 줄거리
N5 **みぎ** 미기	[右] ⑲ 우; 오른쪽, 우측
N1 **みぐるしい** 미구루시이	[見苦しい] [い형] 꼴사납다, 보기 싫다
N2 **みごと** 미고또	[見事] [な형] 볼만함, 훌륭함, 아름다움
N1 **みこみ** 미꼬미	[見込(み)] ⑲ 예상, 목표, 예정
N1 **みこん** 미꽁	[未婚] ⑲ 미혼; 아직 결혼하지 않음

N2 **みさき** 미사끼	[岬] 명 갑; 곶, 바다나 호수
N5 **みじかい** 미지까이	[短い] い형 (길이・시간이) 짧다
N2 **みじめ** 미지메	[惨め] な형 비참함, 참담함
N1 **みじゅく** 미쥬꾸	[未熟] な형 미숙; (과일이) 덜 익음
N1 **みず** 미즈	[水] 명 물, 큰물, 홍수, 수분
N4 **みずうみ** 미즈우미	[湖] 명 호수
N2 **みずから** 미즈까라	[自ら] 명 자기 자신, 스스로
N2 **みずぎ** 미즈기	[水着] 명 물옷, 수영복
N1 **みずけ** 미즈께	[水気] 명 물기, 수분, 물
N5 **みせ** 미세	[店] 명 가게, 상점, 점포, 영업소
N1 **みせびらかす** 미세비라까스	[見せびらかす] 동 과시하다, 보이며 뽐나다
N1 **みせもの** 미세모노	[見せ物] 명 (곡예・예술 등의) 구경거리

N5 **みせる** 미세루	[見せる] 동 (남에게) 보이다, 겉을 꾸미다	
N1 **みぞ** 미조	[溝] 명 도랑, 개천, 홈	
N4 **みそ** 미소	[味噌] 명 된장, 장, 특색, 자랑거리	
N2 **みだし** 미다시	[見出(し)] 명 표제(表題), 표제어	
N1 **みだす** 미다스	[乱す] 동 흩뜨리다, 어지럽히다	
N1 **みたす** 미따스	[満たす] 동 (가득) 채우다, 충족시키다	
N1 **みだれる** 미다레루	[乱れる] 동 흐트러지다	
N5 **みち** 미찌	[道] 명 길, 도로, (인생의) 길	
N1 **みち** 미찌	[未知] 명 미지; 아직 모름	
N1 **みぢか** 미지까	[身近] な형 신변, 자기 몸 가까운 곳	
N2 **みちじゅん** 미찌중	[道順] 명 지나가는 길, 코스	
N1 **みちばた** 미찌바따	[道端] 명 길가, 도로변	

N1 **みちびく** 미찌비꾸	[導く] 동 안내하다, 인도하다
N2 **みちる** 미찌루	[満ちる] 동 (가득) 차다
N5 **みっか** 믹까	[三日] 명 사흘, 3일, 초사흘
N4 **みつかる** 미쯔까루	[見付かる] 동 발견되다, 들키다
N4 **みつける** 미쯔께루	[見付ける] 동 찾아내다, 발견하다
N1 **みっしゅう** 밋슈-	[密集] 명 밀집; 빈틈없이 빽빽하게
N1 **みっせつ** 밋세쯔	[密接] な형 밀접; 빈틈이 없음, 관계가 깊음
N5 **みっつ** 밋쯔	[三つ] 명 셋, 세 개(=みつ)
N1 **みつど** 미쯔도	[密度] 명 밀도; 촘촘한 정도
N2 **みつめる** 미쯔메루	[見詰める] 동 응시하다, 주시하다
N1 **みつもり** 미쯔모리	[見積(も)り] 명 견적; 어림함
N1 **みてい** 미떼-	[未定] 명 미정; 아직 정하지 않음

N1 **みとおし** 미또-시	[見通し] 몡 전망, 예측, 끝까지 봄
N2 **みとめる** 미또메루	[認める] 동 인정하다, 인지하다, 판단하다
N5 **みどり** 미도리	[緑] 몡 녹색, 초록색, 청색, 푸른색
N4 **みな** 미나	[皆] 몡 모두, 전부, 죄다(=みんな)
N2 **みなおす** 미나오스	[見直す] 동 새삼 다시 보다
N3 **みなさま** 미나사마	[皆様] 몡 여러분
N5 **みなさん** 미나상	[皆さん] 몡 여러분, 'みなさま'를 낮춘 말
N4 **みなと** 미나또	[港] 몡 항구, 포구(浦口)
N5 **みなみ** 미나미	[南] 몡 남; 남쪽, 남풍(南風), 마파람
N1 **みなもと** 미나모또	[源] 몡 수원(水源), 물의 근원
N1 **みならう** 미나라우	[見習う] 동 보고 익히다, 보고 연습하다
N1 **みなり** 미나리	[身形] 몡 옷차림, 복장, 몸집, 덩치

| N2 **みなれる** 미나레루 | [見慣れる] 동 눈에 익다, 낯익다 |

| N2 **みにくい** 미니꾸이 | [醜い] い형 (행동이) 추하다, 보기 흉하다 |

| N1 **みね** 미네 | [峰] 명 봉우리, 칼날의 등 |

| N1 **みのうえ** 미노우에 | [身の上] 명 신상; 신세, 운명 |

| N1 **みのがす** 미노가스 | [見逃す] 동 (기회를) 놓치다 |

| N1 **みのまわり** 미노마와리 | [身の回り] 명 일상 생활에 필요한 것 |

| N2 **みのる** 미노루 | [実る] 동 (식물이) 열매를 맺다 |

| N1 **みはからう** 미하까라우 | [見計らう] 동 적당한 것으로 하다 |

| N1 **みはらし** 미하라시 | [見晴(ら)し] 명 전망(展望), 바라본 경치 |

| N1 **みぶり** 미부리 | [身振り] 명 몸짓, 몸놀림, 옷차림 |

| N2 **みぶん** 미붕 | [身分] 명 신분, 지위, 신세 |

| N2 **みほん** 미홍 | [見本] 명 견본; 표본, 본보기 |

N2 **みまい** 미마이	[見舞(い)] 명 문안, 위문, 문병, 위문편지	
N2 **みまう** 미마우	[見舞う] 동 문안하다, 위문하다	
N2 **みまん** 미망	[未満] 명 미만; 정한 수에 미달함	
N5 **みみ** 미미	[耳] 명 귀, 청력(聽力), 귀 모양	
N1 **みゃく** 먀꾸	[脈] 명 맥; 혈관, 맥박	
N2 **みやげ** 미야게	[土産] 명 토산품, 여행 기념 선물	
N2 **みやこ** 미야꼬	[都] 명 서울, 수도(首都), 도회	
N2 **みょう** 묘-	[妙] な형 묘; 아름다움, 훌륭함	
N2 **みょうごにち** 묘-고니찌	[明後日] 명 명후일; 모레	
N2 **みょうじ** 묘-지	[名字] 명 성(姓), 성씨(姓氏)	
N3 **みょうばん** 묘-방	[明晩] 명 내일 밤, 내일 저녁	
N2 **みらい** 미라이	[未来] 명 미래; 장래, 앞날, 후세	

N2 **みりょく** 미료꾸	[魅力] 명 매력; 매혹하여 끄는 힘
N5 **みる** 미루	[見る] 동 (눈으로) 보다, 확인하다
N3 **みる** 미루	[診る] 동 (환자를) 진찰하다
N1 **みれん** 미렝	[未練] 명 미련; 미숙, 아쉬움
N1 **みわたす** 미와따스	[見渡す] 동 (멀리 넓게) 바라보다
N2 **みんかん** 밍깡	[民間] 명 민간; 일반 국민의 사회
N1 **みんしゅく** 밍슈꾸	[民宿] 명 민숙; 민박(民泊)
N3 **みんしゅしゅぎ** 민슈슈기	[民主主義] 명 민주주의
N1 **みんぞく** 민조꾸	[民俗] 명 민속; 민간의 풍속
N1 **みんぞく** 민조꾸	[民族] 명 민족; 동일 지역의 인간 집단
N5 **みんな** 민나	[皆] 명 모두
N2 **みんよう** 밍요-	[民謡] 명 민요; 향토색이 짙은 가요

N2 **む** 무	[無] 명 무; 아무것도 없음	
N5 **むいか** 무이까	[六日] 명 엿새, 6일, 초엿새	
N1 **むいみ** 무이미	[無意味] な형 무의미; 의미가 없음	
N2 **むかい** 무까이	[向かい] 명 마주 봄, 마주 보고 있는 정면	
N4 **むかう** 무까우	[向かう] 동 향하다, 다가오다, 대항하다	
N2 **むかえ** 무까에	[迎え] 명 마중함, 맞이함, 마중할 사람	
N4 **むかえる** 무까에루	[迎fえる] 동 (사람을) 맞다, 맞이하다	
N4 **むかし** 무까시	[昔] 명 옛날, 예전, 옛적	
N2 **むき** 무끼	[向き] 명 향함, 향하고 있는 방향, 방면	
N2 **むく** 무꾸	[剥く] 동 (껍질을) 벗기다, 까다	
N2 **むく** 무꾸	[向く] 동 어떤 상태, 방향으로 향하다	
N1 **むくち** 무꾸찌	[無口] な형 과묵함, 말수가 적음	

N3 **~むけ** 무께	[~向け] 접미 대상·행선지를 나타냄
N2 **むける** 무께루	[向ける] 동 향하게 하다, 마주보게 하다
N2 **むげん** 무겡	[無限] 명 무한; 끝이 없음
N1 **むこ** 무꼬	[婿] 명 사위, 신랑, 데릴사위
N5 **むこう** 무꼬-	[無効] 명 무효; 보람·효력이 없음
N5 **むこう** 무꼬-	[向(こ)う] 명 건너편, 맞은편
N1 **むごん** 무공	[無言] 명 무언; 말이 없음
N2 **むし** 무시	[無視] 명 무시; 눈여겨보지 않음
N4 **むじ** 무지	[無地] 명 무지; 무늬가 없음
N2 **むし** 무시	[虫] 명 벌레, 곤충, 해충(害蟲)
N2 **むしあつい** 무시아쯔이	[蒸し暑い] い형 찌는 듯이 무덥다
N1 **むしば** 무시바	[虫歯] 명 충치; 벌레 먹은 치아

N1 むじゃき 무쟈끼	[無邪気] な형 악의가 없음, 순진함, 천진 난만함
N2 むじゅん 무중	[矛盾] 명 모순; 앞뒤가 맞지 않음
N2 むしろ 무시로	[寧ろ] 부 오히려, 차라리
N2 むす 무스	[蒸す] 동 (김으로) 찌다, 익히다
N2 むすう 무스-	[無数] 명 무수; 헤아릴 수 없도록 많은 것
N5 むずかしい 무즈까시이	[難しい] い형 (이해하기) 어렵다, 곤란하다
N4 むすこ 무스꼬	[息子] 명 아들, 자식(=せがれ)
N1 むすび 무스비	[結び] 명 맺음, 매듭, 끝맺음, 결말
N1 むすびつき 무스비쯔끼	[結び付き] 명 결합, 연결
N1 むすびつく 무스비쯔꾸	[結び付く] 동 연결되다, 매어 잇다
N1 むすびつける 무스비쯔께루	[結び付ける] 동 붙들어 매다, 관계를 갖게 하다
N2 むすぶ 무스부	[結ぶ] 동 잇다, 맺다, 매다, 잡다, 쥐다

N4 **むすめ** 무스메	[娘] 명 딸, 미혼 여성
N1 **むせん** 무셍	[無線] 명 무선; 전선을 가설하지 않음
N2 **むだ** 무다	[無駄] な형 헛됨, 쓸데없음, 보람이 없음
N1 **むだづかい** 무다즈카이	[無駄遣い] 명 낭비, 보람없이 돈을 쓰는 일
N1 **むだん** 무당	[無断] 명 무단; 미리 승낙을 얻지 못함
N1 **むち** 무찌	[無知] な형 무지; 지식이 없음, 어리석음
N1 **むちゃ** 무쨔	[無茶] な형 난폭함, 당치 않음
N1 **むちゃくちゃ** 무쨔꾸쨔	[無茶苦茶] な형 엉망진창임
N2 **むちゅう** 무쮸-	[夢中] な형 몽중; 꿈속, 몰두함
N5 **むっつ** 못쯔	[六つ] 명 여섯, 여섯 개(=むつ)
N1 **ムード** 무-도	[mood] 명 무드, 분위기
N1 **むなしい** 무나시이	[空しい] い형 허무하다, 덧없다(=虚しい)

N2 **むね** 무네	[胸] 명 가슴, 흉부(胸部), 심장
N1 **むのう** 무노-	[無能] な형 무능; 능력이 없음
N1 **むやみに** 무야미니	[無闇に] 부 무턱대고, 함부로
N1 **むよう** 무요-	[無用] な형 무용; 쓸데없음, 무용
N1 **むら** 무라	[村] 명 마을, 방 자치, 시골(=むらざと)
N1 **むらがる** 무라가루	[群がる] 동 떼 지어 모이다
N2 **むらさき** 무라사끼	[紫] 명 자색(紫色), 보라색, 가지
N3 **むらさきいろ** 무라사끼이로	[紫色] 명 자색; 보라색, 가지색
N4 **むり** 무리	[無理] 명 무리; 이치에 맞지 않음, 억지
N2 **むりょう** 무료-	[無料] 명 무료; 공짜, 요금이 필요 없는 일
N2 **むれ** 무레	[群(れ)] 명 무리, 집단, 떼, 한패
N1 **むろん** 무롱	[無論] 명 무론; 물론(勿論)

N5 **め** 메	[目] 몡 눈, 안목, 시력
N2 **め** 메	[芽] 몡 (초목의) 싹, 눈, 알
N2 **めい** 메이	[名] 몡 이름, 명칭
N2 **めい** 메이	[姪] 몡 질녀(姪女), 조카딸
N2 **めいかく** 메-까꾸	[明確] 몡 명확; 명백하고 확실함
N2 **めいさく** 메-사꾸	[名作] 몡 명작; 유명한 작품
N1 **めいさん** 메-상	[名産] 몡 명산; 그 지방의 특산물
N2 **めいし** 메-시	[名詞] 몡 명사; 이름씨
N2 **めいし** 메-시	[名刺] 몡 명함
N2 **めいしょ** 메-쇼	[名所] 몡 명소; 유명한 곳
N1 **めいしょう** 메-쇼-	[名称] 몡 명칭; 호칭, 이름
N2 **めいじる** 메-지루	[命じる] 동 분부하다, 명령하다

N2 **めいじん** 메-징	[名人] 명 명인; 그 분야에서 뛰어난 사람	
N2 **めいしん** 메-싱	[迷信] 명 미신	
N3 **めいずる** 메-즈루	[命ずる] 동 명하다, 명령하다	
N1 **めいちゅう** 메-쮸-	[命中] 명 명중; 적중(的中)함	
N1 **めいはく** 메-하꾸	[明白] な형 명백; 아주 분명함	
N2 **めいぶつ** 메-부쯔	[名物] 명 명물; (그 고장의) 명산	
N1 **めいぼ** 메-보	[名簿] 명 명부; 이름을 적는 장부	
N2 **めいめい** 메-메-	[銘々] 부 각각, 제각기, 각자	
N1 **めいよ** 메-요	[名誉] 명 명예; 영예, 체면, 면목	
N1 **めいりょう** 메-료-	[明瞭] な형 명료; 분명하고 똑똑함	
N2 **めいれい** 메-레-	[命令] 명 명령; 분부	
N1 **めいろう** 메-로-	[明朗] な형 명랑; 밝고 쾌활함	

N2 **めいわく** 메-와쿠	[迷惑] 명 귀찮음, 성가심, 폐
N2 **めうえ** 메우에	[目上] 명 윗사람, 손윗사람
N1 **メーカー** 메-까-	maker 명 메이커, 제작자, 제조업자
N1 **めかた** 메까따	[目方] 명 (저울에 단) 무게, 중량
N5 **めがね** 메가네	[眼鏡] 명 안경(=がんきょう), 감정, 식별
N2 **めぐまれる** 메구마레루	[恵まれる] 동 은혜(恩惠)를 입다
N1 **めぐみ** 메구미	[恵み] 명 은총, 은혜, 자비, 동정
N1 **めぐむ** 메구무	[恵む] 동 (사랑·은혜·자비를) 베풀다
N2 **めぐる** 메구루	[巡る] 동 회전하다, 돌다, 순환하다
N2 **めざす** 메자스	[目指す] 동 목표로 하다, 겨냥하다
N2 **めざまし** 메자마시	[目覚(ま)し] 명 잠을 깨움
N1 **めざましい** 메자마시이	[目覚ましい] い형 눈부시다, 굉장하다

N3 **めざましどけい** 메자마시도께-	[目覚(ま)し時計] 명 알람시계
N1 **めざめる** 메자메루	[目覚める] 동 잠에서 깨다, 눈을 뜨다
N2 **めし** 메시	[飯] 명 밥, 남성 용어임, 식사
N4 **めしあがる** 메시아가루	[召し上がる] 동 (음식을) 잡수시다
N2 **めした** 메시따	[目下] 명 손아랫사람, 손아래
N2 **めじるし** 메지루시	[目印] 명 표시, 표적, 목표물
N1 **めす** 메스	[召す] 동 부르시다, 불러들이시다
N1 **めす** 메스	[雌] 명 (동물의) 암컷, 암놈
N4 **めずらしい** 메즈라시이	[珍しい] い형 진귀하다, 드물다, 희귀하다
N1 **メーター** 메-따-	meter 명 미터, 계량기
N2 **めだつ** 메다쯔	[目立つ] 동 눈에 띄다, 두드러지다
N2 **めちゃくちゃ** 메쨔꾸쨔	[滅茶苦茶] な형 엉망진창임, 뒤죽박죽

めつき (메쯔끼) [N1]	[目付(き)]	명 눈매, 눈초리, 눈의 표정
メッセージ (멧세-ㅈ) [N1]	message	명 메시지, 전갈, 전언
めったに (멧따니) [N2]	[滅多に]	부 함부로, 분별없이, 좀처럼
めつぼう (메쯔보-) [N1]	[滅亡]	명 멸망; 망하여 없어짐
メディア (메디아) [N1]	media	명 미디어, 매체, 매스미디어
めど (메도) [N1]	[目途]	명 목표, 전망, 목적
メニュー (메뉴-) [N2]	menu	명 메뉴, 식단, 메뉴, 차림표
メモ (메모) [N2]	memo	명 메모, 비망록
めもり (메모리) [N1]	[目盛り]	명 눈어림으로 담음 (자·저울 등의) 눈금
めやす (메야스) [N2]	[目安]	명 표준, 기준, 목표, 주판
メロディー (메로디-) [N1]	melody	명 멜로디, 선율(tune)
めん (멩) [N2]	[面]	명 얼굴, 탈, 가면, 방향

N1 **めんかい** 멩까이	[面会] 명 면회; 사람을 만남
N2 **めんきょ** 멩꾜	[免許] 명 면허; 허가
N1 **めんじょ** 멘죠	[免除] 명 면제; 책임을 지우지 않음
N1 **めんする** 멘스루	[面する] 동 면하다, 마주하다
N2 **めんぜい** 멘제-	[免税] 명 면세; 세금을 면제함
N2 **めんせき** 멘세끼	[面積] 명 면적; 평면·곡면(曲面)의 넓이
N2 **めんせつ** 멘세쯔	[面接] 명 면접; 직접 만나봄
N2 **めんどう** 멘도-	[面倒] 명 손이 많이 감, 귀찮음
N2 **めんどうくさい** 멘도-꾸사이	[面倒臭い] い형 몹시 귀찮다, 번거롭기 짝이 없다
N2 **メンバー** 멤바-	member 명 멤버, 회원, 단원, 의원
N1 **めんぼく** 멤보꾸	[面目] 명 면목; 체면(=めんもく), 명예
N1 **も** 모	[喪] 명 상; 복(服), 사람이 죽은 후, 친

560 | Point Up 왕초보 일한 + 한일 단어 사전

N5 もう 모-	[網] 명 그물
N5 もう 모-	부 이미, 벌써, 이제, 더, 또, 곧
N2 もうかる 모-까루	[儲かる] 동 벌이가 되다, 돈이 벌리다
N1 もうける 모-께루	[設ける] 동 설비하다, 준비하다, 시설하다
N2 もうける 모-께루	[儲ける] 동 이익을 얻다, 득을 보다
N4 もうしあげる 모-시아게루	[申し上げる] 동 말하다의 존댓말, 말씀드리다
N1 もうしいれる 모-시-레루	[申し入れる] 동 의견·희망을 상대방에게 전하다
N1 もうしこみ 모-시꼬미	[申(し)込み] 명 신청(申請)
N2 もうしこむ 모-시꼬무	[申し込む] 동 신청하다
N1 もうしで 모-시데	[申し出] 명 의견·희망 등을 말함
N1 もうしぶん 모-시붕	[申し分] 명 구실, 비난할 점, 결점(缺點)
N2 もうしわけ 모-시오꼐	[申し訳] 명 변명, 해명, 형식

N2 **もうしわけない** 모-시와께나이	[申し訳無い] [い형] 면목이 없다
N4 **もうす** 모-스	[申す] [동] 말하다의 겸양어, 원하다
N2 **もうふ** 모-후	[毛布] [명] 모포; 담요
N1 **もうれつ** 모-레쯔	[猛烈] [な형] 맹렬; 기세가 사납고 세찬 일
N3 **もえる** 모에루	[燃える] [동] (불이) 타다
N2 **もくざい** 모꾸자이	[木材] [명] 목재, 재목
N2 **もくじ** 모꾸지	[目次] [명] 목차; 차례
N2 **もくてき** 모꾸떼끼	[目的] [명] 목적; 목표(=めあて)
N2 **もくひょう** 모꾸효-	[目標] [명] 목표; 표적, 겨냥
N5 **もくようび** 모꾸요-비	[木曜日] [명] 목요일
N3 **もぐる** 모구루	[潜る] [동] 잠수(潜水)하다
N1 **もくろく** 모꾸로꾸	[目録] [명] 목록; 리스트, 목차

N1 **もくろみ** 모꾸로미	[目論見] 몡 계획, 기도(企圖), 심산(心算)
N1 **もけい** 모께-	[模型] 몡 모형; 실물을 본뜬 것
N1 **もさく** 모사꾸	[模索] 몡 모색; 더듬어 찾음
N4 **もじ** 모지	[文字] 몡 문자; 글자, 글, 문장(=もんじ)
N1 **モーター** 모-따-	motor 몡 모터, 발동기, 내연기관, 전동기
N2 **もち** 모찌	[餅] 몡 떡, 찰떡
N3 **もち** 모찌	[持ち] 몡 소유함, 지님, 담당, 부담
N2 **もちあげる** 모찌아게루	[持ち上げる] 동 들어올리다, 칭찬하다
N2 **もちいる** 모찌이루	[用いる] 동 이용하다, 쓰다, 사용하다
N1 **もちきり** 모찌끼리	[持ち切り] 몡 끝까지 같은 상태로 계속되는 일
N4 **もちろん** 모찌롱	[勿論] 부 물론; 말할 것도 없이
N5 **もつ** 모쯔	[持つ] 동 가지다, 들다, 소유하다

N1 **もっか** 못까	[目下] 명 목하; 당장, 지금, 현재
N2 **もったいない** 못따이나이	[物体無い] い형 아깝다, 황송하다, 고맙다
N5 **もっと** 못또	부 더, 더욱, 좀더, 한층(=なお)
N2 **もっとも** 못또모	[尤も] な형 당연함 접 다만
N2 **もっとも** 못또모	[最も] 부 먼저, 첫째로, 제일
N1 **もっぱら** 몹빠라	[専ら] 부 오로지, 한결같이
N1 **もてなす** 모떼나스	[持て成す] 동 후하게 대접하다
N1 **モデル** 모데루	model 명 모델, 모범, 본보기
N2 **もと** 모또	[基] 명 디딤돌, 기초, 근본, 근원
N2 **もと** 모또	[元] 명 원래, 기원, 시작
N2 **もどす** 모도스	[戻す] 동 되돌리다, 돌이키다
N2 **もとめる** 모또메루	[求める] 동 구하다, 바라다, 요구하다, 찾다

N2 **もともと** 모또모또	[元元] 명 본전치기, 본전 부 본래부터
N4 **もどる** 모도루	[戻る] 동 되돌아가다, 철수하다
N5 **もの** 모노	[物] 명 (형태를 갖춘) 물건, 것
N2 **もの** 모노	[者] 명 자; 사람, 물건, 것
N2 **ものおき** 모노오끼	[物置] 명 광, 곳간, 헛간
N2 **ものおと** 모노오또	[物音] 명 (무엇인가의) 소리
N2 **ものがたり** 모노가따리	[物語] 명 이야기, 전설, 설화
N2 **ものがたる** 모노가따루	[物語る] 동 이야기하다, 말하다
N2 **ものごと** 모노고또	[物事] 명 세상사, 매사(每事)
N2 **ものさし** 모노사시	[物差し] 명 자, 잣대, (평가의)표준
N1 **ものずき** 모노즈끼	[物好き] 명 호기심
N2 **ものすごい** 모노스고이	[物凄い] い형 끔찍하다, 굉장하다

| N1 ものたりない | [物足りない] |
| 모노따리나이 | い형 뭔가 아쉽다, 불만스럽다 |

| N1 もはん | [模範] |
| 모항 | 명 모범; 본받아 배울 만함 |

| N1 もふく | [喪服] |
| 모후꾸 | 명 상복; 상제옷 |

| N1 もほう | [模倣] |
| 모호- | 명 모방; 흉내 냄 |

| N2 もみじ | [紅葉] |
| 모미지 | 명 단풍이 듦, 단풍 |

| N2 もむ | [揉む] |
| 모무 | 동 비비다, 주무르다 |

| N1 もめる | [揉める] |
| 모메루 | 동 분규가 일어나다 |

| N4 もめん | [木綿] |
| 모멩 | 명 목면; 솜, 무명, 면직 |

| N2 もやす | [燃やす] |
| 모야스 | 동 불태우다, 태우다 |

| N2 もよう | [模様] |
| 모요- | 명 모양; 무늬, 형편, 상황 |

| N2 もよおし | [催し] |
| 모요오시 | 명 모임, 회합, 행사 |

| N1 もよおす | [催す] |
| 모요오스 | 동 느끼기 시작하다 |

N4 **もらう** 모라우	[貰う] 동 얻다, 받다, 인수하다
N1 **もらす** 모라스	[漏らす] 동 (물을) 흘러나오게하다
N4 **もり** 모리	[森] 명 울창한 숲, 수풀
N1 **もりあがる** 모리아가루	[盛り上がる] 동 부풀어 오르다, 솟구쳐 오르다
N1 **もる** 모루	[漏る] 동 (물·비가) 새다
N2 **もる** 모루	[盛る] 동 (그릇에) 수북이 담다
N1 **もれる** 모레루	[漏れる] 동 새다, 또는 스며들다
N1 **もろい** 모로이	[脆い] い형 무르다, 부서지기 쉽다
N5 **もん** 몽	[門] 명 문; 대문(大門), 학문의 전문 영역
N2 **もんく** 몽꾸	[文句] 명 문구; 글귀, 불평, 불만
N5 **もんだい** 몬다이	[問題] 명 문제; 해답을 필요로 하는 질문
N2 **もんどう** 몬도-	[問答] 명 문답; 질문과 대답, 묻고 대답함

や

JAPANESE KOREAN WORDS DICTIONARY

N1 や 야	[矢]	명 화살
N5 や 야	[屋]	명 집, 지붕, 건물
N5 やおや 야오야	[八百屋]	명 야채 가게, 야채장수
N1 やがい 야가이	[野外]	명 야외; 들, 교외(郊外)
N2 やかましい 야까마시이	[喧しい]	い형 시끄럽다, 요란하다, 엄하다
N2 やかん 야깡	[夜間]	명 야간; 밤, 밤사이
N2 やかん 야깡	[薬缶]	명 주전자
N4 やく 야꾸	[焼く]	동 (불에) 태우다, 굽다, 애태우다, 달구다
N1 やぐ 야구	[夜具]	명 침구(寢具), 이부자리
N2 やく 야꾸	[約]	명 약; 대략, 약속, 생략
N2 やく 야꾸	[役]	명 직무, 임무

N2 **やく** 야꾸	[訳] 명 번역, 알기 쉽게 옮김
N2 **やくしゃ** 야꾸샤	[役者] 명 배우(俳優), 일꾼, 인물
N2 **やくしょ** 야꾸쇼	[役所] 명 관공서, 관청
N1 **やくしょく** 야꾸쇼꾸	[役職] 명 지위와 그 임무, 직무
N2 **やくす** 야꾸스	[訳す] 동 번역하다, 해석하다
N4 **やくそく** 야꾸소꾸	[約束] 명 약속; 언약, 운명, 인연
N2 **やくだつ** 야꾸다쯔	[役立つ] 동 도움이 되다, 쓸모 있다
N2 **やくにん** 야꾸닝	[役人] 명 관리, 공무원
N1 **やくば** 야꾸바	[役場] 명 관청, 관공서
N2 **やくひん** 야꾸힝	[薬品] 명 약품; 의약품
N2 **やくめ** 야꾸메	[役目] 명 역할, 임무, 직무, 직책
N2 **やくわり** 야꾸와리	[役割] 명 역할; 임무

N2 **やけど** 야께도	[火傷] 명 화상; 불이나 뜨거운 물에 데여 다침
N4 **やける** 야께루	[焼ける] 동 불타다, 구워지다
N2 **やこう** 야꼬-	[夜行] 명 야행; 밤에 행동함, 밤에 다님
N5 **やさい** 야사이	[野菜] 명 야채; 채소, 푸성귀(=あおもの)
N5 **やさしい** 야사시이	[易しい] い형 온순하다, 다정하다, 상냥하다
N4 **やさしい** 야사시이	[優しい] い형 상냥하다, 친절하다
N1 **やしなう** 야시나우	[養う] 동 (사람을) 기르다
N1 **やしん** 야싱	[野心] 명 야심; 남몰래 품은 소망
N5 **やすい** 야스이	[安い] い형 (값이) 싸다, 평온(平穩)하다
N1 **やすっぽい** 야슷뽀이	[安っぽい] い형 싸구려로 보이다
N5 **やすみ** 야스미	[休み] 명 휴식, 쉬는 시간, 취침
N5 **やすむ** 야스무	[休む] 동 쉬다, 휴식하다, 자다

N1 やすめる 야스메루	[休める] 동 쉬게 하다
N1 やせい 야세-	[野生] 명 야생; 동식물이 산야에 나서 자라남
N4 やせる 야세루	[痩せる] 동 여위다, 살이 빠지다(=太る)
N2 やちん 야찡	[家賃] 명 집세, 방세
N1 やつ 야쯔	[奴] 명 녀석, 놈, 자식, 그놈, 그 자식
N2 やっかい 얏까아	[厄介] な형 귀찮음, 성가심, 번거로움
N2 やっきょく 약꾜꾸	[薬局] 명 약국; 약방, 약을 조제(調劑)하는 곳
N5 やっつ 얏쯔	[八つ] 명 여덟, 여덟 개, 8세
N2 やど 야도	[宿] 명 사는 집, 숙소, 여관
N1 やとう 야또-	[野党] 명 야당; 현재 집권당이 아닌 정당
N2 やとう 야또-	[傭う] 동 고용하다, 세내다
N2 やぬし 야누시	[家主] 명 (셋집 등의) 집주(=いえぬし)

N2	**やね** 야네	[屋根] 명 지붕, 덮개
N4	**やはり** 야하리	[矢張り] 부 역시, 전과 같이, 결국(=やっぱり)
N2	**やぶく** 야부꾸	[破く] 동 부수다, 찢다, 집어 째다
N2	**やぶる** 야부루	[破る] 동 찢다, 째다, 깨다
N2	**やぶれる** 야부레루	[破れる] 동 형체가 부서지다, 깨어지다
N5	**やま** 야마	[山] 명 산, 광산(鑛山), 무더기
N1	**やみ** 야미	[闇] 명 어둠, 암흑, 분별력을 잃음
N1	**やむ** 야무	[病む] 동 병들다, 병을 앓다
N4	**やむ** 야무	[止む] 동 멎다, 그치다
N4	**やめる** 야메루	[辞める] 동 (직장을) 그만두다
N3	**やめる** 야메루	[止める] 동 (활동을) 그만두다, 끊다(=とりせめる)
N4	**やる** 야루	[遣る] 동 하다, 주다, 보내다

N4 **やわらかい** 야와라까이	[軟らかい] い형 부드럽다, 몰랑하다, 포근하다	
N4 **やわらげる** 야와라게루	[和らげる] 동 부드럽게 하다, 부드러워지게 하다	
N4 **ゆ** 유	[湯] 명 더운 물, 끓인 물, 뜨거운 물	
N2 **ゆいいつ** 유이-쯔	[唯一] 명 유일; 오직 그것 하나뿐임	
N1 **ゆう** 유-	[優] 명 우; 남보다 뛰어남	
N1 **ゆうい** 유-이	[優位] 명 우위; 남보다 유리한 위치	
N1 **ゆううつ** 유-우쯔	[憂鬱] な형 우울; 마음이 무겁고 쾌활하지 않음	
N1 **ゆうえき** 유-에끼	[有益] な형 유익; 이로움, 이익이 있음	
N1 **ゆうえつ** 유-에쯔	[優越] な형 우월; 뛰어나게 나음	
N2 **ゆうえんち** 유-엥찌	[遊園地] 명 유원지; 놀이터 공원	
N5 **ゆうがた** 유-가따	[夕方] 명 저녁때, 해질녘(=ゆうこく)	
N2 **ゆうかん** 유-깡	[夕刊] 명 석간; 석간신문	

| N2 | **ゆうかん** 유-깡 | [勇敢]
 な형 용감; 용기가 있어 과감함 |

| N1 | **ゆうき** 유-끼 | [勇気]
 명 용기; 담대함, 씩씩한 기운 |

| N1 | **ゆうき** 유-끼 | [有機]
 명 유기; 생활 기능과 생활력이 있는 일 |

| N1 | **ゆうぐれ** 유-구레 | [夕暮れ]
 명 황혼, 해질녘 |

| N2 | **ゆうこう** 유-꼬- | [友好]
 명 우호; 개인끼리 또는 나라 |

| N2 | **ゆうこう** 유-꼬- | [有効]
 な형 유효; 효능·효과가 있음 |

| N5 | **ゆうごはん** 유-고항 | [夕御飯]
 명 저녁 식사 |

| N1 | **ゆうし** 유-시 | [融資]
 명 융자; 자금을 융통함 |

| N2 | **ゆうしゅう** 유-슈- | [優秀]
 な형 우수; 뛰어남 |

| N2 | **ゆうしょう** 유-쇼- | [優勝]
 명 우승; 첫째로 이김 |

| N2 | **ゆうじょう** 유-죠- | [友情]
 명 우정; 친구 사이의 정의, 우의(友誼) |

| N2 | **ゆうじん** 유-징 | [友人]
 명 우인; 벗, 친구, 동료 |

N1 **ゆうずう** 유−즈−	[融通] 명 융통; 막히거나 거리끼지 않고 통함
N1 **ゆうする** 유−스루	[有する] 동 가지다, 소유하다
N1 **ゆうせい** 유−세−	[優勢] 명 우세; 세력・형세 등이 남보다 월등함
N1 **ゆうせん** 유−셍	[優先] 명 우선; 다른 것에 앞섬
N2 **ゆうそう** 유−소−	[郵送] 명 우송; 우편으로 보냄
N2 **ゆうだち** 유−다찌	[夕立] 명 여름날 오후의 소나기(=ゆだち)
N2 **ゆうのう** 유−노−	[有能] な형 유능; 능력이 뛰어남
N5 **ゆうはん** 유−항	[夕飯] 명 저녁 식사(=ゆうめし)
N2 **ゆうひ** 유−히	[夕日] 명 석양, 저녁 해
N1 **ゆうび** 유−비	[優美] 명 우미; 우아하고 아름다움
N5 **ゆうびん** 유−빙	[郵便] 명 우편; 우편 제도
N5 **ゆうびんきょく** 유−빙꾜꾸	[郵便局] 명 우체국

N5	**ゆうべ** 유-베	[夕べ] 명 어젯밤, 간밤(=さくや)
N1	**ゆうぼう** 유-보-	[有望] な형 유망; 앞으로 잘 될 듯함
N5	**ゆうめい** 유-메-	[有名] な형 유명; 세상에 이름이 알려짐
N1	**ゆうやけ** 유-야께	[夕焼け] 명 저녁놀
N2	**ゆうゆう** 유-유-	[悠々] 명 유유; 느긋함
N2	**ゆうり** 유-리	[有利] な형 유리; 이로움, 이익이 있음
N2	**ゆうりょう** 유-료-	[有料] 명 유료; 요금이 필요함
N1	**ゆうりょく** 유-료꾸	[有力] な형 유력; 힘이 있음
N1	**ゆうわく** 유-와꾸	[誘惑] 명 유혹; 나쁜 길로 유인함
N1	**ゆえ** 유에	[故] 명 이유, 까닭, 사정, 내력
N1	**ゆえに** 유에니	[故に] 접 고로, 그러므로
N2	**ゆか** 유까	[床] 명 마루, 바닥

ゆかい
N2 / 유까이
[愉快]
な형 유쾌; 즐거움, 재미있음

ゆかた
N2 / 유까따
[浴衣]
명 (목욕 후나 여름철에 입는) 옷

ゆがむ
N1 / 유가무
[歪む]
동 (모양이) 비뚤어지다

ゆき
N5 / 유끼
[雪]
명 눈, 흰 것의 비유

ゆき
N3 / 유끼
[行(き)]
명 (목적지로) 감, 향함, 갈 때

ゆくえ
N2 / 유꾸에
[行方]
명 행방; 행선지, 목적지

ゆくえふめい
N3 / 유꾸에후메-
[行方不明]
명 행방불명

ゆげ
N2 / 유게
[湯気]
명 김, 수증기

ゆけつ
N2 / 유께쯔
[輸血]
명 수혈; 피를 혈관에 주입함

ゆさぶる
N1 / 유사부루
[揺さぶる]
동 흔들어 움직이다, 쥐고 흔들다

ゆしゅつ
N3 / 유슈쯔
[輸出]
명 수출; 외국으로 팔아 보냄

ゆずる
N2 / 유즈루
[譲る]
동 물려주다, 양도하다

N2 **ゆそう** 유소-	[輸送] 몡 수송; 물건을 운송하는 일
N2 **ゆたか** 유따까	[豊か] な형 풍성함, 풍부함
N2 **ゆだん** 유당	[油断] 몡 방심(放心), 부주의(不注意)
N5 **ゆっくり** 윳꾸리	튀 천천히, 서서히, 넉넉히
N2 **ゆでる** 유데루	[茹でる] 동 삶다, 데치다
N1 **ユニーク** 유니-꾸	unique 몡 유니크, 유일한, 하나밖에 없는
N1 **ユニット** 유닛또	unit 몡 유니트, 단위, 구성[편성] 단위
N4 **ゆにゅう** 유뉴-	[輸入] 몡 수입; 외국에서 사들여 옴
N2 **ゆのみ** 유노미	[湯飲み] 몡 끓인 물을 마시는 그릇, 찻잔
N4 **ゆび** 유비	[指] 몡 손가락, 발가락
N1 **ゆびさす** 유비사스	[指差す] 동 (손가락으로) 가르키다
N4 **ゆびわ** 유비와	[指輪] 몡 지환; 반지(=指環), 가락지

N1 ゆみ 유미	[弓] 명 활, 궁술(弓術)
N4 ゆめ 유메	[夢] 명 꿈, 덧없음, 허무함
N1 ユーモア 유-모아	humor 명 유머, 재미있는 대문, 해학
N1 ゆらぐ 유라구	[揺らぐ] 동 흔들리다, 요동하다
N2 ゆるい 유루이	[緩い] い형 느슨하다, 헐렁하다
N2 ゆるす 유루스	[許す] 동 허가하다, 용서하다, 허락하다
N1 ゆるみ 유루미	[弛み] 명 느슨해짐, 해이해짐(=たるみ)
N1 ゆるむ 유루무	[緩む] 동 헐렁해지다, 헐거워지다(=弛む)
N1 ゆるめる 유루메루	[緩める] 동 느슨하게 하다
N1 ゆるやか 유루야카	[緩やか] な형 가파르지 않다
N4 ゆれる 유레루	[揺れる] 동 (상하·좌우로) 흔들리다
N5 よ 요	[四] 명 넷, 네 개, 네(=よっ, よん)

N1 **よ** 요	[世] 명 (사람이 모여 사는) 세상
N2 **よ** 요	[夜] 명 밤
N2 **よあけ** 요아께	[夜明け] 명 새벽, 새벽녘
N5 **よい** 요이	[良い] い형 좋다, 착하다, 잘 됐다
N4 **よう** 요-	[様] 명 모양, 꼴
N4 **よう** 요-	[用] 명 용무, 용건, 볼일, 쓸모
N2 **よう** 요-	[酔う] 동 (술에) 취하다, 황홀하게 되다
N4 **ようい** 요-이	[容易] な형 용이; 손쉬움, 어렵지 않음
N2 **ようい** 요-이	[用意] 명 준비, 채비, 조심, 주의
N1 **よういん** 요-잉	[要因] 명 요인; 주요한 원인
N1 **ようえき** 요-에끼	[溶液] 명 용액
N5 **ようか** 요-까	[八日] 명 초여드렛날, 8일, 8일간

N2 **ようがん** 요-강	[溶岩] 명 용암
N2 **ようき** 요-끼	[陽気] な형 명랑함, 쾌활함, 날씨, 천기
N2 **ようき** 요-끼	[容器] 명 용기; 그릇, 물건을 담는 그릇
N2 **ようきゅう** 요-뀨-	[要求] 명 요구; 강력히 청하여 구함
N1 **ようけん** 요-껭	[用件] 명 용건; 볼일, 용무
N1 **ようご** 요-고	[養護] 명 양호; 양육하고 보호함
N2 **ようご** 요-고	[用語] 명 용어; 말, 말씨, 술어
N4 **ようし** 요-시	[要旨] 명 요지; 대체의 내용
N2 **ようじ** 요-지	[用事] 명 볼일, 용무(=よう), 용건, 대소변
N2 **ようし** 요-시	[用紙] 명 용지; 사용하는 종이
N1 **ようしき** 요-시끼	[様式] 명 양식; 모양, 상태
N2 **ようじん** 요-징	[用心] 명 조심함, 주의함, 경계함

N2	**ようす** 요-스	[様子] 명 (사물의) 상태, 상황, 정세, 태도
N1	**ようする** 요-스루	[要する] 동 요하다, 필요하다
N2	**ようするに** 요-스루니	[要するに] 부 요컨대, 결국
N1	**ようせい** 요-세-	[養成] 명 양성; 교육이나 훈련을 길러냄
N1	**ようせい** 요-세-	[要請] 명 요청; 요긴하게 청함
N2	**ようせき** 요-세끼	[容積] 명 용적; 용량, 용기(容器)
N2	**ようそ** 요-소	[要素] 명 요소; 꼭 필요한 근본 조건
N1	**ようそう** 요-소-	[様相] 명 양상; 생김새, 모양, 모습
N2	**ようち** 요-찌	[幼稚] 명 유치; 나이가 어림, 미숙
N2	**ようちえん** 요-찌엥	[幼稚園] 명 유치원
N2	**ようてん** 요-뗑	[要点] 명 요점; 가장 중요한 점
N2	**ようと** 요-또	[用途] 명 용도; 사용할 곳, 사용처

N2	**ようび** 요-비	[曜日] 몡 요일; 1주일의 날
N1	**ようひん** 요-힝	[用品] 몡 용품; 사용할 물품, 필요한 물품
N2	**ようひんてん** 요-힝뗑	[洋品店] 몡 양품점
N1	**ようふう** 요-후-	[洋風] 몡 양풍; 서양 스타일
N5	**ようふく** 요-후꾸	[洋服] 몡 양복; 서양식 옷
N2	**ようぶん** 요-붕	[養分] 몡 양분; 자양분
N1	**ようぼう** 요-보-	[要望] 몡 요망; 구하여 바람
N1	**ようほう** 요-호-	[用法] 몡 용법; 사용법, 사용 방법
N2	**ようもう** 요-모-	[羊毛] 몡 양모; 양털
N2	**ようやく** 요-야꾸	[漸く] 튀 차츰, 차차, 점차
N2	**ようりょう** 요-료-	[要領] 몡 요령; 요점(要点)
N1	**よか** 요까	[余暇] 몡 여가; 짬, 틈

N1 **よかん** 요깡	[予感] 몡 예감
N2 **よき** 요끼	[予期] 몡 예기; 예상, 기대
N1 **よきょう** 요꼬-	[余興] 몡 여흥; 놀이 끝에 남아 있는 흥
N1 **よきん** 요낑	[預金] 몡 예금; 돈을 금융기관에 맡김
N5 **よく** 요꾸	[良く] 튀 잘, 충분히, 훌륭하게, 종종
N2 **よく** 요꾸	[翌] 몡 (특정한 연·월·일의) 다음뜻
N3 **よくあさ** 요꾸아사	[翌朝] 몡 그 다음날 아침(=よくちょう)
N1 **よくあつ** 요꾸아쯔	[抑圧] 몡 억압; 억누름, 억제함
N1 **よくしつ** 요꾸시쯔	[浴室] 몡 욕실; 목욕실
N1 **よくせい** 요꾸세-	[抑制] 몡 억제; 억눌러서 통제함
N3 **よくとし** 요꾸또시	[翌年] 몡 익년; 그 이듬해(=よくねん)
N2 **よくばり** 요꾸바리	[欲張り] 몡 욕심을 부림, 욕심쟁이

N1 **よくふかい** 요꾸후까이	[欲深い] [い형] 욕심이(=よくぶかい)	
N1 **よくぼう** 요꾸보—	[欲望] [명] 욕망	
N2 **よけい** 요께이	[余計] [な형] 여분, 여벌	
N1 **よける** 요께루	[避ける] [동] 옆으로 피하다	
N1 **よげん** 요겡	[予言] [명] 예언; 앞날의 일을 미리 알림	
N5 **よこ** 요꼬	[横] [명] 가로, 옆, 옆면, 측면, 곁	
N2 **よこぎる** 요꼬기루	[横切る] [동] 횡단(横断)하다	
N2 **よごす** 요고스	[汚す] [동] 더럽히다, 욕되게 하다	
N1 **よこづな** 요꼬즈나	[横綱] [명] (일본) 최고위의 씨름꾼	
N1 **よごれ** 요고레	[汚れ] [명] (물질적인) 때, 더러움	
N4 **よごれる** 요고레루	[汚れる] [동] (물질적으로) 더러워지다	
N2 **よさん** 요상	[予算] [명] 예산; 필요한 경비를 미리 계산	

N1 □ **よし** 요시	[良し] 감 좋다, 선하다, 올바르다
N4 □ **よしゅう** 요슈-	[予習] 명 예습; 미리 공부하여 둠
N2 □ **よす** 요스	[止す] 동 그만두다, 중지하다
N2 □ **よせる** 요세루	[寄せる] 동 밀려오다, 다가오다
N2 □ **よそ** 요소	[余所] 명 딴 곳, 타관, 객지, 먼 곳
N1 □ **よそう** 요소-	[予想] 명 예상; 미리 상상함
N2 □ **よそく** 요소꾸	[予測] 명 예측; 미리 헤아림
N1 □ **よそみ** 요소미	[余所見] 명 곁눈질, 한눈을 팖
N1 □ **よち** 요찌	[余地] 명 여지; 남은 땅, 여분의 토지
N5 □ **よっか** 욕까	[四日] 명 초나흗날, 4일간, 나흘
N2 □ **よつかど** 요쯔까도	[四つ角] 명 네 귀, 네 모퉁이, 4개
N5 □ **よっつ** 욧쯔	[四つ] 명 넷, 네 개, 네 살(=よつ)

N2 **よっぱらい** 욥빠라이	[酔っ払い] 명 술주정꾼, 술이 취한 사람
N4 **よてい** 요떼―	[予定] 명 예정; 미리 정함
N1 **よとう** 요또―	[与党] 명 여당(↔野黨)
N2 **よなか** 요나까―	[夜中] 명 밤중, 한밤중
N2 **よのなか** 요노나까	[世の中] 명 세상, 사회
N2 **よび** 요비	[予備] 명 예비; 미리 준비함
N2 **よびかける** 요비까께루	[呼び掛ける] 동 소리를 내어 부르다
N2 **よびだす** 요비다스	[呼び出す] 동 호출하다, 불러내다
N1 **よびとめる** 요비또메루	[呼び止める] 동 소리를 질러 멈추게 하다
N5 **よぶ** 요부	[呼ぶ] 동 (소리 내어) 부르다, 끌다
N2 **よふかし** 요후까시	[夜更(か)し] 명 밤늦게까지 잠을 안 잠
N1 **よふけ** 요후께	[夜更け] 명 심야(深夜), 야밤

N2	よぶん 요붕	[余分] [な형] 여분; 나머지, 필요 이상
N2	よほう 요호-	[予報] [명] 예보; 미리 알려 줌
N2	よぼう 요보-	[予防] [명] 예방; 미리 막음
N1	よほど 요호도	[余程] [부] 무척, 상당히, 어지간히
N2	よみ 요미	[読み] [명] 읽기, 한자(漢字)를 훈으로 읽는 일
N1	よみあげる 요미아게루	[読み上げる] [동] 낭독하다
N1	よみがえる 요미가에루	[蘇る] [동] 되살아나다, 소생하다
N5	よむ 요무	[読む] [동] (책을) 읽다, 읊다
N2	よめ 요메	[嫁] [명] 며느리, 신부, 신혼 여성
N5	よもすがら 요모스가라	[終夜] [부] 밤새도록
N4	よやく 요야꾸	[予約] [명] 예약; 미리 약속해 둠
N2	よゆう 요유-	[余裕] [명] 여유; 넉넉하고 여유가 있음

N2 **より** 요리	[寄り] 명 모임 상태, 집합 상태
N1 **よりかかる** 요리까까루	[寄り掛かる] 동 기대다, 의지하다
N4 **よる** 요루	[寄る] 동 접근하다, 다가서다
N5 **よる** 요루	[夜] 명 밤(↔ひる)
N2 **よる** 요루	[因る] 동 말미암다, 연유하다
N2 **よろこび** 요로꼬비	[喜び] 명 기쁨, 즐거움, 경사
N4 **よろこぶ** 요로꼬부	[喜ぶ] 동 기뻐하다, 좋아하다, 즐거워하다
N3 **よろこんで** 요로꼰데	[喜んで] 부 기꺼이
N4 **よろしい** 요로시-	[宜しい] い형 좋다, 괜찮다
N2 **よろしく** 요로시구	[宜しく] 부 적절히, 적당히
N3 **よろめく** 요로메구	동 비틀거리다, 휘청거리다
N1 **よろん** 요롱	[輿論] 명 여론; 세상 사람들의 공통된 의견

N5 **よわい** 요와이	[弱い] [い형] 약하다, 모자라다
N1 **よわまる** 요와마루	[弱まる] [동] 약해지다, 누그러지다
N3 **よわみ** 요와미	[弱味] [명] 취약점, 모자라 뒤떨어짐
N1 **よわめる** 요와메루	[弱める] [동] 약하게 하다
N1 **よわる** 요와루	[弱る] [동] 약해지다, 쇠약해지다

ら

N2 らい
라이
[来]
명 다음의, 다음에 오는, 현재 이후

N5 らいげつ
라이게쯔
[来月]
명 내월; 다음달

N5 らいしゅう
라이슈-
[来週]
명 내주; 다음 주

N1 らいじょう
라이죠-
[来場]
명 내장; 그 장소에 옴

N2 らいにち
라이니찌
[来日]
명 외국인이 일본으로 옴

N5 らいねん
라이넹
[来年]
명 내년; 명년(明年)

N1 ライバル
라이바루
rival
경 라이벌, 경쟁자, 적수, 대항자

N2 らく
라꾸
[楽]
な형 편함, 편안함

N2 らくだい
라꾸다이
[落第]
명 낙제; 불합격, 낙방

N1 らくのう
라꾸노-
[酪農]
명 낙농; 농업 경영 형태의 한 가지

N2 ラジオ
라지오
radio
명 라디오, 라디오 방송국

일한 단어 | 591

N1 **らっかん** 락깡	[楽観] 명 낙관; 긍정적으로 생각함
N2 **ラッシュアワ-** 랏슈아와-	rush hour 명 러시아워, 혼잡한 시간
N1 **ラベル** 라베루	label 명 라벨, 상표, 딱지, 쪽지, 꼬리표
N1 **らん** 랑	[欄] 명 (계단·툇마루·다리 등의) 난간
N2 **らんぼう** 람보-	[乱暴] な형 난폭; 거침, 사나움
N1 **らんよう** 랑요-	[濫用] 명 남용; 함부로 마구 씀
N2 **りえき** 리에끼	[利益] 명 이익; 이득
N2 **りか** 리까	[理科] 명 이과; 자연과학 계통의 총칭
N2 **りかい** 리까이	[理解] 명 이해; 사리를 분별하여 해석함
N2 **りがい** 리가이	[利害] 명 이해; 이익과 해됨
N2 **りく** 리꾸	[陸] 명 뭍, 육지
N1 **リクエスト** 리퀘스또	request 명 리퀘스트, 요망, 요구, 요청

N1 **りくつ** 리꾸쯔	[理屈] 명 이치, 도리, 사리, 억지
N2 **りこう** 리꼬-	[利口] な형 영리함, 똑똑함, 착함
N2 **りこん** 리꽁	[離婚] 명 이혼; 결혼 생활을 그만둠
リサイクル 리사이꾸루	recycle 명 리사이클, 재활용품·중고품
N1 **りし** 리시	[利子] 명 이자; 이식(利殖)
N1 **りじゅん** 리중	[利潤] 명 이윤; 이익
N2 **リズム** 리즈무	rhythm 명 리듬, 율동, 리듬, 주기적 반복
N1 **りせい** 리세-	[理性] 명 이성; 사물의 이치를 생각
N2 **りそう** 리소-	[理想] 명 이상; 최선의 이념과 상태
N1 **りそく** 리소꾸	[利息] 명 이식; 이자(利子)
N1 **りつ** 리쯔	[率] 명 율; 비율, (노력·수고에 대
N1 **りったい** 릿따이	[立体] 명 입체; 높이·너비·두께 등

N2	**リットル** 릿또루	litre 명 리터, 미터법에 의한 들이의 단위
N5	**りっぱ** 립빠	[立派] な형 훌륭함, 정당함, 충분함
N1	**りっぽう** 립뽀-	[立方] 명 입방; 세제곱
N1	**りっぽう** 립뽀-	[立法] 명 입법; 법률을 제정함
N1	**りてん** 리뗑	[利点] 명 이점; 이익이 되는 점
N1	**リード** 리-도	lead 명 리드, 이끌다, 인도[안내]하다
N1	**リボン** 리봉	ribbon 명 리본, 띠, 오라기
N1	**りゃくご** 랴꾸고	[略語] 명 약어; 준말, 줄인 말
N2	**りゃくする** 랴꾸스루	[略する] 동 생략하다
N1	**りゃくだつ** 랴꾸다쯔	[略奪] 명 약탈; 강제로 빼앗음
N3	**りゅう** 류-	[流] 명 유파(流派), 계통
N4	**りゆう** 리유-	[理由] 명 이유; 까닭, 구실, 핑계

N2 **りゅういき** 류-이끼	[流域] 명 유역; 강가의 지역
N2 **りゅうがく** 류-가꾸	[留学] 명 유학; 외국에 가서 배움
N5 **りゅうがくせい** 류-가꾸세-	[留学生] 명 유학생
N2 **りゅうこう** 류-꼬-	[流行] 명 유행; 사회에 널리(=はやり)
N1 **りゅうつう** 류-쯔-	[流通] 명 유통; 막힌 데 없이 흘러서 통함
N2 **りょう** 료-	[量] 명 양; 부피, 무게, 수량
N2 **りょう** 료-	[両] 명 양; 양쪽, 둘
N3 **りょう** 료-	[領] 명 영토(領土), 영역(領域), 영지
N2 **りょう** 료-	[寮] 명 기숙사, 공동 숙사
N4 **りよう** 리요-	[利用] 명 이용, 유리(有利)하게 사용함
N1 **りょういき** 료-이끼	[領域] 명 영역; 세력 범위
N1 **りょうかい** 료-까이	[領海] 명 영해; 영역 내의 바다

N1 **りょうかい** 료-까이	[了解] 명 양해(諒解)
N2 **りょうがえ** 료-가에	[両替] 명 환전, 돈을 바꿈
N2 **りょうがわ** 료-가와	[両側] 명 양측; 양쪽, 양편
N1 **りょうきょく** 료-꼬꾸	[両極] 명 양극; 전기의 음극과 양극
N1 **りょうこう** 료-꼬-	[良好] な형 양호; 좋은 상태임, 뛰어남
N2 **りょうじ** 료-지	[領事] 명 영사; 외국에 주재하는 자
N2 **りょうし** 료-시	[漁師] 명 어부(漁夫), 고기 잡는 사람
N1 **りょうしき** 료-시끼	[良識] 명 양식; 높은 식견
N1 **りょうしつ** 료-시쯔	[良質] 명 양질; 좋은 품질
N2 **りょうしゅう** 료-슈-	[領収] 명 영수; 받아들임
N3 **りょうしゅうしょ** 료-슈-쇼	[領収書] 명 영수증, 증서
N1 **りょうしょう** 료-쇼-	[了承] 명 납득함, 이해함

N1 **りょうしん** 료-싱	[良心] 명 양심; 도덕적 자각(自覺)
N5 **りょうしん** 료-싱	[両親] 명 양친; 부모, 어버이
N1 **りょうち** 료-찌	[領地] 명 영지; 영토(領土)
N1 **りょうど** 료-도	[領土] 명 영토; 영지(領地)
N4 **りょうほう** 료-호-	[両方] 명 양방; 양쪽, 두 편
N5 **りょうり** 료-리	[料理] 명 요리; 음식을 만듦
N1 **りょうりつ** 료-리쯔	[両立] 명 양립; 둘이 함께 섬
N1 **りょかく** 료-까꾸	[旅客] 명 여객; 여행자(=りょきゃく)
N4 **りょかん** 료깡	[旅館] 명 여관
N1 **りょけん** 료껭	[旅券] 명 여권; 패스포트
N5 **りょこう** 료꼬-	[旅行] 명 여행; 볼일로 외국에 나감(=たび)
N1 **リラックス** 리락꾸스	relax 명 릴렉스, 늦춤, 긴장을 풀게 함

N1 **りれきしょ** 리레끼쇼	[履歴書] 명 이력서	
N1 **りろん** 리롱	[理論] 명 이론	
N1 **りんぎょう** 링교-	[林業] 명 임업; 삼림 경영의 사업	
N5 **りんご** 링고	[林檎] 명 사과, 사과나무	
N2 **りんじ** 린지	[臨時] 명 임시; 불시(不時)	
N1 **るい** 루이	[類] 명 같은 종류, 비슷한 것, 유례	
N1 **るいじ** 루이지	[類似] な형 유사; 닮음, 비슷함	
N1 **るいすい** 루이스이	[類推] 명 유추; 미루어 추리함	
N4 **るす** 루스	[留守] 명 부재 중, (빈 집을) 지킴	
N2 **るすばん** 루스방	[留守番] 명 집 보기, 빈집을 지킴	
N1 **ルール** 루-루	rule 명 룰, 규칙, 규정, 법칙	
N5 **れい** 레이	[零] 명 영; 제로, 0	

N2 **れい** 레이	[例] 명 예; 선례(先例), 통례(通例)
N2 **れい** 레이	[礼] 명 예; 예의, 경례, 인사, 감사
N2 **れいがい** 레-가이	[例外] 명 예외; 통례에서 벗어난 것
N2 **れいぎ** 레-기	[礼儀] 명 예의; 예절과 몸가짐
N1 **れいこく** 레-꼬꾸	[冷酷] な형 냉혹; 인정이 없고 가혹함
N2 **れいせい** 레-세-	[冷静] な형 냉정; 침착함
N1 **れいぞう** 레-조-	[冷蔵] 명 냉장; 냉온에서 저장함
N5 **れいぞうこ** 레-조-꼬	[冷蔵庫] 명 냉장고
N1 **れいたん** 레-땅	[冷淡] な형 냉담; 열의가 없음
N2 **れいてん** 레-뗑	[零点] 명 영점; 빵점, 빙점(氷点)
N2 **れいとう** 레-또-	[冷凍] 명 냉동; 냉각시켜 얼림
N4 **れいぼう** 레-보-	[冷房] 명 냉방; 찬 방

N2 **れきし** 레끼시	[歴史] 명 역사; 역사 기록, 내력	
N2 **レクリエーション** 레꾸리에-송	recreation 명 레크리에이션, 휴양, 오락, 기분 전환	
N2 **レジャー** 레쟈-	leisure 명 레저, 틈, 여가, 유유자적, 무위, 안일	
N2 **れつ** 레쯔	[列] 명 열; 줄, 행렬, 등급, 서열, 축	
N2 **れっしゃ** 렛샤	[列車] 명 열차; 기차	
N1 **レッスン** 렛승	lesson 명 레슨, 수업, 교습	
N3 **れっとう** 렛또-	[列島] 명 열도	
N2 **レベル** 레베루	level 명 레벨, 수평, 수준, 수평선[면], 평면	
N4 **レポート** 레뽀-또	report 명 리포트, 과제, 보고하다	
N1 **れんあい** 렝아이	[恋愛] 명 연애; 남녀 간의 모하는 사랑	
N2 **れんが** 렝가	[煉瓦] 명 연와; 벽돌	
N1 **れんきゅう** 렝뀨-	[連休] 명 연휴; 휴일이 이틀 이상	

N2 **れんごう** 렌고-	[連合] 명 연합; 두 가지 이상이 합침	
N1 **レーンコート** 레-잉꼬-또	raincoat 명 레인코트, 비옷	
N1 **れんじつ** 렌지쯔	[連日] 명 연일; 매일, 날마다	
N5 **れんしゅう** 렌슈-	[練習] 명 연습; 반복하여 연마하며	
N1 **れんじゅう** 렌쥬-	[連中] 명 한패, 일당(=れんちゅう)	
N1 **レンズ** 렌즈	lens 명 렌즈, (눈알의) 수정체	
N2 **れんそう** 렌소-	[連想] 명 연상	
N2 **れんぞく** 렌조꾸	[連続] 명 연속; 이어짐, 이음	
N1 **れんたい** 렌따이	[連帯] 명 연대; 연합해서 책임을 짐	
N1 **れんぽう** 렘뽀-	[連邦] 명 연방; 연합 국가	
N1 **れんめい** 렘메-	[連盟] 명 연맹; 동맹	
N4 **れんらく** 렌라꾸	[連絡] 명 연락; 서로 이어짐, 통보	

N5 **ろうか** 로-까	[廊下] 몡 낭하; 복도	
N2 **ろうじん** 로-징	[老人] 몡 노인; 늙은이	
N1 **ろうすい** 로-스이	[老衰] 몡 노쇠; 늙어 쇠약함	
N2 **ろうそく** 로-소꾸	[蠟燭] 몡 (촛불을 켜는) 초, 양초	
N2 **ろうどう** 로-도-	[労動] 몡 노동; 근로	
N1 **ろうどく** 로-도꾸	[朗読] 몡 낭독; 소리를 내어 읽음	
N3 **ろうひ** 로-히	[浪費] 몡 낭비; 재물·시간을 헛되이 씀	
N1 **ろうりょく** 로-료꾸	[労力] 몡 노력; 수고, 노동력	
N2 **ろくおん** 로꾸옹	[録音] 몡 녹음; 소리를 기록함	
N5 **ろくがつ** 로꾸가쯔	[六月] 몡 (달력상의) 6월	
N5 **ろくじ** 로꾸지	[六時] 몡 (시계의) 여섯 시	
N1 **ろこつ** 로꼬쯔	[露骨] な형 노골; 있는 그대로 꾸밈이 없음	

N2	**ロッカー** 롯까	locker 명 로커, (자물쇠가 달린) 장
N2	**ロビー** 로비-	lobby 명 로비, 넓은 방, 넓은 복도
N1	**ロマンチック** 로만찍꾸	romantic 명 로맨틱, 낭만적
N2	**ローマ** 로-마	字(じ) 명 로마자
N2	**ローン** 롱	loan 명 론, 대부(금)
N3	**ろん** 롱	[論] 명 논; 이론, 의견, 견해
N1	**ろんぎ** 롱기	[論議] 명 논의; 의견을 논술하여 토론함
N2	**ろんじる** 론지루	[論じる] 동 논하다, 토론하다
N2	**ろんそう** 론소-	[論争] 명 논쟁; 서로 논하여 다툼
N2	**ろんぶん** 롬붕	[論文] 명 논문; 의론을 논술한 글
N1	**ろんり** 논리	[論理] 명 논리; 의론의 줄거리

わ

JAPANESE KOREAN WORDS DICTIONARY

N2 **わ** 와	[輪] 명 고리, 원형, 바퀴, 테, 테두리
N2 **わ** 와	[和] 명 화; 화목(和睦), 화해(和解)
わえい 와에이	[和英] 명 일본과 영국, 일본어와 영어
わが 와가	[我が] 연체 나의, 우리들의
N5 **わかい** 와까이	[若い] い형 젊다, 어리다, 미숙하다
N3 **わがし** 와가시	[和菓子] 명 일본 전통의 과자
N4 **わかす** 와까스	[沸かす] 동 (물을) 끓이다
N2 **わがまま** 와가마마	[我がまま] な형 제멋대로 굶, 버릇없음
N1 **わかもの** 와까모노	[若者] 명 젊은이, 청년
N5 **わかる** 와까루	[分かる] 동 (모르던 것을) 알다, 판명되다
N2 **わかれ** 와까레	[別れ] 명 이별, 헤어짐, 고별(告別)

N4 **わかれる** 와까레루	[別れる] 동 이별하다, 헤어지다	
N2 **わかれる** 와까레루	[分かれる] 동 나누어지다, 분열하다	
N2 **わかわかしい** 와까와까시―	[若々しい] い형 젊디젊다, 매우 젊다	
N3 **わき** 와끼	[脇] 명 겨드랑이, 옆, 곁	
N4 **わく** 와꾸	[沸く] 동 (물 따위가) 솟아 나오다	
N2 **わく** 와꾸	[湧く] 동 솟다, 솟아나다, 분출하다	
N1 **わく** 와꾸	명 틀, 테두리, 범위	
N1 **わくせい** 와꾸세―	[惑星] 명 혹성; 행성(行星)	
N4 **わけ** 와께	[訳] 명 뜻, 도리, 이치, 까닭	
N2 **わける** 와께루	[分ける] 동 나누다, 말리다, 중재하다	
N1 **わざ** 와자	[技] 명 솜씨, 기예, 재주, 기술	
N2 **わざと** 와자또	[態と] 부 고의(故意)로, 새삼스러이, 일부러	

N1 **わざわざ** 와자와자	[態々] 튄 특별히, 일부러	
N2 **わずか** 와즈까	[僅か] 튄 많지 않음, 약간, 적은	
N1 **わずらわしい** 와즈라와시-	[煩わしい] い형 귀찮다, 시끄럽다, 복잡하다	
N4 **わすれもの** 와스레모노	[忘れ物] 명 분실물, 물건을 잊고 감	
N5 **わすれる** 와스레루	[忘れる] 동 잊다, 잊어버리다	
N2 **わた** 와따	[綿] 명 목화(木花), 면화	
N2 **わだい** 와다이	[話題く] 명 화제; 이야깃거리	
N5 **わたくし** 와따꾸시	[私] 명 자기만에 관한 일, 사사로운 일, 저	
N5 **わたす** 와따스	[渡す] 동 (강·다리를) 건네다, 건너지르다	
N1 **わたりどり** 와따리도리	[渡り鳥] 명 철새, 뜨내기	
N5 **わたる** 와따루	[渡る] 동 (강·다리를) 건너다, 지나다	
N1 **わび** 와비	[詫び] 명 사죄(謝罪), 사과(謝過)	

N2 **わびる** 와비루	[詫びる] 동 사죄(謝罪)하다
N1 **わふう** 와후-	[和風] 명 일본풍, 일본식, 일본 스타
N2 **わふく** 와후꾸	[和服] 명 일본옷, 기모노
N1 **わぶん** 와붕	[和文] 명 일문(日文), 일본어 문장
N1 **わら** 와라	[藁] 명 짚, 벼·보리의 줄기를 말린 것
N4 **わらう** 와라우	[笑う] 동 웃다, 우습다, (꽃이) 피다
N1 **わり** 와리	[割り] 명 나누는 일, 물을 타는 일, 비율
N4 **わりあい** 와리아이	[割合] 명 비율, 할당, 배당 부 비교적
N4 **わりあいに** 와리아이니	[割合に] 부 비교적, 제법, 상당
N2 **わりあて** 와리아떼	[割(り)当て] 명 할당, 배당, 분배한 몫
N1 **わりこむ** 와리꼬무	[割り込む] 동 새치기하다, 사이에 끼워 넣다
N2 **わりざん** 와리장	[割り算] 명 나눗셈, 제산(除算), 제법(除法)

N2 **わりに** 와리니	[割に] 튄 비교적, 상당히, 예상외
N2 **わりびき** 와리비끼	[割引] 명 할인; 값을 깎음
N2 **わる** 와루	[割る] 동 쪼개다, 빠개다, 깨다
N5 **わるい** 와루이	[悪い] い형 (질이) 나쁘다, 못 되다, 좋지 않다
N2 **わるくち** 와루꾸찌	[悪口] 명 욕, 욕설, 험담(=あっこう)
N1 **わるもの** 와루모노	[悪者] 명 나쁜 놈, 악인(惡人)
N1 **われ** 와레	[我] 명 나, 자신, 우리, 우리 편
N4 **われる** 와레루	[割れる] 동 부서지다, 깨지다
N2 **われわれ** 와레와레	[我々] 명 우리들, 우리, 나
N2 **わん** 왕	[湾] 명 만; 바다가 육지에 쑥 들어온 곳
N2 **わん** 왕	[椀] 명 (나무로 만든 밥·국 등을 담는) 그릇
N2 **わん** 왕	[碗] 명 (도자기로 만든 밥·국 등을 담는) 그릇

Part II

Point up
왕초보
한일 단어

ㄱ

KOREAN JAPANESE WORDS DICTIONARY

- 가게, 상점, 점포, 영업소 명 **みせ** 미세 [店]

- 가깝다, 친하다 い형 **ちかい** 치까이 [近い]

- 가늘다, 좁다 い형 **ほそい** 호소이 [細い]

- 가능하다, 생기다 동 **できる** 데끼루

- 가다, 되다, 진척되다 동 **いく** 이꾸 [行く]

- 가득, 많이 부 한 잔 명 **いっぱい** 입빠이 [一杯]

- 가르치다, 깨우치다 동 **おしえる** 오시에루 [教える]

- 가방 명 **かばん** 카방

- 가볍다(무게·정도) い형 **かるい** 카루이 [軽い]

- 가부키 명 **かぶき** 카부끼 [歌舞伎]

- 가수 명 **かしゅ** 카슈 [歌手]

- 가스 명 **ガス** 가스 gas

- 가슴이 두근거림 명 **むなさわぎ** 무나사와기 [胸騒ぎ]

- **가을, 가을걷이** 명 **あき** 아끼 [秋]

- **가이드, 안내원** 명 **ガイド** 가이도 guide

- **가장, 제일** 부 **いちばん** 이찌방 [一番]

- **가정** 명 **かてい** 카떼- [家庭]

- **가족** 명 **かぞく** 카조꾸 [家族]

- 가지(초목의) 명 **えだ** 에다 [枝]

- **가타카나** 명 **カタカナ** 카따까나 [片仮名]

- **간장** 명 **しょうゆ** 쇼-유

- **간호사** 명 **かんごふ** 캉고후 [看護師]

- **갈색** 명 **ちゃいろ** 챠이로 [茶色]

- **갈색이다** い형 **ちゃいろい** 챠이로이 [茶色い]

- 갈아타다(탈 것을) 동 **のりかえる** 노리까에루 [乗り換える]

- **감, 가는 길, 갈 때** 명 **いき** 이끼 [行き]

- **감기** 명 **かぜ** 카제 [風邪]

한일 단어 | 611

- 감사, 고맙게 여김 명 **かんしゃ** 칸샤 [感謝]

- 갑자기, 급히 부 **きゅうに** 큐-니 [急に]

- 값, 가격 명 **ねだん** 네당 [値段]

- 강, 하천, 시내, 내 명 **かわ** 카와 [川]

- 강당 명 **こうどう** 코-도- [講堂]

- 강아지 명 **こいぬ** 코이누 [子犬]

- 강의 명 **こうぎ** 코-기 [講義]

- 강하다, 세다 い형 **つよい** 쯔요이 [強い]

- 갖고 싶다, 탐나다 い형 **ほしい** 호시- [欲しい]

- 갖다 주다 동 **とどける** 토도께루 [届ける]

- 같이 거들다, 돕다 동 **てつだう** 테쯔다우 [手伝う]

- 개 명 **いぬ** 이누 [犬]

- 개다(날씨가) 동 **はれる** 하레루 [晴れる]

- 개발 명 **かいはつ** 카이하쯔 [開発]

- 개인 명 **こじん** 코징 [個人]
- 개인용컴퓨터(PC) 명 **パソコン** 파소꽁 personal computer
- 거기, 그곳 대 **そこ** 소꼬
- 거스름돈 명 **おつり** 오쯔리 [お釣り]
- 거울, 술통의 ㅁ개 **かがみ** 카가미 [鏡]
- 거짓말, 틀림, 잘못 명 **うそ** 우소 [嘘]
- 건강 명 **けんこう** 켕꼬- [健康]
- 건너다, 지나가다 동 **わたる** 와따루 [渡る]
- 건너편, 맞은편 명 **むこう** 무꼬- [向こう]
- 건네다, 건너지르다, 걸치다 동 **わたす** 와따스 [渡す]
- 건물, 건축물 명 **たてもの** 타떼모노 [建物]
- 건전지 명 **でんち** 덴찌 [電池]
- 걷다, 거닐다, 산책하다 동 **あるく** 아루꾸 [歩く]
- 걸다, 늘어뜨리다, 달다 동 **かける** 카께루 [掛ける]

- 걸리다(아래로), 덤비다 [통] **かかる** 카까루 [掛かる]

- 검다, 까맣다 [い형] **くろい** 쿠로이 [黒い]

- 검정, 검정색 [명] **くろ** 쿠로 [黒]

- 것, 물건(형태를 갖춘) [명] **もの** 모노 [物]

- 겉, 표면, 집 앞 [명] **おもて** 오모떼 [表]

- 게임 [명] **ゲーム** 게-무 game

- 겨우, 간신히 [부] **やっと** 얏또

- 겨울 [명] **ふゆ** 후유 [冬]

- 겨울방학 [명] **ふゆやすみ** 후유야스미 [冬休み]

- 결과 [명] **けっか** 켓까 [結果]

- 결코, 절대로 [부] **けっして** 켓시떼 [決して]

- 결혼 [명] **けっこん** 켓꽁 [結婚]

- 결혼식 [명] **けっこんしき** 켓꽁시끼 [結婚式]

- 경관, 경찰관 [명] **けいかん** 케이캉 [警官]

- 경우, 사정, 때 명 **ばあい** 바아이 [場合]

- 경쟁, 서로 겨룸 명 **きょうそう** 쿄-소- [競争]

- 경제 명 **けいざい** 케-자이 [経済]

- 경찰 명 **けいさつ** 케이사쯔 [警察]

- 경찰관 명 **けいさつかん** 케-사쯔깡 [警察官]

- 경찰아저씨 명 **おまわりさん** 오마와리상 [お巡りさん]

- 경치, 풍경 명 **けしき** 케시끼 [景色]

- 경험, 체험(體驗) 명 **けいけん** 케-껭 [経験]

- 계단, 층계, 단계 명 **かいだん** 카이당 [階段]

- 계란, 알(새·벌레·물고기의) 명 **たまご** 타마고 [卵]

- 계속, 훨씬, 아주, 부 **ずっと** 즛또

- 계속되다 동 **つづく** 쯔즈꾸 [続く]

- 계속하다 동 **つづける** 쯔즈께루 [続ける]

- 계절, 절기 명 **きせつ** 키세쯔 [季節]

- 계획, 일을 꾀함 명 **けいかく** 케-까꾸 [計画]

- 고교 명 **こうこう** 코-꼬- [高校]

- 고교생 명 **こうこうせい** 코-꼬-세- [高校生]

- 고기 구워 먹는 것 명 **やきにく** 야끼니꾸 [焼肉]

- 고기 명 **にく** 니꾸 [肉]

- 고르다 동 **えらぶ** 에라부 [選ぶ]

- 고무지우개 명 **けしごむ** 케시고무 [消しゴム]

- 고양이 명 **ねこ** 네꼬 [猫]

- 고장 나다, 망가지다 동 **こわれる** 코와레루 [壊れる]

- 고장 내다, 망가뜨리다 동 **こわす** 코와스 [壊す]

- 고장, 지장 명 **こしょう** 코쇼- [故障]

- 고쳐지다, 수리되다 동 **なおる** 나오루 [直る]

- 고치다 동 **なおす** 나오스 [直す]

- 곡, 악곡, 마디 명 **きょく** 쿄꾸 [曲]

- 곤란하다, 난처하다 동 **こまる** 코마루 [困る]

- 골든위크 명 **ゴールデン ウィーク** 고-루뎅위-ㅋ golden week

- 골프 명 **ゴルフ** 고루후 golf

- 곰 명 **くま** 쿠마 [熊]

- 곳, 장소 명 **ところ** 토꼬로 [所]

□ 공기 명 **くうき** 쿠-끼 [空気]

□ 공무원 명 **こうむいん** 코-무인 [公務員]

- 공부, 노력 명 **べんきょう** 벵꾜- [勉強]

- 공원, 유원지 명 **こうえん** 코-엥 [公園]

□ 공장 명 **こうじょう** 코-죠- [工場]

□ 공항, 비행장 명 **くうこう** 쿠-꼬- [空港]

- 과일, 과실 명 **くだもの** 쿠다모노 [果物]

- 과자 명 **おかし** 오까시 [お菓子]

- 과장, 과장님 명 **かちょう** 카쪼- [課長]

- □ 과학 명 **かがく** 카가꾸 [科学]

- □ 관계 명 **かんけい** 캉께- [関係]

- ■ 관광 명 **かんこう** 캉꼬- [観光]

- ■ 관광지 명 **かんこうち** 캉꼬-찌 [観光地]

- ■ 관리 명 **かんり** 칸리 [管理]

- □ 관심, 흥미 명 **きょうみ** 쿄-미 [興味]

- ■ 괜찮은, 확실한 な형 **だいじょうぶな** 다이죠-부나 [大丈夫な]

- ■ 괴롭히다, 못살게 굴다 동 **いじめる** 이지메루

- ■ 굉장하다, 험상궂다 い형 **すごい** 스고이 [凄い]

- ■ 교과서 명 **きょうかしょ** 쿄-까쇼 [教科書]

- ■ 교복, 제복 명 **せいふく** 세-후꾸 [制服]

- ■ 교수 명 **きょうじゅ** 쿄-쥬 [教授]

- ■ 교실 명 **きょうしつ** 쿄-시쯔 [教室]

- □ 교외 명 **こうがい** 꼬-가이 [郊外]

- □ 교육 [명] **きょういく** 쿄-이꾸 [教育]

- ■ 교장선생님 [명] **こうちょうせんせい** 코-쪼-센세- [校長先生]

- ■ 교차로, 네거리 [명] **こうさてん** 코-사뗑 [交差点]

- ■ 교토(지명) [명] **きょうと** 쿄-또 [京都]

- ■ 교통사고 [명] **こうつうじこ** 코-쯔-지꼬 [交通事故]

- □ 교회 [명] **きょうかい** 쿄-까이 [教会]

- □ 구경, 관람 [명] **けんぶつ** 켐부쯔 [見物]

- ■ 구두, 신발, 신 [명] **くつ** 쿠쯔 [靴]

- □ 구름, 높은 지우 [명] **くも** 쿠모 [雲]

- □ 구석, 모퉁이, 귀퉁이 [명] **すみ** 스미 [隅]

- □ 구워지다, 불타다 [동] **やける** 야께루 [焼ける]

- ■ 국민, 백성 [명] **こくみん** 코꾸밍 [国民]

- □ 국제 [명] **こくさい** 코꾸사이 [国際]

- ■ 군인, 무사(武士) [명] **ぐんじん** 군징 [軍人]

- 굵다, 대담하다 [い형] **ふとい** 후또이 [太い]

- 굼뜨다, 미지근하다 [い형] **ぬるい** 누루이 [温い]

- 굽다, 불태우다 [동] **やく** 야꾸 [焼く]

- 귀 [명] **みみ** 미미 [耳]

- 귀엽다, 예쁘다 [い형] **かわいい** 카와이이 [可愛い]

- 귀찮다, 시끄럽다 [い형] **うるさい** 우루사이

- 규칙 [명] **きそく** 키소꾸 [規則]

- 그 분, 그 사람, 남자친구 [명] **かれし** 카레시 [彼氏]

- 그 사람, 그이, 그 남자 [대] **かれ** 카레 [彼]

- 그 후 [접] **そのあと** 소노아또 [その後]

- 그것, 그일 [대] **それ** 소레

- 그녀, 여자친구 [명] **かのじょ** 카노죠 [彼女]

- 그다지, 별로 [부] **あまり** 아마리 [余り]

- 그때 [접] **そのとき** 소노또끼 [その時]

- 그러니까, 그렇기 때문에 [접] **ですから** 데스까라

- 그러면, 그렇다면 [접] **それじゃ** 소레쟈

- 그러므로, 그래서 [접] **それで** 소레데

- 그럼 [접] **じゃ** 쟈

- 그렇게, 그토록 [부] **そんなに** 손나니

- 그렇다면, 그러면, 그럼 [접] **それなら** 소레나라

- 그렇지만, 하지만 [접] **でも** 데모

- 그룹 [명] **グループ** 구루-뿌 group

- 그리고 [접] **そして** 소시떼

- 그리고, 그러고 나서 [접] **それから** 소레까라

- 그림 [명] **え** 에 [絵]

- 그림엽서 [명] **えはがき** 에하가끼 [絵葉書]

- 그만두다(직장을) [동] **やめる** 야메루

- 그저께, 재작을 [명] **おととい** 오또또이 [一昨日]

- 그쪽 때 **そちら/そっち** 소찌라/솟찌

- 근무하다 동 **つとめる** 쯔또메루 [勤める]

- 근심, 걱정, 심려 명 **しんぱい** 심빠이 [心配]

- 근처, 가까운 곳 명 **ちかく** 치까꾸 [近く]

- 글자, 글씨 명 **じ** 지 [字]

- 금년, 올해 명 **ことし** 코또시 [今年]

- 금붕어 명 **きんぎょ** 킹교 [金魚]

- 금회, 이번 차례 명 **こんかい** 콩까이 [今回]

- 급료, 월급 명 **きゅうりょう** 큐-료- [給料]

- 급한, 가파른 な형 **きゅうな** 큐-나 [急な]

- 급행 명 **きゅうこう** 큐-꼬- [急行]

- 기계 명 **きかい** 키까이 [機械]

- 기능, 솜씨 명 **きのう** 키노- [機能]

- 기다리다, 기대를 걸다 동 **まつ** 마쯔 [待つ]

- ■ 기대되는, 기다려지는 [な형] **たのしみな** 타노시미나 [楽しみな]

- ■ 기도 [명] **おいのり** 오이노리 [お祈り]

- ■ 기도하다, 빌다, 기원하다 [동] **いのる** 이노루 [祈る]

- ■ 기린 [명] **きりん** 키링

- □ 기모노, 옷, 의복 [명] **きもの** 키모노 [着物]

- □ 기분, 컨디션 [명] **きぶん** 키붕 [気分]

- ■ 기뻐하다, 좋아하다 [동] **よろこぶ** 요로꼬부 [喜ぶ]

- ■ 기쁘다 [い형] **うれしい** 우레시이 [嬉しい]

- □ 기술, 재능, 재주 [명] **ぎじゅつ** 기쥬쯔 [技術]

- ■ 기억하다, 외우다 [동] **おぼえる** 오보에루 [覚える]

- ■ 기업 [명] **きぎょう** 키교- [企業]

- ■ 기온, 대기의 온도 [명] **きおん** 키옹 [気温]

- □ 기회, 알맞은 때 [명] **きかい** 키까이 [機会]

- □ 길, 거리 [명] **とおり** 토-리 [通り]

한일 단어 | 623

- 길, 도로 [명] **みち** 미찌 [道]

- 길다 [い형] **ながい** 나가이 [長い]

- 김치 [명] **キムチ** 키무찌

- 깊다, 심하다 [い형] **ふかい** 후까이 [深い]

- 깨끗한, 예쁜 [な형] **きれいな** 키레-나

- 깨지다, 부서지다 [동] **われる** 와레루 [割れる]

- 꼭 닮은 [な형] 그대로, 모두 [부] **そっくりな** 속꾸리나

- 꼴, 모양, 형상, 형체, 형태 [명] **かたち** 카따찌 [形]

- 꽃, 꽃꽂이의 꽃 [명] **はな** 하나 [花]

- 꽃구경, 벚꽃놀이 [명] **はなみ** 하나미 [花見]

- 꽃병, 화병 [명] **かびん** 카빙 [花瓶]

- 꽤, 좀처럼, 상당히 [부] **なかなか** 나까나까

- 꾸미다, 장식하다 [동] **かざる** 카자루 [飾る]

- 꿈, 허무함 [명] **ゆめ** 유메 [夢]

- 끄다(불·스위치 등을) 동 **けす** 케스 [消す]

- 끈, 줄 명 **ひも** 히모 [紐]

- 끊다, (칼로)자르다 동 **きる** 키루 [切る]

- 끊어지다, 잘리다 동 **きれる** 키레루 [切れる]

- 끓다(물 따위가) 동 **わく** 와꾸 [沸く]

- 끓이다(물을) 동 **わかす** 와까스 [沸かす]

- 끝, 마지막 명 **さいご** 사이고 [最後]

- 끝, 마지막, 종말 명 **おわり** 오와리 [終り]

- 끝나다(일이) 동 **おわる** 오와루 [終わる]

- 끝나다(일이), 해결되다 동 **すむ** 스무 [済む]

- 끝내다(하던 일을) 동 **おえる** 오에루 [終える]

- 끼얹다, (샤워를)하다 동 **あびる** 아비루 [浴びる]

ㄴ

KOREAN JAPANESE WORDS DICTIONARY

- 나(남자), 내, 남자 용어임 명 **おれ** 오레 [俺]

- 나, 남자가 자기를 일컫는 말 명 **ぼく** 보꾸 [僕]

- 나, 저 대 **わたし** 와따시 [私]

- 나가다, 나오다, (전화를)받다 동 **でる** 데루 [出る]

- 나라, 국가, 고국, 고향 명 **くに** 쿠니 [国]

- 나르다(물건을), 운반하다 동 **はこぶ** 하꼬부 [運ぶ]

- 나무 명 **き** 키 [木]

- 나쁘다, 못 되다, 좋지 않다 い형 **わるい** 와루이 [悪い]

- 나아가다, 진행되다 동 **すすむ** 스스무 [進む]

- 나이프, 칼 명 **ナイフ** 나이후 knife

- 낚다, 낚시하다 동 **つる** 츠루 [釣る]

- 난방 명 **だんぼう** 단보- [暖房]

- 날, 해, 태양, 햇볕, 햇살 명 **ひ** 히 [日]

- 날다 图 **とぶ** 토부 [飛ぶ]

- 날씨 图 **てんき** 텡끼 [天気]

- 남, 타인 图 **ひと** 히또 [人]

- 남다(일부분이) 图 **のこる** 노꼬루 [残る]

- 남동생, 아우, 처남 图 **おとうと** 오또-또 [弟]

- 남성, 남자 图 **だんせい** 단세- [男性]

- 남자 图 **おとこのひと** 오또꼬노히또 [男の人]

- 남자, 사나이 图 **おとこ** 오또꼬 [男]

- 남자아이 图 **おとこのこ** 오또꼬노꼬 [男の子]

- 남쪽 图 **みなみ** 미나미 [南]

- 남편 图 **おっと** 옷또 [夫]

- 남편 图 **しゅじん** 슈징 [主人]

- 남편, 주인, 가장 图 **ごしゅじん** 고슈징 [ご主人]

- 낫다, 치유되다(병이) 图 **なおる** 나오루 [治る]

한일 단어 | 627

- ■ 낮, 정오, 점심 명 **ひる** 히루 [昼]

- □ 낮, 주간 명 **ひるま** 히루마 [昼間]

- ■ 낮다(높이가) い형 **ひくい** 히꾸이 [低い]

- ■ 낮잠, 오수(午睡) 명 **ひるね** 히루네 [昼寝]

- ■ 내년 명 **らいねん** 라이넹 [來年]

- ■ 내다, 제출하다 동 **だす** 다스 [出す]

- □ 내려가다(아래로) 동 **おりる** 오리루 [下りる]

- ■ 내리다(비, 눈이) 동 **ふる** 후루 [降る]

- □ 내리다(위에서 아래로) 동 **さげる** 사게루 [下げる]

- ■ 내리다(탈것에서) 동 **おりる** 오리루 [降りる]

- ■ 내리다, 내려가다 동 **さがる** 사가루 [下がる]

- ■ 내용 명 **ないよう** 나이요- [内容]

- ■ 내일(=**あす**) 명 **あした** 아시따 [明日]

- ■ 내후년, 다음다음 해 명 **さらいねん** 사라이넹 [再来年]

- 냄새, 향기 명 **におい** 니오이

- 냉방 명 **れいぼう** 레-보- [冷房]

- 냉장고 명 **れいぞうこ** 레-조-꼬 [冷蔵庫]

- 너, 자네 명 **おまえ** 오마에 [お前]

- 넓다(면적이) い형 **ひろい** 히로이 [広い]

- 넘어뜨리다, 쓰러뜨리다 동 **たおす** 타오스 [倒す]

- 넘어지다, 쓰러지다 동 **たおれる** 타오레루 [倒れる]

- 넣다(공간 안) 동 **いれる** 이레루 [入れる]

- 네덜란드 명 **オランダ** 오란다 Olanda

- 넥타이 명 **ネクタイ** 네꾸따이 necktie

- 노랑 노란색 명 **きいろ** 키-로 [黄色]

- 노랗다, 어리다 い형 **きいろい** 키-로이 [黄色い]

- 노래 명 **うた** 우따 [歌]

- 노력가 명 **どりょくか** 도료꾸까 [努力家]

- 노인 명 **としより** 토시요리 [年寄り]

- 노트, 각서, 비망록, 메모 명 **ノート** 노-또 note

- 노트북(컴퓨터) 명 **ノートパソコン** 노-또파소꽁

- 녹색, 초록(빛) 명 **みどり** 미도리 [緑]

- 녹음 명 **ろくおん** 로꾸옹 [録音]

- 놀다, 놀이를 하다 동 **あそぶ** 아소부 [遊ぶ]

- 놀라다(깜짝) 동 **びっくりする** 빅꾸리스루

- 놀라다, 경악하다 동 **おどろく** 오도로꾸 [驚く]

- 농담, 희롱 명 **じょうだん** 죠-당 [冗談]

- 높다, 비싸다 い형 **たかい** 타까이 [高い]

- 놓다(장소에), 두다 동 **おく** 오꾸 [置く]

- 누구, 어떤 사람, 아무개 대 **だれ** 다레 [誰]

- 누나, 언니 명 **あね** 아네 [姉]

- 누르다, 밀다 동 **おす** 오스 [押す]

- 눈 명 **ゆき** 유끼 [雪]

- 눈 명 **め** 메 [目]

- 뉴스, 소식, 기별 명 **ニュース** 뉴-스

- 느끼다, 감동하다 동 **かんじる** 칸지루 [感じる]

- 느리다(동작·속도가), 늦다 い형 **おそい** 오소이 [遅い]

- 늘, 항상, 언제나 부 **いつも** 이쯔모

- 늘어나다, 많아지다 동 **ふえる** 후에루 [増える]

- 늘어놓다, 나란히 놓다 동 **ならべる** 나라베루 [並べる]

- 능숙한, 잘하는 な형 **じょうずな** 죠-즈나 [上手な]

- 늦다(시각에), 더디다 동 **おくれる** 오꾸레루 [遅れる]

- 늦잠을 잠 명 **ねぼう** 네보- [寝坊]

ㄷ

- 다니다(같은 곳을), 왕래하다 [동] **かよう** 카요우 [通う]

- 다르다, 틀리다, 잘못되다 [동] **ちがう** 치가우 [違う]

- 다름 [명] **ほか** 호까

- 다름, 구별 [명] **べつ** 베쯔 [別]

- 다리, 교량(橋梁) [명] **はし** 하시 [橋]

- 다리, 발, 발걸음 [명] **あし** 아시 [足]

- 다운로드 [명] **ダウンロード** 다운로-도 download

- 다음 다음 주 [명] **さらいしゅう** 사라이슈- [再来週]

- 다음 달 [명] **らいげつ** 라이게쯔 [来月]

- 다음 주 [명] **らいしゅう** 라이슈- [来週]

- 닦다, 갈다 [동] **みがく** 미가꾸 [磨く]

- 단, 층계, (문장의) 단락 [명] **だん** 당 [段]

- 단어, 낱말 [명] **たんご** 탕고 [単語]

- 닫다(문 따위를) 동 **しめる** 시메루 [閉める]

- 닫다, 접다 동 **とじる** 토지루 [閉じる]

- 닫히다(문 등이) 동 **しまる** 시마루 [閉まる]

- 달, 달빛 명 **つき** 쯔끼 [月]

- 달다, (맛이) 달콤하다 い형 **あまい** 아마이 [甘い]

- 달다, 붙이다 동 **つける** 쯔께루 [付ける]

- 닭고기 명 **とりにく** 토리니꾸 [鳥肉]

- 닮다, 비슷하다 동 **にる** 니루 [似る]

- 담그다, 적시다 동 **つける** 쯔께루 [浸ける]

- 담당자 명 **たんとうしゃ** 탄또-샤 [担当者]

- 담배, 실담배 명 **たばこ** 타바꼬

- 당근 명 **にんじん** 닌징 [人参]

- 당기다, (감기에)걸리다 동 **ひく** 히꾸 [引く]

- 당신 명 **あなた** 아나따

한일 단어 | 633

- **대단한** [연체] **たいした** 타이시따 [大した]

- 대단히, 몹시, 아주, 심히 [부] **ひじょうに** 히죠-니 [非常に]

- 대답, (문제의)답 [명] **こたえ** 코따에 [答え]

- 대답, 답장, 응답 [명] **へんじ** 헨지 [返事]

- **대답하다, 보답하다** [동] **こたえる** 코따에루 [答える]

- **대만** [명] **たいわん** 타이왕 [台湾]

- **대문** [명] **もん** 몽 [門]

- **대사관** [명] **たいしかん** 타이시깡 [大使館]

- **대통령** [명] **だいとうりょう** 타이또-료- [大統領]

- **대학교, 대학** [명] **だいがく** 다이가꾸 [大学]

- 대학생 [명] **だいがくせい** 다이가꾸세- [大学生]

- **대학원** [명] **だいがくいん** 다이가꾸잉 [大学院]

- **댁** [명] **おたく** 오따꾸 [お宅]

- **댐, 둑** [명] **ダム** 다무 dam

- 더러워지다(물질적으로) 동 **よごれる** 요고레루 [汚れる]

- 더럽다(환경이) い형 **きたない** 키따나이 [汚い]

- 더욱, 더 부 **もっと** 못또

- 더위, 더운 정도 명 **あつさ** 아쯔사 [暑さ]

- 더하다, 추가하다 동 **たす** 타스 [足す]

- 던지다 동 **なげる** 나게루 [投げる]

- 덥다(날씨가) い형 **あつい** 아쯔이 [暑い]

- 데리고 가다, 데리고 오다 동 **つれる** 쯔레루 [連れる]

- 데이터 명 **データ** 데-따 data

- 데이트 명 **デート** 데-또 date

- 도구 명 **どうぐ** 도-구 [道具]

- 도깨비, 귀신 명 **おに** 오니 [鬼]

- 도둑 명 **どろぼう** 도로보- [泥棒]

- 도망치다, 달아나다 동 **にげる** 니게루 [逃げる]

- 도미노 명 **ドミノ** 도미노

- 도서관 명 **としょかん** 토쇼깡 [図書館]

- 도시 명 **とし** 토시 [都市]

- 도시락 명 **おべんとう** 오벤또- [お弁当]

- 도어, 문 명 **ドア** 도아 door

□ 도중 명 **とちゅう** 토쮸- [途中]

- 도착하다 동 **つく** 쯔꾸 [着く]

- 도쿄(지명) 명 **とうきょう** 토-꾜- [東京]

- 독서 명 **どくしょ** 도꾸쇼 [読書]

- 독서가 **どくしょか** 도꾸쇼까 [読書家]

- 독일 명 **ドイツ** 도이쯔 Deutschland

- 돈 명 **おかね** 오까네 [お金]

□ 돌, 가공한 돌, 보석 명 **いし** 이시 [石]

- 돌다, 구부러지다 동 **まがる** 마가루 [曲がる]

- 돌다, 회전하다 [동] **まわる** 마와루 [回る]

- 돌려주다, 돌려보내다 [동] **かえす** 카에스 [返す]

- 돌봄, 시중, 보살핌 [명] **せわ** 세와 [世話]

- 돌아가다(본래 곳으로) [동] **かえる** 카에루 [帰る]

- 돌아갈 때, 돌아올 때 [명] **かえり** 카에리 [帰り]

- 돌연히, 갑자기 [부] **とつぜん** 토쯔젱 [突然]

- 동네, 도시, 시내 [명] **まち** 마찌 [町]

- 동물 [명] **どうぶつ** 도-부쯔 [動物]

- 동물원 [명] **どうぶつえん** 도-부쯔엥 [動物園]

- 동양 [명] **とうよう** 토-요- [東洋]

- 동쪽, 동풍 [명] **ひがし** 히가시 [東]

- 돼지고기 [명] **ぶたにく** 부따니꾸 [豚肉]

- 되도록, 가능한 한 [부] **なるべく** 나루베꾸

- 되돌아가다, 되돌아오다 [동] **もどる** 모도루 [戻る]

- 두근두근(설렘) 🖳 **どきどき** 도끼도끼

- 두껍다, 두텁다 [い형] **あつい** 아쯔이 [厚い]

- 둥글다 [い형] **まるい** 마루이 [丸い]

- 뒤, (방향의) 뒤쪽 [명] **うしろ** 우시로 [後ろ]

- 뒤, 뒷면, 뒤쪽, 내막 [명] **うら** 우라 [裏]

- 드라마, 각본, 희곡 [명] **ドラマ** 도라마 drama

- 드라큘라 [명] **ドラキュラ** 도라큐라 Dracula

- 드물다, 희귀하다 [い형] **めずらしい** 메즈라시이 [珍しい]

- 득의함, 흐뭇한 [な형] **とくいな** 토꾸이나 [得意な]

- 듣다(말·소리를), 묻다 [동] **きく** 키꾸 [聞く]

- 들다, 가지다 [동] **もつ** 모쯔 [持つ]

- 들르다 [동] **よる** 요루 [寄る]

- 들리다(소리가) [동] **きこえる** 키꼬에루 [聞こえる]

- 들어가다, 들어오다 [동] **はいる** 하이루 [入る]

- 등, 뒤쪽 명 **せなか** 세나까 [背中]

- 등기우편 명 **かきとめ** 카끼또메 [書留]

- 등장 명 **とうじょう** 토-죠- [登場]

- 디스카운트, 할인 명 **ディスカウント** 디스까운또 discount

- 디자인, 도안, 의장 명 **デザイン** 데자인 design

- 디저트 명 **デザート** 데자-또 dessert

- 디즈니랜드 명 **ディズニーランド** 디즈니-란도

- 디지털 카메라 명 **デジタルカメラ** 데지따루 까메라 digital camera

- 백화점 명 **デパートメントストア** 데빠-또멘또 스또아 department store

- 따뜻하다(날씨, 기온이) い형 **あたたかい** 아따따까이 [暖かい]

- 따뜻하다(음식, 마음이) い형 **あたたかい** 아따따까이 [温かい]

- 따라서 접 **したがって** 시따갓떼 [従って]

- 따분하다 い형 **あじけない** 아지께나이 [味気ない]

- 딱딱하다, 단단하다 い형 **かたい** 카따이 [固い]

- 딸, 미혼 여성 [명] **むすめ** 무스메 [娘]

- 때, 시간, 시각 [명] **とき** 토끼 [時]

- 떠나다(출발) [동] **たつ** 타쯔 [発つ]

- 떠들다, 소란을 피다 [동] **さわぐ** 사와구 [騒ぐ]

- 떨어뜨리다(아래로) [동] **おとす** 오또스 [落とす]

- 떨어지다(아래로) [동] **おちる** 오찌루 [落ちる]

- 또, 또다시, 재차 [부] **また** 마따

- 똑같은 [な형] **おなじ** 오나지 [同じ]

- 뚜렷이, 분명히 [부] **はっきり** 학끼리

- 뛰다, 달리다 [동] **はしる** 하시루 [走る]

- 뜨거운 물, 끓인 물 [명] **おゆ** 오유 [お湯]

- 뜨겁다(열·온도가) [い형] **あつい** 아쯔이 [熱い]

- 라디오 명 **ラジオ** 라지오 radio

- 라디오카세트 명 **ラジオカセット** 라지오까셋또 radio cassette

- 라면 명 **ラーメン** 라-멩 ramyon

- 라이브, 생명, 생존, 삶 명 **ライブ** 라이브 life

- 라이트, 불빛, 광명 명 **ライト** 라이또 light

- 램프, 남포, 전등 명 **ランプ** 람뿌 lamp

- 러시아 명 **ロシア** 로시아 Russia

- 레스토랑, 서양 요리점 명 **レストラン** 레스또랑 restaurant

- 레슨, 학과, 과업, 수업 명 **レッスン** 렛승 lesson

- 레지스터(=レジ), 금전등록기 명 **レジスタ-** 레지스따- register

- 레코드, 음반 명 **レコ-ド** 레꼬-도 record

- 로그인 **ログイン** 로구잉 login

- 로비(호텔·극장의) 명 **ロビ-** 로비- lobby

- 룩색(=リュック), 배낭 명 **リュックサック** 륫꾸삭꾸 Rucksack

- 리모컨 명 **リモコン** 리모꽁 remote control

- 리본(ribbon), 띠, 오라기 명 **リボン** 리본 ribbon

- 리셉션, 환영회 명 **リセプション** 리세뿌숑 reception

- 리스크, 위험 명 **リスク** 리스꾸 risk

- 리스트, 목록 명 **リスト** 리스또 list

- 리코더, 녹음기 명 **レコ-ダ-** 레꼬-다- recorder

- 리포트, 보고서 명 **レポ-ト** 레뽀-또 report

- 마감(기한의) 명 **しめきり** 시메끼리 [締め切り]

- 마당, 정원, 뜰 명 **にわ** 니와 [庭]

- 마라톤 명 **マラソン** 마라송 marathon

- 마르다, 건조하다 동 **かわく** 카와꾸 [乾く]

- 마르다, 야위다 동 **やせる** 야세루

- 마사지, 안마 명 **マッサージ** 맛사-지 massage

- 마실 것, 음료 명 **のみもの** 노미모노 [飲み物]

- 마을, 촌락, 시골 명 **むら** 무라 [村]

- 마음, 기분, 감정 명 **きもち** 키모찌 [気持ち]

- 마음, 느낌 명 **こころ** 코꼬로 [心]

- 마이너스, 모자라는 명 **マイナス** 마이너스 minus

- 마치 부 **まるで** 마루데

- 마침, 딱, 마치 알맞게 부 **ちょうど** 쵸-도

- □ 마침내 분 **とうとう** 토-또-

- ■ 만나다(사람을), 대면하다 동 **あう** 아우 [会う]

- ■ 만년필 명 **まんねんひつ** 만넹히쯔 [万年筆]

- ■ 만들다 동 **つくる** 쯔꾸루 [作る]

- ■ 만지다, 손대다 동 **さわる** 사와루 [触る]

- □ 만화 명 **まんが** 망가 [漫画]

- □ 많다(수량·수효·횟수) い형 **おおい** 오-이 [多い]

- ■ 많이(사람이), 여러 사람 분 **おおぜい** 오-제- [大勢]

- ■ 많이, 충분 분 **たくさん** 타꾸상

- ■ 말, 언어, 낱말, 단어 명 **ことば** 코또바 [言葉]

- ■ 맑음, 갬 명 **はれ** 하레 [晴れ]

- □ 맛, 멋, 운치 명 **あじ** 아지 [味]

- ■ 맛없다, 서투르다 い형 **まずい** 마즈이

- ■ 맛있다, 맛좋다(=うまい) い형 **おいしい** 오이시이

- 맛있다, 잘하다, 좋다 [い형] **うまい** 우마이

- 맞다, 어울리다 [동] **あう** 아우 [合う]

- 맞이하다, 마중하다 [동] **むかえる** 무까에루 [迎える]

- 맡다(냄새를) [동] **かぐ** 카구

- 매년, 해마다 [명] **まいとし** 마이또시 [毎年]

- 매다, 조이다 [동] **しめる** 시메루 [締める]

- 매우, 대단히 [부] **どうも** 도-모

- 매일 밤, 밤마다 [명] **まいばん** 마이방 [毎晩]

- 매일 아침 [명] **まいあさ** 마이아사 [毎朝]

- 매일, 날마다 [명] **まいにち** 마이니찌 [毎日]

- 매장, 판매장 [명] **うりば** 우리바 [売り場]

- 매주, 1주일마다 [명] **まいしゅう** 마이슈- [毎週]

- 맥주 [명] **ビール** 비-루 bier

- 맵다(맛이), 얼얼하다 [い형] **からい** 카라이 [辛い]

- 머리, 머리카락 명 **あたま** 아따마 [頭]

- 머리, 머리카락 명 **かみ** 카미 [髪]

- 먹다, 생활을 하다 동 **たべる** 타베루 [食べる]

- 먹을 것, 음식 명 **たべもの** 타베모노 [食べ物]

- 먹이, 모이 명 **えさ** 에사 [餌]

- 멀다 い형 **とおい** 토-이 [遠い]

- 멈추다, 서다 동 **とまる** 토마루 [止まる]

- 메뉴, 식단, 차림표 명 **メニュー** 메뉴- menu

- 메시지, 전갈, 전언 명 **メッセージ** 멧세-지 message

- 메이커, 제조사 명 **メーカー** 메-까- maker

- 메일, 우편, 우편물 명 **メール** 메-루 mail

- 멕시코 명 **メキシコ** 메끼시꼬 Mexico

- 멤버, 회원 명 **メンバー** 멤바- member

- 몇 시 명 **なんじ** 난지 [何時]

- 모두 전부, 죄다 명 **みな** 미나 [皆]

- 모래 명 **すな** 스나 [砂]

- 모레(=みょうごにち) 명 **あさって** 아삿떼 [明後日]

- 모양, 모습 명 **かっこう** 칵꼬- [格好]

- 모으다, 집중시키다 동 **あつめる** 아쯔메루 [集める]

- 모이다, 집중하다 동 **あつまる** 아쯔마루 [集まる]

- 모임, 집회(集會) 명 **あつまり** 아쯔마리 [集まり]

- 모자 명 **ぼうし** 보-시 [帽子]

- 모퉁이, 모서리, 구석 명 **かど** 카도 [角]

- 목, 목구멍 명 **のど** 노도

- 목, 해고, 면직 명 **くび** 쿠비 [首]

- 목걸이 명 **ネックレス** 넥꾸레스 necklace

- 목구멍 명 **のどもと** 노도모또 [喉元]

- 목숨, 생명, 수명 명 **いのち** 이노찌 [命]

- 목욕 명 **おふろ** 오후로 [お風呂]

- 몸, 신체 명 **からだ** 카라다 [体]

- 몹시, 꽤, 대단히 부 **ずいぶん** 즈이붕 [ずいぶん]

- 무겁다, 중대하다 い형 **おもい** 오모이 [重い]

- 무늬, 체격, 몸집 명 **がら** 가라 [柄]

- 무리한 な형 **むりな** 무리나 [無理な]

- 무섭다, 두렵다 い형 **こわい** 코와이 [怖い]

- 무슨 요일 의문 **なんようび** 난요-비 [何曜日]

- 무엇 의문 **なに** 나니 [何]

- 무역회사 명 **ぼうえきがいしゃ** 보-에끼가이샤 [貿易会社]

- 무지, 아주 부 **すごく** 수고꾸

- 묵다 동 **とまる** 토마루 [泊まる]

- 문법 명 **ぶんぽう** 분뽀- [文法]

- 문안, 문안선물 명 **おみまい** 오미마이 [お見舞い]

- 문장 [명] **ぶんしょう** 분쇼- [文章]

- 문제 [명] **もんだい** 몬다이 [問題]

- 문학 [명] **ぶんがく** 붕가꾸 [文学]

- 문화 [명] **ぶんか** 붕까 [文化]

- 묻다, 찾다 [동] **たずねる** 타즈네루 [尋ねる]

- 물, 큰물, 홍수, 수분 [명] **みず** 미즈 [水]

- 물건, 물품, 상품 [명] **しなもの** 시나모노 [品物]

- 뮤지컬, 음악적인 [명] **ミュージカル** 뮤-지까루 musical

- 미국 [명] **アメリカ** 아메리까 America

- 미끄러지다, 활주하다 [동] **すべる** 스베루 [滑る]

- 미니스카트 [명] **ミニスカート** 미니스까-또 miniskirt

- 미술관 [명] **びじゅつかん** 비쥬쯔깡 [美術館]

- 미용실 [명] **びよういん** 비요-잉 [美容院]

- 미인 [명] **びじん** 비징 [美人]

ㅂ

KOREAN JAPANESE WORDS DICTIONARY

- 바꾸다, 교환하다 [동] **とりかえる** 토리까에루 [取り替える]

- 바꾸다, 변화시키다 [동] **かえる** 카에루 [変える]

- 바뀌다, (상태가) 변하다 [동] **かわる** 카와루 [変わる]

- 바다, 호수 [명] **うみ** 우미 [海]

- 바람, 태도, 모양, 감기 [명] **かぜ** 카제 [風邪]

- 바로, 금방 [부] **すぐ** 스구

- 바보스러운 [な형] **ばかな** 바까나

- 바이러스 [명] **ウイルス** 우이루스 virus

- 바이올린 [명] **バイオリン** 바이오링 violin

- 바지 [명] **ズボン** 즈봉 jupon

- 박물관 [명] **はくぶつかん** 하꾸부쯔깡 [博物館]

- 밖, 바깥 [명] **そと** 소또 [外]

- 반, 절반 [명] **はんぶん** 함붕 [半分]

- 반, 절반(=なかば) 명 **はん** 항 [半]

- 반, 학급 명 **クラス** 쿠라스 class

- 반대 명 **はんたい** 한따이 [反対]

- 반드시, 꼭(=きっと) 부 **かならず** 카나라즈 [必ず]

- 반지, 가락지 명 **ゆびわ** 유비와 [指輪]

- 받다, (시험을) 보다 동 **うける** 우께루 [受ける]

- 받다, 얻다 동 **もらう** 모라우

- 발견되다, 들키다 동 **みつかる** 미쓰까루 [見つかる]

- 발매 명 **はつばい** 하쯔바이 [発売]

- 발음 명 **はつおん** 하쯔옹 [発音]

- 밝다, 환하다 い형 **あかるい** 아까루이 [明るい]

- 밟다(발로), 디디다 동 **ふむ** 후무 [踏む]

- 밤 명 **よる** 오루 [夜]

- 밥, 식사 명 **ごはん** 고항 [ご飯]

- 방, 헛간 명 **へや** 헤야 [部屋]

- 방문하다, 찾아가다 동 **たずねる** 타즈네루 [訪ねる]

- 방법, 수단 명 **ほうほう** 호-호- [方法]

- 방석 명 **ざぶとん** 자부똥 [座布団]

- 방송 명 **ほうそう** 호-소- [放送]

- 방해한, 장애되는 な형 **じゃまな** 쟈마나 [邪魔な]

- 배, 뱃속, 위장 명 **おなか** 오나까 [お腹]

- 배, 선박(船舶) 명 **ふね** 후네 [船]

- 배우 명 **はいゆう** 하이유- [俳優]

- 배우다 동 **ならう** 나라우 [習う]

- 배우다, 배워 익히다 동 **まなぶ** 마나부 [学ぶ]

- 백설공주 명 **しらゆきひめ** 시라유끼히메 [白雪姫]

- 백수, 프리터 명 **フリーター** 후리-따- free Arbeiter

- 버리다, 던져 버리다 동 **すてる** 스떼루 [捨てる]

- 버스 [명] **バス** 바스 bus

- 버튼, 단추 [명] **ボタン** 보땅 botao

- 번성하다, 번창하다 [な형] **さかんだ** 사깐다 [盛んだ]

- 번역 [명] **ほんやく** 혼야꾸 [飜訳]

- 번호 [명] **ばんごう** 방고- [番号]

- 번화한, 성황인 [な형] **にぎやかな** 니기야까나

- 벌레, 곤충, 해충(害蟲) [명] **むし** 무시 [虫]

- 범인, 범죄인 [명] **はんにん** 한닝 [犯人]

- 법률 [명] **ほうりつ** 호-리쯔 [法律]

- 벗다 [동] **ぬぐ** 누구 [脱ぐ]

- 벚꽃, 벚나무 [명] **さくら** 사꾸라 [桜]

- 베끼다, 묘사하다 [동] **うつす** 우쯔스 [写す]

- 베드, 침대 [명] **ベッド** 벳도 bed

- 벤치, 긴 의자 [명] **ベンチ** 벤찌 bench

- 벨, 종 명 **ベル** 베루 bell

- 벨트, 띠, 허리띠 명 **ベルト** 베루또 belt

- 벽, 암벽 명 **かべ** 카베 [壁]

- 벽장, 붙박이장 명 **おしいれ** 오시-레 [押し入れ]

- 병, 질환, 질병 명 **びょうき** 보-끼 [病気]

- 병원 명 **びょういん** 보-잉 [病院]

- 보내다, 좁히다 동 **おくる** 오꾸루 [送る]

- 보너스, 상여금, 장려금 명 **ボーナス** 보-나스 bonus

- 보다(눈으로) 동 **みる** 미루 [見る]

- 보드, 스노보드, 합판 명 **ボード** 보-도 board

- 보물, 보배 명 **たから** 타까라 [宝]

- 보여주다(남에게) 동 **みせる** 미세루 [見せる]

- 보이다, 오시다 동 **みえる** 미에루 [見える]

- 보존, 저장 명 **ほぞん** 호종 [保存]

- 보증인 명 **ほしょうにん** 호쇼-닝 [保証人]

- 보통 명 대체로, 대개 부 **ふつう** 후쯔- [普通]

- 복도, 낭하 명 **ろうか** 로-까 [廊下]

- 복습 명 **ふくしゅう** 후꾸슈- [復習]

- 복잡한 な형 **ふくざつな** 후꾸자쯔나 [複雑な]

- 볼, 공 명 **ボール** 보-루 ball

- 볼링 명 **ボーリング** 보-링구 bowling

- 볼일, 용무 명 **ようじ** 요-지 [用事]

- 볼펜 명 **ボールペン** 보-루뻰 ballpoint pen

- 봄, 새해, 신년, 전성기 명 **はる** 하루 [春]

- 봉, 막대기 명 **ぼう** 보- [棒]

- 봉투, 편지 봉투 명 **ふうとう** 후-또- [封筒]

- 부끄럽다, 면목없다 い형 **はずかしい** 하즈까시이 [恥ずかしい]

- 부드럽다 い형 **やわらかい** 야와라까이 [柔らかい]

한일 단어 | 655

- □ 부디, 꼭, 제발, 아무쪼록 [부] **ぜひ** 제히

- ■ 부디, 아무쪼록 [부] **どうぞ** 도-조

- ■ 부러뜨리다, 꺾다 [동] **おる** 오루 [折る]

- ■ 부러지다, 꺾이다 [동] **おれる** 오레루 [折れる]

- ■ 부르다(노래를) [동] **うたう** 우따우 [歌う]

- ■ 부르다(소리 내어) [동] **よぶ** 요부 [呼ぶ]

- ■ 부모, 어버이 [명] **りょうしん** 료-싱 [両親]

- ■ 부모, 어버이, 조상, 선조 [명] **おや** 오야 [親]

- ■ 부엌, 주방 [명] **だいどころ** 다이도꼬로 [台所]

- ■ 부인 [명] **おくさん** 오꾸상 [奥さん]

- □ 부인 [명] **つま** 쯔마 [妻]

- □ 부자, 재산가 [명] **かねもち** 카네모찌 [金持ち]

- ■ 부장, 부장님 [명] **ぶちょう** 부쪼- [部長]

- □ 부재 중, (빈 집을)지킴 [명] **るす** 루스 [留守]

- **부주의** 명 **ふちゅうい** 후쮸-이 [不注意]

- **부탁하다, 의뢰하다** 동 **たのむ** 타노무 [頼む]

- **분, 남에 대한 높임말** 명 **かた** 카따 [方]

- **분실물** 명 **わすれもの** 와스레모노 [忘れ物]

- **분야, 범위, 영역** 명 **ぶんや** 붕야 [分野]

- **불, 불꽃, 불길, 화재** 명 **ひ** 히 [火]

- **불가** 명 **ふか** 후까 [不可]

- **불꽃놀이, 폭죽(爆竹)** 명 **はなび** 하나비 [花火]

- **불다(바람이)** 동 **ふく** 후꾸 [吹く]

- **불만** 명 **ふまん** 후망 [不満]

- **불쌍한, 가엾은** な형 **かわいそうな** 카와이소-나

- **불안한** な형 **ふあんな** 후앙나 [不安な]

- **불편한** な형 **ふべんな** 후벵나 [不便な]

- **불행한** な형 **ふこうな** 후꼬-나 [不幸な]

- 붐비다, 혼잡하다 [동] **こむ** 코무

- 붙이다(풀로) [동] **はる** 하루 [貼る]

- 브런치(아침 겸 점심) [명] **ブランチ** 부란찌 brunch

- 블라인드, 창문의 볕가리 [명] **ブラインド** 부라인도 blind

- 블로그 [명] **ブログ** 부로구 blog

- 블루베리, 식용과실 [명] **ブルーベリー** 부루−베리− blueberry

- 비, 비가 옴, 우천(雨天) [명] **あめ** 아메 [雨]

- 비교하다 [동] **くらべる** 쿠라베루 [比べる]

- 비누(soap) [명] **せっけん** 섹껭

- 비다(공간·방이) [동] **あく** 아꾸 [空く]

- 비다(속이) [명] **すく** 스꾸 [空く]

- 비단, 명주 [명] **きぬ** 키누 [絹]

- 비디오 [명] **ビデオ** 비데오 video

- 비용 [명] **ひよう** 히요− [費用]

- 비율 몡 비교적 튀 **わりあい** 와리아이 [割合]

- 비자 몡 **ビザ** 비자

- 비치다(빛·그림자가) 통 **さす** 사스 [差す]

- 비탈길, 고갯길, 언덕 몡 **さか** 사까 [坂]

- 비행기 몡 **ひこうき** 히꼬-끼 [飛行機]

- 비행장, 공항 몡 **ひこうじょう** 히꼬-죠- [飛行場]

- 빌딩 몡 **ビル** 비루 building

- 빌려주다, 도와주다 통 **かす** 카스 [貸す]

- 빌리다(금품을), 꾸다 통 **かりる** 카리루 [借りる]

- 빛나다, 출중하다 통 **ひかる** 히까루 [光る]

- 빠르다(속도·동작·과정) い형 **はやい** 하야이 [速い]

- 빨강, 빨간색 몡 **あか** 아까 [赤]

- 빨갛다, 붉다 い형 **あかい** 아까이 [赤い]

- 뼈, 기골 몡 **ほね** 호네 [骨]

한일 단어 | 659

人

- 사건, 일, 일어난 일 [명] **じけん** 지껭 [事件]

- 사과, 사과나무 [명] **りんご** 링고

- 사과하다, 사죄하다 [동] **あやまる** 아야마루 [謝る]

- 사다(물건을), 구입하다 [동] **かう** 카우 [買う]

- 사라지다, 없어지다 [동] **きえる** 키에루 [消える]

- 사람 [명] **ひと** 히또 [人]

- 사례, 감사인사 [명] **おれい** 오레- [お礼]

- 사무소 [명] **じむしょ** 지무쇼 [事務所]

- 사양, 겸손, 거리낌 **えんりょ** 엔료 [遠慮]

- 사용법 [명] **つかいかた** 쯔까이까따 [使い方]

- 사이, 동안, 간격 [명] **あいだ** 아이다 [間]

- 사이즈, 크기 [명] **サイズ** 사이즈 size

- 사이트(인터넷의) [명] **サイト** 사이또 site

- 사인, 서명 명 **サイン** 사잉 sign

- 사자 명 **ライオン** 라이옹 lion

- 사장, 사장님 동 **しゃちょう** 샤쪼- [社長]

- 사전, 낱말 사전(=じてん) 명 **じしょ** 지쇼 [辞書]

- 사전, 옥편 명 **じびき** 지비끼 [字引]

- 사진, 사실(寫實) 명 **しゃしん** 샤싱 [写真]

- 사촌 명 **いとこ** 이또꼬

- 사커, 축구 명 **サッカ-** 삭까- soccer

- 사탕, 엿, 조청 명 **あめ** 아메

- 사회 명 **しゃかい** 샤까이 [社会]

- 삭제, 지워 버림 명 **さくじょ** 사꾸죠 [削除]

- 산, 광산(鑛山) 결 **やま** 야마 [山]

- 산업 명 **さんぎょう** 상교- [産業]

- 산책, 산책 명 **さんぽ** 삼뽀 [散歩]

- 산타클로-스 명 **サンタクロース** 산따꾸로-스 Santa Claus

- 살다, 거주하다 동 **すむ** 스무 [住む]

- 살다, 생존하다 동 **いきる** 이끼루 [生きる]

- 살찌다, 굵어지다 동 **ふとる** 후또루 [太る]

- 상냥하다, 친절하다 い형 **やさしい** 야사시이 [優しい]

- 상담, 의논 명 **そうだん** 소-당 [相談]

- 상의, 겉옷 명 **うわぎ** 우와기 [上着]

- 상자, 함, 궤짝, 박스 명 **はこ** 하꼬 [箱]

- 상처, 부상, 잘못, 과실 명 **けが** 케가

- 상태, 컨디션 명 **ちょうし** 쵸-시 [調子]

- 상태, 형편, 방식 명 **ぐあい** 구아이 [具合]

- 새, 닭 명 **とり** 토리 [鳥]

- 새끼 고양이 명 **こねこ** 코네꼬 [子猫]

- 새롭다, 싱싱하다 い형 **あたらしい** 아따라시이 [新しい]

- 색, 색깔 명 **いろ** 이로 [色]

- 샌드위치 명 **サンドイッチ** 산도잇찌 sandwich

- 샐러드 명 **サラダ** 사라다 salad

- 샐러리맨 명 **サラリ-マン** 사라리-망 salary man

- 샘플, 견본, 표본 명 **サンプル** 삼뿌루 sample

- 생각, 사고 명 **かんがえ** 캉가에 [考え]

- 생각나다, 생각해내다 동 **おもいだす** 오모이다스 [思い出す]

- 생각하다, 고안하다 동 **かんがえる** 캉가에루 [考える]

- 생각하다, 예상하다 동 **おもう** 오모- [思う]

- 생산 명 **せいさん** 세-상 [生産]

- 생선, 물고기 명 **さかな** 사까나 [魚]

- 생일, 탄생일 명 **たんじょうび** 탄죠-비 [誕生日]

- 생활 명 **せいかつ** 세-까쯔 [生活]

- 샤워 명 **シャフ-** 샤와- shower

한일 단어 | **663**

- 서늘하다, 시원하다 [い형] **すずしい** 스즈시이 [涼しい]

- 서다, 일어서다 [동] **たつ** 타쯔 [立つ]

- 서두르다(행동을) [동] **いそぐ** 이소구 [急ぐ]

- 서랍, 빼냄 [명] **ひきだし** 히끼다시 [引き出し]

- 서류, 기록한 문서 [명] **しょるい** 쇼루이 [書類]

- 서비스 [명] **サービス** 사-비스 service

- 서양 [명] **せいよう** 세-요- [西洋]

- 서울 [명] **ソウル** 소우루 seoul

- 서점 [명] **ほんや** 홍야 [本屋]

- 서쪽, 서풍(西風) [명] **にし** 니시 [西]

- 서클, 동아리 [명] **サークル** 사-꾸루 circle

- 서투른, 잘 못하는 [な형] **にがてな** 니가떼나 [苦手な]

- 선물 [명] **おみやげ** 오미야께 [お土産]

- 선물, 프레젠트 [명] **プレゼント** 푸레젠또 present

- 선반, 시렁 명 **たな** 타나 [棚]

- 선배 명 **せんぱい** 센빠이 [先輩]

- 선생님 명 **せんせい** 센세- [先生]

- 선수 명 **せんしゅ** 센슈 [選手]

- 설명 명 **せつめい** 세쯔메- [説明]

- 설명서 명 **せつめいしょ** 세쯔메-쇼 [説明書]

- 설탕 명 **さとう** 사또- [砂糖]

- 섬 명 **しま** 시마 [島]

- 성실한, 진지한 な형 **まじめな** 마지메나

- 성적 평가된 결과 명 **せいせき** 세-세끼 [成績]

- 세계, 우주 명 **せかい** 세까이 [世界]

- 세관 명 **ぜいかん** 제-깡 [税関]

- 세로 상하의 방향 명 **たて** 타떼 [縦]

- 세상을 떠나다 동 **なくなる** 나꾸나루 [亡くなる]

- ■ 세우다, 멈추다 [동] **とめる** 토메루 [止める]

- □ 세우다, 일으키다 [동] **たてる** 타떼루 [立てる]

- □ 세탁물 [명] **せんたくもの** 센따꾸모노 [洗濯物]

- ■ 셔츠, 와이셔츠 [명] **シャツ** 샤쯔 shirt

- ■ 셔터, 덧문 [명] **シャッター** 샷따ー shutter

- □ 소개(=ひきあわせ) [명] **しょうかい** 쇼ー까이 [紹介]

- ■ 소고기 [명] **ぎゅうにく** 규ー니꾸 [牛肉]

- ■ 소금, 식염, 소금기 [명] **しお** 시오 [塩]

- ■ 소란, 소동 [명] **さわぎ** 사와기 [騒ぎ]

- ■ 소리, 목소리 [명] **こえ** 코에 [声]

- □ 소매치기 [명] **すり** 스리

- □ 소설 [명] **しょうせつ** 쇼ー세쯔 [小説]

- ■ 소설가 [명] **しょうせつか** 쇼ー세쯔까 [小説家]

- ■ 소용없는, 안 되는 [な형] **だめな** 다메나

- 소주 [명] **しょうちゅう** 쇼-쮸- [焼酒]

- 소중한, 귀중한 [な형] **たいせつな** 타이세쯔나 [大切な]

- 소파 [명] **ソファー** 소화- sofa

- 소포, 소포우편, 작은 짐 [명] **こづつみ** 코즈쯔미 [小包]

- 소프트웨어 [명] **ソフトウェア** 소후또웨아 software

- 속도, 빠르기 [명] **そくど** 소꾸도 [速度]

- 속옷, 내의, 내복 [명] **したぎ** 시따기 [下着]

- 손 [명] **て** 테 [手]

- 손님 [명] **おきゃくさん** 오꺄꾸상 [お客さん]

- 손님 [명] **おきゃくさま** 오꺄꾸사마 [お客様]

- 손님, 승객, 여객 [명] **きゃく** 캬꾸 [客]

- 손수건, 행커치프 [명] **ハンカチ** 항까찌 handkerchief

- 손자, 손녀 [명] **まご** 마고 [孫]

- 송별회 [명] **そうべつかい** 소-베쯔까이 [送別会]

- 쇼핑, 장보기, 물건사기 명 **かいもの** 카이모노 [買い物]

- 수다 명 **おしゃべり** 오샤베리

- 수도, 상수도 명 **すいどう** 스이도- [水道]

- 수면, 잠을 잠 명 **すいみん** 스이밍 [睡眠]

- 수술 명 **しゅじゅつ** 슈쥬쯔 [手術]

- 수업 명 **じゅぎょう** 쥬교- [授業]

- 수영, 헤엄침 명 **すいえい** 스이에- [水泳]

- 수영복, 물옷 명 **みずぎ** 미즈기 [水着]

- 수영장 명 **プール** 뿌-루 pool

- 수입 명 **ゆにゅう** 유뉴- [輸入]

- 수첩 명 **てちょう** 테쬬- [手帳]

- 수출 명 **ゆしゅつ** 유슈쯔 [輸出]

- 수프 명 **スープ** 스-뿌 soup

- 수학 명 **すうがく** 스-가꾸 [数学]

- 숙제, 과제(課題) 명 **しゅくだい** 슈꾸다이 [宿題]

- 술 모임 명 **のみかい** 노미까이 [飲み会]

- 술 명 **おさけ** 오사께 [お酒]

- 숲, 수풀 명 **もり** 모리 [森]

- 숲, 수풀 명 **はやし** 하야시 [林]

- 쉬는 날, 휴일 명 **やすみ** 야스미 [休み]

- 쉬는 시간, 휴식시간 명 **やすみじかん** 야스미지깡 [休み時間]

- 쉬다, 휴식하다 동 **やすむ** 야스무 [休む]

- 쉽다, 온순하다 い형 **やさしい** 야사시ー [易しい]

- 슈트, 양복, 정장 명 **スーツ** 즈ー쯔 suit

- 슈트케이스, 여행용 가방 명 **スーツケース** 스ー쯔께ー스

- 슈퍼 명 **スーパー** 스ー빠ー super

- 스웨터 명 **セーター** 세ー따ー sweater

- 스위스 명 **スイス** 스이스 Switzerland

- 스카프 몡 **スカーフ** 스까ー후 scarf

- 스케이트 몡 **スケート** 스께ー또 skates

- 스케줄 몡 **スケジュール** 스께쥬ー루 schedule

- 스코어, 점수 몡 **スコア** 스꼬아 score

- 스크린 몡 **スクリーン** 스꾸리ー잉 screen

- 스키 몡 **スキー** 스끼ー ski

- 스테이크 몡 **ステーキ** 스떼ー끼 steak

- 스토리, 이야기 몡 **ストーリー** 스또ー리ー story

- 스토브 몡 **ストーブ** 스또ー부 stove

- 스트레이트, 직구 몡 **ストレート** 스또레ー또 straight

- 스페인 몡 **スペイン** 스페잉 Spain

- 스포츠 몡 **スポーツ** 스포ー쯔 sport

- 스푼, 숟가락 몡 **スプーン** 스뿌ー웅 spoon

- 스피드, 속도 몡 **スピード** 스삐ー도 speed

- ■ 스피커 명 **スピーカー** 스삐—까— speaker

- ■ 슬리퍼 명 **スリッパ** 스릿빠 slipper

- □ 슬프다, 애처롭다 い형 **かなしい** 카나시이 [悲しい]

- □ 습관, 관습(=しきたり, あらわし) 명 **しゅうかん** 슈—깡 [習慣]

- ■ 시, 시간의 단위 접미 **じ** 지 [時]

- ■ 시간 명 **じかん** 지깡 [時間]

- □ 시간에 대다 동 **まにあう** 마니아우 [間に合う]

- □ 시계 명 **とけい** 토께— [時計]

- □ 시골, 고향, 지방, 전원 명 **いなか** 이나까 [田舎]

- □ 시다(맛이), 시큼하다 い형 **すっぱい** 습빠이 [酸っぱい]

- □ 시대, 시절, 시기 명 **じだい** 지다이 [時代]

- □ 시작되다(일이) 동 **はじまる** 하지마루 [始まる]

- □ 시작하다, 개시하다 동 **はじめる** 하지메루 [始める]

- □ 시합, 경기, 겨루기 명 **しあい** 시아이 [試合]

한일 단어 | 671

- 시험, 테스트 명 **しけん** 시껭 [試験]

- 식당 명 **しょくどう** 쇼꾸도- [食堂]

- 식료품 명 **しょくりょうひん** 쇼꾸료-힝 [食料品]

- 식사 명 **しょくじ** 쇼꾸지 [食事]

- 식사대접(맛있는 음식) 명 **ごちそう** 고찌소-

- 식사모임 명 **しょくじかい** 쇼꾸지까이 [食事会]

- 식품, 식료품 명 **しょくひん** 쇼꾸힝 [食品]

- 신, 하느님 명 **かみさま** 카미사마 [神様]

- 신다(버선·양말·신발 등을) 동 **はく** 하꾸 [履く]

- 신문 명 **しんぶん** 심붕 [新聞]

- 신문사 명 **しんぶんしゃ** 심붕샤 [新聞社]

- 신사 명 **じんじゃ** 진쟈 [神社]

- 신용하다, 믿다 동 **しんじる** 신지루 [信じる]

- 신입사원 명 **しんにゅうしゃいん** 신뉴-샤잉 [新入社員]

- 신청 [명] **しんせい** 신세- [申請]

- 신청서 [명] **しんせいしょ** 신세-쇼 [申請書]

- 신칸센(일본고속철도) [명] **しんかんせん** 싱간셍 [新幹線]

- 신호, 신호등 [명] **しんごう** 싱고- [信号]

- 신혼, 갓 결혼함 [명] **しんこん** 싱꽁 [新婚]

- 실, 줄, 낚싯줄 [명] **いと** 이또 [糸]

- 실례, 무례, 미안 [명] **しつれい** 시쯔레- [失礼]

- 실버시트, 노약자석 [명] **シルバーシート** 시루바-시-또 silver seat

- 실패, 실수 [명] **しっぱい** 싯빠이 [失敗]

- 싫은 [な형] **いやな** 이야나 [嫌な]

- 싫은, 싫어하는 [な형] **きらいな** 키라이나 [嫌いな]

- 심다, 땅 속에 묻다 [동] **うえる** 우에루 [植える]

- 심술궂은 [な형] **いじわるな** 이지와루나 [意地悪な]

- 심포지엄 [명] **シンポジウム** 심뽀지우무 symposium

- □ 심하다, 잔인하다 [い형] **ひどい** 히도이

- ■ 싸다(값이) [い형] **やすい** 야스이 [安い]

- ■ 싸다, 포장하다 [동] **つつむ** 쯔쯔무 [包む]

- □ 싸움 [명] **けんか** 켕까

- □ 쌀, 쌀농사 [명] **こめ** 코메 [米]

- ■ 쓰다(글씨를), 그리다 [동] **かく** 카꾸 [書く]

- □ 쓰다(맛이) [い형] **にがい** 니가이 [苦い]

- ■ 쓰다(물건을), 사용하다 [동] **つかう** 쯔까우 [使う]

- ■ 쓰다, 뒤집어쓰다 [동] **かぶる** 카부루

- □ 쓰레기, 먼지, 티끌 [명] **ごみ** 고미

- ■ 쓰레기통 [명] **ごみばこ** 고미바꼬 [ごみ箱]

- □ 씹다, 물다, 깨물다 [동] **かむ** 카무

- ■ 씻다(물로) [동] **あらう** 아라우 [洗う]

- 아가씨, 따님 명 **おじょうさん** 오죠-상 [お嬢さん]

- 아기(=あかちゃん), 젖먹이 명 **あかんぼう** 아깐보- [赤ん坊]

- 아기, 갓난아이, 젖먹이 명 **あかちゃん** 아까짱

- 아까, 조금 전 명 **さっき** 삿끼

- 아나운서 명  아나운사- announcer

- 아내, 집안, 가족 명 **かない** 카나이 [家内]

- 아들, 자식 명 **むすこ** 무스꼬 [息子]

- 아래, 밑, 하위 명 **した** 시따 [下]

- 아래층 명 **かいか** 카이까 [階下]

- 아르바이트, 부업 명 **バイト** 바이또 Arbeit

- 아르헨티나 명 **アルゼンチン** 아루젠찡 Argentina

- 아름답다, 곱다 い형 **うつくしい** 우쯔꾸시이 [美しい]

- 아마 부 **たしか** 타시까 [確か]

한일 단어 | 675

- 아마, 아마 _부 **たぶん** 타붕

- 아버님 _명 **おとうさま** 오또-사마 [お父様]

- 아버지 _명 **おとうさん** 오또-상 [お父さん]

- 아버지, 부친, 선구자 _명 **ちち** 치찌 [父]

- 아이, 자녀, 어린이 _명 **こども** 코도모 [子供]

- 아이, 자식 _명 **こ** 코 [子]

- 아이디어, 생각 _명 **アイデア** 아이데아 idea

- 아주 좋아하는 _{い형} **だいすきな** 다이스끼나 [大好きな]

- 아주, 매우 _부 **とても** 토떼모

- 아직, 여지껏, 더욱, 차라리 _부 **まだ** 마다

- 아침, 아침 식사, 오전 _명 **あさ** 아사 [朝]

- 아침밥, 아침 식사 _명 **あさごはん** 아사고항 [朝御飯]

- 아침저녁 _명 **あさばん** 아사방 [朝晩]

- 아프가니스탄 _명 **アフガニスタン** 아후가니스땅 Afghanistan

- 아프다(몸이), 쓰리다 [い형] **いたい** 이따이 [痛い]

- 아프리카 [명] **アフリカ** 아후리까 Africa

- 안, 속 [명] **なか** 나까 [中]

- 안경 [명] **めがね** 메가네 [眼鏡]

- 안내, 통지 [명] **あんない** 안나이 [案内]

- 안내서 [명] **あんないしょ** 안나이쇼 [案内書]

- 안내소 [명] **あんないじょ** 안나이조 [案内所]

- 안심, 마음이 편함 [명] **あんしん** 안싱 [安心]

- 안전 [명] **あんぜん** 안젱 [安全]

- 안전벨트 [명] **シートベルト** 시-또베루또 seat belt

- 앉다, 안정되다, 침착하다 [동] **すわる** 스와루 [座る]

- 알다(배워서) [동] **しる** 시루 [知る]

- 알다, 이해하다 [동] **わかる** 와까루

- 알리다, 통보하다 [동] **しらせる** 시라세루 [知らせる]

한일 단어 | 677

- 알코올 명 **アルコール** 아루꼬-루 alcohol

- 앞, 전, 정면 명 **まえ** 마에 [前]

- 애인, 연인 명 **こいびと** 코이비또 [恋人]

- 애처가 명 **あいさいか** 아이사이까 [愛妻家]

- 액세서리 명 **アクセサリー** 아꾸세사리- accessory

- 야채, 채소, 푸성귀 명 **やさい** 야사이 [野菜]

- 야채가게 명 **やおや** 야오야 [八百屋]

- 약, 약제(藥劑), 방충제 명 **くすり** 쿠스리 [薬]

- 약속, 언약, 운명, 인연 명 **やくそく** 야꾸소꾸 [約束]

- 약하다, 모자라다 い형 **よわい** 요와이 [弱い]

- 약혼자, 약혼녀 명 **こんやくしゃ** 콩야꾸샤 [婚約者]

- 얇다, 엷다, 적다 い형 **うすい** 우스이 [薄い]

- 양, 무게, 수량 명 **りょう** 료- [量]

- 양다리 명 **ふたまた** 후따마따 [二股]

- **양말** 명 **くつした** 쿠쯔시따 [靴下]

- **양치질** 명 **はみがき** 하미가끼 [歯磨き]

- **얕다(깊이·바닥이)** い형 **あさい** 아사이 [浅い]

- **어느 것** 대 **どれ** 도레

- **어느 분** 존문 **どなた** 도나따

- **어느 정도** 의문 **どのくらい** 도노꾸라이

- **어느 쪽** 대 **どちら/どっち** 돗찌라/돗찌

- **어느** 의문 **どの** 도노

- **어둡다, 캄캄하다** い형 **くらい** 쿠라이 [暗い]

- **어드바이스, 충고** 명 **アドバイス** 아도바이스 advice

- **어디** 의문 **どこ** 도꼬

- **어딘가** 부 **どこか** 도꼬까

- **어떤** い형 **どんな** 돈나

- **어렵다(이해하기)** い형 **むずかしい** 무즈까시이 [難しい]

- 어른, 성인 명 **おとな** 오또나 [大人]

- 어머니 명 **おかあさん** 오까-상 [お母さん]

- 어머니, 모친, 근원, 원천 명 **はは** 하하 [母]

- 어머님 명 **おかあさま** 오까-사마 [お母様]

- 어울리다 동 **にあう** 니아우 [似合う]

- 어제, 가까운 과거 명 **きのう** 키노- [昨日]

- 어젯밤, 간밤(=さくや) 명 **ゆうべ** 유-베 [夕べ]

- 어쩐지 부 **どうも** 도-모

- 언니, 누나 명 **おねえさん** 오네-상 [お姉さん]

- 언제 의문 **いつ** 이쯔

- 얼굴, 낯 명 **かお** 카오 [顔]

- 얼마, 어느 정도 의문 **いくら** 이꾸라

- 얼음, 얼음물 명 **こおり** 코-리 [氷]

- 엄격하다, 엄하다 い형 **きびしい** 키비시- [厳しい]

- 없다 [い형] **ない** 나이 [無い]

- 없애다, 잃어버리다 [동] **なくす** 나꾸스 [無くす]

- 없어지다 [동] **なくなる** 나꾸나루 [無くなる]

- 에러 [명] **エラ-** 에라- error

- 에스컬레이터 [명] **エスカレ-タ-** 에스까레-따- escalation

- 엘리베이터 [명] **エレベ-タ-** 에레베-따- elevator (미)

- 여관 [명] **りょかん** 료깡 [旅館]

- 여기, 이곳 [대] **ここ** 코꼬

- 여동생, 손아래 시누 [명] **いもうと** 이모-또

- 여러 가지의 [な형] **いろいろな** 이로이로나 [色々な]

- 여러분 [명] **みなさん** 미나상 [皆さん]

- 여름 [명] **なつ** 나쯔 [夏]

- 여름방학, 여름휴가 [명] **なつやすみ** 나쯔야스미 [夏休み]

- 여배우 [명] **じょゆう** 죠유- [女優]

- 여성, 여자 _명 **じょせい** 죠세이 [女性]
- 여자 _명 **おんなのひと** 온나노히또 [女の人]
- 여자 _명 **おんな** 온나 [女]
- 여자아이 _명 **おんなのこ** 온나노꼬 [女の子]
- 여행(=たび) _명 **りょこう** 료꼬- [旅行]
- 역 _명 **えき** 에끼 [駅]
- 역사 _명 **れきし** 레끼시 [歴史]
- 연구 _명 **けんきゅう** 켕뀨- [研究]
- 연구실 _명 **けんきゅうしつ** 켕뀨-시쯔 [研究室]
- 연락 _명 **れんらく** 렌라꾸 [連絡]
- 연못, 연지(硯池) _명 **いけ** 이께 [池]
- 연습 _명 **れんしゅう** 렌슈- [練習]
- 연필 _명 **えんぴつ** 엠삐쯔 [鉛筆]
- 연하 _명 **としした** 토시시따 [年下]

- 연휴 명 **れんきゅう** 렝뀨- [連休]

- 열, 기후가 더움, 열중 명 **ねつ** 네쯔 [熱]

- 열다(문·뚜껑을) 동 **あける** 아께루 [開ける]

- 열리다(문·뚜껑이), 뚫리다 동 **あく** 아꾸 [開く]

- 열리다(문이), 열다 동 **ひらく** 히라꾸 [開く]

- 열쇠 키, 관건(關鍵) 명 **かぎ** 카기 [鍵]

- 열심인 な형 **いっしょうけんめいな** 잇쇼-껭메이나

- 열심인, 열성적인 な형 **ねっしんな** 넷신나 [熱心な]

- 엽서, 우편 엽서 명 **はがき** 하가끼 [葉書]

- 영국 명 **イギリス** 이기리스 Inglez (포)

- 영수증, 증서 명 **りょうしゅうしょ** 료-슈-쇼 [領収書]

- 영어 명 **えいご** 에-고 [英語]

- 영어회화 명 **えいかいわ** 에-까이와 [英会話]

- 영화 명 **えいが** 에-가 [映画]

- 영화관 명 **えいがかん** 에-가깡 [映画館]

- 옆, 가로, 측면, 곁 명 **よこ** 요꼬 [横]

- 옆, 곁 명 **そば** 소바

- 옆, 이웃 명 **となり** 토나리 [隣]

- 예습 명 **よしゅう** 요슈- [予習]

- 예약 명 **よやく** 요야꾸 [予約]

- 예정, 미리 정함 명 **よてい** 요떼- [予定]

- 옛날, 예전, 옛적 명 **むかし** 무까시 [昔]

- 오늘 밤, 오늘 저녁 명 **こんばん** 콤방 [今晩]

- 오늘 아침 명 **けさ** 케사 [今朝]

- 오늘, 오늘날 명 **きょう** 쿄- [今日]

- 오다(장소로), 다가오다 동 **くる** 쿠루 [来る]

- 오래되다, 낡다 い형 **ふるい** 후루이 [古い]

- 오르다(높은 곳에) 동 **のぼる** 노보루 [登る]

- 오르다, 일어나다 통 **あがる** 아가루 [上がる]

- 오른쪽, 우측 명 **みぎ** 미기 [右]

- 오스트리아 명 **オーストリア** 오-스또리아 Austria

- 오전, 상오 명 **ごぜん** 고젱 [午前]

- 오토바이 명 **オートバイ** 오-또바이 auto bicycle (일)

- 오토바이(bike) 명 **バイク** 바이꾸 bike

- 오후, 하오 명 **ごご** 고고 [午後]

- 옥상, 지붕 위 명 **おくじょう** 오꾸죠- [屋上]

- 올리다(위로), 안내하다 통 **あげる** 아게루 [上げる]

- 올림픽 명 **オリンピック** 오림삑꾸 Olympic

- 올바르다, 옳다 い형 **ただしい** 타다시이 [正しい]

- 옮기다(위치·장소를) 통 **うつる** 우쯔루 [移る]

- 옷 명 **ようふく** 요-후꾸 [洋服]

- 옷, 의복, 서양 옷 명 **ふく** 후꾸 [服]

- ■ 와이셔츠 [명] **ワイシャツ** 와이샤쯔 white shirt

- ■ 와인, 포도주 [명] **ワイン** 와잉 wine

- ■ 완고한, 고집이 센 [な형] **がんこな** 강꼬나 [頑固な]

- □ 완전히, 몽땅 [부] **すっかり** 슥까리

- ■ 왕자 [명] **おうじ** 오-지 [王子]

- ■ 왜, 어째서 [의문] **どうして** 도-시떼

- ■ 왜, 어째서 [의문] **なんで** 난데 [何で]

- ■ 외국 [명] **がいこく** 가이꼬꾸 [外国]

- ■ 외국인 [명] **がいこくじん** 가이꼬꾸징 [外国人]

- ■ 외동아이 [명] **ひとりっこ** 히또릿꼬 [一人っ子]

- □ 외롭다, 쓸쓸하다, 허전하다 [い형] **さびしい** 사비시이 [寂しい]

- ■ 외출, 외부로 나감 [명] **がいしゅつ** 가이슈쯔 [外出]

- ■ 외출하다 [동] **でかける** 데까께루 [出かける]

- ■ 왼쪽 [명] **ひだり** 히다리 [左]

- 요가 몡 **ヨガ** 요가 Yoga (범)

- 요리 몡 **りょうり** 료-리 [料理]

- 요일 몡 **ようび** 요-비 [曜日]

- 용돈, 잡비충당금 몡 **こづかい** 고즈까이 [小遣い]

- 용서하다, 허락하다 동 **ゆるす** 유루스 [許す]

- 우리들 대 **わたしたち** 와따시따찌 [私達]

- 우산, 양산(陽傘) 몡 **かさ** 카사 [傘]

- 우선, 먼저, 첫째로 부 **まず** 마즈

- 우승 몡 **ゆうしょう** 유-쇼- [優勝]

- 우유 몡 **ぎゅうにゅう** 규-뉴- [牛乳]

- 우체국 몡 **ゆうびんきょく** 유-빙꾜꾸 [郵便局]

- 우표, 어음, 수표 몡 **きって** 킷떼 [切手]

- 운, 운명, 은수, 재수, 행운 몡 **うん** 웅 [運]

- 운동 몡 **うんどう** 운도- [運動]

- 운동회 명 **うんどうかい** 운도-까이 [運動会]

- 운전 명 **うんてん** 운뗑 [運転]

- 운전사 명 **うんてんしゅ** 운뗑슈 [運転手]

- 울다 동 **なく** 나꾸 [泣く]

- 울다(동물, 곤충이) 동 **なく** 나꾸 [鳴く]

- 울다(사람이) 동 **なく** 나꾸 [泣く]

- 울리다(소리가) 동 **なる** 나루 [鳴る]

- 움직이다, 옮아가다 동 **うごく** 우고꾸 [動く]

- 웃다, 우습다 동 **わらう** 와라우 [笑う]

- 원숭이, 교활한 사람 명 **さる** 사루 [猿]

- 웨이트리스, 여급 명 **ウェイトレス** 웨이또레스 waitress

- 위, 위쪽, 표면, 겉면 명 **うえ** 우에 [上]

- 위스키 명 **ウイスキ-** 위스끼 whisky

- 위험하다, 불안하다 い형 **あぶない** 아부나이 [危ない]

- 위험한, 위태로운 [な형] **きけんな** 키껭나 [危険な]

- 유감스러운, 분한, 억울한 [な형] **ざんねんな** 잔넹나 [残念な]

- 유도 [명] **じゅうどう** 쥬-도- [柔道]

- 유럽 [명] **ヨーロッパ** 요-롯빠 Europa (포)

- 유리 [명] **ガラス** 가라스 glas (네)

- 유명한 [な형] **ゆうめいな** 유-메-나 [有名な]

- 유학생 [명] **りゅうがくせい** 류-가꾸세- [留学生]

- 은퇴 [명] **いんたい** 인따이 [引退]

- 은행 [명] **ぎんこう** 깅꼬- [銀行]

- 은행원 [명] **ぎんこういん** 깅꼬-잉 [銀行員]

- 음, 소리, 소식 [명] **おと** 오또 [音]

- 음악 [명] **おんがく** 옹가꾸 [音楽]

- 음악가 [명] **おんがくか** 옹가꾸까 [音楽家]

- 의견, 생각, 충고 [명] **いけん** 이껭 [意見]

- 의미, 말뜻, 까닭 명 **いみ** 이미 [意味]

- 의사(醫師) 명 **いしゃ** 이샤 [医者]

- 의식 명 **いしき** 이시끼 [意識]

- 의자, 걸상 명 **いす** 이스 [椅子]

- 의학, 의술에 관한 학문 명 **いがく** 이가꾸 [医学]

- 이 사람 명 **このひと** 코노히또 [この人]

- 이, 치아 명 **は** 하 [歯]

- 이것, 지금, 현재 대 **これ** 코레

- 이기다, 승리하다 동 **かつ** 카쯔 [勝つ]

- 이따가 부 **あとで** 아또데 [後で]

- 이루어지다, (이치에)맞다 동 **かなう** 카나우 [適う]

- 이름 명 **なまえ** 나마에 [名前]

- 이만큼 부 **これほど** 코레호도

- 이미, 벌써 부 **もう** 모-

- ■ 이미지 명 **イメージ** 이메-지 image

- □ 이발소 명 **とこや** 토꼬야

- ■ 이번 달 명 **こんげつ** 콩게쯔 [今月]

- ■ 이번 주 명 **こんしゅう** 콘슈- [今週]

- □ 이번, 이 다음 명 **こんど** 콘도 [今度]

- □ 이불, 침구, 방석 명 **ふとん** 후똥 [布団]

- ■ 이사 명 **ひっこし** 힉꼬시 [引っ越し]

- □ 이상, 그보다 위 명 **いじょう** 이죠- [以上]

- ■ 이상하다, 웃기다 い형 **おかしい** 오까시이

- ■ 이상한 な형 **へんな** 헨나 [変な]

- ■ 이상한, 희한한 な형 **ふしぎな** 후시기나 [不思議な]

- ■ 이야기, 말 대화, 담화 명 **はなし** 하나시 [話]

- ■ 이야기하다, 말하다 동 **はなす** 하나스 [話す]

- □ 이용 명 **りよう** 리요- [利用]

- 이웃, 근처 명 **きんじょ** 킨죠 [近所]

- 이유, 까닭, 구실, 핑계 명 **りゆう** 리유- [理由]

- 이집트 명 **エジプト** 에지뿌또 Egypt

- 이쪽, 여기, 이것 대 **こちら/こっち** 고찌라/콧찌

- 이탈리아 명 **イタリア** 이따리아 Italia

- 익숙해지다 동 **なれる** 나레루 [慣れる]

- 인구 명 **じんこう** 징꼬- [人口]

- 인기, 평판 명 **にんき** 닝끼 [人気]

- 인사, 인사말 명 **あいさつ** 아이사쯔 [挨拶]

- 인생 명 **じんせい** 진세- [人生]

- 인스톨 **インストール** 인스또-루 install

- 인터넷 명 **インタ-ネット** 인따-넷또 Internet

- 인형 명 **にんぎょう** 닝교- [人形]

- 일(세상의), 것 명 **こと** 코또 [事]

- 일, 직업, 작업, 업무 명   **しごと** 시고또 [仕事]

- 일기 명   **にっき** 닛끼 [日記]

- 일기예보 명   **てんきよほう** 텡끼요호- [天気予報]

- 일반화 명   **いっぱんか** 입빵까 [一般化]

- 일본 돗자리, 다다미 명   **たたみ** 타따미 [畳]

- 일본 술, 정종 명   **にほんしゅ** 니혼슈 [日本酒]

- 일본 명   **にほん** 니홍 [日本]

- 일본어 명   **にほんご** 니홍고 [日本語]

- 일본인, 일본사람 명   **にほんじん** 니혼징 [日本人]

- 일어나다, 기상하다 동   **おきる** 오끼루 [起きる]

- 일으키다, 깨우다 동   **おこす** 오꼬스 [起こす]

- 일찍 일어나는 것 명   **はやおき** 하야오끼 [早起き]

- 일찍이, 오래 전에, 일찍 부   **はやく** 하야꾸 [早く]

- 일하다, 활동하다 동   **はたらく** 하따라꾸 [働く]

한일 단어 | 693

- 읽다(책을), 읊다 [동] **よむ** 요무 [読む]

- 읽어들이다 [동] **とりこむ** 토리꼬무 [取り込む]

- 입, 말, 입구 [명] **くち** 쿠찌 [口]

- 입구 [명] **いりぐち** 이리구찌 [入口]

- 입다(바지·치마 등을) [동] **はく** 하꾸

- 입다(옷을) [동] **きる** 키루 [着る]

- 입원 [명] **にゅういん** 뉴-잉 [入院]

- 입학 [명] **にゅうがく** 뉴-가꾸 [入学]

- 있다(사람, 동물이) [동] **いる** 이루 [居る]

- 있다(사물이) [동] **ある** 아루

- 잊다, 잊어버리다 [동] **わすれる** 와스레루 [忘れる]

- 잎, 잎사귀 [명] **は** 하 [葉]

- 자(사람), 물건, 것 명 **もの** 모노 [者]

- 자기, 자신 명 **じぶん** 지붕 [自分]

- 자기소개 명 **じこしょうかい** 지꼬쇼-까이 [自己紹介]

- 자꾸자꾸, 속속 부 **どんどん** 돈동

- 자녀분 명 **おこさん** 오꼬상 [お子さん]

- 자다, 잠들다 동 **ねむる** 네무루 [眠る]

- 자다, 잠들다 동 **ねる** 네루 [寝る]

- 자동차 명 **じどうしゃ** 지도-샤 [自動車]

- 자리, 좌석 명 **せき** 세끼 [席]

- 자명종 명 **めざましどけい** 메자마시도께- [目覚まし時計]

- 자유 명 **じゆう** 지유- [自由]

- 자전거, 자전차(bicycle) 명 **じてんしゃ** 지뗀샤 [自転車]

- 자주, 종종 부 **よく** 요꾸

- ■ 작년, 지난해 [명] **きょねん** 쿄넹 [去年]

- ■ 작다(면적·부피가) [い형] **ちいさい** 치이사이 [小さい]

- ■ 작문, 글짓기 [명] **さくぶん** 사꾸붕 [作文]

- ■ 작품 [명] **さくひん** 사꾸힝 [作品]

- ■ 잔디, 잔디밭 [명] **しばふ** 시바후 [芝生]

- ■ 잘 못하는, 서투른 [な형] **へた** 헤따 [下手な]

- □ 잘다, 세심하다, 미세하다 [い형] **こまかい** 코마까이 [細かい]

- ■ 잘못, 틀린 것 [명] **まちがい** 마찌가이 [間違い]

- ■ 잘생겼다, 멋있다 [い형] **かっこいい** 각꼬이이

- ■ 잡다(범인 등을) [동] **つかまえる** 쯔까마에루 [捕まえる]

- ■ 잡다, 집다, 받다 [동] **とる** 토루 [取る]

- ■ 잡지 [명] **ざっし** 잣시 [雑誌]

- □ 장갑 [명] **てぶくろ** 테부꾸로 [手袋]

- ■ 장난감 [명] **おもちゃ** 오모쨔

- 장래 명 **しょうらい** 쇼-라이 [将来]

- 장례식 명 **そうしき** 소-시끼 [葬式]

- 장미 명 **ばら** 바라

- 장소 명 **ばしょ** 바쇼 [場所]

- 장식, 장식물, 겉치레, 허식 명 **かざり** 카자리 [飾り]

- 재떨이 명 **はいざら** [灰皿]

- 재미없다, 시시하다 い형 **つまらない** 쯔마라나이

- 재미있다, 우습다 い형 **おもしろい** 오모시로이 [面白い]

- 재작년 명 **おととし** 오또또시 [一昨年]

- 재즈, 재즈 음악 명 **ジャズ** 쟈즈 jazz

- 재판 명 **さいばん** 사이방 [裁判]

- 재학증명서 명 **ざいがくしょうめいしょ** 자이가꾸쇼-메-쇼

- 잼 명 **ジャム** 쟈무 jam

- 저 사람 대 **あのひと** 아노히또 [あの人]

- 저것 [대] **あれ** 아레

- 저기, 저곳 [대] **あそこ** 아소꼬

- 저녁밥, 저녁 식사 [명] **ゆうはん** 유-항 [夕飯]

- 저녁밥, 저녁식사 [명] **ばんごはん** 방고항 [晩ご飯]

- 저물다(날이), 어두워지다 [동] **くれる** 쿠레루 [暮れる]

- 저쪽 [대] **あちら/あっち** 아찌라/앗찌

- 적다(수량·수효가) [い형] **すくない** 스꾸나이 [少ない]

- 적당한 [な형] **てきとうな** 테끼또-나 [適当な]

- 전공 [명] **せんこう** 셍꼬- [専攻]

- 전구 [명] **でんきゅう** 뎅뀨- [電球]

- 전기, 불 [명] **でんき** 뎅끼 [電気]

- 전람회 [명] **てんらんかい** 텐란까이 [展覧会]

- 전문 [명] **せんもん** 셈몽 [専門]

- 전보 [명] **でんぽう** 뎀뽀- [電報]

- 전봇대 ^명 **でんちゅう** 덴쮸- [電柱]

- 전부 ^명 **ぜんぶ** 젬부 [全部]

- 전연, 조금도 ^부 **ちっとも** 칫또모

- 전원, 모든 인원 ^명 **ぜんいん** 젱잉 [全員]

- 전자레인지 ^명 **でんしれんじ** 덴시렌지 [電子レンジ·]

- 전자사전 ^명 **でんしじしょ** 덴시지쇼 [電子辞典]

- 전쟁, 전투, 싸움 ^명 **せんそう** 센소- [戦争]

- 전철 ^명 **でんしゃ** 덴샤 [電車]

- 전하다 ^동 **つたえる** 쯔따에루 [伝える]

- 전혀, 전연 ^부 **ぜんぜん** 젠젱 [全然]

- 전화 ^명 **でんわ** 뎅와 [電話]

- 전화번호 ^명 **でんわばんごう** 뎅와방고- [電話番号]

- 절 ^명 **おてら** 오떼라 [お寺]

- 절대로, 어김없이, 반드시 ^부 **ぜったいに** 젯따이니 [絶対に]

한일 단어 | 699

- ■ 젊다, 어리다, 미숙하다 [い형] **わかい** 와까이 [若い]

- □ 점 [명] **てん** 텡 [点]

- ■ 점심밥, 점심식사 [명] **ひるごはん** 히루고항 [御飯]

- □ 점심시간 [명] **ひるやすみ** 히루야스미 [昼休み]

- □ 점원 [명] **てんいん** 텡인 [店員]

- ■ 점점, 차차 [부] **だんだん** 단당 [段々]

- □ 접수, 접수처 [명] **うけつけ** 우께쯔께 [受付]

- ■ 접시 [명] **さら** 사라 [皿]

- ■ 젓가락 [명] **はし** 하시 [箸]

- ■ 정말로 [부] **ほんとうに** 혼또-니 [本当に]

- ■ 정보 [명] **じょうほう** 죠-호- [情報]

- ■ 정신, 신경, 마음 [명] **き** 키 [気]

- ■ 정월, 설날 [명] **しょうがつ** 쇼-가쯔 [正月]

- ■ 정중한, 공손한 [な형] **ていねいな** 테-네-나 [丁寧な]

- □ 정치 명 **せいじ** 세-지 [政治]

- □ 정하다, 결정하다 동 **きめる** 키메루 [決める]

- □ 정해지다, 결정되다 동 **きまる** 키마루 [決まる]

- □ 젖다(물에) 동 **ぬれる** 누레루 [濡れる]

- ■ 제대로 부 **ちゃんと** 챤또

- ■ 제대로, 확실히 부 **きちんと** 키찐또

- ■ 제품 명 **せいひん** 세-힝 [製品]

- ■ 조금, 약간 부 **すこし** 스꼬시 [少し]

- ■ 조금, 약간, 꽤, 상당히 부 **ちょっと** 촛또

- ■ 조깅 명 **ジョギング** 죠깅구 jogging

- ■ 조사하다, 알아보다 동 **しらべる** 시라베루 [調べる]

- ■ 조식, 아침식사 명 **ちょうしょく** 쵸-쇼꾸 [朝食]

- ■ 조용한, 고요한 な형 **しずかな** 시즈까나 [静かな]

- ■ 족하다, 충분하다 동 **たりる** 타리루 [足りる]

- □ 졸업 명 **そつぎょう** 소쯔교- [卒業]

- ■ 졸업식 명 **そつぎょうしき** 소쯔교-시끼 [卒業式]

- ■ 좀 더 부 **もうすこし** 모-스꼬시 [もう少し]

- ■ 좁다(면적·폭이) い형 **せまい** 세마이 [狭い]

- ■ 종류 명 **しゅるい** 슈루이 [種類]

- ■ 종이, 휴지 명 **かみ** 카미 [紙]

- ■ 좋다 い형 **いい** 이이

- ■ 좋아하는 な형 **すきな** 스끼나 [好きな]

- ■ 주다 동 **あげる** 아게루

- ■ 주다(남이 나에게) 동 **くれる** 쿠레루

- ■ 주다, 보내다 동 **やる**· 야루

- ■ 주말 명 **しゅうまつ** 슈-마쯔 [週末]

- ■ 주민등록증 명 **じゅうみんとうろくしょう** 쥬-민또-로꾸쇼- [住民登録証]

- ■ 주부 명 **しゅふ** 슈후 [主婦]

- 주사 명 **ちゅうしゃ** 츄-샤 [注射]

- 주소 명 **アドレス** 아도레스 address

- 주소 명 **じゅうしょ** 쥬-쇼 [住所]

- 주스 명 **ジュース** 쥬-스 juice

- 주시다(아랫사람에게) 동 **くださる** 쿠다사루 [下さる]

- 주식, 그루터기, 그루, 포기 명 **かぶ** 카부 [株]

- 주유소 명 **ガソリンスタンド** 가소린스딴도 gasoline stand

- 주의, 충고, 경계 **ちゅうい** 츄-이 [注意]

- 주차장 명 **ちゅうしゃじょう** 츄-샤죠- [駐車場]

- 죽다, (활동기)멈추다 동 **しぬ** 시누 [死ぬ]

- 죽음, 사죄 명 **し** 시 [死]

- 준비 명 **じゅんび** 쥰비 [準備]

- 준비, 채비 명 **したく** 시따꾸 [支度]

- 준비, 채비, 조심 명 **ようい** 요-이 [用意]

- 줄서다 [동] **ならぶ** 나라부 [並ぶ]

- 줍다(떨어진 것을) [동] **ひろう** 히로- [拾う]

- 중국 [명] **ちゅうごく** 츄-고꾸 [中国]

- 중국인, 중국사람 [명] **ちゅうごくじん** 츄-고꾸징 [中国人]

- 중요한, 중대한 [な형] **だいじな** 다이지나 [大事な]

- 중지, 취소 [명] **ちゅうし** 츄-시 [中止]

- 중학교 [명] **ちゅうがっこう** 츄-각꼬- [中学校]

- 중학생 [명] **ちゅうがくせい** 츄-가꾸세- [中学生]

- 쥐, 쥐색 [명] **ねずみ** 네즈미

- 즐겁다, 유쾌하다 [い형] **たのしい** 타노시이 [楽しい]

- 즐기다, 유쾌하게 느끼다 [동] **たのしむ** 타노시무 [楽しむ]

- 지갑, 돈지갑, 돈주머니 [명] **さいふ** 사이후 [財布]

- 지구 [명] **ちきゅう** 치뀨- [地球]

- 지금, 이제, 오늘날, 현대 [명] **いま** 이마 [今]

- 지나가다, 통하다, 통과하다 [동] **とおる** 토-루 [通る]

- 지나치다(장소를) [동] **すぎる** 스기루 [過ぎる]

- 지난달 [명] **せんげつ** 셍게쯔 [先月]

- 지난주 [명] **せんしゅう** 센슈- [先週]

- 지다(싸움에), 값을 깎다 [동] **まける** 마께루 [負ける]

- 지도 [명] **ちず** 치즈 [地図]

- 지리 [명] **ちり** 치리 [地理]

- 지불하다(돈을) [동] **はらう** 하라우 [払う]

- 지식 [명] **ちしき** 치시끼 [知識]

- 지위, 신분 [명] **ちい** 치이 [地位]

- 지진 [명] **じしん** 지싱 [地震]

- 지하, 땅 속 [명] **ちか** 치까 [地下]

- 지하철 [명] **ちかてつ** 치까떼쯔 [地下鉄]

- 진즈 팬츠, 청바지 [명] **ジーパン** 지-빵 jeans pants

- 진짜, 실물 몡 **ほんもの** 혼모노 [本物]

- 진짜, 정말 몡 **ほんとう** 혼또- [本当]

- 질, 품질, 자질(資質) 몡 **しつ** 시쯔 [質]

- 질문 몡 **しつもん** 시쯔몽 [質問]

- 짐, 화물(貨物) 몡 **にもつ** 니모쯔 [荷物]

- 집 몡 **いえ** 이에 [家]

- 집, 안쪽, 내부, 속 몡 **うち** 우찌 [内]

- 짓다(건물을) 동 **たてる** 타떼루 [建てる]

- 짧다(길이·시간이) い형 **みじかい** 미지까이 [短い]

- 찍다 동 **つける** 쯔께루

- 찍다(사진 등을) 동 **とる** 토루 [撮る]

ㅊ

KOREAN JAPANESE WORDS DICTIONARY

- 차(tea), 다도(茶道) 명　**おちゃ**　오쨔 [お茶]

- 차, 자동차 명　**くるま**　쿠루마 [車]

- 차가워지다(날씨가) 동　**ひえる**　히에루 [冷える]

- 차갑다 い형　**つめたい**　쯔메따이 [冷たい]

- 차다, 흔들다 동　**ふる**　후루 [振る]

- 차이, 다름 い형　**ちがい**　치가이 [違い]

- 차임, 초인종 명　**チャイム**　챠이무 chime]

- 찻잔, 찻종 밥공기 명　**ちゃわん**　챠왕 [茶碗]

- 창문, 창 명　**まど**　마도 [窓]

- 창유리 명　**まどがらす**　마도가라스 [窓ガラス]

- 찾아내다, 발견하다 동　**みつける**　미쯔께루 [見つける]

- 채팅, 잡담 한담 명　**チャット**　챳또 chat

- 책, 서적, 각본, 대본 명　**ほん**　홍 [本]

- 책상 명 **つくえ** 쯔꾸에 [机]

- 책장, 서가(書架) 명 **ほんだな** 혼다나 [本棚]

- 처음, 시작, 시초 **はじめ** 하지메

- 천재 명 **てんさい** 텐사이 [天才]

- 천천히, 서서히 부 **ゆっくり** 육꾸리

- 청소, 소제 명 **そうじ** 소-지 [掃除]

- 체크, 저지, 억제 **チェック** 첵꾸 check

- 초, 양초 명 **ろうそく** 로-소꾸

- 초대 명 **しょうたい** 쇼-따이 [招待]

- 초등학교 명 **しょうがっこう** 쇼-각꼬- [小学校]

- 초등학생 명 **しょうがくせい** 쇼-가꾸세- [小学生]

- 초밥, 생선회 명 **すし** 스시 [寿司]

- 초콜릿 명 **チョコレート** 초꼬레-또 chocolate

- 총리 명 **そうり** 소-리 [総理]

- 최근, 요즈음, 근래 명 **さいきん** 사이낑 [最近]

- 추위 명 **さむさ** 사무사 [寒さ]

- 축제 명 **おまつり** 오마쯔리 [お祭り]

- 축하, 축하선물 명 **おいわい** 오이와이 [お祝い]

- 출구 명 **でぐち** 데구찌 [出口]

- 출력, 인쇄물 명 **プリントアーウト** 푸린또아-우또 print out

- 출발 명 **しゅっぱつ** 슛빠쯔 [出発]

- 출석 명 **しゅっせき** 슛세끼 [出席]

- 출석자 명 **しゅっせきしゃ** 슛세끼샤 [出席者]

- 출장 명 **しゅっちょう** 슛쬬- [出張]

- 춤추다, 알잡이노릇하다 동 **おどる** 오도루 [踊る]

- 춥다, 차다, 오싹하다 い형 **さむい** 사무이 [寒い]

- 충분한, 부족함이 없음 な형 **じゅうぶんな** 쥬-분나 [十分な]

- 충분히 부 **じゅうぶんに** 쥬-분니 [十分に]

한일 단어 | 709

- □ 취미, 멋, 정취, 풍류, 취향 [명] **しゅみ** 슈미 [趣味]

- ■ 취하다(술에) [동] **よう** 요- [酔う]

- ■ 츠케모노(일본식김치) [명] **つけもの** 쯔께모노 [漬物]

- □ 치과의사 [명] **はいしゃ** 하이샤 [歯医者]

- ■ 치다, (악기를)연주하다 [동] **ひく** 히꾸 [弾く]

- ■ 치다, 때리다 [동] **うつ** 우쯔 [打つ]

- ■ 치사한, 비열한 [な형] **けちな** 케찌나

- ■ 치우다, 제거하다, 죽이다 [동] **かたづける** 카따즈께루 [片付ける]

- ■ 치즈 [명] **チーズ** 치-즈 cheese

- ■ 친구 [명] **ともだち** 토모다찌 [友達]

- □ 친절한, 상냥한 [な형] **しんせつな** 신세쯔나 [親切な]

- □ 칠하다(어떤 물체의 표면에) [동] **ぬる** 누루 [塗る]

- ■ 칫솔 [명] **はぶらし** 하부라시 [歯ブラシ]

- □ 칭찬하다, 찬양하다 [동] **ほめる** 호메루 [ほめる]

- 카드 명 **カード** 카-도 card
- 카레 명 **カレー** 카레- curry
- 카메라 명 **カメラ** 카메라 camera
- 카멜레온 명 **カメレオン** 카메레옹 chameleon
- 카운터 명 **カウンター** 카운따- counter
- 카피, 복사 명 **コピー** 코삐- copy
- 캐나다 명 **カナダ** 카나다 Canada
- 캘린더, 달력 명 **カレンダー** 카렌다- calendar
- 캠프 명 **キャンプ** 캄뿌 camp
- 커뮤니케이션 명 **コミュニケーション** 코뮤니께-숑
- 커튼 명 **カーテン** 카-뗑 curtain
- 커피 명 **コーヒー** 코-히- coffee
- 커피숍, 찻집, 다방(茶房) 명 **きっさてん** 킷사뗑 [喫茶店]

- 컵 명 **コップ** 콧뿌 kop

- 컵 명 **カップ** 캅뿌 cup

- 컵라면 명 **カップラーメン** 캅뿌라–멩

- 케이크 명 **ケーキ** 케–끼 cake

- 켜다 동 **つける** 쯔께루

- 켜지다 동 **つく** 쯔꾸

- 코, 후각(嗅覺) 명 **はな** 하나 [鼻]

- 코스트, 비용 명 **コスト** 코스또 cost

- 코트, 외투 명 **コート** 코–또 coat

- 코풀다 동 **かむ** 가무

- 콘사이스, 사전 명 **コンサイス** 콘사이스 concise

- 콘서트, 연주회 명 **コンサート** 콘사–또 concert

- 콘택트렌즈, 접촉물 명 **コンタクト** 콘따꾸또 contact

- 콜라 명 **コーラ** 코–라 cola

- 콤플렉스 명 **コンプレックス** 콤뿌렉꾸스 complex

- 쿠키 명 **クッキ-** 쿡끼- cookie

- 쿡쿡 찌르다 동 **つつく** 쯔쯔꾸 [突く]

- 퀄리티, 품질 명 **クオリティ** 쿠오리띠 quality

- 크기 명 **おおきさ** 오-끼사 [大きさ]

- 크다, (수량, 나이가)많다 い형 **おおきい** 오-끼이 [大きい]

- 신용카드 명 **クレジットカ-ド** 쿠레짓또까-도 credit card

- 크리스마스 명 **クリスマス** 쿠리스마스 Christmas

- 크리스천 명 **クリスチャン** 쿠리스쨩 Christian

- 큰아버지, 숙부, 외숙부, 고모부, 이모부 명 **おじ** 오지 [伯父]

- 큰아버지, 숙부, 외숙부, 고모부, 이모부 명 **おじさん** 오지상

- 큰어머니, 숙모, 외숙모, 고모, 이모 명 **おば** 오바

- 큰어머니, 숙모, 외숙모, 고모, 이모 명 **おばさん** 오바상

- 큰일, 큰 사건 명 거의, 대단히 부 **たいへん** 타이헹 [大変]

한일 단어 | 713

- 클라리넷 명 **クラリネット** 쿠라리넷또 clarinet

- 클래스메이트 명 **クラスメート** 쿠라스메-또 classmate

- 클래식, 고전의 명 **クラシック** 쿠라식꾸 classic

- 클럽, 동호회 명 **クラブ** 쿠라부 club

- 클레오파트라 명 **クレオパトラ** 쿠레오파또라 Cleopatra

- 키, 등 뒤, 배경 명 **せ** 세 [背]

- 키우다, 기르다 동 **そだてる** 소다떼루 [育てる]

ㅌ

- **타다**(탈것에) 동 **のる** 노루 [乗る]

- **태국** 명 **タイ** 타이 Thailand

- **태어나다, 출생하다** 동 **うまれる** 우마레루 [生まれる]

- **태풍** 명 **たいふう** 타이후- [台風]

- **택시** 명 **タクシー** 타꾸시- taxi

- **터키** 명 **トルコ** 토루꼬 Turkey

- **털, 체모** 명 **け** 케 [毛]

- **테니스** 명 **テニス** 테니스 tennis

- **테두리, 가장자리** 명 **ふち** 후찌 [縁]

- **테러** 명 **テロ** 테로 terror

- **테스트, 시험** 명 **テスト** 테스또 test

- **테이블** 명 **テーブル** 테-부루 table

- **테이프** 명 **テープ** 테-뿌 tape

- **텔레비전(TV)** 명 **テレビ** 테레비 television

- **통증, 아픔** 명 **いたみ** 이따미 [痛み]

- **퇴원** 명 **たいいん** 타-잉 [退院]

- **투어, 관광** 명 **ツア-** 쯔아- tour

- **트럭, 화물자동차** 명 **トラック** 토락꾸 truck

- **트리, 크리스마스 트리** 명 **ツリ-** 쯔리- tree

- **특급** 명 **とっきゅう** 톳뀨- [特急]

- **특별한** な형 **とくべつな** 토꾸베쯔나 [特別な]

- **특징** 명 **とくちょう** 토꾸쪼- [特徴]

- **특히, 각별히(=ことさら)** 부 **とくに** 토꾸니 [特に]

- **튼튼한, 건강한** な형 **じょうぶな** 죠-부나 [丈夫な]

- **틀리다, 실수하다** 동 **まちがえる** 마찌가에루 [間違える]

- **틀림없이, 꼭, 반드시** 부 **きっと** 킷또

- **팀, 조, 한패** 명 **チ-ム** 치-무 team

- 파랑, 파란색, 청색 명 **あお** 아오 [青]

- 파랗다, 푸르다 い형 **あおい** 아오이 [青い]

- 파일, 서류철 명 **ファイル** 화이루 file

- 파일럿, 안내인, 지도자 명 **パイロット** 빠이롯또 pilot

- 파출소 명 **こうばん** 코-방 [交番]

- 파트, 주요 부분, 요소 명 **パート** 빠-또 part

- 파티 명 **パーティー** 파-띠- party

- 파파, 아빠, 아버지 명 **パパ** 파파 papa

- 팔, 완력, 솜씨 명 **うで** 우데 [腕]

- 팔다(물건을) 동 **うる** 우루 [売る]

- 팔리다 동 **うれる** 우레루 [売れる]

- 패스워드, 비밀번호 명 **パスワード** 빠스와-도 password

- 패스포트, 여권 명 **パスポート** 빠스뽀-또 passport

- 팬, 후원자 [명] **ファン** 팡 fan

- 팸플릿, 소책자 [명] **パンフレット** 빰후렛또 pamphlet

- 퍼센트(%), 백분율 [명] **パーセント** 빠ー센또 percent

- 페이지, 쪽, 면 [명] **ページ** 뻬ー지 page

- 페인트 [명] **ペンキ** 뼁끼 pek

- 펜, 펜촉 [명] **ペン** 펭 pen

- 편리한 [な형] **べんりな** 벤리나 [便利な]

- 편지 [명] **てがみ** 테가미 [手紙]

- 편한 [な형] **らくな** 라꾸나 [楽な]

- 평화, 평온함 [명] **へいわ** 헤ー와 [平和]

- 폐가 되는 [な형] **めいわくな** 메ー와꾸나 [迷惑な]

□ 포도 [명] **ぶどう** 부도ー

- 포르투갈 [명] **ポルトガル** 뽀루또가루 Portugal

- 포스터 [명] **ポスター** 뽀스따ー poster

- ■ 포켓, 호주머니 명 **ポケット** 포켓또 pocket

- ■ 포크(식탁용), 삼지창 명 **フォーク** 훠꾸 fork

- ■ 표, 티켓 명 **きっぷ** 킵뿌 [切符]

- ■ 프랑스 명 **フランス** 후랑스 France

- □ 프로그램(방송·연예 등의) **ばんぐみ** 방구미 [番組]

- ■ 프로젝트, 계획, 설계 명 **プロジェクト** 뿌로제꾸또 project

- ■ 프리타임, 자유 시간 명 **フリータイム** 후리-따이무 free time

- □ 플라스틱, 합성수지 명 **プラスチック** 뿌라스칙꾸 plastics

- □ 피, 핏줄, 혈통 명 **ち** 치 [血]

- ■ 피겨스케이팅 명 **フィギュアスケート** 피규아스께-또 figure skating

- ■ 피곤하다, 지치다 동 **つかれる** 쯔까레루 [疲れる]

- ■ 피다(꽃이) 동 **さく** 사꾸 [咲く]

- ■ 피부, 살갗, 살결 명 **はだ** 하다 [肌]

- ■ 피아노 명 **ピアノ** 삐아노 piano

- 피우다(담배를), 빨아들이다 [동] **すう** 스우 [吸う]

- 피자 [명] **ピザ** 피자

- 피처, 야구의 투수 [명] **ピッチャー** 핏쨔- pitcher

- 필름 [명] **フィルム** 휘루무 film

- 필리핀 [명] **フィリピン** 휘리핑 Philippines

- 필연 [명] **ひつぜん** 히쯔젱 [必然]

- 필요하다, (비용이) 들다 [동] **いる** 이루 [要る]

- 필요한 [な형] **ひつような** 히쯔요-나 [必要な]

- 필터 [명] **フィルタ-** 휘루따- filter

- 핑계 [명] **こりくつ** 코리꾸쯔 [小理屈]

- 핑크 [명] **ピンク** 핑꾸 pink

- 하다 [동] **する** 스루

- 하드디스크 [명] **ハードディスク** 하ー도디스꾸 hard disk

- 하루, 초하루 [명] **いちにち** 이찌니찌 [一日]

- 하모니카 [명] **ハーモニカ** 하ー모니까 harmonica

- 하숙, 여인숙 [명] **げしゅく** 게슈꾸 [下宿]

- 하양, 하얀색 [명] **しろ** 시로 [白]

- 하얗다, 희다 [い형] **しろい** 시로이 [白い]

- 하이힐 [명] **ハイヒール** 하이히ー루 high-heeled shoes

- 학과 [명] **がっか** 각까 [学科]

- 학교 [명] **がっこう** 각꼬ー [学校]

- 학생(초, 중, 고등학생) [명] **せいと** 세ー또 [生徒]

- 학생, (특히) 대학생 [명] **がくせい** 가꾸세ー [学生]

- 한 가운데, 한복판 [명] **まんなか** 만나까 [真ん中]

한일 단어 | 721

- 한 명, 한 사람 몡 **ひとり** 히또리 [一人]

- 한 번, 1회 몡 **いちど** 이찌도 [一度]

- 한가한 な형 **ひまな** 히마나 [暇な]

- 한국 몡 **かんこく** 캉꼬꾸 [韓国]

- 한국어 몡 **かんこくご** 캉꼬꾸고 [韓国語]

- 한국인, 한국사람 몡 **かんこくじん** 캉꼬꾸징 [韓国人]

- 한자 몡 **かんじ** 칸지 [漢字]

- 한턱내다, 대접하다 동 **おごる** 오고루

- 할머니 몡 **おばあさん** 오바–상

- 할머니, 외할머니 몡 **そぼ** 소보 [祖母]

- 할아버지, 외할아버지 몡 **そふ** 소후 [祖父]

- 할아버지, 조부님 몡 **おじいさん** 오지–상 [お爺さん]

- 합격 몡 **ごうかく** 고–까꾸 [合格]

- 항구, 포구(浦口) 몡 **みなと** 미나또 [港]

- □ 해, 년 _명 **とし** 토시 [年]

- □ 해안, 해변 _명 **かいがん** 카이강 [海岸]

- ■ 해외여행 _명 **かいがいりょこう** 카이가이료꼬- [海外旅行]

- ■ 햄버거, 햄버그(스테이크) _명 **ハンバーガー** 함바-가- hamburger

- ■ 행복한 _{な형} **しあわせな** 시아와세나 [幸せな]

- □ 행하다, 취급하다 _동 **おこなう** 오꼬나우 [行う]

- ■ 향하다, 대항하다 _동 **むかう** 무까우 [向かう]

- ■ 허리(몸의) _명 **こし** 코시 [腰]

- ■ 허브 차 _명 **ハーブティー** 하-부띠- herb tea

- ■ 헤어지다, 이별하다 _동 **わかれる** 와까레루 [別れる]

- ■ 헤어짐, 이별 _명 **わかれ** 와까레 [別れ]

- ■ 헤엄치다, 수영하다 _동 **およぐ** 오요구 [泳ぐ]

- ■ 헬멧, 철모 _명 **ヘルメット** 헤루멧또 helmet

- ■ 헬스클럽 _명 **スポーツクラブ** 스뽀-쯔꾸라부 health club

한일 단어 | **723**

- 현관 명 **げんかん** 겡깡 [玄関]

- 협력, 힘을 합침 명 **きょうりょく** 쿄-료꾸 [協力]

- 형, 오빠 명 **おにいさん** 오니-상 [お兄さん]

- 형, 오빠, 손위 처남 명 **あに** 아니 [兄]

- 형제 명 **きょうだい** 쿄-다이 [兄弟]

- 형편, 사정 명 **つごう** 쯔고- [都合]

- 호랑이 명 **とら** 토라 [虎]

- 호러, 공포 명 **ホラ-** 호라- horror

- 호수 명 **みずうみ** 미즈우미 [湖]

- 호주 명 **オ-ストラ-リア** 오-스또라-리아 Australia

- 호텔, 서양식 여관 명 **ホテル** 호떼루 hotel

- 혼내다, 꾸짖다 동 **しかる** 시까루 [叱る]

- 혼란, 혼잡(混雜) 명 **こんらん** 콘랑 [混乱]

- 혼자서 부 **ひとりで** 히또리데 [一人で]

- 홈런, 본루타 명 **ホームラン** 호-무랑 home run

- 홈쇼핑 명 **ホームショッピング** 호-무숏삥구 home shopping

- 홈페이지 명 **ホームページ** 호-무뻬-지 home page

- 홍차 명 **こうちゃ** 코-쨔 [紅茶]

- 화가, 화백(畵伯) 명 **がか** 가까 [画家]

- 화내다, 성내다 동 **おこる** 오꼬루 [怒る]

- 화장 명 **けしょう** 케쇼- [化粧]

- 화장실 명 **トイレ** 토이레 toilet

- 화장실 명 **おてあらい** 오떼아라이 [お手洗い]

- 화재, 불이 남 명 **かじ** 카지 [火事]

- 화해 명 **なかなおり** 나까나오리 [仲直り]

- 확대, 펴서 크게 함 명 **かくだい** 카꾸다이 [拡大]

- 확실히, 빈틈없이 명 **しっかり** 싯까리

- 확인하다 동 **たしかめる** 타시까메루 [確かめる]

한일 단어 | 725

- 환승, 갈아타기 명 のりかえ 노리까에 [乗り換え]

- 활발한, 활기 넘치는 な형 げんきな 겡끼나 [元気な]

- 회관 명 かいかん 카이깡 [会館]

- 회사 명 かいしゃ 카이샤 [会社]

- 회사원 명 かいしゃいん 카이샤잉 [会社員]

- 회의 명 かいぎ 카이기 [会議]

- 회의실 명 かいぎしつ 카이기시쯔 [会議室]

- 회장, 집회 장소 명 かいじょう 카이죠- [会場]

- 회화, 대화(對話) 명 かいわ 카이와 [会話]

- 후배 명 こうはい 코-하이 [後輩]

- 후지산 명 ふじさん 후지상 [富士山]

- 훌륭하다, 멋있다 い형 すばらしい 스바라시이

- 훌륭한 な형 りっぱな 립빠나 [立派な]

- 훔치다, 도둑질하다 동 ぬすむ 누스무 [盗む]

- 휴대, 몸에 지님, 지참함 [명] **けいたい** 케-따이 [携帯]

- 휴대전화 [명] **けいたいでんわ** 케-따이뎅와 [携帯電話]

- 휴지, 화장지 [명] **トイレットペーパ** 토이렛또페-파 toilet paper

- 흐리다, 구름 끼다 [동] **くもる** 쿠모루 [曇る]

- 흐림, 구름 낌 [명] **くもり** 쿠모리 [曇り]

- 흔들리다(상하·좌우로) [동] **ゆれる** 유레루 [揺れる]

- 히라가나 [명] **ひらがな** 히라가나 [平仮名]

- 힘, 능력 [명] **ちから** 치까라 [力]

- 힘내다, 분발하다 [동] **がんばる** 감바루 [頑張る]

- 힘든 [な형] **たいへんな** 타이헨나 [大変な]

- 힘들다, 복잡하다 [い형] **むずかしい** 무즈까시이 [難しい]

- 힘쓰다 [동] **はげむ** 하게무 [励む]

- 희곡, 각본 [명] **ぎきょく** 기꾜꾸 [戯曲]

- 희다 [형] **しろい** 시로이 [白い]

한일 단어 | 727

- **희망, 소원** 명 **きぼう** 키보- [希望]

- **희미하다, 어둡다** い형 **うすぐらい** 우스구라이 [薄暗い]

- **희생** 명 **ぎせい** 기세- [犠牲]

- **희열, 기쁘함** 명 **きえつ** 키에쯔 [喜悦]

- **희한하다, 드물다** い형 **めずらしい** 메즈라시이 [珍しい]

- **흰색** 명 **しろいろ** 시로이로 [白色]

Part III
부록

- 일본어 교육한자
- 주제별 일단어
- 일본어의 문자와 음절

일본어 교육한자

0001 愛 사랑 애
음 アイ 아이
훈 -

0002 悪 악할 악, 미워할 오
음 アク, オ 아꾸, 오
훈 わるい 와루이

0003 圧 누를 압
음 アツ 아쯔
훈 -

0004 安 편안할 안
음 アン 안
훈 やすい 야스이

0005 案 책상 안
음 アン 안
훈 -

0006 暗 어두울 암
음 アン 안
훈 くらい 쿠라이

0007 以 써 이
음 イ 이
훈 -

0008 衣 옷 의
음 イ, エ 이, 에
훈 ころも 코로모

0009 位 자리 위
음 イ 이
훈 くらい 쿠라이

0010 囲 둘레 위
음 イ 이
훈 かこむ 카꼬무

0011 医 의원 의
음 イ 이
훈 -

0012 委 맡길 위
음 イ 이
훈 ゆだねる 유다네루

0013 胃 밥통 위
음 イ 이
훈 -

0014 異 다를 이
음 イ 이
훈 ことなる 코또나루

0015 移 옮길 이
음 イ 이
훈 うつる 우쯔루

0016 意 뜻 의
음 イ 이
훈 -

0017 遺 끼칠, 남길 유
음 イ, ユイ 이, 유이
훈 -

0018 域 지경 역
음 イキ 이끼
훈 -

0019 育 기를 육
음 イク 이꾸
훈 そだつ 소다쯔

0020 一 한 일
음 イチ, イツ 이치, 이쯔
훈 ひと, ひとつ 히또

0021 引	끌 인 음 イン 잉 훈 ひく 히꾸	0031 運	운전할 운 음 ウン 웅 훈 はこぶ 하꼬부
0022 印	도장 인 음 イン 잉 훈 しる シ 시루시	0032 雲	구름 운 음 ウン 웅 훈 くも 쿠모
0023 因	인할 인 음 イン 잉 훈 よる 요루	0033 永	길 영 음 エイ 에이 훈 ながい 나가이
0024 員	관원 원 음 イン 잉 훈 -	0034 泳	헤엄칠 영 음 エイ 에이 훈 およぐ 오요구
0025 院	집 원 음 イン 잉 훈 -	0035 英	꽃부리 영 음 エイ 에이 훈 -
0026 飲	마실 음 음 イン 잉 훈 のむ 노무	0036 映	비칠 영 음 エイ 에이 훈 うつる 우쯔루
0027 羽	날개 우 음 ウ 우 훈 は, はね 하, 하네	0037 栄	영화 영 음 エイ 에이 훈 さかえる 사카에루
0028 右	오른 우 음 ウ, ユウ 우, 유우 훈 みぎ 미기	0038 営	경영할 영 음 エイ 에이 훈 いとなむ 이또나무
0029 宇	집 우 음 ウ 우 훈 -	0039 衛	지킬 위 음 エイ 에이 훈 -
0030 雨	비 우 음 ウ 우 훈 あめ, あま 아메, 아마	0040 易	바꿀 역, 쉬울 이 음 エキ, イ 에끼, 이 훈 やさしい 야사시-

0041 益	더할 **익** 음 エキ, ヤク 에끼, 야꾸 훈 –	0051 桜	벚꽃 **앵** 음 オウ 오우 훈 さくら 사꾸라
0042 液	액체 **액** 음 エキ 에끼 훈 –	0052 王	임금 **왕** 음 オウ 오우 훈 –
0043 駅	역 **역** 음 エキ 에끼 훈 –	0053 応	응할 **응** 음 オウ 오우 훈 –
0044 円	둥글 **원** 음 エン 엥 훈 まるい 마루이	0054 央	가운데 **앙** 음 オウ 오우 훈 –
0045 延	끌 **연** 음 エン 엥 훈 のびる 노비루	0055 往	갈 **왕** 음 オウ 오우 훈 –
0046 沿	물따라갈 **연** 음 エン 엥 훈 そう 소우	0056 横	가로 **횡** 음 オウ 오우 훈 よこ 요꼬
0047 園	동산 **원** 음 エン 엥 훈 その 소노	0057 屋	집 **옥** 음 オク 오꾸 훈 や 야
0048 遠	멀 **원** 음 エン, オン 엥, 옹 훈 とおい 토오이	0058 億	억 **억** 음 オク 오꾸 훈 –
0049 塩	소금 **염** 음 エン 엥 훈 しお 시오	0059 音	소리 **음** 음 オン, イン 옹, 잉 훈 おと, ね 오또, 네
0050 演	넓힐 **연** 음 エン 엥 훈 –	0060 恩	은혜 **은** 음 オン 옹 훈 –

0061 温	따뜻할 온 음 オン 옹 훈 あたたか 아따따까
0062 下	아래 하 음 カ, ゲ 카, 게 훈 した, もと 시따, 모토
0063 化	될 화 음 カ, ケ 카, 케 훈 ばける 바케루
0064 火	불 화 음 カ 카 훈 ひ, ほ 히, 호
0065 加	더할 가 음 カ 카 훈 くわえる 쿠와에루
0066 可	옳을 가 음 カ 카 훈 -
0067 仮	거짓 가 음 カ ケ 카, 케 훈 かり 카리
0068 何	어찌 하 음 カ 카 훈 なに, なん 나니, 낭
0069 花	꽃 화 음 カ 카 훈 はな 하나
0070 価	값 가 음 カ 카 훈 あたい 아따이
0071 果	과실 과 음 カ 카 훈 はたす, はてる 하따스, 하떼루
0072 河	물 하 음 カ 카 훈 かわ 카와
0073 科	과목 과 음 カ 카 훈 -
0074 夏	여름 하 음 カ, ゲ 카, 게 훈 なつ 나쯔
0075 家	집 가 음 カ, ケ 카, 케 훈 いえ, や 이에, 야
0076 荷	멜 하 음 カ 카 훈 に 니
0077 貨	재화, 돈 화 음 カ 카 훈 -
0078 過	지날 과 음 カ 카 훈 すぎる 스기루
0079 歌	노래 가 음 カ 카 훈 うた 우따
0080 課	부과할 과 음 カ 카 훈 -

0081 我	나 아 음 ガ 가 훈 われ, わ 와레, 와
0082 画	그림 화, 그을 획 음 ガ, カク 가, 카꾸 훈 –
0083 芽	싹 아 음 カ 카 훈 め 메
0084 賀	하례할 하 음 ガ 가 훈 –
0085 貝	조개 패 음 かい 카이 훈 –
0086 回	돌 회 음 カイ, エ 카이, 에 훈 まわる 마와루
0087 灰	재 회 음 カイ 카이 훈 はい 하이
0088 会	만날 회 음 カイ, エ 카이, 에 훈 あう 아우
0089 快	유쾌할 쾌 음 カイ 카이 훈 こころよい 코꼬로요이
0090 改	고칠 개 음 カイ 카이 훈 あらたまる 아라따마루
0091 海	바다 해 음 カイ 카이 훈 うみ 우미
0092 界	경계 계 음 カイ 카이 훈 –
0093 械	기계 계 음 カイ 카이 훈 –
0094 絵	그림 회 음 カイ, エ 카이, 에 훈 –
0095 開	열 개 음 カイ 카이 훈 ひらく 히라꾸
0096 階	계단 계 음 カイ 카이 훈 –
0097 解	풀 해 음 カイ, ゲ 카이, 게 훈 とく 토꾸
0098 外	바깥 외 음 ガイ, ゲ 가이, 게 훈 そと 소또
0099 害	해칠 해 음 ガイ 가이 훈 –
0100 街	거리 가 음 ガイ, カイ 가이, 카이 훈 まち 마찌

0101 **各**	각각 **각** 음 カク 카꾸 훈 おの おの 오노오노

0102 **角**	뿔 **각** 음 カク 카꾸 훈 かど, つの 카도, 쯔노

0103 **拡**	늘릴, 넓힐 **확** 음 カク 카꾸 훈 –

0104 **革**	가죽 **혁** 음 カク 카꾸 훈 かわ 카와

0105 **格**	격식 **격** 음 カク, コウ 카꾸, 코- 훈 –

0106 **覚**	깨달을 **각** 음 カク 카꾸 훈 おぼえる 오보에루

0107 **閣**	누각 **각** 음 カク 카꾸 훈 –

0108 **確**	확신할 **확** 음 カク 카꾸 훈 たしか 타시까

0109 **学**	배울 **학** 음 ガク 가꾸 훈 まなぶ 마나부

0110 **楽**	즐길 **락**, 풍류 **악** 음 ガク, ラク 가꾸, 라꾸 훈 たのしい 타노시-

0111 **額**	이마 **액** 음 ガク 가꾸 훈 ひたい 히따이

0112 **活**	살 **활** 음 カツ 카쯔 훈 –

0113 **割**	나눌 **할** 음 カツ 카쯔 훈 わり 와리

0114 **株**	그루 **주** 음 – 훈 かぶ 카부

0115 **干**	방패 **간**, 마를 **건** 음 カン 칸 훈 ほす, ひる 호스, 히루

0116 **刊**	책펴낼 **간** 음 カン 칸 훈 –

0117 **完**	완전할 **완** 음 カン 칸 훈 –

0118 **官**	벼슬 **관** 음 カン 칸 훈 –

0119 **巻**	책 **권** 음 カン 칸 훈 まく 마꾸

0120 **看**	볼 **간** 음 カン 칸 훈 –

0121 寒	추울 한 음 カン 칸 훈 さむい 사무이

0122 間	사이 간 음 カン, ケン 칸, 켄 훈 あいだ, ま 아이다, 마

0123 幹	줄기 간 음 カン 칸 훈 みき 미키

0124 感	느낄 감 음 カン 칸 훈 -

0125 漢	한수 한 음 カン 칸 훈 -

0126 慣	익숙할 관 음 カン 칸 훈 なれる 나레루

0127 管	대롱 관 음 カン 칸 훈 くだ 쿠다

0128 関	관계할 관 음 カン 칸 훈 せき 세키

0129 館	집 관 음 カン 칸 훈 -

0130 簡	편지 간 음 カン 칸 훈 -

0131 観	볼 관 음 カン 칸 훈

0132 丸	알, 둥글 환 음 ガン 간 훈 まる 마루

0133 岸	언덕 안 음 ガン 간 훈 きし 키시

0134 岩	바위 암 음 ガン 간 훈 いわ 이와

0135 眼	눈 안 음 ガン, ゲン 간, 젠 훈 まなこ, め 마나꼬, 메

0136 顔	얼굴 안 음 ガン 간 훈 かお 가오

0137 願	원할 원 음 ガン 간 훈 ねがう 나가우

0138 危	위태할 위 음 キ 키 훈 あぶない 아부나이

0139 机	책상 궤 음 キ 키 훈 つくえ 쯔꾸에

0140 気	기운 기 음 キ, ケ 키, 케 훈 -

0141 希	바랄 희 음 キ 키 훈 -

0142 汽	김 기 음 キ 키 훈 -

0143 季	계절 계 음 キ 키 훈 -

0144 紀	벼리 기 음 キ 키 훈 -

0145 記	기록할 기 음 キ 키 훈 しるす 시루스

0146 起	일어날 기 음 キ 키 훈 おきる 오끼루

0147 帰	돌아올 귀 음 キ 키 훈 かえる 카에루

0148 基	터 기 음 キ 키 훈 もと 모또

0149 奇	기이할 기 음 キ 키 훈 -

0150 規	법 규 음 キ 키 훈 -

0151 喜	기쁠 희 음 キ 키 훈 よろこぶ 요로꼬부

0152 揮	휘두를 휘 음 キ 키 훈 -

0153 期	기약할 기 음 キ 키, ゴ 고 훈 -

0154 貴	귀할 귀 음 キ 키 훈 とうとい 토-또이

0155 旗	기 기 음 キ 키 훈 はた 하따

0156 器	그릇 기 음 キ 키 훈 うつわ 우쯔와

0157 機	베틀 기 음 キ 키 훈 はた 하따

0158 技	재주 기 음 ギ 기 훈 わざ 와자

0159 義	옳을 의 음 ギ 기 훈 -

0160 疑	의심할 의 음 ギ 기 훈 うたがう 우따가우

0161 議	의논할 의 음 ギ 기 훈 –	0171 究	궁구할 구 음 キュウ 큐- 훈 –
0162 客	손님 객 음 キャク, カク 캭꾸, 카꾸 훈 –	0172 泣	울 읍 음 キュウ 큐- 훈 なく 나꾸
0163 逆	거스릴 역 음 ギャク 갸꾸 훈 さか 사까	0173 急	급할 급 음 キュウ 큐- 훈 いそぐ 이소구
0164 九	아홉 구 음 キュウ, ク 큐, 쿠 훈 ここの 코꼬노	0174 級	등급 급 음 キュウ 큐- 훈 –
0165 久	오랠 구 음 キュウ, ク 큐-, 쿠 훈 ひさしい 히사시-	0175 宮	집 궁 음 キュウ, グウ, ク 큐-, 구우, 쿠 훈 みや 미야
0166 弓	활 궁 음 キュウ 큐- 훈 ゆみ 유미	0176 救	구원할 구 음 キュウ 큐- 훈 すくう 스꾸-
0167 旧	예 구 음 キュウ 큐- 훈 –	0177 球	공, 구슬 구 음 キュウ 큐- 훈 たま 타마
0168 休	쉴 휴 음 キュウ 큐- 훈 やすむ 야스무	0178 給	줄 급 음 キュウ 큐- 훈 –
0169 吸	마실 흡 음 キュウ 큐- 훈 すう 스우	0179 牛	소 우 음 ギュウ 규- 훈 うし 우시
0170 求	구할 구 음 キュウ 큐- 훈 もとめる 모또메루	0180 去	갈 거 음 キョ, コ 쿄, 코 훈 さる 사루

0181 居	살 거 음 キョ 쿄 훈 いる 이루

0182 挙	들 거 음 キョ 쿄 훈 あげる 아게루

0183 許	허락할 허 음 キョ 쿄 훈 ゆるす 유루스

0184 魚	고기 어 음 キョ 쿄 훈 さかな 사까나

0185 漁	고기잡을 어 음 ギョ, リョウ 교, 료- 훈 -

0186 共	함께 공 음 キョウ 쿄- 훈 とも 토모

0187 京	서울 경 음 キョウ, ケイ 쿄-, 케이 훈 -

0188 供	이바지할 공 음 キョウ, ク 쿄-, 쿠 훈 そなえる 소나에루

0189 協	화합할 협 음 キョウ 쿄- 훈 -

0190 胸	가슴 흉 음 キョウ 쿄- 훈 むね 무네

0191 強	굳셀 강 음 キョウ, ゴウ 쿄-, 고- 훈 つよい 쯔요이

0192 教	가르칠 교 음 キョウ 쿄- 훈 おしえる 오시에루

0193 郷	시골 향 음 キョウ, ゴウ 쿄-, 고- 훈 -

0194 境	경계 경 음 キョウ, ケイ 쿄-, 케이 훈 さかい 사까이

0195 橋	다리 교 음 キョウ 쿄- 훈 はし 하시

0196 鏡	거울 경 음 キョウ 쿄- 훈 かがみ 카가미

0197 競	다툴 경 음 キョウ, ケイ 쿄-, 케이 훈 きそう, せる 키소우, 세루

0198 業	업 업 음 ギョウ, ゴウ 교-, 고- 훈 わざ 와자

0199 曲	굽을 곡 음 キョク 쿄꾸 훈 まがる 마가루

0200 局	판 국 음 キョク 쿄꾸 훈 -

일본어 교육한자 　 주제별 일단어

0201 極	지극할 극 음 キョク, ゴク 쿄꾸, 고꾸 훈 きわまる 키와마루

0202 玉	구슬 옥 음 ギョク 교꾸 훈 たま 타마

0203 均	고를 균 음 キン 킹 훈 –

0204 近	가까울 근 음 キン 킹 훈 ちかい 찌까이

0205 金	쇠 금 음 キン, コン 킹, 콩 훈 かね, かな 카네, 카나

0206 勤	부지런할 근 음 キン, ゴン 킹, 공 훈 つとまる 쯔또마루

0207 筋	힘줄 근 음 キン 킹 훈 すじ 스지

0208 禁	금할 금 음 キン 킹 훈 –

0209 銀	은 은 음 ギン 깅 훈 –

0210 区	구역 구 음 ク 쿠 훈 –

0211 句	글 구 음 ク 쿠 훈 –

0212 苦	괴로울 고 음 ク 쿠 훈 くるしい 쿠루시-

0213 具	갖출 구 음 グ 구 훈 –

0214 空	빌 공 음 クウ 쿠- 훈 そら, あく 소라, 아꾸

0215 君	임금 군 음 クン 쿵 훈 きみ 키미

0216 訓	가르칠 훈 음 クン 쿵 훈 –

0217 軍	군사 군 음 グン 군 훈 –

0218 群	무리 군 음 グン 군 훈 むれる 무레루

0219 郡	고을 군 음 グン 군 훈 –

0220 兄	맏 형 음 ケイ, キョウ 케이, 쿄- 훈 あに 아니

0221 形	형상 **형** 음 ケイ, ギョウ 케이, 쿄- 훈 かた, かたち 카따, 카따치	0231 警	경계할 **경** 음 ケイ 케이 훈 -
0222 系	이를, 계통 **계** 음 ケイ 케이 훈 -	0232 芸	재주 **예** 음 ゲイ 게이 훈 -
0223 径	지름길 **경** 음 ケイ 케이 훈 -	0233 激	과격할 **격** 음 ゲキ 게키 훈 はげしい 하게시-
0224 係	맬 **계** 음 ケイ 케이 훈 かかる 가까루	0234 劇	심할, 연극 **극** 음 ゲキ 게키 훈 -
0225 型	거푸집 **형** 음 ケイ 케이 훈 かた 가따	0235 欠	이지러질 **결** 음 ケツ 케쯔 훈 かける, かく 카께루, 카꾸
0226 計	셈할 **계** 음 ケイ 케이 훈 はかる 하까루	0236 穴	구멍 **혈** 음 ケツ 케쯔 훈 あな 아나
0227 経	경서 **경** 음 ケイ, キョウ 케이, 쿄- 훈 へる 헤루	0237 血	피 **혈** 음 ケツ 케쯔 훈 ち 찌
0228 敬	공경할 **경** 음 ケイ 케이 훈 うやまう 우야마우	0238 結	맺을 **결** 음 ケツ 케쯔 훈 むすぶ 무스부
0229 景	볕 **경** 음 ケイ 케이 훈 -	0239 決	정할 **결** 음 ケツ 케쯔 훈 きめる 기메루
0230 軽	가벼울 **경** 음 ケイ 케이 훈 かるい 카루이	0240 潔	깨끗할 **결** 음 ケツ 케쯔 훈 いさぎよい 이사기요이

0241 月	달 **월** 음 ゲツ, ガツ 게쯔, 가쯔 훈 つき 쯔끼	0251 権	권세 **권** 음 ケン, ゴン 켄, 곤 훈 –
0242 犬	개 **견** 음 ケン 켄 훈 いぬ 이누	0252 検	검사할 **검** 음 ケン 켄 훈 –
0243 件	사건 **건** 음 ケン 켄 훈 –	0253 絹	비단 **견** 음 ケン 켄 훈 きぬ 키누
0244 券	문서, 책 **권** 음 ケン 켄 훈 –	0254 験	시험할 **험** 음 ケン, ゲン 켄, 겐 훈 –
0245 見	볼 **견** 음 ケン 켄 훈 みる 미루	0255 憲	법 **헌** 음 ケン 켄 훈 –
0246 県	고을 **현** 음 ケン 켄 훈 –	0256 元	으뜸 **원** 음 ゲン, ガン 겐, 간 훈 もと 모또
0247 建	세울 **건** 음 ケン, コン 켄, 콩 훈 たてる, たつ 타떼루, 타쯔	0257 原	근원 **원** 음 ゲン 겐 훈 はら 하라
0248 研	갈 **연** 음 ケン 켄 훈 とぐ 도구	0258 現	나타날 **현** 음 ゲン 겐 훈 あらわれる 아라와레루
0249 健	건강할 **건** 음 ケン 켄 훈 すこやか 스꼬야까	0259 減	덜 **감** 음 ゲン 겐 훈 へる, へらす 헤루, 헤라스
0250 険	험할 **험** 음 ケン 켄 훈 けわしい 케와시–	0260 源	근원 **원** 음 ゲン 겐 훈 みなもと 미나모또

0261 言	말씀 언 음 ゲン, ゴン 겐, 곤 훈 いう, こと 이우, 고또

0262 限	한계 한 음 ゲン 겐 훈 かぎる 카기루

0263 厳	엄할 엄 음 ゲン, ゴン 겐, 곤 훈 おごそか 오고소까

0264 古	예 고 음 コ 코 훈 ふるい 후루이

0265 己	몸 기 음 コ, キ 코, 키 훈 おのれ 오노레

0266 戸	집 호 음 コ 코 훈 と 토

0267 故	연고 고 음 コ 코 훈 ゆえ 유에

0268 個	낱 개 음 コ 코 훈 –

0269 庫	곳집 고 음 コ, ク 코, 쿠 훈 –

0270 湖	호수 호 음 コ 코 훈 みずうみ 미즈우미

0271 呼	부를 호 음 コ 코 훈 よぶ 요부

0272 固	굳을 고 음 コ 코 훈 かためる 카따메루

0273 後	뒤 후 음 ゴ, コウ 고, 코우 훈 のち, うしろ 노찌, 우시로

0274 語	말씀 어 음 ゴ 고 훈 かたる 가따루

0275 誤	그르칠 오 음 ゴ 고 훈 あやまる 아야마루

0276 護	보호할 호 음 ゴ 고 훈 –

0277 五	다섯 오 음 ゴ 고 훈 いつ 이쯔

0278 午	낮 오 음 ゴ 고 훈 –

0279 公	공변될 공 음 コウ コ- 코우, 코- 훈 おおやけ 오-야케

0280 功	공 공 음 コウ, ク 코-, 쿠 훈 –

0281 交	사귈, 엇갈릴 교 음 コウ 코- 훈 まじわる 마지와루
0282 光	빛 광 음 コウ 코- 훈 (ひかる, ひかり 히카루, 히카리
0283 広	넓을 광 음 コウ 코- 훈 ひろい 히로이
0284 向	향할 향 음 コウ 코- 훈 むく 무꾸
0285 后	황후 후 음 コウ 코- 훈 –
0286 好	좋아할 호 음 コウ 코- 훈 このむ, すく 코노무, 스꾸
0287 考	생각할 고 음 コウ 코- 훈 かんがえる 캉가에루
0288 行	갈 행 음 コウ, ギョウ, アン 코우, 교우, 앙 훈 いく 이꾸
0289 孝	효도 효 음 コウ 코- 훈 –
0290 効	본받을 효 음 コウ 코- 훈 きく 키꾸
0291 幸	다행 행 음 コウ 코- 훈 さいわい 사이와이
0292 厚	두터울 후 음 コウ 코- 훈 あつい 아쯔이
0293 皇	임금 황 음 コウ, オウ 코-, 오- 훈 –
0294 紅	붉을 홍 음 コウ, ク 코-, 쿠 훈 べに 베니
0295 候	기후 후 음 コウ 코- 훈 そうろう 소-로우
0296 校	학교 교 음 コウ 코- 훈 –
0297 耕	밭갈 경 음 コウ 코- 훈 たがやす 타가야스
0298 航	물 건널 항 음 コウ 코- 훈 –
0299 降	내릴 강, 항복할 항 음 コウ 코- 훈 おりる 오리루
0300 高	높을 고 음 コウ 코- 훈 たかい 타까이

0301 康	편안할 **강** 음 コウ 코- 훈 -	0311 号	부르짖을 **호** 음 ゴウ 고- 훈 -
0302 黄	누를 **황** 음 コウ, オウ 코-, 오- 훈 き, こ 키, 코	0312 合	합할 **합** 음 ゴウ, ガッ, カッ 고-, 갓, 캇 훈 あう 아우
0303 港	항구 **항** 음 コウ 코- 훈 みなと 미나또	0313 告	고할, 알릴 **고** 음 コク 코꾸 훈 つげる 쯔게루
0304 鉱	쇳돌 **광** 음 コウ 코- 훈 -	0314 谷	골짜기 **곡** 음 コク 코꾸 훈 たに 타니
0305 構	얽을 **구** 음 コウ 코- 훈 かまう 카마우	0315 刻	새길 **각** 음 コク 코꾸 훈 きざむ 키자무
0306 鋼	강철 **강** 음 コウ 코- 훈 はがね 하가네	0316 国	나라 **국** 음 コク 코꾸 훈 くに 쿠니
0307 口	입 **구** 음 コウ, ク 코-, 쿠 훈 くち 쿠찌	0317 黒	검을 **흑** 음 コク 코꾸 훈 くろ 쿠로
0308 工	장인 **공** 음 コウ, ク 코-, 쿠 훈 -	0318 穀	곡식 **곡** 음 コク 코꾸 훈 -
0309 興	일어날 **흥** 음 コウ, キョウ 코-, 쿄- 훈 おこる, おこす 오꼬루, 오꼬스	0319 骨	뼈 **골** 음 コツ 코쯔 훈 ほね 호네
0310 講	익힐 **강** 음 コウ 코- 훈 -	0320 今	이제 **금** 음 コン, キン 콩, 킹 훈 いま 이마

0321 困	곤할 곤 음 コン 콩 훈 こまる 코마루	0331 採	캘 채 음 サイ 사이 훈 とる 토루
0322 根	뿌리 근 음 コン 콩 훈 ね 네	0332 済	건널 제 음 サイ 사이 훈 すむ 스무
0323 混	섞을 혼 음 コン 콩 훈 まじる 마지루	0333 祭	제사 제 음 サイ 사이 훈 まつる, まつり 마쯔루, 마쯔리
0324 左	왼 좌 음 サ 사 훈 ひだり 히다리	0334 細	가늘 세 음 サイ 사이 훈 ほそい 호소이
0325 査	조사할 사 음 サ 사 훈 -	0335 菜	나물 채 음 サイ 사이 훈 な 나
0326 砂	모래 사 음 サ, シャ 사, 샤 훈 すな 스나	0336 最	가장 최 음 サイ 사이 훈 もっとも 못또모
0327 差	어긋날 차 음 サ 사 훈 さす 사스	0337 裁	마를 재 음 サイ 사이 훈 たつ, さばく 타쯔, 사바꾸
0328 座	자리 좌 음 ザ 자 훈 すわる 스와루	0338 際	가/사이 제 음 サイ 사이 훈 きわ 키와
0329 才	재주 재 음 サイ 사이 훈 -	0339 再	두 재 음 サイ, サ 사이, 사 훈 ふたたび 후따따비
0330 妻	아내 처 음 サイ 사이 훈 つま 쯔마	0340 災	재앙 재 음 サイ 사이 훈 わざわい 와자와이

0341 在	있을 **재** 음 ザイ 자이 훈 ある 아루		0351 殺	죽일 **살**, **쇄** 음 サツ, セツ, サイ 사쯔, 세쯔, 사이 훈 ころす 코로스
0342 材	재목 **재** 음 ザイ 자이 훈 -		0352 察	살필 **찰** 음 サツ 사쯔 훈 -
0343 財	재물 **재** 음 ザイ, サイ 자이, 사이 훈 -		0353 雜	섞일 **잡** 음 ザツ, ゾウ 자쯔, 소- 훈 -
0344 罪	허물 **죄** 음 ザイ 자이 훈 つみ 쯔미		0354 皿	그릇 **명** 음 さら 사라 훈 -
0345 作	지을 **작** 음 サク, サ 사꾸, 사 훈 つくる 쯔꾸루		0355 三	석 **삼** 음 サン 상 훈 み, みっ 미, 밋
0346 昨	어제 **작** 음 サク 사꾸 훈 -		0356 山	뫼 **산** 음 サン 상 훈 やま 야마
0347 策	꾀 **책** 음 サク 사꾸 훈 -		0357	석 **삼**, 참여할 **참** 음 サン 상 훈 まいる 마루이
0348 札	편지, 패 **찰** 음 サツ 사쯔 훈 ふだ 후다		0358	누에 **잠** 음 サン 상 훈 かいこ 카이꼬
0349 冊	책 **찬** 음 サツ, サク 사쯔, 사꾸 훈 -		0359 算	셈할 **산** 음 サン 상 훈 -
0350 刷	인쇄할 **쇄** 음 サツ 사쯔 훈 する 스루		0360 酸	실, 초 **산** 음 サン 상 훈 すい 스이

0361 贊	찬성할 **찬** 음 サン 상 훈 -
0362 産	낳을 **산** 음 サン 상 훈 うむ 우무
0363 散	흩어질 **산** 음 サン 상 훈 ちる 찌루
0364 残	남을 **잔** 음 ザン 장 훈 のこる, のこす 노꼬루, 노꼬스
0365 士	선비 **사** 음 シ 시 훈 -
0366 子	아들 **자** 음 シ, ス 시, 스 훈 こ 코
0367 支	지탱할 **지** 음 シ 시 훈 ささえる 사사에루
0368 止	그칠 **지** 음 シ 시 훈 とまる, とめる 토마루, 토메루
0369 氏	성씨 **씨** 음 シ 시 훈 うじ 우지
0370 仕	벼슬 **사** 음 シ, ジ 시, 지 훈 つかえる 쯔까에루
0371 史	사기 **사** 음 シ 시 훈 -
0372 司	맡을 **사** 음 シ 시 훈 -
0373 四	넉 **사** 음 シ 시 훈 よ, よっつ, よん 요, 옷츠, 욘
0374 市	저자 **시** 음 シ 시 훈 いち 이찌
0375 矢	화살 **시** 음 シ 시 훈 や 야
0376 死	죽을 **사** 음 シ 시 훈 しぬ 시누
0377 糸	실 **사** 음 シ 시 훈 いと 이또
0378 至	이를 **지** 음 シ 시 훈 いたる 이따루
0379 志	뜻 **지** 음 シ 시 훈 こころざす 코꼬로자스
0380 私	사사로울 **사** 음 シ 시 훈 わたくし 와따꾸시

0381 使	하여금 사 음 シ 시 훈 つかう 쯔까우	0391 歯	이 치 음 シ 시 훈 は 하
0382 始	비로소 시 음 シ 시 훈 はじめる 하지메루	0392 試	시험할 시 음 シ 시 훈 こころみる 코꼬로미루
0383 姉	누이 자 음 シ 시 훈 あね 아네	0393 詩	귀글 시 음 シ 시 훈 -
0384 姿	맵시 자 음 シ 시 훈 すがた 스가따	0394 資	재물 자 음 シ 시 훈 -
0385 思	생각 사 음 シ 시 훈 おもう 오모우	0395 誌	기록할 지 음 シ 시 훈 -
0386 指	손가락 지 음 シ 시 훈 ゆび, さす 유비, 사스	0396 枝	가지 지 음 シ 시 훈 えだ 에다
0387 師	스승 사 음 シ 시 훈 -	0397 飼	먹일 사 음 シ 시 훈 かう 카우
0388 紙	종이 지 음 シ 시 훈 かみ 카미	0398 治	다스릴 치 음 ジ, チ 지, 찌 훈 おさめる 오사메루
0389 視	볼 시 음 シ 시 훈 -	0399 示	보일 시 음 ジ, シ 지, 시 훈 しめす 시메스
0390 詞	말 사 음 シ 시 훈	0400 字	글자 자 음 ジ 지 훈 あざ 아자

0401 寺	절 **사** 음 ジ 지 훈 てら 테라	0411 磁	자석 **자** 음 ジ 지 훈 –
0402 次	버금 **차** 음 ジ, シ 지, 시 훈 つぐ, つぎ 쯔구, 쯔기	0412 式	법 **식** 음 シキ 시끼 훈 –
0403 耳	귀 **이** 음 ジ 지 훈 みみ 미미	0413 識	알 **식** 음 シキ 시끼 훈 –
0404 自	스스로 **자** 음 ジ, シ 지, 시 훈 みずから 미즈까라	0414 七	일곱 **칠** 음 シチ 시찌 훈 なな 나나
0405 似	같을 **사** 음 ジ 지 훈 にる 니루	0415 失	잃을 **실** 음 シツ 시쯔 훈 うしなう 우시나우
0406 児	아이/아기 **아** 음 ジ, ニ 지, 니 훈 –	0416 室	집 **실** 음 シツ 시쯔 훈 むろ 무로
0407 事	일 **사** 음 ジ, ズ 지, 즈 훈 こと 코또	0417 質	바탕 **질** 음 シツ, シチ, チ 시쯔, 시찌, 찌 훈 –
0408 持	가질 **지** 음 ジ 지 훈 もつ 모쯔	0418 実	열매 **실** 음 ジツ 지쯔 훈 み, みのる 미노루
0409 時	때 **시** 음 ジ 지 훈 とき 토끼	0419 写	베낄 **사** 음 シャ 시야 훈 うつす, うつる 우쯔스, 우쯔루
0410 辞	말 **사** 음 ジ 지 훈 やめる 야메루	0420 社	모일 **사** 음 シャ 시야 훈 やしろ 야시로

0421 車	수레 차, 수레 차 거 음 シャ 시야 훈 くるま 쿠루마	0431 手	손 수 음 シュ 슈 훈 て, た 테, 타
0422 舍	집 사 음 シャ 시야 훈 –	0432 主	주인 주 음 シュ, ス 슈, 스 훈 ぬし, おも 누시, 오모
0423 者	놈 자 음 シャ 시야 훈 もの 모노	0433 守	지킬 수 음 シュ, ス 슈, 스 훈 まもる, もり 마모루, 모리
0424 射	쏠 사 음 シャ 시야 훈 いる 이루	0434 取	취할 취 음 シュ 슈 훈 とる 토루
0425 捨	버릴 사 음 シャ 시야 훈 すてる 스떼루	0435 首	머리 수 음 シュ 슈 훈 くび 쿠비
0426 謝	사례할 사 음 シャ 시야 훈 あやまる 아야마루	0436 酒	술 주 음 シュ 슈 훈 さけ, さか 사께, 사까
0427 尺	자 척 음 シャク 샤-꾸 훈 –	0437 種	씨 종 음 シュ 슈 훈 たね 타네
0428 借	빌릴 차 음 シャク 샤-쿠 훈 かりる 카리루	0438 受	받을 수 음 ジュ 쥬 훈 うける, うかる 우께루, 우까루
0429 若	같을!/어릴 약 음 ジャク, ニャク 쟈-꾸, 냐-꾸 훈 わかい 와까이	0439 授	줄 수 음 ジュ 쥬 훈 さずける 사즈께루
0430 弱	약할 약 음 ジャク 쟈-꾸 훈 よわい 요와이	0440 樹	나무 수 음 ジュ 쥬 훈 –

0441 収	거둘 **수** 음 シュウ 슈- 훈 おさめる 오사메루	0451 就	나아갈 **취** 음 シュウ, ジュ 슈-, 쥬 훈 つく, つける 쯔꾸, 쯔께루
0442 州	고을 **주** 음 シュウ 슈- 훈 す 스	0452 衆	무리 **중** 음 シュウ, シュ 슈-, 슈 훈 –
0443 周	두루 **주** 음 シュウ 슈- 훈 まわり 마와리	0453 集	모일 **집** 음 シュウ 슈- 훈 あつまる 아쯔마루
0444 宗	마루 **종** 음 シュウ, ソウ 슈-, 소우 훈 –	0454 十	열 **십** 음 ジュウ, ジッ 쥬-, 짓 훈 とお, と 토-, 토
0445 拾	주울 **습**, 열 **십** 음 シュウ, ジュウ 슈-, 쥬- 훈 ひろう 히로-	0455 住	살 **주** 음 ジュウ 쥬- 훈 すむ, すまう 스무, 스마우
0446 秋	가을 **추** 음 シュウ 슈- 훈 あき 아끼	0456 重	무거울 **중** 음 ジュウ, チョウ 쥬-, 쵸우- 훈 え, おもい 에, 오모이
0447 修	닦을 **수** 음 シュウ, シュ 슈-, 슈 훈 おさめる 오사메루	0457 従	좇을 **종** 음 ジュウ, ショウ, ジュ 쥬-, 쇼-, 쥬 훈 したがう 시따가우
0448 終	마칠 **종** 음 シュウ 슈- 훈 おわる 오와루	0458 縦	세로 **종** 음 ジュウ 쥬- 훈 たて 타테
0449 習	익힐 **습** 음 シュウ 슈- 훈 ならう 나라우	0459 祝	빌 **축** 음 シュク, シュウ 슉, 쇼- 훈 いわう 이와우
0450 週	주일 **주** 음 シュウ 슈- 훈 –	0460 宿	잘 **숙** 음 シュク 슈꾸 훈 やど, やどる 야도, 야도루

0461 縮	오그라들 축 음 シュク 슈꾸 훈 ちぢむ 찌지무

0462 熟	익을 숙 음 ジュク 쥬꾸 훈 うれる 우레루

0463 出	날 출 음 シュツ, スイ 슈쯔, 스이 훈 でる, だす 데루, 다스

0464 述	지을 술 음 ジュツ 쥬쯔 훈 のべる 노베루

0465 術	재주 술 음 ジュツ 쥬쯔 훈 すべ 스베

0466 春	봄 춘 음 シュン 슝 훈 はる 하루

0467 純	순수할 순 음 シュン 슝 훈 –

0468 順	순할 순 음 シュン 슝 훈 –

0469 準	법도 준 음 シュン 슝 훈 –

0470 処	곳 처 음 ショ 쇼 훈 –

0471 初	처음 초 음 ショ 쇼 훈 はじめ 하지메

0472 所	바 소 음 ショ 쇼 훈 ところ 토꼬로

0473 書	글 서 음 ショ 쇼 훈 かく 카꾸

0474 暑	더울 서 음 ショ 쇼 훈 あつい 아쯔이

0475 署	관청 서 음 ショ 쇼 훈 –

0476 諸	모든 제 음 ショ 쇼 훈 –

0477 女	계집 녀 음 ジョ, ニョ, ニョウ 죠, 뇨, 뇨- 훈 おんな, め 온나, 메

0478 助	도울 조 음 ジョ 죠 훈 たすける 타스께루

0479 序	차례 서 음 ジョ 죠 훈 –

0480 除	덜 제 음 ジョ, ジ 죠, 지 훈 のぞく 노조꾸

0481 松	솔 송 음 ショウ 쇼- 훈 まつ 마쯔

0482 小	작을 소 음 ショウ 쇼- 훈 ちいさい, こ, お 찌-사-, 코, 오

0483 少	적을 소 음 ショウ 쇼- 훈 すくない, すこし 스꾸나이, 스꼬시

0484 招	부를 초 음 ショウ 쇼우 훈 まねく 마네꾸

0485 承	이을 승 음 ショウ 쇼- 훈 うけたまわる 우께따마와루

0486 昭	밝을 소 음 ショウ 쇼- 훈 -

0487 将	장수 장 음 ショウ 쇼- 훈 -

0488 消	끌 소 음 ショウ 쇼- 훈 きえる, けす 키에루, 케스

0489 笑	웃을 소 음 ショウ 쇼- 훈 わらう, えむ 와라우, 에무

0490 唱	노래 창 음 ショウ 쇼- 훈 となえる 토나에루

0491 商	장사 상 음 ショウ 쇼- 훈 あきなう 아끼나우

0492 章	글 장 음 ショウ 쇼- 훈 -

0493 勝	이길 승 음 ショウ 쇼- 훈 かつ, まさる 카쯔, 마사루

0494 焼	불사를 소 음 ショウ 쇼- 훈 やく, やける 야꾸, 야께루

0495 証	증거 증 음 ショウ 쇼- 훈 -

0496 象	코끼리/모양 상 음 ショウ, ゾウ 쇼-, 소- 훈 -

0497 傷	상처 상 음 ショウ 쇼- 훈 きず, いたむ 키즈, 이따무

0498 照	비칠 조 음 ショウ 쇼- 훈 てる, てらす 테루, 테라스

0499 障	막힐 장 음 ショウ 쇼- 훈 さわる 사와루

0500 賞	상줄 상 음 ショウ 쇼- 훈 -

0501 上	위 **상** 음 ジョウ, ショウ 죠-, 쇼- 훈 うえ, うわ 우에, 우와
0502 条	조목 **조** 음 ジョウ 죠- 훈 -
0503 状	문서/모양 **상** 음 ジョウ 죠- 훈 -
0504 乗	탈 **승** 음 ジョウ 죠- 훈 のる のせる 노루, 노세루
0505 城	성곽 **성** 음 ジョウ 죠- 훈 しろ 시로
0506 常	항상 **상** 음 ジョウ 죠- 훈 つね, とこ 쯔네, 토꼬
0507 情	뜻 **정** 음 ジョウ, セイ 죠-, 세이 훈 なさけ 나사께
0508 場	마당 **장** 음 ジョウ 죠- 훈 ば 바
0509 蒸	찔 **증** 음 ジョウ 죠- 훈 むす, むれる 무스, 무레루
0510 色	빛 **산** 음 ショク, シキ 쇼꾸, 시끼 훈 いろ 이로
0511 食	밥 **식** 음 ショク, ジキ 쇼꾸, 지끼 훈 たべる 타베루
0512 植	심을 **식** 음 ショク 쇼꾸 훈 うえる, うわる 우에루, 우와루
0513 織	짤 **직** 음 ショク, シキ 쇼꾸, 시끼 훈 おる 오루
0514 職	직분 **직** 음 ショク 쇼꾸 훈 -
0515 心	마음 **심** 음 シン 싱 훈 こころ 코꼬로
0516 申	진술할/말할 **신** 음 シン 싱 훈 もうす 모우스
0517 臣	신하 **신** 음 ジン, シン 징, 싱 훈 -
0518 身	몸 **신** 음 シン 싱 훈 み 미
0519 信	믿을 **신** 음 シン 싱 훈 -
0520 神	귀신 **신** 음 シン, ジン 싱, 징 훈 かみ 카미

0521 真	참 진 음 シン 싱 훈 ま 마

0522 針	바늘 침 음 シン 싱 훈 はり 하리

0523 深	깊을 심 음 シン 싱 훈 ふかい 후까이

0524 進	나아갈 진 음 シン 싱 훈 すすむ 스스무

0525 森	수풀 삼 음 シン 싱 훈 もり 모리

0526 新	새로울 신 음 シン 싱 훈 あたらしい 아따라시이

0527 親	친할 친 음 シン 싱 훈 おや, したしい 오야, 시따시-

0528 人	사람 인 음 ジン, ニン 징, 닝 훈 ひと 히또

0529 仁	어질 인 음 ジン, ニ 징, 니 훈 -

0530 図	그림 도 음 ズ, ト 즈, 토 훈 はかる 하까루

0531 水	물 수 음 スイ 스이 훈 みず 미즈

0532 垂	드리울 수 음 スイ 스이 훈 たれる, たらす 타레루, 타라스

0533 推	밀 추 음 スイ 스이 훈 おす 오스

0534 数	셀 수 음 スウ, ス 스-, 스 훈 かず, かぞえる 카즈, 가조에루

0535 寸	마디 촌 음 スン 슨 훈 -

0536 世	인간 세 음 セイ, セ 세이, 세 훈 よ 요

0537 正	바를 정 음 セイ, ショウ 세이, 쇼- 훈 ただしい 타다시이

0538 生	날 생 음 セイ, ショウ 세이, 쇼- 훈 いきる 이키루

0539 成	이룰 성 음 セイ, ジョウ 세이, 죠- 훈 なる, なす 나루, 나스

0540 西	서녘 서 음 セイ, サイ 세이, 사이 훈 にし 니시

0541 声	소리 성 음 セイ, ショウ 세이, 쇼- 훈 こえ, こわ 코에, 코와
0542 制	억제할 제 음 セイ 세이 훈 -
0543 性	성품 성 음 セイ, ショウ 세이, 쇼- 훈 -
0544 青	푸를 청 음 セイ, ショウ 세이, 쇼- 훈 あお, あおい 아오, 아오이
0545 政	정사 정 음 セイ, ショウ 세이, 쇼- 훈 まつりごと 마쯔리고또
0546 星	별 성 음 セイ, ショウ 세이, 쇼- 훈 ほし 호시
0547 省	살필 성/덜 생 음 セイ, ショウ 세이, 쇼- 훈 かえりみる 카에리미루
0548 清	깨끗할/맑을 청 음 セイ, ジョウ 세이, 쇼- 훈 きよい 키요이
0549 晴	개일 청 음 セイ 세이 훈 はれる, はらす 하레루, 하라스
0550 勢	기세 세 음 セイ 세이 훈 いきおい 이끼오이

0551 聖	성인 성 음 セイ 세이 훈 -
0552 誠	정성 성 음 セイ 세이 훈 まこと 마꼬또
0553 精	정성 정 음 セイ, ショウ 세이, 쇼- 훈 -
0554 製	지을 제 음 セイ 세이 훈 -
0555 静	고요할 정 음 セイ, ジョウ 세이, 죠- 훈 しずか, しずまる 시즈카, 시즈마루
0556 盛	성할 성 음 セイ, ジョウ 세이, 죠우 훈 もる 모루
0557 整	가지런할 정 음 セイ 세이 훈 ととのえる 토또노에루
0558 税	세금 세 음 ゼイ 제이 훈 -
0559 昔	옛 석 음 セキ, シャク 세끼, 샤꾸 훈 むかし 무까시
0560 夕	저녁 석 음 セキ 세끼 훈 ゆう 유-

| 0561 石 | 돌 석
음 セキ, シャク 세끼, 샤꾸
훈 いし 이시 | 0571 雪 | 눈 설
음 セツ 세쯔
훈 ゆき 유끼 |

| 0562 赤 | 붉을 적
음 セキ, シャク 세끼, 샤꾸
훈 あか 아까 | 0572 節 | 마디 절
음 セツ, セチ 세쯔, 세찌
훈 ふし 후시 |

| 0563 席 | 자리 석
음 セキ 세끼
훈 – | 0573 説 | 말씀 설, 달랠 세
음 セツ, ゼイ 세쯔, 제이
훈 とく 토꾸 |

| 0564 責 | 꾸짖을 책
음 セキ 세끼
훈 せめる 세메루 | 0574 舌 | 혀 설
음 ゼツ 제쯔
훈 した 시따 |

| 0565 積 | 쌓을 적
음 セキ 세끼
훈 つむ, つもる 쯔무, 쯔모루 | 0575 絶 | 끊을 절
음 ゼツ 제쯔
훈 たえる 타에루 |

| 0566 績 | 길쌈 적
음 セ 세끼
훈 – | 0576 千 | 일천 천
음 セン 센
훈 ち 찌 |

| 0567 切 | 끊을 절, 모두 체
음 セツ, サイ 세쯔, 사이
훈 きる, きれる 키루, 키레루 | 0577 川 | 내 천
음 セン 센
훈 かわ 카와 |

| 0568 折 | 꺾을 절
음 セツ 세쯔
훈 おる, おり 오루, 오리 | 0578 先 | 먼저 선
음 セン 센
훈 さき 사끼 |

| 0569 接 | 댈/사귈 접
음 セツ 세쯔
훈 つぐ 쯔구 | 0579 宣 | 베풀 선
음 セン 센
훈 – |

| 0570 設 | 베풀 설
음 セツ 세쯔
훈 もうける 모우께루 | 0580 專 | 오로지 전
음 セン 센
훈 もっぱら 못빠라 |

No.	漢字	뜻/음	음	훈
0581	泉	샘 천	セン 센	いずみ 이즈미
0582	浅	얕을 천	セン 센	あさい 아사이
0583	洗	씻을 세	セン 센	あらう 아라우
0584	染	물들일 염	セン 센	そめる 소메루
0585	船	배 선	セン 센	ふね, ふな 후네, 후나
0586	戦	싸울 전	セン 센	いくさ 이꾸사
0587	銭	돈 전	セン 센	ぜに 제니
0588	線	줄 선	セン 센	–
0589	選	가릴 선	セン 센	えらぶ 에라부
0590	全	온전 전	ゼン 젠	まったく 맛따꾸
0591	前	앞 전	ゼン 젠	まえ 마에
0592	善	착할 선	ゼン 젠	よい 요이
0593	然	그럴 연	ゼン, ネン 젠, 넨	–
0594	祖	할아비 조	ソ 소	–
0595	素	흴/본디 소	ソ, ス 소, 스	–
0596	組	짤 조	ソ 소	くみ, くむ 쿠미, 쿠무
0597	早	일찍 조	ソウ, サッ 소-, 사쯔	はやい 하야이
0598	争	다툴 쟁	ソウ 소-	あらそう 아라소우
0599	走	달아날 주	ソウ 소-	はしる 하시루
0600	奏	아뢸 주	ソウ 소-	かなでる 카나데루

0601	相	서로 상 음 ソウ, ショウ 소-, 쇼- 훈 あい 아이
0602	草	풀 초 음 ソウ 소- 훈 くさ 쿠사
0603	送	보낼 송 음 ソウ 소- 훈 おくる 오꾸루
0604	倉	곳집 창 음 ソウ 소- 훈 くら 쿠라
0605	窓	창 창 음 ソウ 소- 훈 まど 마도
0606	創	비롯할 창 음 ソウ 소- 훈 –
0607	想	생각할 상 음 ソウ, ソ 소-, 소 훈 –
0608	層	층 층 음 ソウ 소- 훈 –
0609	総	거느릴 총 음 ソウ 소- 훈 –
0610	操	잡을 조 음 ソウ 소- 훈 みさお 미사오
0611	巣	새집 소 음 ソウ 소- 훈 す 스
0612	装	장식할 장 음 ソウ, ショウ 소-, 쇼- 훈 よそおう 오소오우
0613	造	지을 조 음 ゾウ 소- 훈 つくる 쯔꾸루
0614	像	형상 상 음 ゾウ 소- 훈 –
0615	増	더할 증 음 ゾウ 소- 훈 ます 마스
0616	蔵	곳집 장 음 ゾウ 소- 훈 くら 쿠라
0617	臓	오장 장 음 ゾウ 소- 훈 –
0618	束	묶을 속 음 ソク 소꾸 훈 たば 타바
0619	足	발 족 음 ソク 소꾸 훈 あし 아시
0620	則	법 칙 음 ソク 소꾸 훈 –

0621 息	숨쉴 식 음 ソク 소꾸 훈 いき 이키

0622 速	빠를 속 음 ソク 소꾸 훈 はやい 하야이

0623 側	곁 측 음 ソク 소꾸 훈 かわ 카와

0624 測	측량할 측 음 ソク 소꾸 훈 はかる 하까루

0625 族	겨레 족 음 ゾク 조꾸 훈 -

0626 属	이을 속 음 ゾク 조꾸 훈 -

0627 続	붙을 속, 부탁할 촉 음 ゾク 조꾸 훈 つづく、つづける 쯔즈꾸, 쯔즈께루

0628 卒	군사, 마칠 졸 음 ソツ 소쯔 훈 -

0629 率	비율 률, 거느릴 솔 음 ソツ、リツ 소쯔, 리쯔 훈 ひきいる 히키이루

0630 存	있을 존 음 ソン、ゾン 손, 존 훈 -

0631 村	마을 촌 음 ソン 손 훈 むら 무라

0632 孫	손자 손 음 ソン 손 훈 まご 마고

0633 尊	높은 존 음 ソン 손 훈 とうとい 토우또이

0634 損	덜 손 음 ソン 손 훈 そこなう 소꼬나우

0635 他	다를/남 타 음 タ 타 훈 -

0636 多	많을 다 음 タ 타 훈 おおい 오-이

0637 打	칠 타 음 ダ 다 훈 うつ 우쯔

0638 太	클 태 음 タイ、タ 타이, 타 훈 ふとい、ふとる 후또이, 후또루

0639 対	대답할 대 음 タイ、ツイ 타이, 쯔이 훈 -

0640 体	몸 체 음 タイ、テイ 타이, 테이 훈 からだ 카라다

0641 待	기다릴 대 음 タイ 타이 훈 まつ 마쯔
0642 退	물너날 퇴 음 タイ 타이 훈 しりぞく 시리조꾸
0643 帯	띠 대 음 タイ 타이 훈 おび, おびる 오비, 오비루
0644 貸	빌릴 대 음 タイ 타이 훈 かす 카스
0645 隊	떼 대 음 タイ 타이 훈 –
0646 態	태도 태 음 タイ 타이 훈 –
0647 大	큰 대 음 ダイ, タイ 다이, 타이 훈 おお, おおいに 오-, 오-이니
0648 代	대신할 대 음 ダイ, タイ 다이, 타이 훈 かわる 카와루
0649 台	토대 대 음 ダイ, タイ 다이, 타이 훈 –
0650 第	차례 제 음 ダイ 다이 훈 –

0651 題	제목 제 음 ダイ 다이 훈 –
0652 宅	집 택 음 タク 타꾸 훈 –
0653 達	통달할 달 음 タツ 타쯔 훈 –
0654 誕	태어날 탄 음 タン 탄 훈 –
0655 担	멜 담 음 タン 탄 훈 かつぐ 카쯔구
0656 単	홀 단 음 タン 탄 훈 –
0657 炭	숯 탄 음 タン 탄 훈 すみ 스미
0658 探	찾을 탐 음 タン 탄 훈 さがす, さぐる 사가스, 사구루
0659 短	짧을 단 음 タン 탄 훈 みじかい 미지까이
0660 団	둥글 단 음 ダン, トン 단, 톤 훈 –

0661 男	사내 남 음 ダン, ナン 단, 난 훈 おとこ 오또꼬	0671 竹	대 죽 음 チク 치꾸 훈 たけ 타께
0662 段	층계 단 음 ダン 단 훈 -	0672 築	쌓을 축 음 チク 치꾸 훈 きずく 키즈쿠
0663 断	끊을 단 음 ダン 단 훈 たつ, ことわる 타쯔, 코또와루	0673 茶	차 다, 차다 차 음 チャ, サ 챠, 사 훈 -
0664 暖	따뜻할 난 음 ダン 단 훈 あたたか 아따따까	0674 着	붙을, 입을 착 음 チャク, ジャク 챠꾸, 쟈꾸 훈 きる 키루
0665 談	말씀 담 음 ダン 단 훈 -	0675 中	가운데 중 음 チュウ 츄- 훈 なか 나까
0666 地	땅 지 음 チ, ジ 찌, 지 훈 -	0676 仲	버금 중 음 チュウ 츄- 훈 なか 나까
0667 池	못 지 음 チ 찌 훈 いけ 이케	0677 虫	벌레 충 음 チュウ 츄- 훈 むし 무시
0668 知	알 지 음 チ 찌 훈 しる 시루	0678 宙	하늘 주 음 チュウ 츄- 훈 -
0669 値	값 치 음 チ 찌 훈 ね, あたい 네, 아따이	0679 忠	충성 충 음 チュウ 츄- 훈 -
0670 置	둘 치 음 チ 찌 훈 おく 오꾸	0680 注	물댈 주 음 チュウ 츄- 훈 そそぐ 소소구

| 0681 昼 | 낮 주
음 チュウ 츄-
훈 ひる 히루 | 0691 張 | 베풀 장
음 チョウ 쵸-
훈 はる 하루 |

0681 昼
낮 주
- 음 チュウ 츄-
- 훈 ひる 히루

0682 柱
기둥 주
- 음 チュウ 츄-
- 훈 はしら 하시라

0683 著
나타날 저
- 음 チョ 쵸
- 훈 あらわす 아라와스

0684 貯
쌓을 저
- 음 チョ 쵸
- 훈 -

0685 丁
장정 정
- 음 チョウ, テイ 쵸-, 테이
- 훈 -

0686 庁
관청 청
- 음 チョウ 쵸-
- 훈 -

0687 兆
조 조
- 음 チョウ 쵸-
- 훈 きざす, きざし 키자스, 키자시

0688 町
밭두둑 정
- 음 チョウ 쵸-
- 훈 まち 마치

0689 長
어른/길 장
- 음 チョウ 쵸-
- 훈 ながい 나가이

0690 帳
휘장 장
- 음 チョウ 쵸-
- 훈 -

0691 張
베풀 장
- 음 チョウ 쵸-
- 훈 はる 하루

0692 頂
정수리 정
- 음 チョウ 쵸-
- 훈 いただく 이타다쿠

0693 鳥
새 조
- 음 チョウ 쵸-
- 훈 とり 도리

0694 朝
아침 조
- 음 チョウ 쵸-
- 훈 あさ 아사

0695 腸
창자 장
- 음 チョウ 쵸-
- 훈 -

0696 潮
조수 조
- 음 チョウ 쵸-
- 훈 しお 시오

0697 調
고를 조
- 음 チョウ 쵸-
- 훈 しらべる 시라베루

0698 直
곧을 직
- 음 チョク, ジキ 쵸꾸, 지끼
- 훈 ただちに 타다치니

0699 賃
품삯 임
- 음 チン 칭
- 훈 -

0700 追
따를/쫓을 추
- 음 ツイ 쯔이
- 훈 おう 오우

0701 通	통할 통 음 ツウ, ツ 쯔우, 쯔 훈 とおる 도오루
0702 痛	아플 통 음 ツウ 쯔- 훈 いたい 이따이
0703 低	낮을 저 음 テイ 테이 훈 ひくい 히꾸이
0704 弟	아우 제 음 テイ, ダイ 테이, 다이 훈 おとうと 오또우또
0705 定	정할 정 음 テイ, ジョウ 테이, 죠- 훈 さだめる 사다메루
0706 底	밑 저 음 テイ 테이 훈 そこ 소꼬
0707 庭	뜰 정 음 テイ 테이 훈 にわ 니와
0708 停	머무를 정 음 テイ 테이 훈 –
0709 提	끌 제 음 テイ 테이 훈 –
0710 程	단위 정 음 テイ 테이 훈 ほど 호도
0711 的	과녁 적 음 テキ 테끼 훈 まと 마또
0712 笛	피리 적 음 テキ 테끼 훈 ふえ 후에
0713 適	맞을 적 음 テキ 테끼 훈 –
0714 敵	대적할 적 음 テキ 테끼 훈 かたき 카따끼
0715 鉄	쇠 철 음 テツ 테쯔 훈 –
0716 天	하늘 천 음 テン 텐 훈 あめ, あま 아메, 아마
0717 典	법 전 음 テン 텐 훈 –
0718 店	가게 점 음 テン 텐 훈 みせ 미세
0719 点	점 점 음 テン 텐 훈 –
0720 展	펼 전 음 テン 텐 훈 –

0721 転	구를 전 음 テン 텐 훈 ころがる 코로가루

0722 田	밭 전 음 デン 덴 훈 た 타

0723 伝	전할 전 음 デン 덴 훈 つたわる 쓰따와루

0724 電	번개 전 음 デン 덴 훈 –

0725 徒	무리 도 음 ト 토 훈 –

0726 都	도읍 도 음 ト, ツ 토, 쯔 훈 みやこ 미야꼬

0727 土	흙 토 음 ド, ト 도, 토 훈 つち 쓰찌

0728 努	힘쓸 노 음 ド 도 훈 つとめる 쓰또메루

0729 度	법도 도 음 ド, ト, タク 도, 토, 타쿠 훈 たび 타비

0730 刀	칼 도 음 トウ 토– 훈 かたな 카따나

0731 豆	콩 두 음 トウ, ズ 토–, 즈 훈 まめ 마메

0732 冬	겨울 동 음 トウ 토– 훈 ふゆ 후유

0733 灯	등잔 등 음 トウ 토– 훈 ひ 히

0734 当	마땅할 당 음 トウ 토– 훈 あたる, あてる 아따루, 아떼루

0735 投	던질 투 음 トウ 토– 훈 なげる 아게루

0736 東	동녘 동 음 トウ 토– 훈 ひがし 히가시

0737 島	섬 도 음 トウ 토– 훈 しま 시마

0738 討	칠 토 음 トウ 토– 훈 うつ 우쯔

0739 党	무리 당 음 トウ 토– 훈 –

0740 湯	끓일 탕 음 トウ 토– 훈 ゆ 유

0741 **登**	오를 등 음 トウ, ト 토-, 토 훈 のぼる 노보루
0742 **答**	대답할 답 음 トウ 토- 훈 こたえる 코따에루
0743 **等**	무리 등 음 トウ 토- 훈 ひとしい 히또시이
0744 **統**	거느릴 통 음 トウ 토- 훈 すべる 스베루
0745 **糖**	사탕 당/탕 음 トウ 토- 훈 -
0746 **頭**	머리 두 음 トウ, ズ, ト 토-, 즈, 토 훈 あたま 아따마
0747 **同**	한가지 동 음 ドウ 도- 훈 おなじ 오나지
0748 **動**	움직일 동 음 ドウ 도- 훈 うごく, うごかす 우고꾸, 우고까스
0749 **堂**	집 당 음 ドウ 도- 훈 -
0750 **童**	아이 동 음 ドウ 도- 훈 わらべ 와라베
0751 **道**	길 도 음 ドウ, トウ 도-, 토- 훈 みち 미치
0752 **克**	일할 동 음 ドウ 도- 훈 はたらく 하따라쿠
0753 **銅**	구리 동 음 ドウ 도- 훈 -
0754 **導**	인도할, 이끌 도 음 ドウ 도- 훈 みちびく 미찌비쿠
0755 **特**	특별할 특 음 トク 토꾸 훈 -
0756 **得**	얻을 득 음 トク 토꾸 훈 うる, える 우루, 에루
0757 **徳**	큰 덕 음 トク 토꾸 훈 -
0758 **毒**	독할 독 음 ドク 도꾸 훈 -
0759 **独**	홀로 독 음 ドク 도꾸 훈 ひとり 히또리
0760 **読**	읽을 독 음 トク, ドク 토꾸, 도꾸 훈 よむ 요무

0761 届	이를 계 음 - 훈 とどける 토도께루	0771 認	인정할 인 음 ニン 닝 훈 みとめる 미또메루
0762 内	안 내 음 ナイ, ダイ 나이, 다이 훈 うち 우찌	0772 熱	더울 열 음 ネツ 네쯔 훈 あつい 아쯔이
0763 南	남녘 남 음 ナン, ナ 난, 나 훈 みなみ 미나미	0773 年	해 년 음 ネン 넹 훈 とし 토시
0764 難	어려울 난 음 ナン 난 훈 かたい 카따이	0774 念	생각 념 음 ネン 넹 훈 -
0765 二	두 이 음 ニ 니 훈 ふた, ふたつ 후따, 후따쯔	0775 燃	불탈 연 음 ネン 넹 훈 もえる 모에루
0766 肉	고기 육 음 ニク 니꾸 훈 -	0776 納	들일 납 음 ノウ, ナッ 노우, 나쯔 훈 おさめる 오사메루
0767 日	날 일 음 ニチ, ジツ 니찌, 지쯔 훈 ひ, か 히, 카	0777 能	능할 능 음 ノウ 노- 훈 -
0768 入	들 입 음 ニュウ 뉴- 훈 いる 이루	0778 脳	뇌 뇌 음 ノウ 노- 훈 -
0769 乳	젖 유 음 ニュウ 뉴- 훈 ち, ちち 치, 치찌	0779 農	농사 농 음 ノウ 노- 훈 -
0770 任	맡길 임 음 ニン 닝 훈 まかせる 마까세루	0780 波	물결 파 음 ハ 하 훈 なみ 나미

0781 派	물갈래 파 음 ハ 하 훈 –
0782 破	깨뜨릴 파 음 ハ 하 훈 やぶる, やぶれる 야부루, 야부레루
0783 馬	말 마 음 バ 바 훈 うま, ま 우마, 마
0784 拝	절 배 음 ハイ 하이 훈 おがむ 오가무
0785 背	등 배 음 ハイ 하이 훈 せ, せい 세, 세이
0786 肺	허파 폐 음 ハイ 하이 훈 –
0787 俳	광대 배 음 ハイ 하이 훈 –
0788 配	짝 배 음 ハイ 하이 훈 くばる 쿠바루
0789 敗	패할 패 음 ハイ 하이 훈 やぶれる 야부레루
0790 梅	매화 매 음 バイ 바이 훈 うめ 우메
0791 売	팔 매 음 バイ 바이 훈 うる, うれる 우루, 우레루
0792 倍	곱 배 음 バイ 바이 훈 –
0793 買	살 매 음 バイ 바이 훈 かう 카우
0794 白	흰 백 음 ハク, ビャク 하꾸, 뱌꾸 훈 しろ, しら, しろい 시로, 시라, 시로이
0795 博	넓을 박 음 ハク, バク 하꾸, 바꾸 훈 –
0796 麦	보리 맥 음 バク 바꾸 훈 むぎ 무기
0797 箱	상자 상 음 – 훈 はこ 하꼬
0798 畑	일본한자 음 훈 はた, はたけ 하따, 하따께
0799 八	여덟 팔 음 ハチ 하찌 훈 や, やっ 야, 얏
0800 発	필 발 음 ハツ, ホツ 하쯔, 호 훈 –

0801 反
돌이킬 **반**
- 음 ハン, ホン, タン 항, 혼, 탕
- 훈 そる, そらす 소루, 소라스

0802 半
반 **반**
- 음 ハン 항
- 훈 なかば 나까바

0803 犯
범할 **범**
- 음 ハン 항
- 훈 おかす 오까스

0804 判
판단할 **판**
- 음 ハン, バン 항, 방
- 훈 -

0805 坂
고개 **판**
- 음 ハン 항
- 훈 さか 사까

0806 板
널빤지 **판**
- 음 ハン, バン 항, 방
- 훈 いた 이따

0807 版
판목 **판**
- 음 ハン 항
- 훈 -

0808 班
나눌 **반**
- 음 ハン 항
- 훈 -

0809 飯
밥 **반**
- 음 ハン 항
- 훈 めし 메시

0810 晩
늦을 **만**
- 음 バン 방
- 훈 -

0811 番
차례 **번**
- 음 バン 방
- 훈 -

0812 比
견줄 **비**
- 음 ヒ 히
- 훈 くらべる 쿠라베루

0813 皮
가죽 **피**
- 음 ヒ 히
- 훈 かわ 카와

0814 否
아닐 **부**/막힐 **비**
- 음 ヒ 히
- 훈 いな 이나

0815 批
비평할 **비**
- 음 ヒ 히
- 훈 -

0816 肥
살찔 **비**
- 음 ヒ 히
- 훈 こえる 코에루

0817 非
아닐 **비**
- 음 ヒ 히
- 훈 -

0818 飛
날 **비**
- 음 ヒ 히
- 훈 とぶ, とばす 토부, 토바스

0819 秘
숨길 **비**
- 음 ヒ 히
- 훈 ひめる 히메루

0820 悲
슬플 **비**
- 음 ヒ 히
- 훈 かなしい 카나시-

0821 費	소비할 비 음 ヒ 히 훈 ついやす 쯔이야스

0822 美	아름다울 미 음 ビ 비 훈 うつくしい 우쯔꾸시-

0823 備	갖출 비 음 ビ 비 훈 そなえる 소나에루

0824 鼻	코 비 음 ビ 비 훈 はな 하나

0825 必	반드시 필 음 ヒツ 히츠 훈 かならず 카나라즈

0826 筆	붓 필 음 ヒツ 히쯔 훈 ふで 후데

0827 百	일백 백 음 ヒャク 햐꾸 훈 -

0828 氷	얼음 빙 음 ヒョウ 효- 훈 こおり, ひ 코-리, 히

0829 表	거죽 표 음 ヒョウ 효- 훈 おもて 오모떼

0830 票	표 표 음 ヒョウ 효- 훈 -

0831 評	평론할 평 음 ヒョウ 효- 훈 -

0832 標	표할 표 음 ヒョウ 효- 훈 -

0833 俵	나누어줄 표 음 ヒョウ 효- 훈 たわら 타와라

0834 秒	초 초 음 ビョウ 뵤- 훈 -

0835 病	병들 병 음 ビョウ, ヘイ 뵤-, 헤이 훈 やむ, やまい 야무, 야마이

0836 品	품수 품 음 ヒン 힝 훈 しな 시나

0837 貧	가난할 빈 음 ヒン, ビン 힝, 빙 훈 まずしい 마즈시이

0838 不	아닐 부, 불 음 フ, ブ 후, 부 훈 -

0839 夫	사내 부 음 フ, フウ 후, 후- 훈 おっと 못또

0840 付	줄 부 음 フ 후 훈 つける, つく 쯔께루, 쯔꾸

0841 布	베 포 음 フ 후 훈 ぬの 누노	0851 副	버금 부 음 フク 후꾸 훈 そう, そえる 소우, 소에루
0842 府	마을 부 음 フ 후 훈 –	0852 福	복 복 음 フク 후꾸 훈 –
0843 負	짐질 부 음 フ 후 훈 まける 마께루	0853 腹	배 복 음 フク 후꾸 훈 はら 하라
0844 婦	며느리 부 음 フ 후 훈 –	0854 複	겹칠 복 음 フク 후꾸 훈 –
0845 富	부자 부 음 フ, フウ 후, 후우 훈 とむ, とみ 토무, 토미	0855 復	회복할 복/다시 부 음 フク 후꾸 훈 –
0846 父	아비 부 음 フ 후 훈 ちち 찌찌	0856 仏	부처 불 음 ブツ 부쯔 훈 ほとけ 호또께
0847 武	굳셀 무 음 ブ, ム 부, 무 훈 –	0857 物	물건 물 음 ブツ, モツ 부쯔, 모쯔 훈 もの 모노
0848 部	떼/거느릴 부 음 ブ 부 훈 –	0858 粉	가루 분 음 フン 훈 こ, こな 코, 코나
0849 風	바람 풍 음 フウ, フ 후우, 후 훈 かぜ, かざ 카제, 카자	0859 奮	떨칠 분 음 フン 훈 ふるう 후루-
0850 服	옷 복 음 フク 후꾸 훈 –	0860 分	나눌 분 음 ブン, フン, ブ 분, 훈, 훈 わける 와께루

0861 **文**	글월 **문** 음 ブン, モン 분, 몽 훈 ふみ 후미

0862 **聞**	들을 **문** 음 ブン, ニン 분, 몽 훈 きく, きこえる 키꾸, 키꼬에루

0863 **平**	평평할 **평** 음 ヘイ, ビョウ 헤이, 뵤우 훈 たいら, ひら 타이라, 히라

0864 **兵**	군사 **병** 음 ヘイ, ヒョウ 헤이, 효- 훈 –

0865 **並**	나란할 **병** 음 ヘイ 헤이 훈 なみ, ならべる 나미, 나라베루

0866 **閉**	닫을 **폐** 음 ヘイ 헤이 훈 とじる, とざす 토지루, 토자스

0867 **陛**	천자 **폐** 음 ヘイ 헤이 훈 –

0868 **米**	쌀 **미** 음 ベイ, マイ 베이, 마이 훈 こめ 크메

0869 **別**	다를 **별** 음 ベツ 베쯔 훈 わかれる 와까레루

0870 **片**	조각 **편** 음 ヘン 헹 훈 かた 카따

0871 **返**	돌이킬 **반** 음 ヘン 헹 훈 かえす, かえる 카에스, 카에루

0872 **変**	변할 **변** 음 ヘン 헹 훈 かわる, かえる 카와루, 카에루

0873 **編**	책지을 **편** 음 ヘン 헹 훈 あむ 아무

0874 **辺**	가 **변** 음 ヘン, ペン 헹, 벵 훈 あたり, べ 아타리, 베

0875 **弁**	말잘할 **변** 음 ベン 벵 훈 –

0876 **便**	편할 **편**, 오줌 **변** 음 ベン, ビン 벵, 빈 훈 たより 타요리

0877 **勉**	힘쓸 **면** 음 ベン 벵 훈 –

0878 **歩**	걸음 **보** 음 ホ, ブ, フ 호, 부, 후 훈 あるく, あゆむ 아루꾸, 아유무

0879 **保**	보호할 **보** 음 ホ 호 훈 たもつ 타모쯔

0880 **補**	기울 **보** 음 ホ 호 훈 おぎなう 오기나우

0881 母	어미 모 음 ボ 보 훈 はは 하하
0882 暮	저물 모 음 ボ 보 훈 くれる, くらす 쿠레루, 쿠라스
0883 墓	무덤 묘 음 ボ 보 훈 はか 하까
0884 方	모, 본뜰 방 음 ホウ 호우 훈 かた 카따
0885 包	쌀 포 음 ホウ 호- 훈 つつむ 쯔쯔무
0886 宝	보배 보 음 ホウ 호- 훈 たから 타까라
0887 放	놓을 방 음 ホウ 호- 훈 はなす 하나스
0888 法	법 법 음 ホウ, ハッ, ホッ 호우, 핫, 홋 훈 -
0889 訪	찾을 방 음 ホウ 호- 훈 おとずれる 오또즈레루
0890 報	갚을/알릴 보 음 ホウ 호- 훈 むくいる 무꾸이루

0891 豊	풍성할 풍 음 ホウ 호- 훈 ゆたか 유따까
0892 亡	망할 망 음 ボウ, モウ 보-, 모- 훈 ない 나이
0893 忘	잊을 망 음 ボウ 보- 훈 わすれる 와스레루
0894 防	막을 방 음 ボウ 보- 훈 ふせぐ 후세구
0895 貿	무역할 무 음 ボウ 보- 훈 -
0896 望	바랄 망 음 ボウ, モウ 보우, 모우 훈 のぞむ 노조무
0897 棒	몽둥이 봉 음 ボウ 보- 훈 -
0898 暴	사나울 폭 음 ボウ, バク 보-, 바쿠 훈 あばく 아바꾸
0899 北	북녘 북, 달아날 배 음 ホク 호꾸 훈 きた 키따
0900 木	나무 목 음 ボク, モク 보꾸, 모꾸 훈 き, こ 키, 코

0901 牧	칠 목 음 ボク 보꾸 훈 まき 마키	0911 味	맛 미 음 ミ 미 훈 あじ, あじわう 아지, 아지와우
0902 本	근본 본 음 ホン 혼 훈 もと 모또	0912 密	빽빽할 밀 음 ミツ 미쯔 훈 –
0903 毎	매양 매 음 マイ 마이 훈 –	0913 脈	맥 맥 음 ミャク 먀꾸 훈 –
0904 妹	손아래누이 매 음 マイ 마이 훈 いもうと 이모-또	0914 民	백성 민 음 ミン 민 훈 たみ 타미
0905 枚	낱 매 음 マイ 마이 훈 –	0915 務	힘쓸 무 음 ム 무 훈 つとめる 쯔또메루
0906 幕	휘장 막 음 マク, バク 마꾸, 바꾸 훈 –	0916 無	없을 무 음 ム, ブ 무, 부 훈 ない 나이
0907 末	끝 말 음 マツ, バツ 마쯔, 바쯔 훈 すえ 스에	0917 夢	꿈 몽 음 ム 무 훈 ゆめ 유메
0908 万	일만 만 음 マン, バン 만, 반 훈 –	0918 名	이름 명 음 メイ, ミョウ 메이, 묘우 훈 な 나
0909 満	찰 만 음 マン 만 훈 みちる, みたす 미찌루, 미따스	0919 命	목숨 명 음 メイ, ミョウ 메이, 묘우 훈 いのち 이노찌
0910 未	아닐 미 음 ミ 미 훈 –	0920 明	밝을 명 음 メイ, ミョウ 메이, 묘- 훈 あかるい 아까루이

번호	한자	뜻/음	음	훈
0921	迷	미혹할 미	メイ 메이	まよう 마요우
0922	盟	맹세할 맹	メイ 메이	ちかう 찌까우
0923	鳴	울 명	メイ 메이	なく, なる 나꾸, 나루
0924	面	낯 면	メン 멘	おも, おもて 오모, 오모떼
0925	綿	솜 면	メン 멘	わた 와따
0926	模	법 모	モ, ボ 모, 보	–
0927	毛	털 모	モウ 모우	け 케
0928	目	눈 목	モク, ボク 모꾸, 보꾸	め, ま 메, 마
0929	門	문 문	モン 몽	かど 카도
0930	問	물을 문	モン 몽	とう, とい, とん 토우, 토이, 통
0931	夜	밤 야	ヤ 야	よ, よる 요, 요루
0932	野	들 야	ヤ 야	の 노
0933	役	부릴 역	ヤク, エキ 야꾸, 에끼	–
0934	約	대략/묶을 약	ヤク 야꾸	–
0935	訳	통변할 역	ヤク 야꾸	わけ 와께
0936	薬	약 약	ヤク 야꾸	くすり 쿠스리
0937	由	말미암을 유	ユ, ユウ, ユイ 유, 유우, 유이	よし 요시
0938	油	기름 유	ユ 유	あぶら 아부라
0939	輸	실어낼/나를 수	ユ 유	–
0940	友	벗 우	ユウ 유우	とも 토모

0941 有	있을 유 음 ユウ, ユ 유-, 유 훈 ある 아루

0942 勇	날랠 용 음 ユウ 우- 훈 いさむ 이사무

0943 郵	우편 우 음 ユウ 우- 훈 -

0944 遊	놀 유 음 ユウ, ユ 유-, 유 훈 あそぶ 아소부

0945 優	넉넉할 우 음 ユウ 우- 훈 やさしい 야사시이

0946 予	먼저 예 음 ヨ 요 훈 -

0947 余	남을 여 음 ヨ 요 훈 あまる, あます 아마루, 아마스

0948 預	미리 여 음 ヨ 요 훈 あずける 아즈께루

0949 幼	어릴 유 음 ヨウ 요- 훈 おさない 오사나이

0950 用	쓸 용 음 ヨウ 요- 훈 もちいる 모찌이루

0951 羊	양 양 음 ヨウ 요- 훈 ひつじ 히쯔지

0952 洋	큰바다 양 음 ヨウ 요- 훈 -

0953 要	구할/중요 요 음 ヨウ 요- 훈 いる 이루

0954 容	얼굴 용 음 ヨウ 요- 훈 -

0955 葉	잎 엽 음 ヨウ 요- 훈 は 하

0956 陽	볕 양 음 ヨウ 요- 훈 -

0957 様	모양 양 음 ヨウ 요- 훈 さま 사마

0958 養	기를 양 음 ヨウ 요- 훈 やしなう 야시나우

0959 曜	빛날 요 음 ヨウ 요- 훈 -

0960 浴	목욕할 욕 음 ヨク 요꾸 훈 あびる 아비루

0961 欲	욕심낼 욕 음 ヨク 요꾸 훈 -
0962 翌	다음날 익 음 ヨク 요꾸 훈 -
0963 来	올 래 음 ライ 라이 훈 くる 쿠루
0964 落	떨어질 락 음 ラク 라꾸 훈 おちる, おとす 오찌루, 오또스
0965 乱	어지러울 난 음 ラン 란 훈 みだれる 미따레루
0966 卵	알 란 음 ラン 란 훈 たまご 타마고
0967 覧	볼 람 음 ラン 란 훈 -
0968 利	이로울 리 음 リ 리 훈 きく 키꾸
0969 里	마을 리 음 リ 리 훈 さと 사또
0970 理	다스릴 리 음 リ 리 훈 -
0971 裏	속 리 음 リ 리 훈 うら 우라
0972 陸	뭍 육 음 リク 리꾸 훈 -
0973 立	설 립 음 リツ, リュウ 리쯔, 류우 훈 たつ, たてる 타쯔, 타떼루
0974 律	법 률 음 リツ, リチ 리쯔, 리치 훈 -
0975 略	간략할 략 음 リャク 략꾸 훈 -
0976 流	흐를 유 음 リュウ, ル 류우, 루 훈 ながれる 나가레루
0977 留	머무를 류 음 リュウ, ル 류우, 루 훈 とめる 토메루
0978 旅	나그네 려 음 リョ 료 훈 たび 타비
0979 両	두 량 음 リョウ 료- 훈 -
0980 良	어질/좋을 량 음 リョウ 료- 훈 よい 요이

0981 料	헤아릴 료 음 リョウ 료- 훈 -
0982 量	헤아릴 량 음 リョウ 료- 훈 はかる 하까루
0983 領	거느릴 령 음 リョウ 료- 훈 -
0984 力	힘 력 음 リョク, リキ 료꾸, 리끼 훈 ちから 찌까라
0985 緑	푸를 록 음 リョク, ロク 료꾸, 로꾸 훈 みどり 미도리
0986 林	수풀 림 음 リン 린 훈 はやし 하야시
0987 輪	바퀴 륜 음 リン 린 훈 わ 와
0988 臨	임할 름 음 リン 린 훈 のぞむ 노조무
0989 類	무리 류 음 ルイ 르이 훈 -
0990 令	명령할 령 음 レイ 레이 훈 -
0991 礼	예도 례 음 レイ, ライ 레이, 라이 훈 -
0992 冷	찰 랭 음 レイ 레이 훈 つめたい 쯔메따이
0993 例	법칙 례 음 レイ 레이 훈 たとえる 타또에루
0994 歴	지낼 력 음 レキ 레키 훈 -
0995 列	줄 열, 벌일 렬 음 レツ 레쯔 훈 -
0996 連	이을 련 음 レン 렌 훈 つらなる 쯔라나루
0997 練	누일 련 음 レン 렌 훈 ねる 네루
0998 路	길 로 음 ロ 로 훈 じ 지
0999 老	늙을 로 음 ロウ 로- 훈 おいる 오이루
1000 労	수고로울/일할 로 음 ロウ 로- 훈 -

1001 恋	사모할 련 음 レン 렝 훈 こう, こい 코-, 코이
1002 倫	인륜 륜 음 リン 링 훈 –
1003 鈴	방울 령 음 レイ, リン 레-, 링 훈 すず 스즈
1004 励	힘쓸 려 음 レイ 레- 훈 はげむ 하게무
1005 露	이슬 로 음 ロ, ロウ 로, 로- 훈 つゆ 쯔유
1006 涙	샐 루 음 ルイ 루이 훈 なみだ 나미다
1007 廊	복도 랑 음 ロウ 로- 훈 –
1008 壘	진 루 음 ルイ 루이 훈 –
1009 楼	다락 루 음 ロウ 로- 훈 –
1010 浪	물결 랑 음 ロウ 로- 훈 –

1011 朗	밝을 랑 음 ロウ 로- 훈 ほがらか 호가라까
1012 六	여섯 육 음 ロク 로꾸 훈 む, むっ, むっつ 무, 뭇, 뭇쯔
1013 録	기록할 록 음 ロク 로꾸 훈 –
1014 論	논의할 론 음 ロン 론 훈 –
1015 和	화목할 화 음 ワ, オ 와, 오 훈 やわらぐ 야와라꾸
1016 話	말할 화 음 ワ 와 훈 はなす, はなし 하나스, 하나시
1017 賄	재물 회 음 ワイ 와이 훈 まかなう 마까나우
1018 惑	미혹할 혹 음 ワク 와꾸 훈 まどう 마도-
1019 湾	물굽이 만 음 ワン 왕 훈 –
1020 腕	팔 완 음 ワン 왕 훈 うで 우데

주제별 일단어

가족

아버지	お父(とう)さん	오또-상
어머니	お母(かあ)さん	오까-상
아빠	父(ちち)	찌찌
엄마	母(はは)	하하
형	お兄(にい)さん	오니-상
누나	お姉(ねえ)さん	오네-상
오빠	兄(あに)	아니
언니	姉(あね)	아네
여동생	妹(いもうと)	이모-또
할아버지	お祖父(じい)さん	오지-상
삼촌, 큰아버지	叔父(おじ)さん	오지상
고모, 이모	叔母(おば)さん	오바상
남편	主人(しゅじん)	슈징
남동생	弟(おとうと)	오또-또
할머니	お祖母(ばあ)さん	오바-상
아내, 처	妻(つま)	쯔마

몸

머리	頭(あたま)	아따마
발, 다리	足(あし)	아시
귀	耳(みみ)	미미
입	口(くち)	쿠찌
팔	腕(うで)	우데
무릎	膝(ひざ)	히자
목	首(くび)	구비
이	歯(は)	하
손	手(て)	테
눈	目(め)	메
코	鼻(はな)	하나
가슴	胸(むね)	무네
다리	脚(あし)	아시
목(구멍)	喉(のど)	노도
등	背中(せなか)	세나까
이마	額(ひたい)	히따이
머리카락	髪(かみ)	카미
겉눈썹	眉毛(まゆげ)	마유게
눈꼽	目脂(めやに)	메야니
미간	眉間(みけん)	미껭
귓볼	耳朶(みみたぶ)	미미따부
겨드랑이	脇(わき)	오끼
수염	髭(ひげ)	히게
관자놀이	こめかみ	코메까미
눈썹	眉(まゆ)	마유

속눈썹	睫(まつげ)	마쯔게
눈동자	瞳(ひとみ)	히또미
인중	鼻の下(はなのした)	하나노시따
광대뼈	皆桁(ほおげた)	호-게따
배꼽	臍(へそ)	헤소
피부	肌(はだ)	하다
엉덩이	尻(しり)	시리
앞니	前歯(まえば)	마에바
덧니	鬼歯(おにば)	오니바
치경, 잇몸	はぐき	하구끼
흰머리	白髪(しらが)	시라가
새치	若白髪(わかしらが)	와까시라가
어금니	奥歯(おくば)	오꾸바
손목	手首(てくび)	테꾸비
발목	足首(あしくび)	아시꾸비
손가락	手指(てゆび)	테유비
발가락	足指(あしゆび)	아시유비
손바닥	手の平(てのひら)	테노히라
목젖	のどちんこ	노도찡꼬
엄지	親指(おやゆび)	오야유비
중지	中指(なかゆび)	나까유비
새끼손가락	小指(こゆび)	코유비
척추	脊髄(せきずい)	세끼즈이

뇌	脳(のう)	노-
신장	腎臓(じんぞう)	진조-
폐	肺臓(はいぞう)	하이조-
혈관	血管(けっかん)	켁깡
검지	人差し指(ひとさしゆび)	히또사시유비
약지	薬指(くすりゆび)	쿠스리유비
늑골	あばら骨(あばらぼね)	아바라보네
골수	骨髄(こつずい)	코쯔즈이
심장	心臓(しんぞう)	신조-
간장	肝臓(かんぞう)	칸조-
비장	秘臓(ひぞう)	히조-
신경	神経(しんけい)	신께-

날씨

비	天気(てんき)	뎅끼
안개	霧(きり)	키리
바람	風(かぜ)	카제
진눈깨비	みぞれ	미조레
고드름	氷柱(つらら)	쯔라라
번개	稲妻(いなずま)	이나즈마
폭풍	嵐(あらし)	아라시
장마	梅雨(つゆ)	쯔유
가랑비	ぬかあめ	누까아메

구질구질한 비	いんう	잉우	저녁놀	夕焼け(ゆうやけ)	유-야께
비구름	雨雲(あまぐも)	아마구모	소나기구름	入道雲(にゅうどうぐも)	뉴-도-구모
찬비	冷雨(れいう)	레이우			
비구름	陰雲(いんうん)	잉웅		**음력월**	
뭉게구름	綿雲(わたぐも)	와따구모	1월	睦月(むつき)	무쯔끼
소나기구름	雷雲(らいう)	라이웅	2월	如月・二月(きさらぎ)	키사라기
조각구름	ちぎれぐも	찌기레구모	3월	弥生(やよい)	야요이
얇게 뜬 구름	くもあし	쿠모아시	4월	卯月(うづき)	우즈끼
눈	雪(ゆき)	유끼	5월	皐月(さつき)	사쯔끼
서리	霜(しも)	시모	6월	水無月(みなづき)	미나즈끼
구름	雲(くも)	쿠모	7월	文月(ふみづき)	후미즈끼
우박	雹(ひょう)	효-	8월	葉月(はづき)	하즈끼
천둥	雷(かみなり)	카미나리	9월	長月(ながづき)	나가즈끼
눈사태	雪崩(なだれ)	나다레	10월	神無月(かんなづき)	칸나즈끼
싸락눈	あれれ	아레레	11월	霜月(しもつき)	시모즈끼
가랑비	小雨(こさめ)	코사메	12월	師走(しわす)	시와스
음력 5월 장마	五月雨(さみだれ)	사미다레			
단비	慈雨(じう)	지우		**도구**	
여우비(해뜨고 내림)	日照り雨(ひでりあめ)	히데리아메	자	物指し(ものさし)	모노사시
봄비	春雨(はるさめ)	하루사메	철사	針金(はりがね)	하리가네
얼음	氷(こおり)	코오리	벼루	硯(すずり)	스즈리
새털구름	巻雲(まきぐも)	마끼구모	가위	鋏(はさみ)	하사미
안개구름	霧雲(きりぐも)	키리구모	그림물감	絵の具(えのぐ)	에노구

괘종시계	柱時計(はしらどけい)	하시라도께ー
쓰레기통	ちり箱(ちりばこ)	찌리바꼬
물뿌리개	如雨露(じょうろ)	죠-로
눈금	目盛り(めもり)	메모리
붓	筆(ふで)	후데
자	定規(じょうぎ)	죠-기
풀	のり	노리
연필	鉛筆(えんぴつ)	엠피쯔
빗자루	ほうき	호-끼
자명종	目覚し時計(めざましどけい)	메자마시도께ー
손목시계	腕時計(うでどけい)	우데도께ー

통신

등기	書留(かきとめ)	카끼도메
소포	小包(こづつみ)	고즈쯔미
엽서	葉書(はがき)	하가끼
우편	郵便(ゆうびん)	유-빙
우편번호	郵便番号(ゆうびんばんごう)	유빙방고
우표	切手(きって)	깃떼
집배원	郵便屋(ゆうびんや)	유빙야
택배	宅急便(たっきゅうびん)	탓뀨-빙
통신	通信(つうしん)	쯔-신
편지	手紙(てがみ)	데가미
편지봉투	封筒(ふうとう)	후-또-

교통

건너시오	渡(わた)りなさい	와따리나사이
건너지 마시오	渡(わた)るな	와따루나
일방통행	一方通行(いっぽうつうこう)	잇뽀우쯔-꼬우
입구	入口(いりぐち)	이리구찌
정차금지	停車禁止(ていしゃきんし)	테이샤킨시
주차금지	駐車禁止(ちゅうしゃきんし)	츄-샤킨시
주차장	駐車場(ちゅうしゃじょう)	츄-샤죠-
차를 멈추다	車(くるま)を止(と)める	쿠루마오 도메루
차를 타다	車(くるま)に乗(の)る	쿠루마니 노루
차에서 내리다	車(くるま)から降(お)りる	쿠루마카라 오리루
추월하다	追(お)い越(こ)す	오이꼬스
출구	出口(でぐち)	데구찌
통행금지	通行禁止(つうこうきんし)	쯔-꼬우킨시

미용

거울	鏡(かがみ)	카가미
린스	リンス	린스
립스틱	口紅(くちべに)	구찌베니
머리띠	ヘアバンド	헤아반도
머리를 염색하다	髪(かみ)を染(そ)める	가미오 소메루

머리를 자르다	髪(かみ)を切(き)る	카미오 기루
머리핀	ヘアピン	헤아핀
샴푸	シャンプ	샴뿌
유행하다	流行(はや)る	하야루
파마하다	パーマをかける	파-마오 가께루
화장	化粧(けしょう)	케쇼-

색상

빨강	赤色(あかいろ)	아까이로
노랑	黄色(きいろ)	키-로
검정	黒色(くろいろ)	쿠로이로
회색	灰色(はいいろ)	하이-로
보라	紫色(むらさきいろ)	무라사끼이로
갈색	茶色(ちゃいろ)	쨔이로
연보라	若紫(わかむらさき)	와까무라사끼
다홍색	紅色(べにいろ)	베니이로
파랑	青色(あおいろ)	아오이로
녹색	緑色(みどりいろ)	미도리이로
흰색	白色(しろいろ)	시로이로
감색, 남색	紺色(こんいろ)	콩이로
남색	藍色(あいいろ)	아이-로
쥐색	鼠色(ねずみいろ)	네즈미이로
군청색	群青色(ぐんじょういろ)	쿤죠이로
포도색	葡萄色(ぶどういろ)	부도-이로
물색, 옥색	水色(みずいろ)	미즈이로
연보라색	藤色(ふじいろ)	후지이로
조청색	飴色(あめいろ)	아메이로
오렌지	オレンジ	오렌지
녹황색	黄色(りょくおうしょく)	료꾸오-쇼꾸
벽색	濃鼠(こねずみ)	코네즈미
다갈색	茶褐色(ちゃかっしょく)	쨔갓쇼꾸
녹색	さびいろ	사비이로
진보라	菫色(すみれいろ)	스미레이로
녹갈색	みる茶(みるちゃ)	미루쨔
진녹색	濃緑(こみどり)	코미도리
청녹색	青緑(あおみどり)	아오미도리

주택

거실	居間(いま)	이마
계단	階段(かいだん)	카이당
마루	床(ゆか)	유까
방	部屋(へや)	헤야
베란다	ベランダ	베란다
옥상	屋上(おくじょう)	오꾸죠-
욕실	風呂場(ふろば)	후로바
응접실	応接間(おうせつま)	오-세쯔마

정원, 뜰	庭(にわ)	니와
주방	台所(だいどころ)	다이도꼬로
지붕	屋根(やね)	야네
지하실	地下室(ちかしつ)	찌까시쯔
현관	玄関(げんかん)	겡깡
화장실	お手洗(てあら)い	오테아라이

이사

거주하다, 살다	住(す)む	스무
단독 주택	一戸建(いっこだ)て	잇꼬다테
맨션	マンション	만숑
보증금	敷金(しききん)	시끼킹
부동산	不動産(ふどうさん)	후ー도상
선불 계약금	頭金(あたまきん)	아타마킹
아파트	アパート	아파ー토
이사하다	引(ひ)っ越(こ)す	힛꼬스
집세	家賃(やちん)	야찡
집을 비움	留守(るす)	루스
집주인	大家(おおや)	오ー야

관공서

교회	教会(きょうかい)	쿄ー까이
도서관	図書館(としょかん)	토쇼깡
병원	病院(びょういん)	뵤ー잉
신사	神社(じんじゃ)	진쟈
우체국	郵便局(ゆうびんきょく)	유ー빙교꾸
은행	銀行(ぎんこう)	깅꼬ー
파출소	交番(こうばん)	코ー방
학교	学校(がっこう)	각꼬ー

예술

각본, 시나리오	シナリオ	시나리오
감독	監督(かんとく)	칸또꾸
공상과학영화	SF映画	에스에후 에ー가
관객	観客(かんきゃく)	칸캬꾸
극장	劇場(げきじょう)	게끼죠ー
대사	台詞(せりふ)	세리후
로큰롤	ロック	롯꾸
리허설	リハーサル	리하ー사루
무대	舞台(ぶたい)	부따이
배우	俳優(はいゆう)	하이유ー
스릴러영화	スリルのある映画	스리루노 아루 에ー가
스타	スター	스따ー
악보	楽譜(がくふ)	가꾸후
앙코르	アンコール	앙꼬ー루
액션영화	アクション映画(えいが)	아꾸숑 에ー가

연예인	芸能人 (げいのうじん)	게이노-징
연주	演奏 (えんそう)	엔소-
영화관	映画館 (えいがかん)	에-가깐
예술	芸術 (げいじゅつ)	게이쥬쯔
음악회	音楽会 (おんがくかい)	옹가꾸까이
일본대중음악	J-POP (ジェーポップ)	제이-폿뿌
재즈	ジャズ	쟈즈
콘서트	コンサート	콘사-또
클래식	クラシック	쿠라식꾸

운동

결승	決勝 (けっしょう)	켓쇼-
농구	バスケットボール	바스껫또보-루
당구	ビリヤード	비리야-도
레슬링	レスリング	레스링그
마라톤	マラソン	마라손
배구	バレーボール	바레-보-루
배드민턴	バドミントン	바또민똔
스모	相撲 (すもう)	스모-
시합	試合 (しあい)	시아이
올림픽	オリンピック	오린픽꾸
월드컵	ワールドカップ	와-르도깝뿌
유도	柔道 (じゅうどう)	쥬-도-

체조	体操 (たいそう)	타이소-
축구	サッカー	삿까-
태권도	テコンド	테꼰도
테니스	テニス	테니스

건강

건강	健康 (けんこう)	켕꼬-
건강진단	健康診断 (けんこうしんだん)	켕꼬-신단
검사	検査 (けんさ)	켄사
병에 걸리다	病気 (びょうき) にかかる	뵤-끼니 가까루
병이 낫다	病気 (びょうき) が治 (なお) る	뵤-끼가 나오루
상처	傷口 (きずぐち)	키즈구찌
스트레스	ストレス	스또레스
아프다	痛 (いた) い	이따이
알레르기	アレルギー	아레루기-
예방하다	予防 (ぼう) する	요보-스루
질병, 병	病気 (びょうき)	뵤-끼
체력	体力 (たいりょく)	타이료꾸

병원 약국

가루약	粉薬 (こなぐすり)	코나구스리
간호사	看護婦 (かんごふ)	캉고후
내과	内科 (ないか)	나이까

물약	水薬(みずぐすり)	미즈구스리
병원	病院(びょういん)	보-잉
약국	薬屋(くすりや)	쿠스리야
약을 먹다	薬(くすり)を飲(の)む	쿠스리오 노무
외과	外科(げか)	게까
의사	医者(いしゃ)	이샤
이비인후과	耳鼻科(じびか)	지비까
주사를 놓다	注射(ちゅうしゃ)を打(う)つ	쥬-샤오 우쯔
치과	歯科(しか)	시까
환자	患者(かんじゃ)	칸샤

쇼핑

가게	店(みせ)	미세
가격	値段(ねだん)	네당
거스름돈	おつり	오쯔리
귀금속	貴金属(ききんぞく)	키낀조꾸
기념품	記念品(きねんひん)	키넹힝
도자기	陶磁器(とうじき)	토-지끼
돈을 지불하다	お金(かね)を払(はら)う	오까네오 하라우
면세품	免税品(めんぜいひん)	멘제-힝
물건을 포장하다	品(しな)を包(つつ)む	시나오 쯔쯔무
백화점	デパート	데빠-또
비싸다	高(たか)い	타까이

상점	商店(しょうてん)	쇼-뗀
상품	商品(しょうひん)	쇼-힝
손님	お客(きゃく)さん	오갸꾸상
쇼핑 센터	ショッピングセンター	숏핑구센따-
슈퍼마켓	スーパー	스-빠-
신용카드	クレジットカード	크레짓또까-도
싸다	安(やす)い	야스이
일본옷	和服(わふく)	와후꾸
잔돈	小銭(こぜに)	고제니
점원	店員(てんいん)	텡잉
토산품	お土産(みやげ)	오미야게
특산물	特産物(とくさんぶつ)	토꾸산부쯔
편의점	コンビニ	콘비니
할인	割引(わりびき)	와리비끼
현금	現金(げんきん)	겐낑

음식

굴(해산물)	かき	카끼
김밥	のりまき	노리마끼
닭꼬치	焼(や)き鳥(とり)	야끼또리
덮밥	丼(どん)ぶり	돈부리
라면집	ラーメン屋(や)	라-멩야
불고기	焼(や)き肉(にく)	야끼니꾸

생맥주	生(なま)ビール	나마비-루
생선구이	焼(や)き魚(ざかな)	야끼자까나
생선초밥	寿司(すし)	스시
야키소바	焼(や)きそば	야끼소바
우동집	うどん屋(や)	우동야
일본주	日本酒(にほんしゅ)	니혼슈
초밥집	寿司屋(すしや)	스시야
튀김덮밥	天丼(てんどん)	텐동

식사

계산	勘定(かんじょう)	칸죠-
더치페이	わりかん	와리깡
레스토랑	レストラン	레스또랑
메뉴	献立(こんだて)/メニュー	콘다떼/메뉴-
셀프서비스	セルフサービス	세르후 사-비스
식당	食堂(しょくどう)	쇼꾸도-
주문	注文(ちゅうもん)	쮸-몽
지불하다	支払(しはら)う	시하라우
추천요리	おすすめ料理(りょうり)	오스스메료-리
커피숍	コーヒーショップ	코-히-숍뿌
팁	チップ	칩프
패밀리 레스토랑	ファミリーレストラン	파미리-레스또랑

요리법

(기름에) 볶다	炒(いた)める	이따메루
(기름에) 지지다	煎(い)る	이루
(기름에) 튀기다	揚(あ)げる	아게루
(밥을) 짓다	炊(た)く	따꾸
(불에) 굽다	焼(や)く	야꾸
끓이다	沸(わ)かす	와까스
데우다	温(あたた)める	아따따메루
데치다	ゆでる	유데루
삶다	煮(に)る	니루
자르다	切(き)る	키루
찌다	蒸(む)す	무스

항공

공항	空港(くうこう)	쿠-꼬-
멀미약	酔(よ)い止(ど)め	요이도메
비즈니스석	ビジネス席(せき)	비즈네스세끼
사용중	使用中(しようちゅう)	시요-쮸-
스튜어디스	スチュワーデス	스츄와-데스
안전벨트	シートベルト	시-또베루또
왕복	往復(おうふく)	오-후꾸
일반석	一般席(いっぱんせき)	입빤세끼
조종사, 파일럿	パイロット	파이롯또

일본어교육한자 주제별 일단어

편도	片道(かたみち)	가따미찌
항공권	航空券(こうくうけん)	코-꾸-껜
호출버튼	呼(よ)び出(だ)しボタン	요비다시보딴
화장실	トイレ	토이레

여행

가이드	ガイド	가이도
관광	観光(かんこう)	캉꼬-
관광안내소	観光案内所(かんこうあんないじょ)	캉꼬-안나이죠
극장	劇場(げきじょう)	게끼죠-
당일치기	日帰(ひがえ)り	히가에리
디지털 카메라	デジカメ	데지카메
비자	ビザ	비자
사진을 찍다	写真(しゃしん)をとる	샤신오 도루
선물	お土産(みやげ)	오미야게
쇼핑	ショッピング	숏핑구
여권, 패스포트	パスポート	파스포-또
여행	旅行(りょこう)	료꼬-
여행자수표	トラベラーズ チェック	토라베라-즈 첵꾸
티켓, 입장권	チケット	치켓또

온천

칫솔	歯(は)ブラシ	부라시
치약	はみがきこ	하미가끼고
비누	せっけん	셋껜
수건	タオル	타오루
샴푸	シャンプ	샴푸
욕실	お風呂(ふろ)	오후로
따뜻한 물	お湯(ゆ)	오유
온천	温泉(おんせん)	온셍
유카타	ゆかた	유까따

호텔

객실	客室(きゃくしつ)	캬꾸시쯔
귀중품	貴重品(きちょうひん)	키쬬-힝
더블	ダブル	다부루
룸서비스	ルームサービス	루-무사-비스
머물다	泊(と)まる	토마루
모닝콜	モーニングコール	모-닝구꼬-루
민박	民宿(みんしゅく)	민슈꾸
방	部屋(へや)	헤야
베개	まくら	마꾸라
보관하다	預(あず)かる	아즈까루
뷔페식	バイキング式(しき)	바이킹구시끼
비상구	非常口(ひじょうぐち)	히죠-구찌
비즈니스호텔	ビジネスホテル	비즈네스호떼루

비치된 물건	備(そな)え付(つ)け	소나에쯔께
서양식 병	洋室(ようしつ)	요-시쯔
싱글룸	シングルルーム	싱구루루-무
아침식사	朝(あさ)ごはん	아사고항
에어컨	エアコン	에아콩
여관	旅館(りょかん)	료캉
열쇠	カギ	카기
예약	予約(よやく)	요야꾸
이불	おふとん	오후똥
일본식 병	和室(わしつ)	와시쯔
저녁식사	晩(ばん)ごはん	방고항
점심식사	昼(ひる)ごはん	히루고항
체크 아웃	チェックアウト	첵꾸아우또
체크 인	チェックイン	첵꾸인
캡슐호텔	カプセルホテル	카푸세루호떼루
트윈룸	ツインルーム	쯔인루-무
포터	ポーター	포-따-
포함되다	含(ふく)まれる	후꾸마레루
프런트	フロント	후론또
호텔	ホテル	호떼루
계산	お勘定(かんじょう)	칸죠-
연장	延長(えんちょう)	엔쪼-
지불	お支払(しはら)い	시하라이

여행자수표	トラベラーズチェック	토라베라-즈체꾸
	要-시쯔	

긴급 상황

도둑이야!	泥棒(どろぼう)	도로보-
사람 살려!	助(たす)けてくれ	다스께떼꾸레
불이야!	火事(かじ)だ	카지다
침착해!	落(お)ち着(つ)け	오찌쯔께
손들어!	手(て)を上(あ)げろ	데오 아게로
쏘지마!	撃(う)つな	우쯔나
움직이지마!	動(うご)くな	우고꾸나
멈춰!	止(と)まれ	토마레

직업

간호사	看護婦(かんごふ)	캉고후
공무원	公務員(こうむいん)	코-무잉
디자이너	デザイナー	데자이나-
배우	はいゆう	하이유-
변호사	弁護士(べんごし)	벵고시
선생님	先生(せんせい)	센세-
엔지니어	エンジニア	엔지니아
운동선수	スポーツ選手(せんしゅ)	스뽀-쯔센슈
은행원	銀行員(ぎんこういん)	깅코-잉
의사	医者(いしゃ)	이샤

화가	画家(がか)	가까
회사원	会社員(かいしゃいん)	카이샤잉

회사(직급)

회장	会長(かいちょう)	카이쪼-
사장	社長(しゃちょう)	샤쪼-
부사장	副社長(ふくしゃちょう)	후꾸샤쪼-
전무이사	専務取締役(せんむとりしまりやく)	센무또리시마리야꾸
상무이사	常務取締役(じょうむとりしまりやく)	죠-무또리시마리야꾸
이사	取締役(とりしまりやく)	또리시마리야꾸
부장	部長(ぶちょう)	부쪼-
차장	次長(じちょう)	지쪼-
과장	課長(かちょう)	카쪼-
계장	係長(かかりちょう)	카까리쪼
부원/과원	部員(ぶいん)	부잉
평사원	平社員(ひらしゃいん)	히라샤잉

학교

초등학교	小学校(しょうがっこう)	쇼-각꼬-
중학교	中学校(ちゅうがっこう)	쥬-각꼬-
고등학교	高校(こうこう)	코-꼬-
대학교	大学(だいがく)	다이각꾸
학과	学科(がっか)	각까
도서관	図書館(としょかん)	토쇼깡
수업	授業(じゅぎょう)	쥬교-
시험	試験(しけん)	시껭
공부	勉強(べんきょう)	벤꾜-
질문	質問(しつもん)	시쯔몽
듣기	ききとり	키끼또리
대답	答(こた)え	코따에
출석	出席(しゅっせき)	슛세끼
지각	遅刻(ちこく)	찌꼬꾸
문제	問題(もんだい)	몬다이
숙제	宿題(しゅくだい)	슈꾸다이
논문	論文(ろんぶん)	론붕
발표	発表(はっぴょう)	핫표-
전공	専門(せんもん)	센몽
진학	進学(しんがく)	신가꾸
성적	成績(せいせき)	세-세끼
졸업	卒業(そつぎょう)	소쯔교-
검토	検討(けんとう)	켄또-

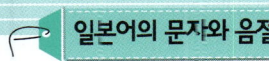

1. 일본어의 문자

❶ ひらがな[hiragana] 10~11세기에 한자의 초서체를 바탕으로 만들어졌다.
❷ かたかな[katakana] 외래어, 의성어 전보문, 동식물명에 사용된다.
❸ かな한자는 한 음절 각 음절은 1박의 길이를 갖는다.

2. 오십음도(五十音図)

50음도란 かな를 모음의 종류에 따라 세로 5단(段)으로, 자음의 종류에 따라 가로 10행(行)으로 배열한 것으로 사전을 찾을 때와 어미활용을 익히는 데도 필요하다.
일본의 음의 기본이 되는 것은 청음(清音)이다.
가로의 배열을 [行(ぎょう)]이라 하여 [あ行] [か行]이라 한다.
세로의 배열을 [段(だん)]이라 하여 [あ段] [い段]이라 한다.
[行]과 [段]은 용언의 어미활용을 익히는 데 필요하다.

3. 일본의 음절

(1) 청음(清音 せいおん)

母音 : あ, い, う, え, お
半母音 : や, ゆ, よ, わ
子音 : 母音, 半母音을 제외한 음절

(2) 탁음(濁音 だくおん)

か[ka], さ[sa], た[ta], は[ha] 行의 글자 오른쪽 어깨에 濁点를 붙여 나타내는 음절로 が[ga], ざ[dza], だ[da], ば[ba]의 각 行이다.

(3) 반탁음(半濁音 はんだくおん)

は[ha], ひ[hi], ふ[fu], へ[he], ほ[ho]의 오른쪽 어깨 위에 半濁点을 붙여 ぱ[pa], ぴ[pi], ぷ[pu], ぺ[pe], ぽ[po]로 나타낸다.

(4) 요음(拗音 ようおん)

각행 자음의 [い段] かな의 오른쪽 아래에 [や, ゆ, よ]를 작게 붙여서 나

50음도 (일본어 알파벳)

◈ ひらがな : 한자의 초서체에서 따온 것

n	wa	ra	ya	ma	ha	na	ta	sa	ka	a	
ん	わ	ら	や	ま	は	な	た	さ	か	あ	
		ri り		mi み	hi ひ	ni に	chi ち	si し	ki き	i い	ひらがな
		ru る	yu ゆ	mu む	hu ふ	nu ぬ	tsu つ	su す	ku く	u う	
		re れ		me め	he へ	ne ね	te て	se せ	ke け	e え	
	wo を	ro ろ	yo よ	mo も	ho ほ	no の	to と	so そ	ko こ	o お	

◈ カタカナ : 한자의 일부분을 따서 만든 것 (발음은 ひらがな와 동일)

n	wa	ra	ya	ma	ha	na	ta	sa	ka	a	
ン	ワ	ラ	ヤ	マ	ハ	ナ	タ	サ	カ	ア	
		ri リ		mi ミ	hi ヒ	ni ニ	chi チ	si シ	ki キ	i イ	カタカナ
		ru ル	yu ユ	mu ム	hu フ	nu ヌ	tsu ツ	su ス	ku ク	u ウ	
		re レ		me メ	he ヘ	ne ネ	te テ	se セ	ke ケ	e エ	
	wo ヲ	ro ロ	yo ヨ	mo モ	ho ホ	no ノ	to ト	so ソ	ko コ	o オ	

타낸 음절을 말한다. きゃ[kya], きゅ[kyu], きょ[kyo]와 같이 쓴다.

(5) 발음(撥音:はつおん)

[ん]은 언제나 모음 뒤에서 발음된다.
[ㅁ] → 「ば, ぱ, ま」행 앞
[ㄴ] → 「た, だ, ざ, な, ら」행 앞
[ㅇ] → 「か, が」행 앞

[N] → 어말이나 반모음, 「さ, は」행 앞 [っ]를 작게 써서 나타내며 뒤에 오는 음에 따라 [k, s, t, p] 로 발음된다.

(6) 촉음(促音 そくおん)
[k] → 「か」행음앞
[s] → 「さ」행음앞
[t] → 「た」행음앞
[p] → 「ぱ」행음앞

(7) 장음(長音 ちょうおん)
같은 모음을 한음절만큼 길게 내는 음이며 히라가나로 쓸 때는 같은 모음을 쓰나 가타카나로 쓸 때는 [-]부호로 나타낸다.

あ段 + あ　　い段 + い　　う段 + う
え段 + え　　お段 + お,　う를 붙인다.

4. 한자 읽기

(1) 초성의 한자

❶ 초성이 「ㄱ」인 한자는 か, が행(行)으로 발음됩니다.
❷ ㄴ - な, だ行
❸ ㄷ - た, だ行
❹ ㄹ - ら行
❺ ㅁ - ま, ば行
❻ ㅂ - は, ば行
❼ ㅅ - さ, ざ行
❽ ㅇ - あ, が, や, か, な, ざ行
❾ ㅈ - さ, ざ, た, だ行
❿ ㅊ - さ, ざ, た行
⓫ ㅋ - か行

⑫ ㅌ- た, だ行
⑬ ㅍ- は, ば, ぱ行
⑭ ㅎ- か, が行

(2) 받침이 없는 한자

① 「아」 발음의 한자 あ, い, い段 / 「애」 발음의 한자 あ段
② 「야」 발음의 한자 や/「어」 발음의 한자 い段よ, え段い, お段
③ 「에」 발음의 한자 え段い, あ段い
④ 「여」 발음의 한자 い段ょ, れい/よ
⑤ 「예」 발음의 한자 え段い, あ段い/よ
⑥ 「오」 발음의 한자 お段う, い段ょう, お段 う段, い段ょ
⑦ 「와」 발음의 한자 あ段 / 「왜」 발음의 한자 あ段/さつ
⑧ 「외」 발음의 한자 あ段い, お段う/「요」 발음의 한자 い段ょう, お段う
⑨ 「우」 발음의 한자 う段, い段ゅう, お段う, う段い, う段う, い段ゅ, お段
⑩ 「위」 발음의 한자 い段, すい, しゅう, しゅ
⑪ 「웨」 발음의 한자 き
⑫ 「유」 발음의 한자 ゆう, い段ゅう, う段, い段, う段い
⑬ 「의」 발음의 한자 い段
⑭ 「이」 발음의 한자 い段

(3) 받침이 있는 한자

① 받침이 「ㄱ」인 한자 く, き
② 받침이 「ㄴ」인 한자 ん
③ 받침이 「ㄹ」인 한자 つ
④ 받침이 「ㅁ」인 한자 ん
⑤ 받침이 「ㅂ」인 한자 う, つ
⑥ 받침이 「ㅇ」인 한자 う, い

탁음(濁音, だくおん)

行＼段	あ段		い段		う段		え段		お段	
か行	が ga	ガ	ぎ gi	ギ	ぐ gu	グ	げ ge	ゲ	ご go	ゴ
さ行	ざ za	ザ	じ ji	ジ	ず zu	ズ	ぜ ze	ゼ	ぞ zo	ゾ
た行	だ da	ダ	ぢ ji	ヂ	づ zu	ヅ	で de	デ	ど do	ド
は行	ば ba	バ	び bi	ビ	ぶ bu	ブ	べ be	ベ	ぼ bo	ボ

반탁음(半濁音, はんだくおん)

は行	ぱ pa	パ	ぴ pi	ピ	ぷ pu	プ	ぺ pe	ペ	ぽ po	ポ